谨以本书纪念逝去的那些年

本书为华中科技大学自主创新研究基金（人文社科）项目"生活指向与自主经营选择"（项目批准号：2013WQ057）、湖北省社会科学基金项目"'劳动—生活'均衡：返乡创业的选择机制"（立项号：2015094）研究成果

# 劳动—生活均衡：
# 返乡创业者的选择机制

In Search of Work-Life Balance:
Entrepreneurial Exploration
and Experience among Migrant Returnees

陈文超　著

社会科学文献出版社
SOCIAL SCIENCES ACADEMIC PRESS (CHINA)

# 序　言

在学界，农民工问题一直是被关注的热点。学者对农民工问题关注的内容非常广泛，从某种意义上说，对农民工问题的研究是社会学领域的第一热点。

我曾写过一篇有关农民工的文章，题为《中国目前的"盲流"现象探析——矛盾、弊端与冲击、震荡》[①]，文中有对农民工现象的一些"大胆预言"。此后，我没有再认真研究农民工现象，不免总是惶恐地"惦记"着那些"大胆预言"，所以学界对农民工的研究成了我多年阅读的重点之一；加之所指导的两位博士生的论文选题也与农民工有关，与他俩讨论论文也增加了我对农民工研究文献的阅读量。

我在阅读有关农民工研究文献的过程中，常常产生一种感觉：在一些学者的研究中，农民工、他们的家人及他们的生活"被解释"、"被解构"、"被建构"了，当然也有"被赞许"、"被忧患"、"被同情"、"被引导"。我所指导的两位博士生的论文都与质疑这类"被"的现象有关。其中一位博士生的论文认为，只有以家庭为单位的乡城移民类的农民工，才真正存在城市融合需求，其他类型的农民工是"被城市融合需求"；另一位博士生的论文认为，农民工在城市的"去或留"取决于他们自身的流动意识，首先是流动意愿，仅以诸因素解释农民工的"去或留"，则是"被流动"、"被去或留"了。我赞成这两位博士生论文的选题、观点、研究，首先是认可农民工在他们那里不是"被解释"了。

陈文超博士的这部专著试图解释支配农民工返乡创业选择的社会机制，

---

① 雷洪：《中国目前的"盲流"现象探析——矛盾、弊端与冲击、震荡》，《社会主义研究》1996年第6期。

我十分肯定和赞赏这项研究，不仅因为其以返乡创业现象为基点面向国家重大现实问题①，探究市场化社会中个体经济行动的支配机制，更因为在这项研究中，农民工返乡创业绝不是"被解释"、"被建构"了。我认为，陈文超博士的这项研究是对真实命题、真实逻辑的研究。

这项研究是对真实命题的研究。在这部专著中，陈文超博士探讨了返乡创业行动与家庭本位的生活之间的关系。不言而喻，人们的任何行动都受到环境中多种复杂因素及多种复杂方式的影响，包括结构性的和非结构性的、主要的和次要的、直接的和间接的、显现的和潜在的、置于的和嵌入的，等等。但是，人们任何行动的基础、前提，是保障生命体存在的生活过程，即没有生活保障生命体的存在，就不会有任何的行动。对人们的行动有着本质的、根本的、决定性制约因素的是人们的生活。当然，人们保障生命体存在的生活基本上是以家庭为单位的家庭生活，因此，环境中多种复杂因素及多种复杂方式对个体行动的影响，首先通过对家庭生活状态、生活取向产生影响而对个体行动产生影响。当然，只有环境因素及方式不影响家庭生活状态、生活取向时，才对个体行动产生直接影响。虽然诸多农民工相关研究中所关注的种种因素都可能会影响返乡创业，例如经济形势、金融危机、社会保障制度、农村土地制度、政府行动、农民工的人力资本等，但这些因素只是也只能是返乡创业的"推"或"拉"因素，而不是决定性因素，决定性因素是农民工以家庭为单位的生活状态、生活取向。陈文超博士正是抓住返乡创业者家庭生活这个决定性因素，来考察返乡创业行动，从而建立了返乡创业现象中客观、真实、本质、根本的命题。

这项研究是对真实逻辑的研究。在这部专著中，陈文超博士以家庭生活的状态、取向和经历考察了返乡创业者的选择机制。如前所述，我并不否定诸多农民工相关研究中所关注的种种因素对返乡创业的影响，但是，无论这些因素如何发生影响，如果农民工及他们的家人可以在城市中生活下去，而且比在农村生活得更好，他们还会返乡吗？陈文超博士的这项研究，揭示了农民工由"去"至"返"的客观、真实的逻辑。农民工去城市是因为：他们以往在农村的生活贫穷、匮乏、水平低、品质差，甚至连温饱都难以保障，在政策允许的情况下，他们抱着"外出打工一人、脱贫致

---

① 在当前，国家层面出台了一系列鼓励农民工返乡创业的政策措施，如《国务院关于大力推进大众创业万众创新若干政策措施的意见》（国发〔2015〕32 号）、《国务院关于支持农民工等人员返乡创业的意见》（国发〔2015〕47 号）等。

富一家人"的愿望和对美好生活的想象去城市。农民工由农村去城市的客观、真实、内在、本质的原因是为了改变家庭生活，为此他们不得不暂时解构自身的劳动与生活关系、解构家庭生活。农民工返乡是因为：他们的打工劳动使家庭生活得到一定的改变，但又不能进一步改变；自己难以留在城市，家庭更难留在城市；夫妻分居，子女隔离，父母分离，家庭生活难以维系。返乡去创业是因为：回不去种地生活，为自己多赚钱的想象或预期，或对资金资本、人力资本、市场知识的累积具有信心。农民工由城市返乡村的客观、真实、内在、本质的原因仍然是改变家庭生活，为此，他们试图重构自身的劳动与生活关系，重构家庭生活。

农民工为改变家庭生活去城市，不得不解构自身的劳动与生活关系、解构家庭生活；他们为改变家庭生活而返乡创业，试图重构自身的劳动与生活关系、重构家庭生活。这就是陈文超博士揭示的返乡创业者选择的逻辑和社会机制：劳动—生活均衡。学者的研究对象是否"被解释"了，那得去问问研究对象是否认可学者的解释。我相信，如果去问问返乡创业者们，他们大多会认可陈文超博士的解释。

农民工问题现在仍然是学界较为关注的重点问题。其中，农民工返乡创业现象更是经济新常态情境中需要社会各界予以重视的重要议题，已经有许多学者投入这一研究之中。我相信，陈文超博士对此现象的分析能给我们带来积极的启示。我也相信，陈文超博士有关农民工返乡创业选择机制的探讨能深化我们对市场化社会中个体经济行动的理解。

雷 洪<br>
2015 年 12 月 26 日

# 目 录

**绪 论** …………………………………………………………………… 1
 第一节 研究主题：市场化社会中经济行动的逻辑 ……………… 2
 第二节 研究载体：返乡创业现象 ………………………………… 14
 第三节 概念界定：打工者与返乡创业 …………………………… 27
 第四节 研究脉络、主要内容及本书框架 ………………………… 33

**第一章 问题识别：面对现实的理性悖论** ……………………………… 36
 第一节 问题化的返乡创业及其研究建构 ………………………… 36
 第二节 返乡创业研究的两种取向 ………………………………… 47
 第三节 返乡创业研究问题的识别 ………………………………… 61

**第二章 理论自觉：创业选择研究的转向** ……………………………… 66
 第一节 结构与理性：创业选择研究的两类传统 ………………… 66
 第二节 行动与互动：返乡创业选择研究的起点 ………………… 83
 第三节 解释与建构：返乡创业选择研究的转向 ………………… 89

**第三章 方法诠释：走向开放的个案研究** ……………………………… 95
 第一节 返乡创业选择研究的方法理路 …………………………… 95
 第二节 返乡创业研究的个案选取过程 …………………………… 117
 第三节 返乡创业研究个案的类别分析 …………………………… 125

**第四章 外出打工：劳动与生活的解构** ………………………………… 134
 第一节 想象的彼岸与美好的生活 ………………………………… 134
 第二节 集体缺失下的个体利益释放 ……………………………… 148
 第三节 失序生活状态下的劳动形式转变 ………………………… 160

**第五章 人在工厂：劳动与生活的分离** ………………………………… 167
 第一节 现代工厂：压缩了的生活空间 …………………………… 167

第二节　身体限度与工资高度…………………………………… 179
　　第三节　情感、关系与工厂生活…………………………………… 197
　　第四节　打工生活的今天与明天…………………………………… 212

第六章　返乡创业：劳动与生活的重塑……………………………… 228
　　第一节　回不去的传统种地生活…………………………………… 229
　　第二节　难以延续的打工生活……………………………………… 243
　　第三节　回归生活的返乡创业选择………………………………… 262

第七章　发现与讨论…………………………………………………… 271
　　第一节　劳动—生活均衡：文化塑造的经济行动………………… 271
　　第二节　返乡创业：一项未尽的研究议题………………………… 282

附录一　有关农民工返乡创业的政策要点…………………………… 285

附录二　返乡创业者个案信息………………………………………… 288

参考文献………………………………………………………………… 291

后　记…………………………………………………………………… 306

# 图目录

图 0-1 农民工返乡创业群体规模变化示意图 ………… 25
图 2-1 经济行动实践形式考量取向示意图 ………… 93
图 5-1 计时工资与计件工资的差异示意图 ………… 185
图 5-2 同一工厂中打工者工资的正态分布图 ………… 188
图 5-3 老人与小孩精力对比示意图 ………… 205
图 6-1 打工生活面子与时间关系示意图 ………… 256
图 7-1 农村外出打工者返乡创业历程示意图 ………… 276
图 7-2 劳动—生活关系变化示意图 ………… 281

# 表目录

| | | |
|---|---|---|
| 表0-1 | 有关返乡创业概念界定的要点 | 30 |
| 表1-1 | 萌芽初现期返乡创业研究内容 | 40 |
| 表1-2 | 有关返乡创业现象的非正式表达 | 51 |
| 表1-3 | 外出打工者回家后打算做什么 | 59 |
| 表2-1 | 结构分析与理性分析比较 | 81 |
| 表4-1 | 城市社会与农村社会生活方式的三维比较 | 147 |
| 表4-2 | 中国农村分田到户初期劳动与消费的关系 | 150 |
| 表4-3 | 农村居民家庭食品消费支出与价格上升情况 | 153 |
| 表4-4 | 农村居民家庭平均每百户耐用消费品拥有量 | 154 |
| 表4-5 | 农村居民家庭平均每百户耐用消费品拥有量 | 155 |
| 表4-6 | 农村居民家庭新建房屋和居住情况 | 159 |
| 表5-1 | 打工者眼中大厂与小厂的差异 | 169 |
| 表5-2 | ××鞋厂作息时间安排 | 169 |
| 表5-3 | 东莞、温州、襄阳三地打工者工资比较 | 180 |
| 表5-4 | 打工者月工资情况 | 183 |
| 表6-1 | 2009年种地每亩收益情况 | 234 |
| 表6-2 | 湖北省耕地面积情况 | 235 |
| 表6-3 | 返乡创业者返乡前的收入情况 | 250 |
| 表6-4 | 农村外出打工者理想中的美好生活 | 267 |
| 表7-1 | 劳动辛苦度与生活满意度的关系 | 280 |

# 绪 论

市场经济的兴盛不仅引致了中国经济"奇迹"的出现，而且改变了社会成员的劳动方式和生活形态。日常生活市场化俨然已经成为社会常态，如传统社会中自给自足的生活方式已经被现代多元化的市场消费模式所替代，传统小农经济农业的经营模式也开始转向"资本化"、"公司化"和"规模化"……对于社会成员而言，在市场化社会（marketization of society）[①]中，我们不仅一生与经济活动保持着密切的关系，并且用日常生活承载着微观实在当中的市场实践。面对纷繁复杂的市场化社会，"创造经济效益"已经成为社会成员的行动目标和准则，"如何创造经济效益"或者"提高经济效益"则相应成为社会成员的行动逻辑。环顾现实生活，经济因素的介入使得原有文化价值体系下的社会行动呈现多种多样的形式，而其内在机制逐渐趋向"一切向钱看"、"用钱摆平一切"的逻辑[②]。如何有效理解和解释现实生活中社会成员的经济活动形式及其逻辑？有的以传统理念来反观个体的经济活动，总是判定其为"吊诡"；有的以市场理性进行思索，其又难以符合社会的道德标准，故经常斥之为"荒谬"等。从经验事

---

[①] 根据卡尔·波兰尼对市场社会的界定（市场社会的形成源于劳动力、土地与货币的商品化），王绍光将中国市场社会的历程划分为四个阶段，第一个阶段是市场的出现（1979—1984年），第二个阶段是市场制度的出现（1985—1992年），第三个阶段是市场社会的出现（1993—1999年），第四个阶段是社会市场的转变（2000年至今）。无论是市场化社会，还是社会市场化，两者都强调市场是资源配置的主要方式，用市场原则干预社会生活。本书运用"市场化社会"概念，一方面强调市场"入侵"社会是一个动态的过程，到目前为止仍然未全面实现，另一方面主要强调市场机制及市场原则在现实生活中所产生的影响。

[②] 在市场化社会中，社会成员对货币化的"钱"有较高的敏感度，不仅在自我经济活动逻辑中会"向钱看"，而且在交往过程中，总是习惯将对方的经济活动定格于"向钱看"的逻辑之中。

实上升到社会科学知识层面，韦伯曾将具有"经济取向"（wirtschaftlich orientier），并以效用（nutzleistungen）形式来满足社会成员需求的行动具体化为"经济行动"①。在韦伯看来，无论是家计型经济行动，还是营利型经济行动②，理性的经济行动之中存在相应的目的理性，或言经济和社会关系作用着行动主体的市场安排。面对纷繁复杂的社会以及丰富多彩的经济行动形式，支配着经济行动的"自然法"化约为经济理性、社会理性等。对于经济行动主体而言，行动的逻辑无非在于市场的逻辑、社会的逻辑，抑或社会—经济混合的逻辑等。置放于本土市场化社会之中，有别于西方社会价值观念的经济行动逻辑究竟为新自由主义经济思想所奴役，还是深受传统社会文化思想所影响，也相应地成为社会科学知识体系中颇具争议的焦点③。联系理论与实践，为了更深入地认识和理解实践中经济行动的构成以及市场秩序的构建，市场化社会中经济形式安排的逻辑也因此构成本研究的核心问题。在绪论部分，我将着力阐述本研究的主题、载体以及思路和脉络，以此明确本研究的目的以及更好地理解本研究的过程与意义。

## 第一节　研究主题：市场化社会中经济行动的逻辑

分析市场化社会中经济行动的逻辑已经是我们理解和把握当前社会运行

---

① 以行为的可解释性作为理解的基础，韦伯所论述的"经济行动"并不必然是"社会行动"。在排除将其视为"心理"现象的误识之后，只有包容现代的营利经济，并且以较为和平的形式实现资源配置的活动方能赋予"经济行动"形式。韦伯的理解可以说是以经济学为基础，但又超越了简单的经济学解释，把"社会关系和利益"纳入经济行动之中，并且将个体在经济活动中的生物性行为（behavior）转换到社会性的行动（action）。具体可参见〔德〕马克斯·韦伯《经济行动与社会团体》，康乐、简惠美译，广西师范大学出版社2010年版，第117页。

② 在韦伯的研究中，他区分了两种经济行动类型，一种是家计型经济行动，主要指为了取得他人财货以供自身使用，而持续地使用与取得财货（无论是通过生产或交换）；另一种是营利型经济行动，主要指行动在于争取机会以获得（某次或一而再有规律地、持续不断地）对财货的新处分权，并且以营利机会为取向。在本研究看来，无论哪一种类型的经济行动，皆属于市场化社会中的经济行动形式，只是不同的经济行动形式所承受的支配机制不同，而对经济行动支配机制的探讨也正是本研究的目的之所在。

③ 从经济学到社会学，从韦伯到格兰诺维特等，都将经济行动研究视为学科内部一个较为基础性话题。这也正像斯维德伯格等所阐明的那样，经济行动的研究是社会科学理论大厦的基础，所以要将基础打实，否则理论大厦将由于根基不稳而倾斜。在我们看来，在构建本土化社会科学的过程中，学者首要重视对经济行动的细致分析，明确经济行动的性质及其逻辑。

机制的重要维度。如何将已有的理论分析与现实生活中的经济行动相联系，需要我们首先厘清现实生活中市场化社会经济行动的生成、表现以及相应特征，然后回到理论之中，归纳和构建有关经济行动逻辑分析的既有知识体系，以此深入分析有关本土市场化社会中经济形式安排逻辑的相关主题。

## 一 市场化社会中的经济行动

市场化的过程不仅意味资源配置形式的转变，同时也意味着市场中社会成员的经济行动将发生变化，如从被动的选择形式走向积极主动的选择形式，从单一的样式转变为多样化的状态等等。影响社会成员经济行动变化的因素可归纳为主观和客观两个方面。在客观方面，一方面，制度转型为社会成员的经济行动提供了必要的活动空间，特别在赋予选择性经济行动的合法性与正当性的过程中[①]，促成了社会成员可以进行多样化的行动选择。例如，在非市场化社会中，特别在计划经济时代，私自从事副业或者倒买倒卖行为被贴上"投机倒把"的标签。在"割资本主义尾巴"的制度安排中，私自的市场交易行为轻则会受到被没收相关产品的处罚，重则要接受法律的制裁。随着市场机制被引入到再分配经济中的时候，社会成员在市场中的合法交易行为受到制度的保护，并不断得到政策的鼓励，如1983年中共中央所印发的《当前农村经济政策若干问题》中明确规定"允许资金、技术、劳力一定程度的流动和多种方式的结合"、"农村个体商业和各种服务业，应当适当加以发展，并给予必要扶持。农民个人或合伙进行长途贩运，有利于扩大农副产品销售，有利于解决产地积压、销地缺货的矛盾，也应当允许"[②]。随着市场制度的建立与完善，市场中经济行动的合法性也不断稳固，国家从制度安排层面对社会成员的行动选择进行保护。破坏经济行动选择行为及剥夺社会成员经济行动选择权利的行为在政策法规层面被视为非法行为，并将受到社会法律的制裁。如在当前职业选择过程中，对于因性别差异而歧视女性劳动者以及剥夺她们的就业选择机会都被视为违法行为。由此可见，国家从社会生活安排中退出以及市场机制的作用改变了社会成员以往的经济行动形式，并且市场化社会中的经济形式受到制度认同。另一方面，市场在资源配置的过程中所发挥的决定性作用为社会成员的经济行动提供了丰富的选择对象。在市场化社会中，市场机制的作用关键在于重视市场中的竞争、价格等要素，并且其会致使原有的

---

[①] 陈文超：《制度转型与农民工自雇行动选择空间的塑造》，《发展研究》2013年第8期。
[②] 《当前农村经济政策若干问题》（摘要），《人民日报》1983年4月10日。

供求关系在市场机制中将发生改变。在供给主体方面，与非市场化社会时期的供求进行比较，特别是相区别于计划经济时期的供求关系，市场化社会中的供给主体由国家及单位转变为国家、市场及社会组织等多元主体，如在劳动职业岗位的提供过程中，以往社会成员的选择仅仅被限制在国家供给范围之内，但此时不仅仅有国家及政府部门所提供的行政工作岗位、事业单位工作岗位，还有外资企业等所提供的多种形式的劳动岗位。相对而言，前者提供的劳动岗位数量较为有限，给予社会成员的选择机会较少，而后者提供的劳动岗位数量较多，给予社会成员的经济行动选择空间较大。从经验事实可知，在劳动形式方面，计划经济时期的农业户籍人口多被限制在农业生产空间之中，而市场社会打破了这种限制，农业户籍人口不仅可以经营土地，并且可以"进城开店设坊、兴办服务业、提供各种劳务"①。通过比较分析可以发现，供给主体的变化为需求者提供了较多的劳动形式及劳动岗位，同时为社会成员的行动选择提供了多种形式的客观对象。简而言之，社会制度的转型以及市场机制在资源配置过程中所发挥的决定性作用使得市场化社会中的经济行动呈现出多样化的特征，同时为社会成员的行动的多元化选择提供了客观条件。

在主观方面，社会成员所拥有的主体性和能动性则将市场化社会中的经济行动选择从想象走向事实。对于经济行动主体来说，他们的行动嵌入社会结构之中，行动也必然承受社会结构因素的制约。但是，对于具有能动性和自主性的社会成员而言，虽然难以走出"结构—行动"的困境②，可他们也并不会因此放弃自身的选择权利而"束手就擒"。相反，在现实生活中，他们会积极主动地参与日常经济活动之中，在经济活动中不断地进行理性的行动选择③，以期实现行动的目标。以计划经济时期的农民行为为例，高王凌通过对人民公社时期农民与集体互动行为的研究，发现"事实上许多农民远非如许多人想象的那样是一个制度的被动接受者，他们有着自己的期望、思想和要求。他们一直有着'反道而行'的'对应'行为，

---

① 《中共中央、国务院关于进一步活跃农村经济的十项政策》，《人民日报》1985 年 3 月 25 日。
② 叶启政：《进出"结构—行动"的困境：与当代西方社会学理论论述对话》，三民书局 2004 年版。
③ 对于行动主体是否具有理性，以往的研究曾进行过多学科的讨论。我们认为，所有的行动主体都具有理性，例如文化理性、经济理性等。对于这一理性判定，我们认为这并不是分析的假定，而是社会事实。探究市场化社会中社会成员的行动逻辑需要以此作为研究的基本出发点。

从而以不易察觉的方式改变、修正，或是消解着上级的政策和制度"①。对于生活在市场化社会之中的社会成员而言，虽然他们的经济行动目标已经不再是"为了填饱肚子"，但是经济行动主体的利益的、价值的追求一直作为人类社会发展的动力机制存在。② 从某种意义上说，经济行动主体应对社会结构限制的行动策略一直得到延续，并作为习性而构建成一种有结构的和促结构化的行为倾向系统。③ 如在当前的劳动力市场中，无论对于城市居民而言，还是对于农村居民而言，无论对于年老的劳动力而言，还是对于年轻的劳动力而言，实践中的经济行动主体都在积极利用多样化的策略和技术实现自身的经济行动目标。相对于非市场化社会中政府对经济行动主体的工作形式进行配置，在市场化社会中经济行动主体则进一步扩展自身的经济行动选择空间，在多重比较过程中，选择符合自身利益或偏好的经济行动形式，如大学生在"双向选择"的制度约束下利用各种手段和形式寻找符合自身价值与目标追求的工作岗位。对于农村流动人口而言，作为已经商品化的劳动力，在面对劳动力市场中的歧视或结构性限制条件时，他们也会采取各种策略"趋利避害"，最优化地实现自身行动目标。他们既可以选择受雇于他者的打工经济活动，也可以选择自己做老板的自主经营活动。质言之，在具有经济行动选择的条件下，行动主体将会进行必要的选择。事实上，也正是他们的能动性选择丰富了市场化社会中经济活动形式，使城乡劳动力市场呈现多样化的状态。相对于结构性限制因素而言，经济行动者的能动性坐实了经济行动选择，促使经济行动从想象走向现实。

回到现实生活中，在资源配置制度转型与经济行动者能动性的共同作用下，市场化社会的经济活动形式丰富多样。随着市场化进程的加快，市场这只无形的手在资源配置过程中的支配地位越来越明显。与之相对应，社会成员的经济行动选择空间也越来越大。在社会成员的自主性得到不断释放的结构之中，经济行动形式呈现多样性。并且，社会成员的诸多经济行动的"商品化"痕迹越来越明显，如"劳动力的使用，可以在一种称为工资之价格下普遍地被买卖"④，婚姻对象的选择以及婚姻的实现与经济实

---

① 高王凌：《人民公社时期中国农民"反行为"调查》，中共党史出版社2006年版，第192页。
② 肖瑛：《从"国家与社会"到"制度与生活"：中国社会变迁研究的视角转换》，《中国社会科学》2014年第9期。
③〔法〕皮埃尔·布迪厄：《实践感》，蒋梓骅译，译林出版社2003年版，第79页。
④〔匈牙利〕卡尔·波兰尼：《巨变——当代政治与经济的起源》，黄树民译，社会科学文献出版社2003年版，第239页。

力有着较密切的关系,等等。特别在经济活动遭遇困境或遇到瓶颈的情景下,经济因素的介入似乎又总能"摆平一切"。对于现实生活中的社会成员而言,这无疑从另一面促使他们在实践中"向钱看",习惯在市场化社会中"用钱解决问题"。简而言之,市场化的影响已经覆盖社会成员的劳动形式和生活方式,社会成员的经济行动逻辑之中处处呈现着市场逻辑的影子。在日常生活中,社会成员也习惯于用各种形式评价经济行动的逻辑,如道德习俗、工具策略等,尤其习惯用"势力"、"功利"等"绑架"社会成员的经济行动,将一些非经济行动类型的社会行动逐渐导向经济行动类型。如何审视市场化社会中经济行动的逻辑,不仅需要走向客观、真实的经济行动,更需要从大众话语走向科学话语。因此,深入分析市场化社会中经济行动的结构及其动力机制也成为社会科学界较为关注的话题。

## 二 市场化社会中经济行动的三种解释

作为市场化社会中的实践活动,经济行动的不同特性受到诸多学科学者的关注,并且分别被不同学科学者从不同的视角加以阐明。其中,对于"哪些因素影响社会成员的经济活动安排"的问题,社会因素和经济因素一直被视为核心要素,围绕两者在经济活动安排中的作用,在社会科学话语表达中业已形成三种解释传统。

第一种解释来源于经济学家的分析。他们以个体主义作为研究的起点,强调经济利益驱动。[①] 作为有目的的行动,行动的主体不断在选择、在决策、在努力达到某个目标。[②] 在经济活动安排的过程中,行动的目标也因此构成社会成员行动主体安排经济活动的影响因素。其中,在米塞斯看来:

> 在选择的时候,人们不仅仅在各种物质产品和服务之间,而且在所有人类价值之间进行取舍。所有的目的与手段,无论是现实的还是理想的,崇高的或低下的,光荣的或卑鄙的,皆构成供人取舍的序列,人们择其一而舍其余。人们之所以所趋或所避,无一遗漏地在此排列

---

[①] 对人的行为的分析,经济学内部也存在较大的分歧,如奥地利学派主张从真实的人类行为出发,在"过程"之中探究人类行为的目的性等;而新古典经济学强调超验与经验的结合,在"均衡"的视野下将人的行为高度抽象和简化,然后分析经济现象等。对此分析,具体可参见朱海就《市场的本质:人类行为的视角与方法》,格致出版社、上海人民出版社2009年版。

[②] 〔奥地利〕路德维希·冯·米塞斯:《人的行动——关于经济学的论文》,余晖译,上海人民出版社2009年版,第5、19页。

之中，这个排列，也即独一无二地等级偏好表。①

作为人类行为的基本规则，偏好的等级序列决定了行动主体的经济活动安排的内容和形式。对于等级偏好的建构在经济人假设下，米塞斯将价值等级填充其中。他认为行动与需求价值相关联，而需求价值在于提高物资生活水平②，并提出行动的效用与行为主体利益间关联性的命题③。相应于经济学科的分析范畴，米塞斯对行动手段和目的的经济认知为我们理解经济活动安排的影响因素提供了经济逻辑的思路。延续经济逻辑的分析思路，贝克尔以最大化行为、市场均衡和偏好稳定的综合假定为核心，建构了能用于解释全部人类行为的经济分析方法。在他看来，人类一切行动皆可视为经济活动。在经济活动安排过程中，通过积累适量信息和其他市场投入要素，行动者使源于一组稳定偏好的效用达至最大。④ 例如，在生育行为方面，作为经济活动安排一种形式的生育行为，它主要受到收入因素的影响，收入的增长既会增加所希望的子女数量，又会增加所希望的子女质量等。⑤ 与之相似，舒尔茨在讨论改造传统农业的过程中强调理性的农民在利益刺激过程中会选择创新农业发展的方式。⑥ 在经济学体系之中，无论米塞斯的分析，还是贝克尔的分析以及舒尔茨的分析业已成为对个体经济活动安排进行分析的经典之作，为研究现实生活中社会成员的经济活动安排现象提供了思路。

回到本土实践中，经济活动的安排与经济因素难以分割，如从进城农民的视角分析农村劳动力大规模进入城镇打工的现象，在于城市劳动力市场提供了较高报酬的劳动就业机会。在利益驱动之下，特别在利益比较过

---

① 〔奥地利〕路德维希·冯·米塞斯：《人的行动——关于经济学的论文》，余晖译，上海人民出版社2009年版，第5、6页。

② 〔奥地利〕路德维希·冯·米塞斯：《人的行动——关于经济学的论文》，余晖译，上海人民出版社2009年版，第5、6页。

③ 哈耶克曾以动态的视域审视物质条件与理想目标间的关系。他认为，"我们这一代人好似不像自己的父辈或祖父辈那样对经济方面的因素考虑过了"，"也不愿意为所谓的经济理由而牺牲自己的任何要求"，理想目标更多在于寻求自己的正当自由。哈耶克的论述看似转向非经济命题论述之中，事实上仍然延续着经济学的分析路径及其假设。具体参见〔英〕哈耶克《通往奴役之路》，王明毅等译，中国社会科学出版社2010年版，第216、217页。

④ 〔美〕加里·S.贝克尔：《人类行为的经济分析》，王业宇、陈琪译，格致出版社、上海三联书店、上海人民出版社2008年版，第19页。

⑤ 〔美〕加里·S.贝克尔：《人类行为的经济分析》，王业宇、陈琪译，格致出版社、上海三联书店、上海人民出版社2008年版，第218页。

⑥ 〔美〕西奥多·W.舒尔茨：《改造传统农业》，梁小民译，商务印书馆1987年版。

程中，比较利益驱动着农村人口向城市流动，并演绎出离土不离乡、离土又离乡等流动历程。观察改革开放30多年来农民进城的轨迹，不难发现，进城务工、经商等经济行动中贯穿着市场经济逻辑。当城镇劳动力市场中所提供的利益较低的时候，甚至低于农村社会的劳动报酬时，农民向城市流动的可能性较小。当城市提供的劳动报酬较高时，许多农民则宁愿抛荒土地，也要向城市流动。在劳动过程中，其为了经济利益，可以采取"割喉式"的策略。因此，对于经济行动的主体而言，在经济分析框架之中，"经济人"假设及效用最大化原则使得我们相信行动主体趋利而动。特别是当经济活动中的其他影响因素化约为利益要素时，行动的经济逻辑为我们理解市场化社会中成员的经济活动安排提供了支撑点。虽然许多人明白问题的剖析绝对不能单纯奉行"市场原教旨主义"，可是从对现象的观察来看，人们又难以脱离经济范畴，并且在经济全球化的资本扩张期，"金钱"、"货币"所流露出的魅力和作用以及它们所承载的经济利益价值刺激着每一个人的神经，重塑了社会成员的行动逻辑。社会成员的经济行动逻辑习惯性地遵循市场规则，体现出较为明显的经济取向。对于这种现象的观察，黄宗智从整体层面出发，认为当前"新自由主义"在中国社会中处于"霸权"地位，作用着社会的运行，其影响度远远超过对美国的影响。[①]

第二种解释主要来源于非经济分析视角的阐释，如社会文化研究等。与经济分析逻辑不同，非经济分析主要从金钱在社会经济活动中的影响出发，以反思性的态度强调传统文化、社会关系等在经济行动过程中的作用，进而建构了市场化社会中经济行动的社会逻辑。如对于农民进城现象的分析，社会学的诸多研究认为，农民进城就业并不是一种纯经济现象，而与社会历史文化有着较为密切的关系，强调外出流动与社会化中的身份、个人经历以及社会结构性因素间的关系，并以此提出农民进城的社会逻辑。[②]事实上，对于经济行动的社会逻辑早在经典社会学理论中已有深入的讨论，如齐美尔对于货币不断渗透经济活动之中的现象评论道：

> 大多数的现代人在他们生命的大部分时间里都必须把赚钱当作首要的追求目标，由此他们产生了这样的想法，认为生活中的所有幸福和所有最终满足，都与一定数量的金钱紧密地联系在一起。在内心中，货币从一种纯粹的手段和前提条件成长为最终的目的。……在促使价

---

[①] 黄宗智：《我们要做什么样的学术？国内十年教学回顾》，《开放时代》2012年第1期。
[②] 李培林主编《农民工：中国进城农民工的经济社会分析》，社会科学文献出版社2003年版。

值意识集中在金钱身上的那些环境不再存在之后，金钱自己就暴露出作为纯粹手段的特征，即一旦生活只关注金钱，这种手段就变得没有用处和不能令人满意——金钱只是通向最终价值的桥梁，而人是无法栖居在桥上的。①

经济活动中行动主体与货币之间的关系越来越密切，甚至在生活之中形成了以货币为核心的活动支配机制。在齐美尔（也译作西美尔、齐默尔）看来，货币因素的介入使得社会成员混淆了行动过程中的手段和目的，以至于将货币作为手段的目标，围绕着货币的数量进行活动。这无疑削减了行动的效用和生活的意义。因此，在重新审视经济和社会的关系中，齐美尔认为，经济行动的目的在于社会意义，而货币只是作为达到经济行动目的的手段。如果扭曲两者之间的关系，那么生活的秩序将受到严重的影响，出现当前市场化社会中严重的"异化"现象。② 重置经济与社会两者之间的关系状态，在齐美尔看来：

> 如果说经济似乎是自觉决定其它一切文化领域的，那么，这个颇有诱惑性的假象的实际情况是，经济本身是由社会的演绎来决定的，社会的演绎同样也决定其它一切文化形态。经济形式仅仅是一个建立在单纯社会结构的关系和转变之上的"上层建筑"，社会结构构成了历史的终审，其它一切生活无疑都是与经济平行的。③

在复杂的经济活动中，经济嵌入于社会结构之中，经济因素的形式作用需要通过社会因素的审核之后才能发挥。在市场化社会中，社会成员的经济活动必须按照社会的规则进行安排，否则当其"出牌"逻辑违背社会逻辑之时，经济行动便无法付诸实践或收效甚微。与齐美尔的文化分析视角相似，本土的儒家学者梁漱溟则从社会本位的情境与结构出发进行分析，强调"人情为重，财务斯轻"、"经济上皆彼此顾恤，互相负责；有不然者，

---

① 〔德〕西美尔：《金钱、性别、现代生活风格》，顾仁明译，学林出版社 2000 年版，第 10 页。
② 在市场化社会中，人们的社会价值观念已经"转型"或被"重塑"，行为完全受"拜金主义"思想左右，抑或被"工具理性"价值观支配。然而，仅仅单纯追求物质利益，经济活动的意义以及社会成员的存在感便会丧失，社会成员及我们的社会也好似行走在一条危险的道路上。如果市场脱离社会，社会成员在"市场经济秩序"中"疯狂"地展现必要的经济理性，最终将难以逃脱"过度劳累"和严重的"情感异化"。
③ 〔德〕齐美尔：《桥与门——齐美尔随笔集》，涯鸿、宇声等译，上海三联书店 1991 年版，第 248 页。

群指目以为不义"①。在梁漱溟看来，文化消解着经济活动安排中的经济理性，要求社会成员注重情谊伦理，不能因为钱财而违背社会之"理"。质言之，社会成员在经济活动安排中的行动逻辑必须符合社会文化的要求。从日常生活的经验出发，费孝通也认为，人的行动动机经过文化的陶冶才能符合生存条件，行动的形式与内容由文化决定。② 与经济分析视角相比较，对于经济活动安排影响因素的分析，非经济分析视角已经从形式层面转向实质层面，重视经济行动的结果及社会意义，并且较为重视社会文化因素对经济活动安排所呈现出来的约束和限制性作用。

第三种解释主要来自于经济与社会文化综合分析的维度，主要强调经济因素与社会因素相互交织，共同作用着经济活动的安排。在市场化社会中，作为理性的社会成员自然会趋利而动，为了金钱而采取各种手段，甚至有时候将获得更多数量的金钱作为目标。与此同时，社会成员生活在群体之中，不仅与群体内其他社会成员发生联系，同时受到社会群体结构性因素的影响，如社会文化因素的制约等。对于研究者而言，分析经济活动安排的影响因素目的在于明晰社会成员的真实的行动逻辑，这势必要展开全面而客观的分析与研究。研究者如果在分析过程中忽视行动的经济影响因素，则会陷入一种"掩耳盗铃"的滑稽状态。如果一味地强调经济行动中的经济理性，对社会文化等影响因素视而不见，将社会成员与社会割裂，以原子化的方式孤立对待，势必又会走向另一极端。审视这两种方式，无论哪一种，都难以真实地展现经济活动安排中社会成员的经济行动逻辑。反思和批判这两种研究思路，泽利泽将其分别总结为"分离领域"观和"敌对世界"观。

> "分离领域"教条或学说设定了两个独特的社会生活领域，一个以理性效率为导向，另一个以情感与团结为导向。根据这种学说或教条，每个领域各自独立存在，并或多或少和谐地独自运行。"敌对世界"模型则断言，如果这两个领域发生密切地交叉或接触，就会相互侵蚀、玷污；如果理性计算渗透到情感领域，就会腐蚀、消解团结，而如果情感渗透到理性领域，就会损害、降低效率。③

---

① 梁漱溟：《中国文化要义》，上海人民出版社2005年版，第74页。
② 费孝通：《乡土中国 生育制度》，北京大学出版社1998年版，第83、85页。
③ 〔美〕薇薇安娜·A.泽利泽：《亲密关系的购买》，姚伟、刘永强译，上海人民出版社2009年版，中文版序言第2、3页。

无论是"分离领域"观，还是"敌对世界"观，都与现实生活中经济活动的经验不相符合，成为一种虚构或神话。为此，摒弃"分离领域"观和"敌对世界"观，泽利泽提出了一种"联系的生活"（connected lives）观。一方面，其强调经济活动的安排以社会为基础，社会文化与关系的介入能够创造出更好的经济安排；另一方面，其强调在分析经济过程时有必要从整体出发，避免割裂的分析形式。① 简而言之，"联系的生活"观在实质层面强调经济与社会的融合关系，尤其重视社会在经济活动安排中的正向功能发挥；在形式层面重视整体分析方法以及社会结构论与文化论的均衡分析方法②。

与"联系的生活"观分析思路相似，布迪厄也试图整合经济与社会的分析路径，提出经济活动安排中行动的"实践逻辑"，即经济逻辑与非经济逻辑的统一，并以此化约为经济主义还原论和社会集团中心主义还原论。在他看来，在关系型社会场域中，经济与非经济并未分离，经济主义有特定的合理性，但纯粹的经济利益的追求可能被一些明确的规范和默示的指令打消，经济活动的安排也并不按照追求最大利润（货币）的利益规律运转。③ 反思经济逻辑的形式，并不意味着要隐瞒经济行为的真实性，关键在于从实践中把握经济活动的主体性，超越和反驳功利主义，重视人类行为的多义性和多功能性。④

与布迪厄所强调的把握实践中经济活动的主体性相似，萨林斯注重返回实际研究之中。通过对各类民族志资料的梳理以及自身田野观察资料的分析，萨林斯得出了与"联系的生活"观逻辑相似的观点，即"物质实践由文化构成"。他认为，"对经济活动的理解，离不开与其息息相关的生活领域：经济活动是具体生活形式中，价值体系与社会关系的物质表述"⑤。在经济的形式论分析之中，文化被视为外在因素，经济关系才是社会的本

---

① 〔美〕薇薇安娜·A. 泽利泽：《亲密关系的购买》，姚伟、刘永强译，上海人民出版社 2009 年版，中文版序言第 3 页。
② 与关系等社会结构因素的影响不同，社会文化视角下的经济分析凸显经济活动安排中的社会意义，强调行动过程中的文化规范作用等。在泽利泽看来，从文化的视角解读经济活动或经济安排，有利于我们反思以往的社会结构论观点，但这并不意味着要陷入"文化绝对论"之中，而是强调将社会结构与文化等因素都纳入对经济的分析中。
③ 〔法〕皮埃尔·布尔迪厄：《实践理性——关于行为理论》，谭立德译，生活·读书·新知三联书店 2007 年版，第 141、154 页。
④ 〔法〕皮埃尔·布迪厄：《实践感》，蒋梓骅译，译林出版社 2003 年版，第 180 页。
⑤ 〔美〕马歇尔·萨林斯：《石器时代经济学》，张经纬、郑少雄、张帆译，生活·读书·新知三联书店 2009 年版，前言。

质。与经济的形式论分析不同，萨林斯的分析着重于经济活动（行动）的实质内涵，从经验之中寻求合理性的解释。因此，在具体研究之中，萨林斯强调摒除惯有的知识体系，从实地出发进行理解[①]：

> 经济理性或物质理性根植于一个庞大的文化体系，这一体系由事物的逻辑——意义属性与人们之间的文化构成。[②]

作为文化的一种表述，经济理性与文化实践之间不仅不是深刻的对立，而且日常生活中各种社会经济事实需要运用文化背景或文化因素予以解释。相对于经济的形式论分析而言，经济的实质论分析摒弃了以金钱理性解释日常生活中经济活动（行动）形式层面分析方式，相应也消除了有关经济理解的"错误观念"。在经济实质论分析者看来，社会成员的经济活动（行动）的生成并非在于客观的"技术"，而在于文化因素的作用，并且经济理性相对来说也是文化实践的形式与结果。简而言之，多样化的经济活动（行动）是不同时空背景之中的文化实践。置放于市场化背景之中，虽然萨林斯的分析对象涉及的是原始民族社会的经济活动（行动），但对于理解市场化社会中的诸多经济行动仍然有着较大的启发意义，强化了从"联系的生活"观路径理解经济行动。

相比较其他两种分析形式，"联系的生活"观、"物质实践的文化构成"观及"实践逻辑"的视角将我们对有关经济活动安排影响因素的理解以及其经济行动的逻辑向前推进了一步。在理解和解释市场化社会中的经济行动时，如果仅仅从经济效益维度进行思考和分析，社会成员的经济行动必定将被定格在经济属性，社会成员也将仅仅被看作一群善于计算的经济理性人。如日常生活中的婚姻选择行动、"礼尚往来"行动等。虽然此类视角也能给予我们一种较为圆满的解释，但是相对于客观的社会真实而言，则相去甚远，甚至产生了一类"错误的观念"。如婚姻选择行动仅仅沦落为功利主义的附庸形式。相反，仅仅从文化视角进行考虑，忽视经济因素，那么走入了另一种极端形式，成为盲目的文化崇拜者。如在婚姻选择行动中，

---

[①] 对于经济人类学的诸多观点，萨林斯持一种批判的态度。他认为，受经济主义（economism）的影响，主流的经济人类学研究无视经济的文化形式，强调文化只是一种外在因素，经济关系才是社会的本质。事实上，回到经济活动的本质，理性只是文化的一种表述，它表现为围绕物质使用的意义体系。因此，在他看来，有必要"向经济人类学说再见"，建立一种真正的"人类学的经济学"（anthropological economics）。

[②] 〔美〕马歇尔·萨林斯：《石器时代经济学》，张经纬、郑少雄、张帆译，生活·读书·新知三联书店 2009 年版，前言。

缺少必要的经济基础势必将婚姻停留在"想象之中"。因此，从社会文化层面进行思考，在注重经济行动的经济要素的同时，更要看到经济行动背后的文化要素。从经济行动选择的生成角度而言，其影响因素在于经济行动背后的社会属性，或者说经济行动选择的社会指向等，如社会地位、关系网络等。概括而言，"联系的生活"观不仅强调从社会文化视角进行综合考虑，同时注重回到社会客观事实经验之中①，并且深入经济行动的结构之中，故"联系的生活"观的解释更加趋近社会事实的客观真实性。然而，在强调"联系的生活"观的解释传统同时，也要看到其所存在的一些未予以重视之处。回顾已有的文献可以看出，以往的研究仅仅重视经济因素的形式作用受制于社会因素的实践，对于在经济活动安排中经济因素如何作用于社会因素未予以足够的重视，以及经济因素如何影响经济行动未能予以展现，致使我们的理解仍然还处于单向逻辑的理解状态。回到实践之中，作为经济行动的构件，经济因素和社会因素盘根错节，共同影响着经济行动的生成，同时共同构成了经济行动逻辑的复杂性。在复杂的经济行动中，实践经验显示经济因素也在影响着非经济因素，两者之间呈现一种博弈的关系状态。简言之，现实生活中的经济活动并非某一因素单独而为，而是在社会因素与经济因素共同作用下运作。质言之，经济因素与社会因素互为影响因子，并在共同作用下形成了一种合力，进而影响和支配着社会成员的经济行动选择。因此，在探究市场化社会中经济行动规律及其因果关系的过程中，既要考虑到经济行动的经济效益，也要分析社会文化等因素对经济行动的影响，还要注重经济因素与社会文化因素两者之间的关系。否则，有关经济行动的理解仍然处于有失偏颇的状态。对于本土化社会中经济行动的探究而言，若要寻求经济行动的真实逻辑，则需要从实践出发，从经验上升到理论，然后再返回到经验发现。② 在分析经济活动安排的影响因素及经济行动逻辑的过程中，不能采取孤立的视角进行分析，要打破以往割裂的分析状态，从更全面的视角出发，综合经济与社会两类因素对社会成员的经济活动的影响进行分析，并将经济行动中经济因素与社会因素间的关系具体化，以此展现市场化社会中支配社会成员经济行动的机制。

---

① 在本研究看来，"联系的生活"观既有纵向的联系，也有横向的联系。所谓纵向的联系，是强调积淀的文化习性与文化的延续性所产生的影响，如经济活动的传承与传统再造等；横向联系是突出经济与非经济因素的关系，尤其重视非经济因素中的文化对经济行动的塑造等。
② 黄宗智：《学术理论与中国近现代史研究》，《学术界》2010 年第 3 期。

回到现实生活中，结合前面所提出的问题，科学的话语知识要求要理解中国转型期普通大众的"怪异"经济行动，就必须从一种整体主义出发，既要重视经济行动的经济属性，更要重视社会属性；既要赋予经济行动历时性的历史感，也要界定其现实性的时代感；既要分析经济行动的内在结构，同时要关注经济行动的外部基础；既要研究经济行动的客观物理属性，也要注重经济行动的主体性和自主性；等等。因此，从以上论述中，可以看出，本研究的主题——"社会市场化情境与结构中个经济行动的支配机制"，将从现实出发，将特定的经济行动置放于一个广阔的时空背景之中进行探讨，深化对市场经济中社会个体经济行动的认识，以此揭示社会结构及其运行规律，增强社会个体的行动能力，深化经济行动及社会市场秩序的治理。

## 第二节 研究载体：返乡创业现象

理论问题的建构来源于对现实经验的观察和深思。对于本研究而言，探究市场化社会中经济行动的逻辑及其支配机制基于对当前农民工返乡创业现象的认识。随着2008年金融危机的出现，农民工返乡创业现象短时间内迅速充斥于我们的日常生活之中，不仅见诸社会各类媒体，成为社会大众在街头巷尾或茶余饭后谈论的话题，而且成为政府制度安排和政策扶持的重点。在社会科学界，有关返乡创业的问题讨论也形成了一股研究"浪潮"，呈现多样化的状态。围绕农民工返乡创业现象所展开的多元化讨论，一方面强化和加深了我们对农民工返乡创业问题的理解，另一方面由于视角和观点的多样化，农民工返乡创业问题[①]变得扑朔迷离，难以在实践中把握。如社会大众强调农民工返乡创业在于市场经济的刺激，追寻更多的经

---

[①] 农民工返乡创业问题是一个系统性的问题，包括返乡创业经济活动选择、创业经济实体组织经营、创业经济活动效果及其影响等等。在农民工返乡创业系统性问题中，返乡创业经济活动选择问题是基础性问题，不仅和其他问题密切相关，而且关涉农民工返乡创业的性质以及相应的发展趋势。只有明确返乡创业选择的影响因素，才能有针对性地制定政策支持农民工返乡创业，这也是本书所讲的经济行动主体的逻辑与政策安排逻辑"合拍"的基础。从创业经济实体的规模以及经济活动的持续性角度进行分析，只有明确返乡创业选择的影响因素，才能进一步判断返乡创业经济活动的发展趋势。因此，本研究将重点分析农民工返乡创业经济活动的选择问题，回答在劳动力市场之中农民工为什么选择返乡创业经济活动。

济利益,政府的重点则在于将返乡创业和就业、城市社会稳定、新农村建设以及城镇化相联系[①],学界以及相关研究机构则重点讨论返乡创业对于创业主体以及社会发展的功能等。在有关农民工返乡创业现象多样化的认识之中,要正确把握实践中的农民工返乡创业现象,真正实现农民工返乡创业的诸多正向功能,就需要理性看待农民工返乡创业,不能神话农民工返乡创业,也不能诋毁农民工返乡创业,需要消除以往有关农民工返乡创业现象的误识和想象,需要从作为客观社会事实的农民工返乡创业现象入手,借助社会学想象力将农民工返乡创业置于社会结构环境之中进行理解。在社会剧烈转型期,市场经济的盛行与传统文化的再造以及现代科技的创新等构成了当前多元化的社会思潮。因此,联系理论与实践,理解农民工返乡创业选择现象,则需将农民工返乡创业现象置于多元化的思潮之中。从农民工返乡创业现象本体出发来看,农民工选择返乡创业则受到多样化社会因素的影响,有市场经济方面的因素,也有社会文化因素的影响等。上升到理论问题层面进行思考,有关农民工返乡创业问题的理解则相应转化为市场化社会中经济行动的逻辑及其支配机制问题。

　　社会问题的建构需要以社会现象作为基础,社会问题的厘清与阐释更是难以离开客观社会事实。否则,脱离必要的文本或情境结构,问题则变成无源之水或无本之木,失去了存在的意义。因此,理解农民工返乡创业经济行动的选择问题,不能仅仅就选择谈选择,而需要从返乡创业整体层面思考经济行动选择问题。所以,在探究农民工返乡创业经济行动选择影响因素之前有必要从整体层面对农民工返乡创业现象进行审视,明确返乡创业的性质、边界及其发展特征、状况等。以下我们将从整体层面对农民工返乡创业现象进行描述和分析。

---

① 在农民工返乡创业问题中,各级政府部门出台了一系列相关政策,大力鼓励和扶持农民工返乡创业,如在中央政府层面,国务院最早于2006年1月31日在《国务院关于解决农民工问题的若干意见》(国发〔2006〕5号)中明确表示"返乡创业的农民工,带回资金、技术和市场经济观念,直接促进社会主义新农村建设"、"采取优惠政策、鼓励、吸引外出务工农民工回到小城镇创业和居住"等。2006年以来的中央政府部门有关农民工返乡创业政策,对于农民工返乡创业进行政策鼓励和扶持具有相应的连续性,并且农民工返乡创业越来越受到政府部门的重视,如2015年6月17日国务院办公厅发文《国务院办公厅关于支持农民工等人员返乡创业的意见》(国办发〔2015〕47号)强调农民工返乡创业具有与大学生以及退役士兵返乡创业同等的重要性,要"通过大众创业、万众创新使广袤乡镇百业兴旺,可以促就业、增收入,打开新型工业化和农业现代化、城镇化和新农村建设协调发展新局面"。

## 一　返乡创业：次生的社会现象

返乡创业与外出打工相关联。从时间序列上的关系来讲，有外出打工，才有返乡创业。两者之间属于先后承接的经济行动，外出的经济活动在先，返乡创业在后。因为只有向外流动，才有可能返回家乡，或者流回家乡。具体而言，如果没有外出打工、经商与办服务业等行动，社会成员将仍然处于农村社会中，也就无所谓返乡。所以，返乡创业与"外出打工"之间呈现的是一种具有时间序列的相互关联关系。简而言之，返乡创业承接于"外出打工"。

从生产要素的角度而言，返乡创业依附于"外出打工"。在返乡创业过程中，创业经济实体的组织和经营需要必要的生产要素，如人的要素和物的要素等，具体为资金、技术以及管理经验等。对于未有流动经历的农村社会成员而言，则难以获得创业所需的各项资本。相对于未具有外出流动经验的农民而言，外出流动本身是进行经验积累的过程，为返乡创业积累了所需的各项资本，如人力资本、经济资本等，使得返乡创业从想象走向了现实。由此可见，生产要素将返乡创业和"外出打工"两者连接在一起，其通过流动形式将"外出打工"中所积累的各项资本应用到了返乡创业经济活动中。对于返乡创业与"外出打工"间的生产要素传导关系，许多学者给予了充分的重视，如韩俊等人在经验调查的基础上建构了有关返乡创业与"外出打工"间的生产要素传导关系。

> 外出打工孕育着回乡创业，是农民工回乡创业的孵化器。农民从经济不发达的农区流动到改革开放早、市场经济和工业化最活跃的沿海发达地区打工，在生存和竞争压力下，勤奋劳动，边干边学，以适应新的产业和社会环境。打工是锻炼人的大熔炉，企业、市场是培养人的大学校，他们在工业化、现代化先导地区经风雨、见世面，所得到的开放观念和学习的本领，是在传统农区无法获得的。打工的收获不仅在于获得一定劳动报酬，更重要的是打工者本人的成长。……总的概括为人力资本的积累和提高。[①]

从上述论述可知，对返乡创业实践主体而言，一方面对于那些在进城之前尚未形成创业选择意愿的个体来说，打工"孵化了"创业动机；另一

---

[①] 韩俊主编《中国农民工战略问题研究》，上海远东出版社 2009 年版，第 194 页。

方面对于进城之前已经明确将打工视为创业前提的个体来说，打工只是一种暂时性的经济活动，其根本目的在于服务返乡创业，累积返乡创业所需要的相应资本。显然，外出打工提供了返乡创业所需要的基本条件。在逻辑关系上，外出打工是返乡创业的充分条件。如果说在时间序列层面上，返乡创业与外出打工是一种形式上的承接关系，那么在生产要素方面，返乡创业与外出打工是一种实质上的依附关系，外出打工派生出返乡创业。综合时间序列层面的形式关系以及生产要素维度的实质关系，可以得知，相对于外出打工现象而言，返乡创业现象是一种次生的社会现象。

## 二 返乡创业：无独有偶的社会现象

作为一种次生的社会现象，有外出打工，就会有返乡创业。改革开放以来，有文字记载的农民工返乡创业现象出现在20世纪90年代初期[①]。若将返乡创业现象置于整个社会时空之中，那么返乡创业也并非今天特有的社会现象，而在历史时空之中已经是一种普遍存在的现象。在封建社会中，社会中的个体，特指那些没有占有一定生产资料的劳动者，以及由于所占有的生产资料不能维持自身与家庭生活的个人而外出打工，在达官贵人家中帮工，在地主家中做长工等等。因为已经不同于奴隶社会的帮工、长工等缺少必要的人身自由，他们脱离了"奴隶"身份而具有一定的自由，可以在相应的范围内进行流动，可以远离家乡外出打工。当外出打工者积累足够的资本时，或想叶落归根而不愿意再外出打工时，也就出现了回乡创业的社会现象。在历史时空中的返乡创业现象中，最为常见的做法是，回乡购买土地，扩大自己的农地规模，也有部分返乡者从事商业经营行业的活动等等。相对于现代工业社会以来的返乡创业经济活动而言，近代社会以前的返乡创业特征更突出地表现在"衣锦还乡"层面，创业重在强调个人的成就和社会地位等。

---

① 在学者的理解中，返乡创业现象的出现应该远远早于这个记录的时间。因为，文字的记录只是表明返乡创业现象这个时候进入了研究的视野，而非说明这个时候才有返乡创业现象或者返乡创业活动。在社会发展中，当事物较为微小的时候，很难引起众人的注意，但一旦具有规模效应，就有可能成为社会的公共话题和焦点。对于农民工返乡创业现象来说，它也难脱离此种逻辑，之所以受到社会各界的关注关键在于它的功能及影响。特别在金融危机时期，当具有威权象征意义的政府介入并进行广泛的社会动员时，返乡创业的意义自然被提到了较高的地位，格外受到社会众多系统部门的关注，如学术界、新闻媒介、政府事业单位等。受到社会关注的返乡创业现象也因此从一个私性的话题走向一个公共性的话题。在返乡创业性质渐变的漫长过程中，返乡创业经历了从个人行动到家庭事件、从集体行动到社会行动的过程。

进入工业化时代以来，特别当"中国进入机器时代"，一方面，农村劳动力离开土地，进入城市谋求劳动岗位。他们的劳动形式相应也就变成了在城市的工厂中做工，脱离原来的劳动形式进入工厂当工人，同时他们可以选择退厂而从事创业经济活动，或者返乡创业经济活动，如从事小手工业作坊等等。史国衡所撰写的《昆厂劳工》中便有着一部分技工、小工等改变自身的雇工身份而选择自己当店主。① 与之相似，部分在城市之中"破产"的手工业者或商业经营者大多选择回乡再次创业，如经营所熟悉的小作坊等。在历史文献记录以及现实生活中，由于返乡创业而受到重点关注的外出打工者则要数海外华人劳工群体，或者跨出国界的外出打工者群体等。在多种因素影响下，他们外出到异国他乡打工，有些始终没能回来，有些最后回来了。返回家乡的人则利用外出打工期间所积累的各项资本进行创业。② 当乡土社会"遭遇"机器工业，农村社会不仅仅是生活消费的场所，更是劳动经营的场所。面对农村"日益凋敝"的景象，不少农村走出去的有志之士，寄希望于以新的工业技术改造传统乡村社会，进而选择返乡创业经济活动。如费孝通在《江村经济》中所描述的蚕业改革者的经济行动等，在农村社会中创立蚕业改革实验改革机构等。由此可见，与近代以前的衣锦还乡型返乡创业相比，近代工业社会以来的返乡创业经济行动，无论是出于被动，还是主动选择，已经突破传统的"置办良田"形式，重点在于发展农村社会中相关的工业经济形式，强调个人以及农村经济社会的发展。与改革开放以后出现的返乡创业现象相联系，近代工业社会以来的返乡创业虽未成为一股社会"浪潮"，但作为改革开放以来农民工返乡创业的先例，其为农民工返乡创业的经济行动积淀了文化传统。若将改革开放以来的返乡创业现象置于历史时空之中，其也是返乡创业连续统中的一个时段现象而已。

---

① 在《昆厂劳工》中，史国衡强调开店子做包活改变的是他们个人的身份和地位。虽然对于创业的地点等，史国衡并未给予详细介绍，但从有关工人的描述状况来看，退厂的工人之中，有一部分工人从事的是返乡创业类的经济活动等。具体参见史国衡《昆厂劳工》，商务印书馆1946年版，第138页。
② 在沿海地区以及与其他国家接壤地区，跨国流动的打工者较多，并且由于个人的选择不同而产生了社会分化，有的成为现在所说的"华侨"、"华人"等。在不同的历史时段，他们返乡投资的案例并不鲜见。在实践中，有的地方正是因为华侨、华人等回乡投资而逐渐发展起来的，如闽南地区。具体的案例介绍，可以参见一些地方史志，如《广东省·华侨志》。

## 三 返乡创业：政策助推的社会现象

返乡创业现象的兴起不仅在于进城农民因为自身素质的影响而能够抓住机会，更在于国家发展策略和体制选择决定了其发展空间。[①] 由于返乡创业自身的功能影响，农民工返乡创业现象受到社会各个系统部门的关注，尤其受到国家政府部门的重视，并逐渐在制度安排中被寄予较高的社会发展期望，如将其与就业相联系、与社会秩序稳定相联系、与新型城镇化以及农民工市民化相联系，等等。反观返乡创业浪潮，在市场经济进程之中，制度安排与社会政策助推了新时期农民工返乡创业浪潮。作为一项在返乡创业浪潮中扮演着助推作用的变量，有关农民工返乡创业的制度安排和社会政策经历了从非正式逐渐走向正式的过程。以下我们将分析在不同的阶段制度安排和社会政策如何介入和干预农民工返乡创业经济活动。

在20世纪八九十年代，当农民工返乡创业浪潮处于萌芽阶段，农民工返乡创业的功效并未完全凸显时，制度安排和社会政策的助推形式仅仅以非正式的形式进行作用。在具体实践过程中，以中国农村劳动力资源开发研究会等单位为主要代表，其在广泛社会调查的基础上，通过举办"全国'创业之星'经验交流表彰大会"等策略推广返乡创业经验[②]，鼓励广大农村外出打工者返乡创业。从效果而言，树典型的方式取得了一定的成效，一方面利用成功的创业个案和典型的经验，不仅激励了"返乡创业之星"，也激励着潜在的返乡创业者，或者说是鼓动农村外出打工者返乡创业；另一方面，通过"上层路线"[③]，增强了政府部门对返乡创业功效的认同，加快了返乡创业的制度化进程。

随着返乡创业功效逐渐显化，返乡创业逐渐受到各级政府部门，尤其是中央政府部门的高度重视。有关返乡创业的政策助推进入正式制度安排阶段。在正式制度干预过程中，与其它社会政策的制定和实施过程相似，由于社会治理分工的不同，中央政府部门面向全国出台整体性政策及相关决定，地方政府部门则围绕中央政府的政策措施进一步操作化，并将其置

---

① 周其仁：《机会与能力——中国农村劳动力的就业和流动》，《管理世界》1997年第5期。
② 邓鸿勋、陆百甫主编《走出二元结构：创业就业、市民化与新农村建设》，社会科学文献出版社2008年版。
③ 所谓"上层路线"，即通过向政府部门递交调研报告等形式，影响政府部门及其成员对社会现象的看法。对于返乡创业现象而言，人们也正是通过递交调研报告的形式强化了政府部门对返乡创业功效的认识，并获得了政府部门等对农民工返乡创业经济活动的认同，如"转移农村富余劳动力有多种途径，鼓励农民工回乡创业是一条重要的路子"。

于时空之中进行实践。相应而言，中央政府部门的制度安排和决议则是相对应政策的本源。因此，分析农民工返乡创业政策主要也是分析中央政府部门出台的一系列相关政策。

回顾有关农民工返乡创业的一系列政策，从2006年的《国务院关于解决农民工问题的若干意见》（国发〔2006〕5号）到2015年的《国务院办公厅关于支持农民工等人员返乡创业的意见》（国办发〔2015〕47号）已有近十年的历程，具体情况见附录一。从时间层面而言，农民工返乡创业相关政策具有相应的连续性，十年之间从未间断过，或在农民工工作中专门阐述，或在全国就业工作政策中重点指出，或在中央一号文件中明确强调等。从内容层面而言，其一，无论政策如何演变，中央政府部门都对农民工返乡创业持肯定的态度，并要求地方政府以各种形式进行鼓励和扶持，如在拓宽融资渠道方面给予必要的小额贷款、减免税收等等。其二，深入分析相关政策内容，中央政府部门对返乡创业现象的扶持也有着相应的渐进性过程，其政策内容由简单到复杂、由抽象到具体等。在最早有关农民工返乡创业的政策规定［《国务院关于解决农民工问题的若干意见》（国发〔2006〕5号）］中，中央政府部门仅仅认识到"返乡创业的农民工，带回资金、技术和市场经济观念，直接促进社会主义新农村建设"，要"采取优惠政策、鼓励、吸引外出务工农民工回到小城镇创业和居住"[①] 等。到了2015年的相关政策之中，中央政府部门则将支持性政策具体化和全面化，如支持返乡创业的五方面政策措施以及具体的行动计划纲要等。其三，将农民工返乡创业政策置于本土社会的时空之中，中央政府部门的返乡创业政策与所处时空环境中的社会主题相联系，如新农村建设、就业、市民化以及城镇化等。在制度安排的目标之中，政策指向社会问题的解决，而返乡创业是政府部门解决问题的工具和手段。如在金融危机时期，面对大量农民工失业与集中返乡的问题，政府制定政策，要求"抓紧制定扶持农民工返乡创业的具体政策措施，引导掌握了一定技能、积累了一定资金的农民工创业，以创业带动就业"[②] 等。由此可见，农民工返乡创业的政策逻辑在于维持社会的稳定和有序发展，所以政府力推返乡创业经济活动。也正是在政府制度予以肯定的状态下，农民工返乡创业的合法性得到进一步强化，

---

[①] 国务院：《国务院关于解决农民工问题的若干意见》（国发〔2006〕5号），2006年1月31日。

[②] 国务院办公厅：《国务院办公厅关于切实做好当前农民工工作的通知》（国办发〔2008〕130号），2008年12月20日。

农民工返乡创业经济活动的积极性得到相应的鼓励，以此加快了返乡创业浪潮的到来。

在强调社会政策对农民工返乡创业现象的助推作用的同时，也要看到返乡创业有关政策乏力的一面，已经连续实施近十年的返乡创业政策所收到的效果并不明显。返乡创业现象并未实现规划中的蓝图，而且作为工具手段的返乡创业在解决其他社会问题时所发生的作用也相对较小。究其原因，则是多方面因素的影响，但其中有一点需明确，在"用脚投票"的市场化社会环境中，增促国家政策安排的效益，需要将国家政策安排的逻辑与实践中农民工返乡创业的逻辑进行整合，促使两者的节奏合拍。

## 四 返乡创业：浪潮式的社会现象

从历史记载资料来看，改革开放之前存在返乡创业[①]，但尚未形成一种浪潮，即规模化的集体行动。在具体形式层面，参与的人数较少，规模并不大，结果只能引起社会的注意而难以引起社会各系统部门的高度重视。与之不同的是，改革开放以来的返乡创业现象从形式到实质都发生了较大的变化，呈现出了新时期的经济活动特征。

首先，在客观环境方面，在20世纪80年代，经过以及正在经历改革的农村和城市社会为返乡创业经济活动提供了必要的土壤。一方面，城乡二元结构的松动破除了以往对农村劳动力自由流动的限制，农村劳动者可以在城乡之间自由流动，不仅可以进城打工，也可以返乡创业；另一方面，随着市场要素在资源配置过程中的地位不断得到强化和巩固，生产要素的调动逐步摆脱了以往的行政计划安排。在市场经济中，经济行动主体的自我选择日益处于核心位置。市场经济浪潮下的"以经济建设为中心"强化了社会系统各部门及成员对经济利益的认同，尤其对于创业或"当老板"给予高度评价。如2015年6月16日国务院在《关于大力推进大众创业万众创新若干政策措施的意见》（国发〔2015〕32号）中强调"推进大众创业、万众创新，是发展的动力之源，也是

---

[①] 在新中国成立之后，曾出现过政府制度安排下的返乡潮，主要表现在，政府限制农村剩余劳动力进城工作，对已进入城市工作的农村劳动力实行清理、清退等办法，要求他们回到农村社会之中从事农业生产活动等，如在1981年12月国务院制定的《关于严格控制劳动力进城务工和农业人口转为非农业人口的通知》政策中明确要求，"认真清理企业、事业单位使用的农村劳动力"等。虽然被清退者回到农村社会后也从事着创业活动，但这与本研究所强调的以市场为目标的经营活动不同。

富民之道、公平之计、强国之策"①等。可见，新时期的返乡创业不仅是在市场要素较为自由流动的环境下展开，而且是在社会各系统部门较为重视和支持的环境下进行的。

其次，在经济活动主体方面，返乡创业行动主体为进城打工的农村劳动力，并且是"有点技术、有点资金、有点营销渠道、有点办厂能力、有点对农村的感情"②的五有农村外出打工者。与以往返乡创业行动主体相比较，新时期农民工返乡创业行动主体的内涵更为广泛。从地域层面而言，在空间上有返乡位移的创业行动者即可视为返乡创业实践者，既包括从打工所在地的乡镇回到农村社区中的返乡创业者，也包括从国外区域回到家乡区域的返乡创业实践者等。

再次，在返乡创业经济活动的群体规模方面，新时期的农民工返乡创业规模可谓空前。作为一种渐变的社会现象，具有集体行动形式的农民工返乡创业经济活动经历了由规模较小到规模激增，再到规模稳定的阶段。对于具体阶段的划分，以2008年的金融危机作为分界点，其大致可以划分为三个阶段，即2008年金融危机之前、2008年金融危机化解期间以及2008年金融危机之后等。在每一阶段，农民工返乡创业的群体规模都出现了较大的变化。

在第一阶段，农民工返乡创业的群体规模处于较为微小的阶段。相关统计数据③显示，对3026名返乡回乡创业的农村外出打工者进行调查，1990年以前返乡创业的农村外出打工者只占4%，1990—1999年返乡创业的占30.6%，2000年之后返乡创业的占65.4%，2000年之后年创业人数相当于20世纪90年代每年返乡创业人数的3.1倍。④与之类似，在崔传义的调查中，495人回乡办企业的实践，1978—1985年办企业仅17家，占3.8%，1986—1990年办企业88家，占17%；1991年办企业170家，占32.7%；1995—1997年办企业242家，占46.5%。⑤经统计分析，在2008

---

① 国务院：《关于大力推进大众创业万众创新若干政策措施的意见》（国发〔2015〕32号），2015年6月16日。
② 国务院新闻办公室：《新闻办举行农民工工作有关情况新闻发布会》，2015年2月28日，http://www.gov.cn/xinwen/zb_xwb56/index.htm。
③ 目前尚无农村外出打工者返乡创业的全国性数据，仅有部分地区的调查数据以及对返乡创业实践典型调查的经验资料。在本研究中，我们将对这些碎片化的数据进行整合，以期展现不同时期农民工返乡创业的群体规模现状及特征等。
④ 韩俊主编《中国农民工战略问题研究》，上海远东出版社2009年版，第182页。
⑤ 崔传义：《中国农民流动观察》，山西经济出版社2004年版，第392页。

年,全国有 1.2 亿农村劳动力外出打工,有近 500 万实现返乡创业,创办企业数已占全国乡镇企业总数的 20%。① 从地方性数据来看,据 1993 年调查,在安徽省阜阳地区,打工者回乡创办企业有一定影响和相当规模的已达 700 多家。② 1999 年底,竹篙镇的返乡创业示范区内有个体工商户 2000 多户,在镇内兴办的私营企业有 22 家,资金投入达 200 万元。③ 重庆市 2007 年年底返乡创业者达到 12.2 万人,创办企业或个体工商户达到 10.7 万户。④ 在研究者的理性分析之中,相对于整体社会所含有的返乡创业能量,此阶段的返乡创业规模非常有限。

> 返乡创业总体人数和比例都还不高,今后一个时期农民工总体上外出大于返乡的格局不会改变。但随着劳动密集型产业向中西部地区转移的加快,农民工回乡创业前景广阔。对于农民工回乡创业的重大作用和意义认识还不足,重视还不够。⑤

由此可见,在 2008 年金融危机之前,由于多种因素的影响,农民工返乡创业群体规模相对较小。然而,从发展趋势而言,诸多学者、专家持较为乐观的态度,并相信返乡创业的群体规模将会得到有效扩展。

在第二阶段,农民工返乡创业群体规模处于"非常态"增长阶段。由于金融危机的影响,流入地劳动密集型出口企业的关停、倒闭等致使农民工集中返乡,进而选择返乡创业经济活动的外出打工者人数激增,返乡创业实践群体规模增长过快。从地方性数据来看,国家"劳动力转移先进县"的金堂县 2008 年度返乡创业者创办各类实体 513 家,产值 4.6 亿元,就地转移农村剩余劳动力 3.6 万余人。据统计,截至 2010 年底,该县返乡创业人员达 7591 人,创办各类实体 639 家,产值达 5.3 亿元,带动安置农村富余劳动力就业 4.4 万余人。⑥ 与此同时,由于金融危机的影响,部分地方政

---

① 万宝瑞、韩俊、崔传义:《把握劳动力转移新变化 开创农村发展新局面——"扶持农民工返乡创业"对话录》,《人民日报》2008 年 12 月 15 日,第 11 版。
② 崔传义:《中国农民流动观察》,山西经济出版社 2004 年版,第 358 页。
③ 程春庭:《重视返乡创业 增强县域经济发展能力》,《中国农村经济》2001 年第 4 期。
④ 重庆市人民政府办公厅:《关于引导和鼓励农民工返乡创业的意见》(渝办发〔2008〕296 号),2008 年 10 月 20 日。
⑤ 韩俊、崔传义:《从战略高度看待农民工回乡创业》,《农村金融研究》2008 年第 5 期。
⑥ 农业部农村社会事业发展中心创业就业课题组:《农民工返乡创业就业的成功实践——金堂县农民工创业就业促进经济社会发展研究报告》,《农民日报》2011 年 10 月 10 日,第 1 版。

府将返乡创业视为统筹城乡就业的工作机制，将鼓励和支持农民工返乡创业作为自身的工作目标，并设置了相应的工作指标，如：重庆市人民政府将鼓励返乡创业的工作目标设置为"到2012年，返乡创业农民工达到18万人"①；甘肃省则"力争到2012年，全省回乡创业农民工达到30万人以上，创办各类经济实体30万个以上"②；等等。由此可见，在"非常态"的金融危机时期，农民工返乡创业实践者人数激增，群体规模迅速扩大。

在第三阶段，随着金融危机影响逐渐消除③，有关农民工返乡创业经济活动的选择也逐渐从"非常态"进入"新常态"，即返乡创业群体规模相对压缩，返乡创业群体规模扩大比例减缓等。相关统计数据显示，目前全国范围内的返乡创业行动主体大约为200万人。④ 与"非常态"时期的返乡创业群体规模相比较，在缺少金融危机突发变量影响下，虽然农民工返乡创业活动仍然受到社会各系统部门的重视，但"新常态"时期的返乡创业群体规模相对缩小。与金融危机前的状况相比较，"新常态"时期的返乡创业群体规模仍然处于优势状态，并且呈现增长的趋势。⑤ 整合三阶段内农民工返乡创业群体规模的变化及其趋势，可以用图0-1进行展示。

从图0-1可知，曲线的斜率呈现较为明显变化的状态代表着返乡创业群体规模的变化。斜率的增加，表示农民工返乡创业群体规模的扩大，斜率的下降则意味着返乡创业群体规模的压缩。从整体图示而言，农民工返乡创业的规模一直处于扩大的趋势，即选择返乡创业实践的人数一直呈现不断增长的状态，返乡创业实践群体规模越来越大。回到实践中，随着沿海发达地区劳动密集型产业向中西部地区转移步伐的加快，以及中西部地

---

① 重庆市人民政府办公厅：《关于引导和鼓励农民工返乡创业的意见》（渝办发〔2008〕296号），2008年10月20日。
② 甘肃省人民政府办公厅：《甘肃省人民政府办公厅关于甘肃省引导鼓励农民工回乡创业意见的通知》（〔2009〕228号），2009年11月30日。
③ 结合世界经济于2008年全球金融危机影响后复苏的时间，中国本土社会经济消除此次金融危机影响的时间，以及有关金融危机时期有关返乡创业的制度安排和政策规定的时间点等，本研究将第三阶段的返乡创业时间起始点定为2012年。
④ 国务院新闻办公室：《新闻办举行农民工工作有关情况新闻发布会》，2015年2月28日，http://www.gov.cn/xinwen/zb_xwb56/index.htm。
⑤ 对于新常态时期农民工返乡创业群体规模呈现增长趋势的判断，主要根据的是2014年和2015年国务院新闻办公室有关农民工工作情况的新闻发布会。两次会议都强调农民工返乡创业规模发展很快。其中2014年农民工返乡创业数据来源于国务院新闻办公室：《国新办举行农民工工作有关情况新闻发布会》，2014年2月20日，http://www.scio.gov.cn/xwfbh/xwbfbh/wqfbh/2014/20140220/index.htm。

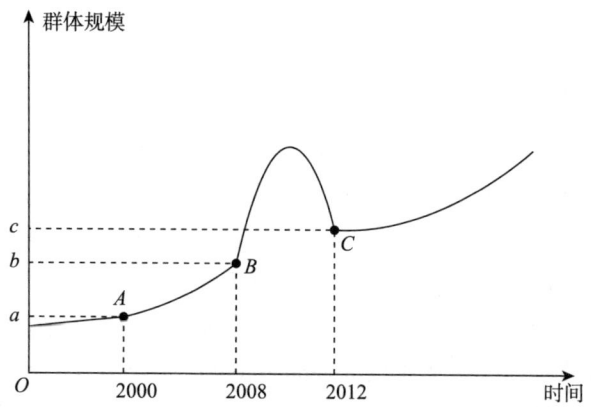

图 0-1 农民工返乡创业群体规模变化示意图

区发展条件和环境的改善①，在政策助推下，面对当前制造业日益衰落与逐渐转向中国创新的情境，返乡创业将再兴高潮。从返乡创业群体规模变化的节点而言，斜率变化较大的转折点在 2000 年的 A 点、2008 年的 B 点和 2012 年的 C 点。为什么在这些点会发生较大的变化？除了外在的影响因素外，是否存在内在的影响机制？这些内在机制又如何影响农民工主体进行选择返乡创业经济活动？这也相应构成新时期对农民工返乡创业现象研究的重点内容。

简而言之，通过对部分地区数据资料的把握，反观农民工返乡创业现象的三个阶段，当前农民工返乡创业经济活动呈现遍地开花的状态，即全国各地都存在返乡创业现象，并且返乡创业涉及社会中的各行各业，创业经济实体的规模有大有小，大的资产达到上亿元，小的资产不足万元。在看到返乡创业光鲜一面的同时，也要注意到创业风险。在创业过程中，由于市场中的不确定性，创业失败者的鲜明个案也比比皆是，许多返乡创业实践者也因此缩小创业实体规模、转产、转向等。

与本研究的主题相联系，作为一种社会经济现象，新时期农民工返乡创业经济活动具有外在并且超越社会成员个人的特征。从上文分析内容可知，次生的社会现象强调农民工返乡创业受到社会结构性因素的影响；无独有偶的社会性特征赋予了新时期返乡创业历史性的特征，或者说在纵向时间层面具有普遍性的特征；社会政策助推以及浪潮式的社会现象重在说明农民工返乡创业具有相应的普遍性，而非某一地区或者某一个体的行为。

---

① 韩俊主编《中国农民工战略问题研究》，上海远东出版社 2009 年版，第 181 页。

按照涂尔干有关社会事实的界定[①]，农民工返乡创业现象符合社会科学研究中的社会事实标准，并且从面向国家重大战略需求出发，无论是将农民工的返乡创业作为发展本体对待，还是将其看作社会经济发展过程中解决问题的工具，社会科学研究中都应该有返乡创业现象的一席之地。

如何研究农民工返乡创业现象，其基础和关键在于理解农民工返乡创业经济活动的选择，即探究他们为什么要返乡创业，支配返乡创业的机制何在。作为返乡创业现象的一部分，选择返乡创业经济活动也涵盖在社会科学研究中的社会事实之内，并且是一种承载着道德、集体意识、集体表象、社会潮流等特性的非物质性（nonmaterial）社会事实。因此，在讨论和分析农民工返乡创业选择行动时要超越选择个体的个人意识或本能，注重社会结构性因素的影响等。与前文所讨论的市场化社会相连接，有关农民工返乡创业选择问题更是受到社会大众的热议。在日常生活中，一谈到创业，人们首先想到的便是赚钱，似乎对其已经进行了固化。是否是经济利益的刺激激励着社会成员选择返乡创业？或者返乡创业选择与经济利益间存在什么样的关系？作为理论导向的经验研究，对这一问题的回答将有助于理解市场化社会中社会成员的经济行动逻辑，明确市场化社会中社会成员经济行动的支配机制。与经验相联系，农村外出打工者返乡创业牵动着社会中每一个人，特别在当前经济不景气的状态下，返乡创业更关系着家庭及社会秩序的稳定。如果返乡创业失败，那么问题的矛盾更加尖锐，并将家庭和社会推向更加危险的边缘；二是目前创业是一种时尚，返乡创业则已经成为热潮，牵动着社会中的各类群体、组织等的神经，如何对待创业及其神话需要理性的分析；三是当前有关返乡创业的研究越来越多，逐渐成为知识共同体中的热点。然而，丰富、繁杂的研究使得对现象的解释也越来越复杂。谈起返乡创业，有人将其看作农村社会建设的新动力，有人则将其视作当前救火的有效工具，有人将其视为社会的不稳定之源……不同解释之间所存在的难以调和的矛盾让研究之水越搅越"混"，真理镜像也越来越模糊，对什么是事实已经难以辨别。究竟该如何看待返乡创业实践，需要从源头出发，重新揭开农村外出打工者返乡创业的面纱。

---

① 在《社会学方法的准则》中，涂尔干强调社会事实是社会学的研究对象，所谓社会事实主要存在三大社会性特征，即社会现象外在于个人、社会现象具有强制性力量、社会现象具有普遍性。具体参见〔法〕E. 迪尔凯姆《社会学方法的准则》，狄玉明译，商务印书馆1995年版，第32页。

因此，选择农村外出打工者返乡创业现象作为分析经验资料，既是展现真实的返乡创业实践图景，也是对社会变迁与发展所秉持的"人文关怀"作用，希望能够通过对返乡创业现象的梳理和分析强化对现象内在机制的认识，同时深化对市场化社会时期社会个体经济行动的具体化认知。上升到学理层面，结合当前社会普遍关注的农村外出打工者返乡创业现象，本研究从实践出发，对现有经验进行深度挖掘，以探究在社会市场化的时空背景下，市场经济逻辑如何主导社会成员的经济行动，历史传统逻辑如何作用社会成员的经济行动，社会机制如何支配社会成员的经济行动，社会成员又如何摆正经济与非经济的关系、其经济行动的实践逻辑何在，等等。简而言之，作为一项理论导向的经验研究，将研究问题置于社会科学的经典研究主题之中，本研究旨在探求和建构社会市场化过程中经济行动的社会支配机制。

## 第三节 概念界定：打工者与返乡创业

在研究现象以及研究对象明确的基础上，需要进一步明确研究主题下的众多研究概念，比如农民工、返乡创业等。一方面，作为研究的基本元素，概念不清晰容易混淆社会事实，模糊研究主题，直接影响有关农民工返乡创业研究的展开和深入；另一方面，厘清研究中的概念，明确相关概念的内涵和外延，不仅有利于行文统一表达，而且将研究建立在一定的共识性知识之上，也会为下一步深入研究铺好路。

### 一 农民工—打工者

农民工概念最早出现在20世纪80年代初期，其主要是针对在城乡二元结构的户籍制度下，被土地所束缚的农民进城打工的个体，以此来强调他们的身份和职业，即进入工厂做工的农民。[①] 随着社会开放性的增强与社会流动的加速，"打工潮"一浪高过一浪，农村进城打工群体规模越来越大，几乎渗透

---

[①] 经查阅相关文献发现，"农民工"概念最早出现在20世纪80年代初。在早期的概念界定过程中，人们主要强调农民工的临时性质。特别是与固定工进行比较，一方面突出农民工在户籍制度安排中具有农业户籍身份，另一方面强调他们在劳动安排过程中有着较大的灵活性，如当农闲时从事的是非农经济活动，当农忙时回到农业生产之中等等。具体可参见庄启东、张晓川、李建立《关于贵州省盘江、水城矿务局使用农民工的调查报告》，《计划经济研究》1982年第1期。

到了城市社会中的每一个角落。原本作为学术术语的"农民工"也逐渐被政府、社会、媒体等人所认同和接受,专门指称进城打工的农村劳动力,并以此衍生出农民工子女、新一代农民工等相关概念。反思农民工概念,不难发现,随着社会结构与情境的变动,曾经为人们打开一个新视角的农民工概念①,其内涵已经发生变动,尤其是"农民工"群体及其术语从公开化、合法化、固化,到今天已经出现了"泛化"的趋势②。因此,在有关农民工返乡创业的深入研究过程中,有必要确定返乡创业群体中的"农民工"对象的类别。

一方面进城农民的身影遍布于城镇社会的各个角落,他们的职业形式也呈现多样化的状态,有工厂车间内流水线旁的普工、建筑工地的劳工、市场中的小商小贩、规模各异的实体经济创办者等。在理性认识的科学话语表达之中,当面对进城农民群体的外部差异时,我们习惯用农民工的标示符号一概而论,相对忽视了进城农民群体中的内部差异性。随着社会流动速度的加快以及进城农民群体规模的扩大,进城农民群体内部的分化现象也愈益明显。如2014年有关进城农民状况的统计报告指出,当前进城农民数量已达26894万人,其中83.5%的进城农民为受雇就业,16.5%的进城农民为自营就业,受雇就业的进城农民中65%的人从事第二产业,自营就业的进城农民中82.1%的人从事第三产业。③ 在实践中,由于未对并非"铁板一块"的进城农民群体进行分类认识,诸多有关进城农民的政策收效甚微,甚至对当前加快推进市民化战略有着相应的阻碍作用。因此,无论基于政策制定的需要,还是强调对进城农民群体发展进行深入研究的学理需要,当前非常有必要重视进城农民群体的内部分化现象,展开对进城农民群体进行分类的研究工作。具体到农民工返乡创业现象时,不同类型的农民工群体由于在城市中的经历以及适应程度不同,在返乡创业过程中的经济行动表现也各不相同。在分类研究的原则下,本研究中所指涉的农民工主要为进城务工群体类型,不包含进城经商、办服务业群体等类型。所谓的进城务工群体类型,即在城市劳动力市场中受雇于他者,具体为与"老板"相对

---

① 对于农民工概念给人们的启发,我们认为应该从历史与现实两个层面进行审视。从历史层面来说,农民工概念的提出,反映了城市与乡村、农业与工业、农民与工人的二元对立结构;从现实层面来说,农民工的出现意味着矛盾的统一与消解的可能性,也显示了国家与社会开放性的提高、社会流动性的增强。
② 陈文超:《农民工群体的分化及其知识建构》,《发展研究》2013年第2期。
③ 国家统计局:《2013年全国农民工监测调查报告》,http://www.stats.gov.cn/tjsj/zxfb/201405/t20140512_551585.html,2014。

的人，如工厂、公司内不同级别的员工、建筑工地中的各类工人等，也可说是城市劳动力市场内没有任何生产资料的无产打工者。

另一方面，纵观农民工术语或概念的演化历程，概化的表达缺少相应的主体性，难以从中体会和感悟到相关主体的自主表达，与社会实践产生了相应的背离。以人作为真正的历史主体，让他们自己的声音成为我们表述和理解的基点[①]，也就需要将被研究者置于研究的重心，以研究主位的方式来正视被研究群体。在有关农村进城务工者的研究中，以及返乡创业研究文献中，农民工概念普遍被研究者所用，但在被调查对象的自我表达中，他们自始至终都未采用过这个概念称呼自己，相对经常采用的词则是"打工者"、"打工的"等，如"我们打工者……"、"我就是个打工的……"等。在本研究中，采取从内向外看的视角，将被研究者置于研究的重心，以研究主位的方式来正视被研究群体，需还原本体性事实，注重主体的日常生活表达以及他们的自主性体验。因此，坚持从实践出发，赋予被研究对象表达的话语权，在本研究的表述过程中采用被研究者认同并经常表达的"打工者"或"农村外出打工者"的表述方式。结合前面有关打工者的界定，本研究中的打工者，特别相对于通过升学、参军等正式形式外出的农村劳动力，主要指非正规形式外出务工的农村劳动力。

## 二 返乡创业—自主经营

已有文献中有关农民工返乡创业的表达形式各不一致，如返乡创业、回流创业、回乡创业、返乡企业家等。深入返乡创业概念界定之中，尽管形式相异，但都是基于对农村外出打工者返回流出地创办实业现象的观察、概括和提炼。相对而言，诸多界定仍然停留在经验层面。为了形成对经验解释的一致性与系统化[②]，本研究将在总结和归纳既有文献中有关返乡创业概念界定基础上，形成介乎于抽象性与具体性之间的返乡创业概念。

反思以往有关返乡创业概念的表达，无论是在研究文献中，还是在政策文件中，其同质性在于强调进城务工农民返回家乡创办相关经济实体等，具体如表0-1所示。

---

[①] 周大鸣等：《自由的都市边缘人——中国东南沿海散工研究》，中山大学出版社2007年版，前言第3页。

[②] 〔美〕R. K. 默顿：《社会理论和社会结构》，唐少杰等译，译林出版社2008年版，第50页。

表 0-1　有关返乡创业概念界定的要点

| 时间 | 概念形式 | 概念要点 | 来源 |
|---|---|---|---|
| 20世纪90年代 | 回乡创业 | 他们增强了市场经济头脑和风险意识，不会停留在"小富即安"的生活水平阶段。他们凭借外出时筹集的资金、学会的技术和管理经验，根据家乡建设发展的需要，有的兴办了一定规模的企业，有的发展第三产业，有的搞开发性农业，由过去的农民变为企业经营者。① | 《外出农民回乡创业的理论与实践》 |
| 2009年 | 返乡创业 | 改革开放以来，亿万个农村劳动力离土离乡，进城务工就业，跨地区有序流动，对改变农村面貌、加快工业化和城镇化进程，作出了特殊的重要贡献。在这一进程中，一部分进城农民工经过一段时间外出就业后又回到了家乡，利用打工增长的见识、本领、获得的资金和信息，在乡村、小城镇创办企业，发展工商服务业，投资商品性农业，这种现象被称为农民工回乡创业。② | 《中国农民工战略问题研究》 |
| 2010年 | 返乡创业 | 一部分外出务工的农民工，因主动或被动的原因返回家乡，运用在外务工获得的物质资本、人力资本和社会资本，在家乡创办企业、投资商品性农业或开办工商服务业。③ | 《农民工返乡创业问题研究报告》 |
| 2015年 | 城归者 | 有点技能、有点资金、有点营销意识、有点办厂能力和对农村有感情的"五有"农民工。如果说把吸引海外留学生回国创业称之为"海归"，那也可以把"五有"农民工返乡创业称之为"城归"。④ | 国务院新闻办 |
| 2015年 | 返乡创业 | 鼓励积累了一定资金、技术和管理经验的农民工等人员，学习借鉴发达地区的产业组织形式、经营管理方式，顺应输出地消费结构、产业结构升级的市场需求，抓住机遇创业兴业等。⑤ | 《国务院办公厅关于支持农民工邓人员返乡创业的意见》（国办发〔2015〕47号） |

资料来源：①庾德昌、王化言主编《外出农民回乡创业的理论与实践》，中国农业出版社1999年版，第33页。②韩俊主编《中国农民工战略问题研究》，上海远东出版社2009年版，第181页。③《农民工返乡创业问题研究报告》项目组（中国劳动保障科学研究院、易才集团企业与社会发展研究院）：《农民工返乡创业问题研究报告》，2010年3月。④国务院新闻办公室：《新闻办举行农民工工作有关情况新闻发布会》，2015年2月28日，http://www.gov.cn/xinwen/zb_xwb56/index.htm。⑤国务院办公厅：《国务院办公厅关于支持农民工等人员返乡创业的意见》（国办发〔2015〕47号），2015年6月17日。

从表0-1可知，其一，在返乡创业现象出现初期，许多研究者习惯用"回乡创业"的说法，但随着调查和研究的深入，政府相关文件、社会媒介以及研究文献较多地采用"返乡创业"这一说法。因此，为了和社会系统保持一致，本研究采用"返乡创业"的说法。其二，归纳和概括有关返乡创业的表达，其关键在于需要阐明"乡"和"创业"两个方面，即"乡"与"创业"何以具体化。在本研究中，返乡创业现象以及返乡创业概念主要通过主体、空间、身份、行动等四个关键词进行相应的理解和把握。

首先，对于主体的理解，结合前面所界定的打工者概念，本研究中的返乡创业主体主要为打工者，即有过流动经历的打工者。

其次，对于空间的把握，一方面在于有着位移的痕迹，即变换劳动地点，从流入地向流出地移动；另一方面在于位移的方向定位于家乡。所谓的"乡"并不具体指某一村庄或特指某一乡镇、县城等，而是一种相对的说法。所以，返乡主要指劳动的地点离家乡越来越近。因此，在本研究中，空间视域中的返乡创业主要强调返回到下一级区域单位之中，如在乡镇打工的，其创业则回到村庄层面。

再次，对于身份的重视，主要在于强调身份的转换，从受雇身份转换为自雇身份。在本研究中，一方面身份的转变也在于与传统农业生产中的自耕农身份进行区别，与家庭联产承包责任制下的小农经济形式不同，返乡创业中的行动者以经营者身份进入市场，主要表现为日常生活中的土地规模经营者、种田与种地大户等。另一方面，由打工者身份转变为雇主或老板身份意味着劳动主体在生产经营过程中处于主导地位。

最后，行动是整个概念的最为核心的要素，重点在于有一定生产资料投资的自主经营行动，具体表现为在生产过程中有一定的实体形式，如小卖部、小作坊、网店、大工厂等。① 对于行动元素中生产资料投资的强调，关键在于区分非投资性活动，如市场中的第三部门等，指出进入市场之后，行动的指向在于赢利。

由此，立足于现实生活中的返乡创业现象，通过将操作性定义与抽象性定义相结合，本研究中的"返乡创业"主要指，返回流出地，由打工者身份转换为自雇经营身份，并有一定生产资料投资的自主经营行动。与自谋职业概念相比，两者之间有一定的相似性，都强调在劳动过程中，劳动主体具体相应的自主性，其不仅可以自主就业，而且可以自我支配生产经营过程。与之相区别，返乡创业更在于强调生产资料的投入以及经营行动的位置，如自谋职业中的作家、艺术家等则不属于本研究所界定的返乡创

---

① 在《国务院办公厅关于支持农民工等人员返乡创业的意见》（国办发〔2015〕47号）中，返乡创业的行动主要表现在"小门面、小作坊升级为特色店、连锁店、品牌店"、"通过对少数民族传统手工艺品、绿色农业产品等输出地特色产品的挖掘、升级、品牌化，实现输出地产品与输入地市场的嫁接"、"充分开发乡村、乡土、乡韵潜在价值，发展休闲农业、林下经济和乡村旅游"、"共创农民合作社、家庭农场、农业产业化龙头企业、林场等新型农业经营主体"等。具体可参见《国务院办公厅关于支持农民工等人员返乡创业的意见》（国办发〔2015〕47号），2015年6月17日。

业群体序列。与创新创业①相区别，返乡创业不仅强调生产要素的再组合，而且强调在返乡创业的实践中，创业主体要承担必要的市场风险，是创业实体的经营者和管理者以及所有者，即整个过程自负盈亏、自我负责等。

## 三 返乡打工者创业—打工者返乡创业

在日常生活中，对于打工者返乡创业的表达有两种形式，一种是农民工返乡创业，一种是返乡农民工创业。应用到本研究之中，则是打工者返乡创业与返乡打工者创业。从语义与语法结构角度来讲，两者并非文字游戏，而各有表述侧重点。返乡打工者创业强调返乡之后才有的创业意识及选择返乡创业经济活动的，而打工者返乡创业强调打工者在返乡之前有已经有了相应的创业意识，或者已经有了返乡创业经济活动的谋划等。这两种表达形式存在于不同的时期，并且不同时期所采用的说法也明显凸显了其中所存在的差异。在金融危机之前，当返乡打工者的数量与规模尚未对就业形成一定的压力时，人们多采用农民工返乡创业的说法。可以说，这时候所宣传和鼓励的返乡创业多是针对仍在工厂打工的打工者。随着情境的变动，在金融危机时期，大规模的打工者返乡，对社会造成了相应的就业压力，这时候所要面临和解决的问题主要是返乡打工者。因此，应景中人们采取了返乡打工者创业的说法。当然，无论是相对于国家、社会等他者来说，还是就返乡创业者主体来讲，这里面也都包含了既定的主动性成分与被动性因素。

从主体、空间、身份、行动等四个维度进行评判，无论是返乡打工者创业，还是打工者返乡创业，两者都涵盖了有关返乡创业界定的四个关键因素，因此他们也就理所当然地都在研究范围之内。此外，不同的名称或表达，只是他者的说法或建构结果。对于返乡创业主体而言，创业已经成为一种社会事实，是一种既有的选择和经历。因此，打工者返乡创业与返乡打工者创业等都属于本研究所要深入分析的社会现象。在本研究中，为了更好地统一行文表达以及深入分析，我们将两者进行相应的整合，在表达中统一归纳为打工者返乡创业的形式。

---

① 在熊彼特（Schumpeter）看来，创新创业强调"与众不同地，更适当地，更有利地运用了现存地生产手段，实现生产要素的新的组合"等。具体参见〔美〕约瑟夫·熊彼特：《经济发展理论——对于利润、资本、信贷、利息和经济周期的考察》，何畏、易家详等译，商务印书馆1990年版，第147页。

## 第四节 研究脉络、主要内容及本书框架

结合当前社会普遍关注的农村外出打工者返乡创业现象，回归到社会学及经济社会学，甚至社会科学的经典研究主题之中，本研究的意图主要在于探求和建构社会市场化过程中经济行动的社会支配机制的理想类型。以下将简单介绍各章节的主要结构架构及其安排。

在第一章中，我们着重讨论农村外出打工者返乡创业作为一个研究问题的识别过程，以此明确本研究的具体问题。作为一建构性社会问题，农村外出打工者返乡创业研究始于20世纪90年代。在约30年的学术史中，返乡创业研究经历了从无到有、从学术问题到学术热点等阶段，并形成了返乡创业高调形式论与返乡创业低调实质论等两类观点。前者认为形势一片大好，后者则忧心忡忡。与理性认识表达不同，现实中的返乡创业实践遍地开花。由于两种表达的矛盾，且表达与实践背离，本研究坚持从实践出发重新审视和解读返乡创业选择问题，进而缩小有关农村外出打工者返乡创业行动选择的实践逻辑及其社会支配机制等议题，明确本书的具体研究的问题。

在第二章中，在明确研究问题的前提下，我们坚持理论自觉学术导向，通过对创业研究与返乡创业研究有关文献的梳理，寻找农村外出打工者返乡创业行动选择问题的源头活水。以此将问题进一步明晰，并具体操作化为，为何农村外出打工者会从外出打工行动逻辑转向返乡创业行动逻辑，以此来解答社会市场化过程中，种地、打工、创业等三者间的关系及其作用机制。在建设性反思批判相关行动选择研究成果基础上，本研究采用机制解释分析路径，借此超越结构分析与理性分析的二元对立，客观而真实地建构返乡创业选择因果关系。

在第三章中，我们主要探讨返乡创业行动选择研究方法。通过对当前学术界有关农村外出打工者研究资料收集方法的检视，在坚持质化研究方法的同时，结合研究对象的分布特性以及其流动性，本研究运用开放的个案研究方法，以此规避合成谬误，建构和完善行动选择支配机制的理想类型。在具体实施过程中，有关农村外出打工者返乡创业研究经过了无意识、有意识以及重点深描等三个资料收集阶段。通过对多个案经验资料的编码归类和文本分析，我们将厘清返乡创业经济行动所具有的相关社会结构性

特征等。

在第四章中，我们将重新审视和解读农村劳动者外出打工的逻辑。生活在城乡二元结构的封闭环境中，农村人不断对城市生活进行着美好想象，以城市生活或类城市生活作为自己追求的目标。人民公社解体之后，分田到户一方面改善了原有的劳动生产关系，提高了生产效率，另一方面也将家户农业生产及其消费带进了市场。在集体制度安排缺失之下，原有同质性消费逐渐被打破，社会中个体及家户利益在市场化和社会化的作用下不断被释放。原有种地劳动形式已经难以承载改造传统乡村生活的重任。在结构松动及比较状态下，他们寄托于外出打工劳动形式来改造乡村传统生活。

第五章重点分析进入工厂之后农村外出打工者的劳动与生活。在现代工厂中，打工劳动严重压缩了他们的生活空间，现代制度规训着他们的身体，生活呈现着流水线、食堂和寝室等简单线性关系；无论是流水线的活、卖苦力的活，还是有技术的活等劳动形式都将打工者的生活与劳动进行分离，生活过程中仅剩下对高报酬的追求。在工资结构中，一方面高工资的获得必须承受高劳动强度、没日没夜的加班加点，因此也就产生了打工者群体中有关"你要别人的钱，别人要你的命"的逻辑；另一方面，无论是计时的不要脸，还是计件的不要命，工资在身体限度、社会结构等因素制约之下存在一个难以逾越的界限。在生活中，时空距离与社会距离的存在，城市社会中陌生人关系使得打工者倾向于扎堆取暖，可对于夫妻关系、代际关系等只能悬置和隔离，压抑自我情感。处于城市社会阶层结构的底层，他们不仅没有充足的资本可以选择留下来，而且时刻需要为生活利益进行博弈以及面对有今天无明天的打工生活。劳动与生活的分离促使进城打工者排斥只有劳动而没有生活的打工形式，并将返乡创业作为想象中的美好劳动形式。

第六章主要分析农村外出打工者返乡后具体营生方式的选择。回到流出地，曾经的农村外出打工者有着多种选择，如种地、就近打工、创业等等。在经济效益与社会效益的作用下，种地的低效益表现只能使它成为一种次优的选择；而就近打工同样遭受着劳动对生活的解构，并且就近打工的低经济效益，也致使其难以成为一种优化的选择。与两者相比较，创业当老板作为一种能够平衡劳动与生活、经济与家庭之间利益优化配置的有效方式，并且其内含的生活的希望等优势也影响着行动者的最终抉择。因而，农村外出打工者将返乡创业作为一种优化的生活方式选择，在对打工生活抗争逻辑以及对美好生活追求逻辑的作用下，希望以此构建劳动与生活相协调的生活方式。

在第七章中，连接经验与理论，我们在分析经验材料的基础上对个体经济行动选择的支配机制进行理论总结和概括，提出家庭本位的行动逻辑概念，进而回答本书的核心问题。农村外出打工返乡创业行动选择作为一种家庭本位的经济行动，一方面是行动者力图保持经济效益，以此改造传统生活形式；另一方面是个体对既有社会关系和家庭情感等生活内容的维系，以此稳定生活实质。本书将此经济行动支配机制概化为劳动—生活均衡机制，从而得出结论：在社会市场化中，日常生活的个体行动逻辑中并非经济因素或者社会因素来支配着个体的行动选择，而是个体通过两者的平衡来实现行动决策，从而支配经济行动的生成。

# 第一章

## 问题识别：面对现实的理性悖论

随着农村劳动力转移与社会经济发展互构共变关系的构建，农村外出打工者返乡创业问题逐渐成为学术界目光的聚集地。作为一种客观实在（reality），无论是在客观研究路径（实证主义、后实证主义、结构主义等）下的认识，还是在主观研究路径（诠释学、批判理论等）中的把握，返乡创业现象都已被赋予丰富的理解，并形成了当前硕果累累的多元化研究成果。[①] 这也为我们分析和把握返乡农村外出打工者创业研究提供了基础性的依据。综合既有研究成果，透过返乡创业研究知识建构历程，辨析和界定相关议题中的研究问题，是本章的最终目的及本研究的坚实起点。

### 第一节 问题化的返乡创业及其研究建构

研究的建构首先来自于问题，既有经验性问题，也有概念性问题。将返乡创业经验纳入学术话语圈，给予其相应的学术地位，前提便是返乡创业的问题化。在问题化过程之中，经过不断地解构和再构返乡创业问题，才能推动有关返乡创业研究的前进与深化。

#### 一 作为研究问题的返乡创业

自1989年第一次"民工潮"之后，农民进城的规模在20世纪80年代

---

[①] 江立华、陈文超：《创业实践与多元分析：返乡农民工创业研究综述》，《学习与实践》2010年第7期。

中后期的三四千万人基础上逐渐呈现大规模上升的趋势①，流动的形式也逐渐突破以往"离土不离乡"的形式，走向"离土又离乡"的多元化格局，范围扩大到珠三角、长三角、京津唐等地区。在农村推力与城市拉力的作用下，流出行动连接着农民与农村现代化。其可谓当时的主流行为，是一种兼具形式与实质理性的现代社会行动。用农民自己的话语进行表达，"挤破脑袋往外走"。如果此时从城市往农村回走，特别那些无伤无病的劳动力回流，可以说是一种"逆流"现象，是一种非理性的社会选择。然而，当这种非理性行动逐渐扩展为一种集群行动时，它就不得不从一种社会事实上升为学术议题，进入学者的视域之内。

> 安徽阜阳地区是一个占全国人口1%的传统农区，每年向全国各地输出农村富余劳动力达100多万人。近两年，出现了输出劳动力回归，利用他们在外地学到的技术、积累的经验和建立的关系，在家乡领办、创办企业的现象。据初步调查，全区有一定影响和相当规模的此类企业家已达700多家，有些已成为县乡两级乡镇企业中的骨干企业。②

作为客观社会事实，不仅返乡创业行动具有相应的客观性，而且返乡创业所产生的社会经济效益也同样存在非主观想象的客观性。正如经验阐述的那样，当返乡创业社会经济效益较为凸显时，尤其与经济社会发展较为"合拍"时，可观的效益就会使许多专家、学者正视此现象。

> 1993年春天，中国农村劳动力资源开发研究会开始注意这种外出打工—回乡创业现象，决定作一番调查，弄清打工—创业现象是怎样发生的，打工对农民的转变成长产生怎样的影响，回乡创业在当地起着怎样的社会经济作用，政府如何对待。③

随着返乡创业典型个案的不断呈现，有关返乡创业问题的理解就不仅仅需要注重返乡创业现象本身，而要扩大关注格局，将返乡创业现象置于社会系统结构之中进行思考，以此全面而深入地把握返乡创业现象，挖掘返乡创业的社会经济效益。将返乡创业现象与社会发展相联系，意味着我

---

① 陆学艺主编《当代中国社会流动》，社会科学文献出版社2004年版，第321页。
② 秦德文：《阜阳地区民工潮回流现象的调查与思考》，《中国农村经济》1994年第4期。
③ 崔传义：《中国农民流动观察》，山西经济出版社2004年版，第358页。

们对返乡创业社会事实的理解从一般社会现象的描述上升到了社会科学研究问题建构的层面。在学术场域中，研究问题包含又高于日常生活中的问题，具体可划分为"经验性问题"与"概念性问题"①。与返乡创业现象相联系，因为实践之中需要面对的诸多现实困境超越了经验事实的范畴，返乡创业问题日益成为科学思维的焦点，即经验性研究问题。作为社会科学研究中的经验性问题，返乡创业属于反常现象问题，需要被赋予必要的合法性和正当性。在20世纪八九十年代时期，当大多数农村劳动力不断向外流动时，返回流出地的农村劳动力自然被社会视作不正常现象。然而，当这种与主流社会行动相对的行动产生了较为积极、正向的作用时，特别对流动个体、家庭、社区以及社会有着较为深远的积极影响，构成一种规模效应时，我们则不仅需要正视和解释这种反常现象，更要在必要的情境下助推这种现象的发展。

在实际运作中，表面看上去较为反常的行动，实质中却也并非那种"盲流"。它有着自身的理性与秩序，积极地发挥着相应的结构性功能。并且推动着农村经济以及社会个体的发展，形式与实质的矛盾，使得这种在"外流"大潮之中的"逆流"行动自然"扑朔迷离"。或者说，对于"逆流"行动的性质及其状态难以从现有的理论中找到合适的解说。对于以解决问题为使命的科学研究来说，探究农村外出打工者返乡创业现象中的规律及其秩序问题也就成为学术界不得不面对的现实性经验问题。无论从社会事实的本体层面而言，还是就社会事实内在的矛盾来说，返乡创业现象都顺理成章地成为学术圈中的一个重要议题。

回到返乡创业研究问题中，对于返乡创业社会事实的认识并非停留在某单一学科之内，而是凝聚着诸多社会学科的知识，如经济学、社会学、人类学、政治学以及人口学等，可谓"仁者见仁，智者见智"。从认识论的角度进行分析，对于返乡创业事实的认识，并不能将其贴上某一学科的标

---

① 概念性问题，主要指理论的特征，关于概念结构（例如理论）的充足理由的较高级问题。对于经验性问题（empirical problem）的理解，劳丹认为，"任何使我们感到奇异的与自然界有关的事情，或其他需要解释的事情，都构成一个经验问题"。具体而言，经验性问题只有在某些理论探究背景中才出现。某些事情是否作为一个经验问题，都将部分地取决于我们所具有的理论。在事实方面，唯一可能被看成问题的事实是为人所知的事实，并且我们很可能已感到非常有必要解决它。其具体可分为三种形式：未解决的问题、已解决的问题和反常问题。对于经验性问题与概念性问题两者间的关系，劳丹认为，概念性问题抽象于经验性问题。具体可参见〔美〕拉里·劳丹《进步及其问题》，刘新民译，华夏出版社1998年版，第7—11页。

签,或者划归到某一学科领域之中,而应采取就事论事的形式,利用多学科知识深入返乡创业实践之中,探究其形式及功能。从问题的复杂性程度来讲,单独从经济学、社会学、人类学、政治学以及人口学等,某一学科角度出发,也很难高效地进行分析和解释。所以,在返乡创业现象出现没有多久便开启其学术生命历程的返乡创业研究,一直以问题为导向,展开跨学科的实际研究,如经济学与社会学的结合、社会学与人口学的结合等。这在以往的文献之中都有着较为明确的展现。

## 二 返乡创业研究的三阶段

自从返乡创业社会事实进入学术话语圈之后,有关返乡创业研究越来越热,研究队伍规模越来越壮大。不论是研究的数量,还是研究的质量,都呈现出逐渐上升的趋势。纵观有关返乡创业研究的近30余年历程,从没有研究涉及返乡创业现象到返乡创业现象逐渐成为学术研究中的重点和焦点,从间接地谈论返乡创业到当前有针对性地深入剖析返乡创业,从个别学者参与到学术界普遍重视,问题化的返乡创业研究已经成为社会科学研究中不可忽视的一个领域。根据不同时期返乡创业研究所关注的重点问题以及问题的性质,本研究将返乡创业研究史划分为三个阶段,即2008年以前返乡创业研究的萌芽初现期、2008—2012年的强劲发展阶段、2012年以后的平稳发展期。以下将就每个阶段的研究状况及特征展开重点分析。

### (一) 萌芽初现:返乡创业研究的开端 (2008年以前)

有关返乡创业最早的文献可以追溯到20世纪90年代初期,其强调"对那些外出务工学到他人技术,能帮助本地农民致富的务工者,区、乡党政创造条件,及时引导他们回乡开店办厂,成为当地脱贫致富的开拓者和骨干力量"[①]。最早的文献中并没有记述返乡创业的实践情况,而是对返乡创业展开了想象,希望现实中出现返乡创业的现象,以期解决农村地区的发展问题。随着回流效应的出现与强化,返乡创业已经从想象走向现实,实践中不断出现"昔日打工仔,今日企业家"的新现象。如对河南驻马店地区的调查发现,"1990年以来外出民工回流人员2528人,其中回流人员领办企业者53人,占回流人员的2.1%,创办企业者155人,占回流人员的

---

① 吴显明:《组织管理并重扩大劳务输出——巴中县玉山劳务输出情况调查》,《农村经济》1992年第12期。

6.1%，创办企业 79 家，共吸纳劳动力 1431 人"①。又如"安徽阜阳地区由打工者回乡创办的企业达 700 多家，其产值、利税、吸纳的农业剩余劳动力，在一些县已占当地乡镇企业的 1/4。江西广丰县 10 万人外出就业，打工者回乡创办了 60 多家乡镇企业、3000 多家户办企业"②。经过一系列调查之后，不同地区的返乡创业现象相继被发现，一时间有关返乡创业问题的研究也呈现"遍地开花"的状态。由于尚未出现有关返乡创业现象的全国性经验描述，诸多研究仍然处于"碎片化"的状态，即仅立足于本地区的经验进行分析。2007 年百县调查从全国层面对返乡创业现象进行了整体性把握，"据初步推算，返乡创业总数约为 800 万人，他们创造了约 3000 万个就业机会"③，并得出了"返乡创业热潮正在兴起"④ 的结论。在我们看来，百县调查分析可以说是对返乡创业现象进行初步总结的研究报告，描述了返乡创业实践主体的特征，经营的现状，如行业特征、规模与所遭遇的困境等。因此，从有关返乡创业现象的描述状况来看，可以将 2008 年以前有关返乡创业的研究视为一个阶段，即返乡创业研究的萌芽初现期。

在萌芽初现期，有关返乡创业现象的研究不仅仅停留在对返乡创业现象的描述，更主要在于如何认识和定位返乡创业现象。作为社会变迁与发展中的客观现象，返乡创业在学术知识共同体中却有些陌生。从最初的研究表达实践中，可以发现，对于返乡创业的发生机制，甚至对其价值判断，是好还是坏，都尚未明了。所以，返乡创业的性质也就成为我们在研究的初始阶段迫切需要关注的话题。纵观早期研究文献，如何看待农村外出打工者返乡创业现象主要表现为如何看待返乡创业现象的本体、主体和客体等方面，具体参见表 1–1。

表 1–1 萌芽初现期返乡创业研究内容

|  | 概念化问题 | 内容 |
| --- | --- | --- |
| 本体问题 | 返乡创业现象本身 | 返乡创业现象的产生和发展过程；<br>返乡创业的规模、行业结构等；<br>外出打工者返乡创业现象的定位；<br>返乡创业现象有什么样的实践和理论意义。 |

① 范国荣：《昔日打工仔今日企业家——驻马店地区出现外出打工回乡创办、领办企业新现象》，《河南统计》1994 年第 12 期。
② 王郁昭：《关于农民跨区域流动问题》，《管理世界》1994 年第 6 期。
③ 韩俊、崔传义：《从战略高度看待农民工回乡创业》，《农村金融研究》2008 年第 5 期。
④ 韩俊、崔传义：《农民工回乡创业热潮正在兴起》，《农村金融研究》2008 年第 5 期。

续表

|  | 概念化问题 | 内容 |
| --- | --- | --- |
| 主体问题 | 返乡创业实践者 | 返乡创业的影响因素；<br>返乡创业者的动机及其特征；<br>进城农民为何放弃多年打工所获得的一切，选择返乡创业；<br>如何充分利用返乡打工仔的效能。 |
| 客体问题 | 返乡创业与他者 | 对于城乡就业产生什么样的影响；<br>和城乡社会发展的关系；<br>和不发达区域的关系；<br>政府社会应采取的态度和对策。 |

从表 1-1 可知，萌芽初现期的返乡创业研究问题始终围绕着社会事实展开，基于认识的螺旋上升原则，对返乡创业现象的认识由表及里，从感性认识逐渐上升到理性认识。在返乡创业现象的本体方面，基于对返乡创业现象的认知，意在强调返乡创业的客观性与社会性，在认识论层面建构对返乡创业认识的合法性与合理性基础，诸如《阜阳地区民工潮回流现象的调查与思考》、《来自农民回流现象的研究报告》、《当前农民工回流现象的考察》、《农民工回流与乡村发展——对山东省桓台县 10 村 737 名回乡农民工的调查》、《农民工回乡创业现状与走势：对安徽、江西、河南三省的调查》等一系列研究成果。在有关返乡创业现象的主体问题方面，早期研究侧重于对返乡创业实践的行动主体进行研究，分析返乡创业者的特征、返乡创业的动机，从侧面回应作为反常现象的返乡创业经济活动，如《青春作伴好还乡》、《跨世纪的选择——当前农民回流现象的考察》、《阜阳地区民工潮回流现象的调查与思考》等。在返乡创业现象的客体问题方面，相关研究重点分析返乡创业的实践影响以及如何扩大影响的策略等方面。在具体研究中，许多研究认为，作为一种双向流动模式，返乡创业不仅改变了以往的单向输出形式，而且对有关返乡创业所存在的环境产生了巨大的影响，如农民返乡创业对县域经济发展产生的影响以及政府在其中的作用问题[1]，返乡创业与城镇化的互动发展问题[2]，返乡创业对输出地的城市化、工业化的影响[3]，回流农村劳动力与不发达地区的经济发展关系[4]，等等。

---

[1] 程春庭：《重视返乡创业增强县域经济发展能力》，《中国农村经济》2001 年第 4 期。
[2] 赵阳、孙秀林：《暂迁流动与回乡创业的政策效应》，《农业经济问题》2001 年第 9 期。
[3] 刘光明、宋洪远：《外出劳动力回乡创业：特征、动因及其影响——对安徽、四川两省 71 位回乡创业者的案例分析》，《中国农村经济》2002 年第 3 期。
[4] 林斐：《对 90 年代回流农村劳动力创业行为的实证研究》，《人口与经济》2004 年第 2 期。

由此可见，作为一种新兴的研究现象，萌芽初现阶段的有关返乡创业现象研究还处于一种探索阶段，主要面对着在打工潮背景下如何正视返乡创业现象以及其价值何在等问题。反观萌芽初现阶段的返乡创业研究，其成果一方面肯定了返乡创业对个体的影响，如使返乡创业实践者人生意义的改变，而且对社会的政治经济文化也产生了较大的影响，促使乡村社会工业化的发展速度加快等；另一方面基本上回答了社会各界所关心的问题，明确了返乡创业的性质，赋予了返乡创业研究相应的学术地位，也更为接下来的研究打下了良好的基础，增促着与其相关的主题研究继续扩大。

（二）强劲驱动：返乡创业研究的深化（2008—2012 年）

从被发现到经过一定时间的探索性调查，返乡创业研究在偶然性的因素刺激下得到强劲发展，不仅研究数量有了较大幅度的增加，而且研究问题也有了转向。归根结底，这在于金融危机将农民工问题彻底地抛向了社会。作为手段或目标的返乡创业也因此受到社会各界的重视，成为一个公共性话题。① 相对于萌芽初现阶段而言，在金融危机背景下有关返乡创业问题的研究也自然成为一个较为独特的研究阶段。

首先，从研究背景来讲，此阶段返乡创业问题的研究处于两类叠加的情境，一类是市场经济情境，另一类是政府治理情境。2008 年爆发了全球性的金融危机，我国作为世界加工厂颇受影响，特别是沿海大多数工厂关停、倒闭等，致使许多打工者不得不另外寻找出路。社会上出现了大量农村外出打工者返乡的高潮，对社会秩序产生了相应的冲击。在这种状态下，作为社会管理者的政府为了应对返乡高潮，以防其影响社会的正常秩序，出台了一系列政策，特别鼓励返乡农村外出打工者进行创业，希望以创业带动就业，通过创业解决自身的就业问题，并提供相应的工作岗位来解决其他失业人员的问题。在政府的主导下，以及在现实的需求下，学术界在以往积累的基础上对其给予了巨大的学理支持，如中央政策研究室课题组

---

① 通过一个偶然性的变量刺激，2008 年底爆发的金融危机推动了返乡创业走向高峰。面对国家现实战略性需求，许多研究者以此为己任，不断参与到返乡创业问题研究之中，特别是在国家关于返乡创业制度安排策略影响下，有关返乡创业研究的队伍不断壮大。实质上，目前返乡创业还处于积累阶段或起步阶段〔很多政策中都明确地提出这一点，如重庆市政府下发的《关于引导和鼓励农民工返乡创业的意见》（渝办发〔2008〕296 号等）〕，然而，金融危机事件使得返乡创业研究变得更加热门。

的《农民工返乡创业问题研究》①、《解决中国农民工问题的战略思路与政策框架》②、《金融危机和产业转移背景下农民工返乡创业研究》③等。

其次,在研究问题层面,返乡创业研究从之前的合法性与合理性研究转向有关返乡创业的具体问题方面,主要强调返乡创业的功能。在金融危机的阴霾之中,为了消解其对农村外出打工者的影响,尤其针对那些已经返乡的农村外出打工者,政府积极鼓励返乡创业,发挥返乡创业的结构性功能,即整合社会资源的功能,形成"以创业带动就业,以就业促进创业"的基本格局,为农村剩余劳动力提供了一批新的就业岗位,同时缓解城市就业压力。作为整合资源的形式,返乡创业不仅可以解决金融危机所造成的大量农民失业难题,并且在此基础上,返乡创业能够把城市和农村市场联通起来,共同构筑扩容一体化的国内消费市场,缓解和消除中国经济持续增长的消费瓶颈制约,进一步推动中国城镇化向纵深方向发展。④如何实现返乡创业的功能,关键在于促进更多的外出打工者返乡创业,从外在力量而言,则要帮助解决其在返乡创业过程中所遭遇的困境问题,如贷款难、用地难、技术水平低、创业环境差等问题。⑤因此,以服务于社会为理念的当下社会科学自然将研究问题转换为返乡创业实践中所存在的问题、发展的瓶颈以及相应的解决对策等。从研究文献来看,一些学者则将制约返乡创业的因素划分为宏观与微观两大层面,在微观层面主要有资本匮乏、人力资源积累不够、思想较为保守、负担重、抗风险能力弱等,宏观层面的因素主要为当地经济发展状况等。⑥针对具体问题,许多研究给出了多方面的社会意向性建议,如建构相应的激励机制、金融支持体系、政府支持体系等,以期在税费方面、金融信贷方面、土地资源方面给予相应的优惠和扶持等等。通过对分散的政策建议进行分析,我们不难发现,建议的落脚点多在政府责任层面,希望通过政府的权力来协调和配置返乡创业实践过

---

① 中央政策研究室课题组:《农民工返乡创业问题研究》,2009年7月。
② 韩俊、崔传义:《解决中国农民工问题的战略思路与政策框架》,《中国发展评论》2009年第2期。
③ 张明林、喻林、傅春:《金融危机和产业转移背景下农民工返乡创业对策研究》,《求实》2009年第5期。
④ 王展祥:《金融危机背景下农民工返乡创业与中国城镇化发展研究》,《现代经济探讨》2009年第9期。
⑤ 郭志仪、金沙:《中西部地区扶持农民工返乡创业的机制探索》,《中州学刊》2009年第2期。
⑥ 胡俊波:《困境与突破:扶持农民工返乡创业的理论分析框架》,《农村经济》2009年第6期。

程中的资源，并在实施过程中给予一定的倾斜。① 在强调政策扶持作用的同时，一些研究也开始反思已有的扶持政策②，如诸多文献认为这些优惠政策的惠及面太窄，以致这些优惠政策的实施效果欠佳，对此应提高认识，加强引导，系统地完善相关政策，保护政策持续性，提高政策的公平性，以促进农民工返乡创业潮的可持续发展，等等。与政策性研究相对，在特定背景之下，为了扩大外出打工者返乡创业的规模，一些研究着重于探讨影响返乡创业的因素问题，具体落实在实证层面的分析上，强调返乡创业实践者的人口学特征，如年龄、性别、受教育状况等，以及社会学特征，如家庭经济状况、专业技能状况与社会关系网络状况等的影响。③ 与萌芽初现阶段相比，强劲驱动阶段内有关返乡创业研究的问题已经发生转换，重在促使更多的外出打工者返乡创业。

再次，从研究形式角度来讲，与萌芽初现阶段相比，之前的研究多停留于形式层面的分析，注重经验型的描述，以强调和介绍返乡创业现象为重任，而强劲驱动阶段相对围绕着实现返乡创业问题进行深挖，如在内容形式层面，有深度的模型建构、深入的话语分析等。如果说以前的研究是一种粗线条式的描述，那么现在的研究转向了一种精细化的模式。或者说，由于研究背景以及研究问题的紧迫性，此阶段的研究相对转移了研究视线，更多地放弃了之前的空话与套话，注重解决返乡创业实践中的微观、实在问题，也意味着多从小处着手，从一个小问题进行切入。在研究方法层面，其不仅借助于量化工具进行分析，也尝试着质性研究分析等方法，研究成果也因此呈现出丰富、多元化的局面。

简而言之，金融危机刺激了返乡创业研究，形成了返乡创业研究史中

---

① 此方面的研究较多，包括但不限于以下文献。熊桉：《农民工返乡创业与中部新农村建设——基于资源配置的分析》，《经济社会比较体制研究》2009 年第 5 期；〔日〕村上直树：《中原平原农区回乡创业的现状——对周口市回乡创业者的问卷调查》，《河南大学学报》（社会科学版）2010 年第 1 期；田松青：《农民工返乡创业政府支持体系研究》，《中国行政管理》2010 年第 11 期；颜毓洁、李晨曦：《农民工返乡创业对策探讨——以陕西省为例》，《人民论坛》2011 年第 26 期；张秀娥、孙明海、刘洋：《农民工返乡创业影响因素与创业活动的关系》，《经济纵横》2011 年第 9 期。

② 朱红根、陈昭玖、张月水：《农民工返乡创业政策满意度影响因素分析》，《商业研究》2011 年第 2 期；陈昭玖、朱红根：《人力资本、社会资本与农民工返乡创业政府支持的可获性研究——基于江西 1145 份调查数据》，《农业经济问题》2011 年第 5 期。

③ 石智雷、谭宇、吴海涛：《返乡农民工创业行为与创业意愿分析》，《中国农村观察》2010 年第 5 期；程伟、陈遇春：《多重理论视角下农民工的返乡创业行为研究》，《中州学刊》2011 年第 1 期；江立华、陈文超：《返乡农民工创业的实践与追求——基于六省经验资料的分析》，《社会科学研究》2011 年第 3 期。

的小高潮①，虽然这种"小高潮"并没有持续较长的时间，随着金融危机的消退，返乡创业实践研究将又没有回到了以往的平稳发展状态。相对于平常时期的研究来说，这一时期的研究可谓处于一种非常态位置，但经过一个短时期的强化型积累，在巨大的人力、物力等的投入下，学术界产出了较高水平的研究成果，深化了对返乡创业研究的认识，为其进一步的发展奠定了相应的基础。

（三）平稳发展：返乡创业研究的拓展（2012年以后）

当金融危机过后，返乡创业研究出现了"退潮"的状况。然而，在前期积累的基础上，特别在政府的高度关注和强力作用未减弱的状态下，进入新时期的返乡创业研究一直在持续进行。从研究文献数量层面进行评判，有关返乡创业研究的势头呈现出较为平稳的发展趋势。与萌芽初现阶段的文献量进行比较，此时期的研究文献还占据着量的优势，并且文献数量的逐年增长率也较快。相对于前一个阶段而言，2012年及以后的有关返乡创业的研究可谓进入了一个新的时期，正如返乡创业现象一样，从非常态进入新常态阶段。进入新时期的返乡创业研究，无论是在外在环境方面，还是在研究内容方面，都已经发生了变化，并体现出了较新的特征。

在研究环境方面，随着金融危机的消退，诸多研究已经拆分了金融危机与返乡创业间的联系，并将研究背景转换为城镇化、市民化与社会创新等方面，甚至有学者强调将返乡创业作为研究的背景。与返乡创业研究萌芽初现阶段相比，新时期的返乡创业研究背景更是紧跟现实社会的发展主题。也可以说，两者之间呈现出一脉相承的关系②，新时期返乡创业的研究背景是对萌芽初现时期的继承与拓展。

在研究内容方面，不同于萌芽初现阶段研究对返乡创业现象进行深描，

---

① 事实上，"短暂"也算是这个阶段特殊性之一。在人们的判断之中，返乡创业研究萌芽初现阶段应该更长，因为事物的发展总是需要一个漫长的过程，才能实现从量变到质变。否则，在不全面的认识基础上进行跳跃，势必使得新一阶段的认识丧失牢固的基础。有关返乡创业的认识也不例外，也必须遵循这样的发展规律，从最基本的认识进行展开，逐步向前推进。然而，由于金融危机的爆发，市场的不稳定导致在沿海工厂打工的农村外出打工者遭遇了失业困境。为了应对和解决当前社会中的问题和矛盾，政府采取了介入和干预的措施，"鼓励农民工回乡创业"、"以创业带动就业"等措施的实施使得返乡创业问题成为社会中的焦点和热点之一。在多种导向性力量的作用下，众多学者介入返乡创业研究，推动了返乡创业研究向前发展，进而形成了返乡创业研究的小高潮。
② 张秀娥、张梦琪、王丽洋：《返乡农民工创业企业成长路径选择及其启示》，《山东社会科学》2015年第4期。

也不同于强劲驱动阶段研究围绕政府扶持方面进行深挖,新时期返乡创业研究不仅将原有的议题进行深化,而且结合社会发展的时空背景探究返乡创业实践的多样化影响因素。在具体研究实践中,新时期的返乡创业研究延续着以实现返乡创业功能为核心话题,侧重于返乡创业现象的主体和客体两方面。在返乡创业现象的客体方面,诸多研究仍然强调返乡创业实践过程中政府的扶持作用,一方面延续以往有关研究成果,坚持强调政府系统部门在返乡创业过程中所扮演的角色,从多方面建构有关返乡创业的政策支撑体系,如从政策有效性视角出发,强调扶持政策应着力于农村外出打工者创业能力培训、创业程序简化、资金等方面[1],强调从机会创造与减少障碍两个方面构建政策支撑体系[2]等;另一方面强调对实施多年的政策进行反思和评估,如从政策的知晓度、利用度、难易度、满意度、重要度等五个方面进行检验,以便推进政策的实施进程[3]等。在返乡创业现象的主体方面,新时期研究侧重于探究影响返乡创业的社会结构性因素。从有关文献来看,影响外出打工者返乡创业实践的因素呈现了多样化的状态,如政府支持、创业资本和创业动机。[4] 相对来说,金融危机过后的返乡创业研究又回到了萌芽初现期的一些话题上,从返乡创业现象的本体、主体和客体层面出发进行思考。但相对于萌芽初现阶段的研究,新时期的返乡创业研究也因为研究背景的转换而体现出了新特征。第一,反思性研究成为显著亮点,如对以往政府扶持政策的反思等。第二,研究更加精细化,无论是在政策研究方面,还是在有关返乡创业主体研究等方面,都相对缩小了研究的范围,从某一小问题出发,如将新一代农村外出打工者作为分析对象等。第三,研究模式化,或者以某类理论作为分析框架[5],如强调风险分析

---

[1] 陶欣、庄晋财:《农民工群体特征对其返乡创业过程影响的实证研究——基于安徽安庆市的调查数据》,《农业技术经济》2012年第6期。
[2] 纪志耿、蒋永穆:《城镇化进程中新一代农民工返乡创业调研——以西部农业大省四川为例》,《现代经济探讨》2012年第2期。
[3] 胡俊波:《农民工返乡创业扶持政策绩效评估体系:构建与应用》,《社会科学研究》2014年第5期。
[4] 程广帅、谭宇:《返乡农民工创业决策影响因素研究》,《中国人口·资源与环境》2013年第1期;黄晓勇、刘伟、李忠云、张春勋:《基于社会网络的农民工返乡创业研究》,《重庆大学学报》(社会科学版)2012年第6期;刘苓玲、徐雷:《中西部地区农民工返乡创业问题研究——基于河南、山西、重庆的调查问卷》,《人口与经济》2012年第6期;赵浩兴、张巧文:《返乡创业农民工人力资本与创业企业成长关系的研究——基于江西、贵州两省的实证分析》,《华东经济管理》2013年第1期。
[5] 董文波、杜建国、任娟:《基于演化博弈的农民工返乡创业研究》,《华南农业大学学报》(社会科学版)2013年第2期。

理论，或者在分析过程中建构某类模型①，等等。第四，行动研究为主流趋势。从相关研究文献来看，许多研究从行动出发来理解返乡创业现象，如返乡创业实践者与政府的互动、与社会的互动等。并且，在有关返乡创业行动的研究中，一些研究者尤其注重对返乡创业影响因素的分析。

与有关返乡创业研究的前两个阶段相比较，作为一个刚刚开启的新阶段，有关返乡创业研究的诸多特征也刚刚展露雏形，尚未形成定势型的特征。若从返乡创业研究的发展趋势而言，就现实发展与社会科学研究的关系而言，新时期返乡创业研究将持续较长时间，并会形成更为鲜明的特征，也会对返乡创业现象有更为深入的把握，进而增促实现返乡创业的规模化功能等。

简要回顾返乡创业研究的学术史及问题史，我们可以发现，返乡创业研究的话语呈现着连续性的特征，其围绕着如何实现返乡创业以及扩大返乡创业的规模而展开。从返乡创业研究过程进行审视，返乡创业研究的演进过程呈现为曲线发展状态，并且返乡创业研究的演变逻辑与社会发展逻辑相共鸣，社会发展状态塑造着返乡创业研究的话语，如由于偶然事件的刺激，受到影响的返乡创业研究出现了小高潮阶段。与之同时，返乡创业研究的知识建构了社会对返乡创业现象的认识，深化了对有关返乡创业结构性功能的理解。对于本研究而言，为了加快对仍然在持续的返乡创业现象的理解，进一步挖掘返乡创业的结构性功能，需要将返乡创业研究的学术史置放于知识生产过程中进行理解，明确返乡创业研究问题以及相应的知识脉络，清楚当前相关研究的进展，在前人积累的基础上将其向前推演。

## 第二节 返乡创业研究的两种取向

梳理与评述前人研究成果的过程中，我们可以发现，由于对返乡创业现象的观察和判断不同，返乡创业研究呈现了两种研究取向，一种为返乡创业"摇旗呐喊"、"鸣锣开道"，另一种则进行相应的反思并"敲响警钟"，认为要谨慎返乡创业。在同一时空背景下，两种声音各执一方，分别建构了形式论下的返乡创业高调论与实质论下返乡创业低调论。以下我们将对这两种取向进行详细的分析，从中辨析出二者差异所在。

---

① 周建峰：《基于绩效评价的农民工返乡创业行为研究》，《商业研究》2014 年第 3 期。

## 一 形式论下的返乡创业高调论

返乡创业的积极性作用及其意义一直是有关此方面研究的立足点和出发点。因返乡创业意义的明确使得一些研究被塑造,支持返乡创业以及如何返乡创业也就成为研究的一条"大动脉",成为学术共同体中的主流话语,主导着学术实践过程中返乡创业的研究。

### (一) 形式高调论取向的发端

农村外出打工者返乡创业研究发端于中国农村劳动力资源开发研究会。在经过相应的调查之后,所掌握的经验材料给了他们一个较为明确的信号,即返乡创业对流出地的社会经济发展具有正向的导向作用。在积极因素的支撑下,正向的导向作用成为返乡创业研究的切入点和关注重点。相对来说,返乡创业的积极影响奠定了相关研究的基调,成为返乡创业研究形式高调论的起点。

在具体研究中,学者围绕打工与返乡创业的关系、返乡创业与农村社会经济发展的关系等议题展开了一系列相关调查。他们通过对返乡创业者的社会学特征以及人口学特征的解读,明确了返乡创业的积极作用,如农村外出打工者在打工过程中的转变:掌握了新的产业技术,扩大了交往范围,增强了市场经济头脑和风险意识,磨炼了自强不息、竞争向上、艰苦创业的精神,等等;返乡创业者以有较高文化水平的中青年为主,女性占一定比重,近几年,有些没有务农经历的农村富余劳动力直接走上"打工—创业"之路。[1] 农村外出打工者返乡创业实践的影响则具体表现在,"泥腿子"当老板,在农村引起了不小的思想冲击,促进了当地群众的思想解放和观念转变;为农村剩余劳动力提供了新的就业岗位,促进了农民增收;推动了农村民营经济发展,为地方注入了新的活力;加速了城镇化进程;等等。[2] 基于此从感性认识上升到理性分析,认为民工潮的背后将有回乡创业潮,或者民工潮之中蕴含着返乡创业潮。具体来讲,打工孕育创业,创业又带动就业。无论是形象地将民工潮比作花、创业潮比作果,还是从两次飞跃角度进行认识,认为第一次飞跃是外出打工,第二次则是回乡创业,第一次飞跃为第二次飞跃提供准备,第二次飞跃建立在第一次飞跃基

---

[1] 崔传义:《中国农民流动观察》,山西经济出版社2004年版,第360—362页。
[2] 韩俊主编《中国农民工战略问题研究》,上海远东出版社2009年版,第216—226、224—226页。

础之上①，许多研究都肯定了打工实践与返乡创业之间的关系，并判断和提倡"一潮带三潮"，进而出现"四潮涌动"②的现象。③ 因此要重视和支持农村外出打工者返乡创业，加快民工潮向创业潮的转换，用市场法则引导外出打工人员回乡创业④，让创业大潮汹涌澎湃⑤。

　　七八千万农村劳动力跨地区流动，冲破多年城乡二元分隔体制对农民就业的城乡限制，通过市场机制扩大了就业渠道，促进了城乡经济发展，而且为提高自身素质和成才开辟了广阔的途径。一些中西部传统农区的农民，到东部发达地区和城市打工，经受艰苦磨炼，见识市场经济，学得了一技之长，提高了人力资本，又回到家乡创办企业，打工潮带来了创业潮，昔日打工仔、打工妹，今日成了企业家。由外出为自己找就业位置，到兴业为社会创造就业岗位；由个人为社会创造财富，到带领一个群体创造社会财富，是这批人的人生升华。由于在打工中懂得城镇在市场经济发展中的价值，他们往往把企业办在小城镇，又促进了小城镇的发展。⑥

由此可见，一方面，返乡创业并非回乡失业，而是兴办各种形式的实业、商业以及商品化农业等形式。可见，返乡创业意味着自找门路，解决了社会个体自身的就业问题。所以，返乡也就不会给农村社会造成不必要的压力，不会危及社会、市场的稳定。从劳动力转移的角度来说，这与农村城市化、现代化、工业化的趋势并不相悖，并且符合现代社会客观发展规律。另一方面，返乡创业不但解决了自身的就业问题，而且可以带动他人就业。在城乡二元结构的时空背景之下，农村剩余劳动力的转移是当前我国社会发展的一项持续性战略，并且在具体的情境下，如城市大量下岗职工的出现、金融危机的出现等，返乡创业所提供的就业岗位，不违背现

---

① 王郁昭：《农民打工创业的"两个飞跃"》，载邓鸿勋、陆百甫主编《走出二元结构——农民就业创业研究》，中国发展出版社2004年版，第73页。
② 所谓的"四潮"主要是指民工潮、创业潮、开发潮、建城潮等。
③ 郑启新：《"民工潮"促"创业潮"、"开发潮"、"建城潮"》，载王郁昭等主编《农民就业与中国现代化》，四川人民出版社1999年版。
④ 叶文志：《用市场法则引导外出打工人员回乡创业》，载王郁昭等主编《农民就业与中国现代化》，四川人民出版社1999年版。
⑤ 王郁昭：《让创业大潮汹涌澎湃》，载王郁昭等主编《农民就业与中国现代化》，四川人民出版社1999年版。
⑥ 邓鸿勋：《奏响创业、就业、发展的时代强音》，载邓鸿勋、陆百甫主编《走出二元结构——农民就业创业研究》，中国发展出版社2004年版，第35页。

代化发展的趋势，而且无疑缓解了大城市的压力。将返乡创业的意义进一步放大，"加法"和"乘法"的区别则使其外显的以及内在的作用得以凸显。

> "外出打工一人，脱贫致富一家"，做的是加法，自主创业是"一人创业，带动一片，致富一方"，做的是乘法。事实表明，就业是民生之本，创业是就业之源，有本有源，我们才能实现人民安居乐业，民富国强，蒸蒸日上，欣欣向荣。①

强调打工积累下的物质资本和人力资本在创业实践的作用，确定打工实践和创业实践之间的关系，构成了形式论的一个关键性主题，即打工实践释放了农村外出打工者的现代性能量。与此同时，返乡创业实践性质的明确以及意义的建构，重视返乡创业的效果，建构了形式论的另一个关键性议题，即返乡创业的结构性功能。这也就形成了形式高调论的主体部分：鼓励和扶持创业，以创业带动就业。在当前社会发展过程中，结合打工实践与返乡创业的关系以及返乡创业所凸显的功能性意义，鼓励和动员农村外出打工者返乡创业也就成为形式高调论的内在根源，并奠定了返乡创业形式高调论的客观基础。

### （二）形式高调论取向的生成

返乡创业的结构性功能以及返乡创业现象遍地开花是形式高调论生成的基础，也是必要的客观性因素。在能动性因素的作用下，客观的结构性因素得以更好地被因势利导，成为社会发展过程中较为活跃的积极性因素，也更加受到重视，逐步进入政府视野。

从形式论的建构主体来说，返乡创业现象的内在机理，尤其是其所凸显出来的正向性意义较为符合中国农村劳动力资源开发研究会的宗旨②。两者的结合，在中国农村劳动力资源开发研究会的倡导下，诸多研究人员必然是高举返乡创业大旗，力挺返乡创业行动。在操作过程中，具体体现在两个方面，一是秉持加快返乡创业潮到来的理念，展开一系列相关调查和

---

① 邓鸿勋：《弘扬创业精神，创造时代辉煌》，载邓鸿勋、陆百甫主编《走出二元结构——农民就业创业研究》，中国发展出版社 2004 年版，第 9—10 页。
② 其宗旨为探索农民转移就业和自主创业的实践经验，研究、探讨农村劳动力资源的开发战略，促使农村劳动力向农业的深度和广度进军，向非农产业转移，向城镇转移。引导开拓对城乡劳动力的培训事业，提高劳动者素质，并维护劳动者合法权益。

研究，具有代表性的著作主要有《农民就业与中国现代化——中国农村劳动力资源开发研究的十年》（1999）、《走出二元结构——农民就业创业研究》（2004）、《中国农民流动观察》（2004）、《走出二元结构——农民工、城镇化与新农村建设》（2006）、《中国农民工战略问题研究》（2009）、《走出二元结构：农民工市民化》（2012）等。二是在从学理层面描述返乡创业现象的基础上，将学术研究进行升华，从多角度扩展研究成果的影响。具体来说，其主要有两种形式。

一种形式是将调研成果向上汇报，争取必要的政策支持和制度安排。如果说研究成果是在学术范围内产生了影响，属于一种同级层面的效果，那么研究报告的上报则是在政策决策面发挥了巨大的作用，影响着政府部门的判断和决策。对于这条路径的实践效果，从向上汇报的结果可以看出，返乡创业的结构性功能优势受到重视，返乡创业行动受到肯定，具体如表1-2所示。

表1-2 有关返乡创业现象的非正式表达

| 时间 | 言说者 | 具体内容 |
| --- | --- | --- |
| 2004年 | 顾秀莲 | 过去是普通的打工妹、打工仔依靠吃苦耐劳精神，善于学习，勇于创新，白手起家，历经磨难，干出了一番事业。这充分说明，普普通通的社会成员中蕴含巨大创造力，只要政策对头、社会环境适宜，这种创造力就会迸发出来，形成巨大的社会财富。 |
| 2006年 | 温家宝 | 转移农村剩余劳动力要有多种途径，鼓励农民工回乡创业是一条重要的路子。 |
| 2010年 | 回良玉 | 创现代农业之业，创工商服务业之业，挖掘农业就业潜力，实行就近转移就业，进城转移就业，推进农民、返乡农民工创业就业，使农民逐步走向充分就业，扩大发展空间，通过自己勤劳的双手创造更多社会财富，实现持续增收。 |

资料来源：《走出二元结构——农民就业创业研究》（2004）、《中国农民流动观察》（2004）、《走出二元结构——农民工、城镇化与新农村建设》（2006）、《走出二元结构——农民工市民化》（2012）等。

非正式表达的内容显示，返乡创业现象受到政策决策部门成员的认同，为有关返乡创业实践走向正式的制度安排环节奠定了基础。回到返乡创业形式高调论的实践过程中，向"上"汇报路径使得政府各系统部门了解到返乡创业现象在全国的状况以及返乡创业所承载着的结构性功能。归纳此种路径的功效，不仅诸多研究者的话语得以表达，其理念抱负得以实施，而且将知识转化为了社会发展的动力，并付诸实践而主导社会发展，如在具体工作中，政府系统内部从上到下出台了一系列有关农村外出打工者返乡创业的政策，具体有小额贷款、创业培训等。

另一种形式是开展创业之星经验座谈会[①]。如果说上报路径是一种宏观层面的形式作用，那么树典型的思路则是将重心下沉到实践者之中。在座谈会上，其基于肯定农村外出打工者返乡创业的路径，选取成功的经验，介绍返乡创业模范和典型，总结返乡创业模式并加以宣传和推广等。看似简单的一种形式，"典型经验"座谈会之中却包含巨大的示范性效应。首先，这种路径向实践者透露着正向的积极信息，即返乡创业实践具有必要的正当性和合法性。作为一种威权力量，组织机构的介入明显改变了返乡创业实践的性质，改变了社会以及其成员对返乡创业的看法与态度，使得返乡创业登入"大雅之堂"。其次，从形式审视创业之星的结构性功能，其实质是在充当一种宣传和造势的工具和手段，如利用成功的创业个案和典型的经验，来渲造有关返乡创业的舆论，向社会发出创业时机已到的信号，实现返乡创业实践动员的目的。再次，树立正面典型将为返乡创业实践建立一个基点和坐标，发挥一种鼓励的作用，不仅激励返乡创业之星，也激励着潜在的返乡创业者，或者说是鼓动农村外出打工者返乡创业，进而掀起一股返乡创业潮。反过来看，这种典型的方式也遮蔽了返乡创业实践中的风险，让大家处于一种对返乡创业崇拜的情境之中，在正向或榜样的示范作用下，加入返乡创业群体。

在多方面因素的影响下，尤其在借助国家力量的作用下，返乡创业形式高调论得以生成。深入其内在，不难发现，返乡创业形式高调论意在通过市场转移农村劳动力，实现农民向市民的身份转换。同以往那种通过地域的变换与工作形式的变化不同，返乡创业实践的形式关键在于农村个体直接参与市场，通过市场的调节来实现改造的目的。随着市场化进程的加快，市场的力量逐渐显现，返乡创业实践高调论的形式越来越受到一定的重视。特别在非常态的金融危机影响下，返乡创业实践更是牵动着社会各界的神经，进而也将形式高调论不断予以扩展和深化。

(三) 形式高调论的扩展与深化

返乡创业形式高调论的生成是一个漫长的过程，也许其从兴起之时便已带有支持和鼓励农村外出打工者返乡创业的高调色彩。随着返乡创业研究的深入，虽然返乡创业形式高调论的主体思想未变，仍然是"鼓励和扶持返乡

---

[①] 全国创业之星经验交流表彰大会由中国农村劳动力资源开发研究会等单位组织，从1994年开始，每两年召开一次。

创业，以创业带动就业"，但内容在不断地扩展和深化。

首先，客观事实的变化，使得研究问题越来越复杂，研究也越来越深入。一方面，金融危机的出现及其消失致使研究的客观环境发生了相应的变化，不仅为研究提供了相应的客观条件，同时也需要研究进行深化；另一方面，当前返乡创业实践出现了新的特征，如返乡创业的规模越来越大，所占的返乡比例逐渐升高；返乡创业的行业与类型纷繁复杂，分类越来越细、行业越来越多；等等。为了能应对客观环境，促进返乡创业，也就需要进行学术的总结与理论的提升，如金堂经验等。

其次，在关键议题方面，其从以往的两大议题逐渐转向对影响返乡创业的因素进行探讨，更加深入地分析加快返乡创业步伐的因素。具体来说，之前的研究以一种粗线条的形式探求影响返乡创业的因素，在形式高调论的扩展和深化期则采取更加细化的策略。在整合既有研究的基础上，扩展时期的形式高调论将问题重点放在返乡创业的具体困境层面，主要表现在两个方面，一方面从已有的问题出发，将返乡创业实践的问题划分为创业初期的问题、创业中期的问题、宏观层面的制约、微观层面的阻碍等[①]；另一方面深入探究返乡创业的内在关联性因素，如确定打工实践和创业之间的正相关联系，将返乡创业者区分为机会拉动型和生存推动型等。对于创业之中存在的问题，更多地采取意向性的政策，如转变政府职能，为农村外出打工者返乡创业提供政策保障；加强职业技术培训，为农村外出打工者返乡创业提供技能保障；加大宣传工作力度，为农村外出打工者返乡创业提供舆论保障；构建返乡创业服务机构，强化保障政策的连续性和稳定性；等等。[②]

再次，在研究群体方面，研究队伍不断扩大，逐渐突破原有的中国农村劳动力资源开发研究会知识共同体，扩展至其他研究机构，如高校、科研院所等。[③] 在现有时空背景下，经过对返乡创业现象的考察和分析，其他一些学者也得出了相类似的观点，从而更加认同以往的研究成果。或者说，随着研究的扩展和深入，形式意义下的高调论也逐渐向外传播，影响了其他研究者。由此可知，高举返乡创业高调形式论大旗的学者越来越多，队

---

[①] 中央政策研究室课题组：《农民工返乡创业问题研究》，2009年7月。
[②] 《农民工返乡创业问题研究报告》课题组（中国劳动保障科学研究院、易才集团企业与社会发展研究院）：《农民工返乡创业问题研究报告》，2010年3月。
[③] 农业部农村社会事业发展中心创业就业课题组：《农民工返乡创业就业的成功实践——金堂县农民工创业就业促进经济社会发展研究报告》，《农民日报》2011年10月10日。

伍规模越来越庞大,研究成果不断推陈出新。

从返乡创业的功能和形式出发来解读和解释返乡创业现象,通过借助市场经济的力量,实现农村劳动力的转移,走出二元结构等是高调论的实质所在。随着研究的向前推进,形式高调论不断地深化,影响范围不断地扩大,但过程之中也出现了不同的声音。

## 二 实质论下的返乡创业低调论

与形式高调论始终相伴随的是返乡创业低调论。通过对大量返乡创业现象的观察,持这种观点的学者认为创业有风险,特别在认识到大量农村外出打工者创业失败之后的处境时,更是提倡和呼吁要谨慎对待返乡创业。简而言之,实质论下的返乡创业低调论,摒弃了以往站在结构—功能的形式层面,而是深入创业实践之中,反思创业实践过程,打破了返乡创业的神话认识,规劝社会个体的选择。以下我们将详细分析这一观点发展的进程。

### (一) 先前反思:未有共鸣的公共话语

最早对返乡创业质疑的学者是白南生与何宇鹏等人。经过调查分析,他们发现研究结果并不支持创业神话,虽然很多外出打工者有着创业的理想,但是真正将其付诸实践的只是很少一部分人,甚至是个别人。从他们抽样调查的数据来看,以回乡投资为目的的回流劳动力仅占全部回流劳动力的2.5%。[1] 沿此路径进行分析,返乡创业仅仅是很少的一部分农村外出打工者所为。这并不像高调论者所强调的返乡创业潮形成并到来了。在当时,城乡差距在继续扩大,农村劳动力外出的动力不仅没有减弱而且还在增强。随着农村社会经济条件的改善和外出农民工资本积累与技术积累的增加,返乡创业的劳动力比重可能有所提高,但提高的幅度不会很大,而且劳动力回流多为被动回流,主动回家创业的并不多。[2] 由此可见,在20世纪90年代末期以及21世纪初期,外出打工还是农村劳动力转移的主要和重要形式,也是个体的主要社会行动。即使有暂时的回流现象,但是只要相关条件成熟,很多回流者将再次选择外出进城打工。

---

[1] 白南生、何宇鹏:《回乡,还是外出?——安徽四川二省农村外出劳动力回流研究》,《社会学研究》2002年第3期。

[2] 盛来运:《流动还是迁移——中国农村劳动力流动过程的经济学分析》,上海远东出版社2008年版,第104、105页。

虽然不乏回乡创业的生动案例,但调查结果并不支持"创业神话";虽然很多外出者曾经有过回乡创业的梦想,事实上,绝大部分回流者回到了传统经济结构之中,返乡创业只是个别现象;显然,并不是所有的回流地都适宜创业;数据显示,回流农户的平均经济水平明显低于外出农户,与未外出农户不相上下;只要环境条件适合,一半以上的回流劳动力可能再次外出。①

在对社会事实的观察之下,他们判断,返乡创业的社会行动只是一种少数人的行为,并且是在城市社会中打工的一种派生现象,并非所谓的打工直接孕育返乡创业。对于那些已经返乡的农村外出打工者,他们的研究判断则是:

> 回乡民工与未曾外出农民并无差异,外出打工对回乡创业并什么帮助,回来的都是在城市化进程中的"失败者",或者是被政策规制赶出了城市。②

由上论述可以看到,农村外出打工者的返乡是一种无奈的选择,也并不能带来所谓的创业潮。无论是对返乡创业现象的判断,还是对返乡创业行动的界定,这些研究都是一种针对主流观点和话语的反思。从研究特征来说,既有的反思也并非"空穴来风",而是建立在一定的社会事实基础之上,具有一定的客观性。然而,由于主流的声音过于强大,支持返乡创业的声调过高,这种反思的声音便显得较为异样,被忽视放在了一边,不仅没有形成应有的学术对话,而且也未受到应有的重视。从后来各地政府花费巨大力气实施的"筑巢引凤"和"回引工程"等措施可以辨别出这种非主流声音受到的轻视。虽然先前的反思未能受到相应的重视,没有像形式论那样成为一种公共话语,但是在进行相关知识的梳理之时,我们要看到对返乡创业研究的反思不是浇凉水,而是客观地判断社会事实,有利于社会的发展更加合理。

作为一种反思性研究,实质论下的研究并不仅仅停留在观点层面,也从研究的手段层面对形式论的观点进行相应的检讨。反思性研究根据形式

---

① 白南生、宋洪远等:《回乡,还是进城?——中国农村外出劳动力回流研究》,中国财政经济出版社2002年版,第12页。
② 白南生、何宇鹏:《回乡,还是外出?——安徽四川二省农村外出劳动力回流研究》,《社会学研究》2002年第3期。

论的研究过程，从根源层面进行分析，指出了由于分析方法及解释的有限性，有关研究的结论过于武断或片面，难以站住脚。

上述研究在探讨外出与回流、回流与创业的关系上作了一些尝试，但是对调查方法、指标解释和研究框架都没有充分的论述，在分析逻辑上缺乏连贯性，结论作得也过于仓促。①

研究方法存在的缺陷导致研究的结论难以逃脱诟病，如形式论下的返乡创业研究，仅仅是通过某一个或几个调查点的调查，以及对典型案例的分析，就得出了相应的结论，并且予以推广，如肯定返乡创业潮，置办创业明星交流会，等等。从研究方法的角度进行评判，形式论的研究无疑尚处于一种接受检验的状态。为了检验形式论的研究结果，以及避免该研究方法层面的缺陷，反思性研究通过个案调查和抽样调查相结合的方式，得出了与之不同的结果，并修正了形式论的高调论的结论。

实质论下的返乡创业低调论的出现也是基于对形式论的高调论的反思。作为形式层面高调论的被证伪研究，反思性的研究也可以算是形式论研究的扩展研究。随着形式论研究的深化，实质论的观点及思想也在不断地得以升华，并且其研究群体及影响范围也在不断地随之扩大。

### （二）当前反思：走向公共话语

在当前研究中，对返乡创业的反思已经走出了以往那种无声的状态，逐渐走向了公共话语层面。虽然没有中国农村劳动力资源研究会那样的共同性组织，但相对来说，其分散研究的观点较为一致，并在一定范围内引起了共鸣，如农民工创业不要赶时髦，返乡创业要进行风险教育，返乡农民工创业要量力而行②，等等。

对于返乡创业实践中的风险特征的认识，形式论者将化解风险的力量寄托于国家政府部门的相关政策。与之不同，实质论者从现象结果出发，根据返乡创业实践个体的社会性特征，如在应对市场风险中个体所体现出的脆弱性③等，认为要谨慎对待返乡创业。

---

① 白南生、宋洪远等：《回乡，还是进城——中国农村外出劳动力回流研究》，中国财政经济出版社 2002 年版，第 9 页。
② 于建嵘：《底层立场》，上海三联书店 2011 年版。
③ 卢晖临、潘毅：《当代中国第二代农民工的身份认同、情感与集体行动》，《社会》2014 年第 4 期。

## 第一章 问题识别：面对现实的理性悖论

多年在农村调研，笔者注意到这样一种现象，即县城和一些中心镇的临街店面几乎年年都会换主装修开业。一个店面要营业，可能要3万元装修，3万元办营业执照和各种证照，10万元作为流动资金进些存货销售。这样，投入接近20万元，一家精品店可以开张营业。但在县城，想开店的人很多，购买力却很少，一年下来，店面开不下去了，所以将店面转让出去。新接手的开店人再花3万元装修，3万元办证照，一些钱作流动资金，到一年后又亏本开不下去，再转让、装修。结果，仅仅是装修和办证费用，就使一个外出务工几十年的农民工，在一两年内即将所有积蓄亏得精光。①

进入市场，返乡创业的农村劳动者将直接面对市场风险。其风险应对力相对有限有可能导致创业失败。失败的个案及其经验也相应成为学者反思的基础。他们认为创业有风险、创业很艰难、创业难创新。② 这进而演变成一种反对的态度。对于其内在的原因，从对其表达话语的分析之中，可以看出无不外于以下两点。

其一，与消费性投资相对，农村外出打工者返乡创业属于生产性投资。外出打工为回乡创业提供了相应的资本，返乡之后所从事的创业活动也一般处于日常生活中所说的小本生意状态，如在县城开店、回家办养猪场、搞运输等。尽管这些创业形式在社会个体的掌控范围之内，可是市场中的风险配置并不按照创业大小进行安排，不会因为创业规模小而被忽视。对于返乡创业实践者来说，即使个体习得了城市社会中的现代性，可是应对风险的能力还相当有限。在面对市场的刚性一面时，返乡创业者的脆弱性，使其难以在市场之中立足。结果自然是令人心酸的，不仅对个体及其所在家庭造成巨大的影响，而且对农村社会的稳定也有着不可估摸的影响。因此，在一些研究者看来，"我们可能会将农民推向万劫不复的处境"③。

其二，作为生产性投资，返乡创业进入市场，遵循的是市场经济的客观规律。这也意味着要接受市场供求关系的约束。对于返乡创业而言，所谓的市场供求关系主要表现在两个方面。一方面是市场中个体的购买力与返乡创业者的生产能力。如果返乡创业者具有较强的生产能力，而市场处

---

① 贺雪峰：《农村：中国现代化的稳定器与蓄水池》，《中国社会科学报》2011年第182期，第10版。
② 贺雪峰：《小农立场》，中国政法大学出版社2013年版，第254页。
③ 贺雪峰：《小农立场》，中国政法大学出版社2013年版，第254页。

于疲软的状态，消费能力不足时，那么生产和消费之间就处于脱节与不对应的状况，自然导致返乡创业实践处于风险状态之中。另一方面，是市场的吸纳能力与返乡创业个体的竞争力。实质上，这一点仍然是对前者的一种延伸，因为市场吸纳能力不强，即市场容量有限，所以在一定的容量下，大量的返乡外出打工者进入创业实践之中，势必形成一定的竞争，自然也就会存在优胜劣汰，使得一部分创业实践者被甩出市场之外。

  在整个中国已成为买方市场，小规模的产业创业几乎无发展空间的情况下，指望农民工用自己外出打工积攒的积蓄回乡创业，实在是风险很高的事情。尤其是在目前的中国农村，创业所要求的条件越来越高，创业空间越来越小，而返乡回来的农民工越来越多，有创业意愿的农民工也越来越多。在这种情况下，农民工返乡创业的风险极高，但其承担风险的能力很弱。因此，在返乡农民工创业问题上，一定要慎之又慎。①

市场之中存在着相应的风险，造成这种风险或不确定性局面存在的因素关键在于农村或县域乡镇市场空间狭小，社会中的个体购买能力较低，难以支撑创业实体的正常运转。因此，返乡进行生产性投资，"稍有不慎，所有投入就都打了水漂"。如果说前者是一种对市场客观规律的反映，认为创业需要保持谨慎的态度，要有相应的市场分析，等等，后者则是针对政府及社会鼓动创业的态度而言，规劝保持谨慎的态度对待返乡创业，不要"忽悠"更多的农村外出打工者返乡创业。

以农村社会稳定作为基础的低调论，其内在逻辑在于强调农村外出打工者的小农特性。在市场经济中，一方面，市场的不完善性使得我们并不能依靠市场解决所有问题。依赖市场只能将自身的生活置于不稳定的状态之中；另一方面，在创业实践过程中，仍然有着小农特性的个体的能力有限，难以应对市场中的不确定性或风险，所导致的直接结果是创业失败，遭遇相应的债务危机以及家庭与农村社会的不稳定等等。通过对真实世界的观察，对经验现象的反思，实质论者对农村外出打工者创业并不抱一种乐观的态度，相反则是一种悲观的论调。随着对创业实践失败事件认识的加深，其对返乡创业实践高调论持批评的态度越来越强烈，然而由于力量

---

① 贺雪峰：《农村：中国现代化的稳定器与蓄水池》，《中国社会科学报》2011年第182期，第10版。

较为单薄,声音仍然有限,尚未形成一种与形式论者相抗衡的态势,只能归为一种挑战的声音。

### 三 两种取向的分歧及其问题

比较两种研究取向的差异,最为明显的是,形式论较为重视返乡创业的形式及其功能,实质论从实践层面来关注返乡创业的结果。归纳起来则是,一个是在现有认识上对美好事物所表达的期望,另外一个是现实中的结果呈现。将两者统一到整体之中,并放置于完整的创业行动之中,两者可被视为返乡创业行动的前半部分与后半部分。按照正常的逻辑推理,用后者的结果直接验证前者的假设,也许就会形成一个比较清晰的判断,即返乡创业不可为。在现实生活中,市场之中蕴藏着较大的经济利益,对社会个体有着较大的吸引力。同时,创业意味着与市场打交道,市场机制内具有不确定性,风险随时存在,稍有不慎,轻则"竹篮打水一场空",重则"人财两空、负债累累"。对于风险抵抗力较弱的农村外出打工者来说,返乡创业也就意味着需要担负相应的风险,许多返乡创业者因为市场的不确定性和自身的脆弱性而走向失败。依此分析,农村外出打工者返乡创业是一种非理性的行为。可是这样做未免将问题简单化,与社会事实相脱节。一方面,理论上的推导和分析是在既有的话语圈中打转,暗含相应的假设,即承认后者的客观真实性,而否定前者的社会事实。事实上,返乡创业并不仅仅是上层一种口号式的宣传,也充斥于社会个体的现实生活,或者说,返乡创业的鼓励基于社会事实的判定。如在20世纪一项调查中,当问到回家后准备做些什么的时候,大约有一半以上的外出打工者给出的答案与今天所提倡的返乡创业较为相似,具体如表1-3所示。

表1-3 外出打工者回家后打算做什么

| 打算 | 人数 | 占比(%) | 有效(%) |
| --- | --- | --- | --- |
| 务农 | 36 | 12.3 | 17.4 |
| 经商 | 61 | 20.8 | 29.5 |
| 办厂 | 12 | 4.1 | 5.8 |
| 进乡镇企业 | 15 | 5.1 | 7.2 |
| 当村、乡(镇)干部 | 2 | 0.7 | 1.0 |
| 说不清,回去看看再说 | 81 | 27.6 | 39.1 |
| 未回答和不准备回家 | 86 | 29.4 | |

资料来源:郭于华《倾听底层》,广西师范大学出版社2011年版,第210页。

从表 1－3 中的数据可知，有返乡创业选择打算的农村外出打工者在其中占绝对性的比重，并且，如果将没有打算的人不计算在内，那么选择返乡创业的比例将更高。与之相似，有关对富士康工厂中员工的调查显示，"关于未来的打算，42.9％的被访者选择回家乡创业，28.1％的被访者希望能留在城市工作，22.8％表示没想好，只有 0.5％的被访者打算回家乡务农"[①]。

另一方面，在今天有关对新一代农村外出打工者的调查中，很多人表示"十个之中有九个想回家创业"。并且，即使存在农村外出打工者返乡创业失败和教训，仍然有着持续不断的农村外出打工者返乡创业，甚至还能看到一些有过返乡创业失败经历的农村外出打工者在准备着第二次返乡创业。由此来看，两种研究取向都有着客观的社会基础，逻辑上的简单否定只能导致一种形而上的认识，远离社会客观事实。多样化观点的出现致使日常生活中的我们对返乡创业的理解进入了一种混沌状态：到底是要鼓励返乡创业，还是要反对返乡创业？

从实践反思现有的理性认识，第一，作为建构在横截面上的就事论事判断，无论是高调论的取向，还是低调论的取向，对于返乡创业的认识都有着前后割裂的嫌疑。即使都是基于事实的认识，那么这种认识也相对显得不全面，对事实的理解存在部分缺陷。第二，从事物发展的规律来说，两者都属于一种应然性的判断，对事物发展的判断囿于"应该"的状态，忽视了事物的实际状态，即实然关系。对于农村外出打工者返乡创业选择来说，一方面，按照社会的客观规律及理性的计算原则，在风险与能力不对称的状态下，农村外出打工者应该不会选择返乡创业实践活动。另一方面，因为返乡创业的优势存在，所以应该鼓励农村外出打工者返乡创业。对于内在的实际状态，农村外出打工者的主体性与自主性缺少必要的分析和研究，造成了两者的理解与现实有所差异。第三，理性的认识扎根于知识话语，而非来自于实践中的理性，由此形成的知识型导向行动并不一定符合实践逻辑，即使它们都有着十足的理由来维护自身的论点和逻辑。摒除知识导向（knowledge oriented），回到实践之中，相对于具有生存智慧（living wisdom）[②]的个体而言，即使对于农村社会中的个体来说，都已在长

---

[①] "两岸三地"高校富士康调研组：《"两岸三地"高校富士康调研总报告》，2010 年 9 月。
[②] 邓正来：《"生存性智慧"与中国发展研究论纲》，《中国农业大学学报》2010 年第 4 期。

期日常农业生产方式下形成了农民理性①,对经济活动的形式有着相应的价值判断。对于经过一定的城市化,"上岸洗脚"的打工者对市场风险的认识并不是处于一种"黑箱"的状态。纵然再怎么信息不充分,其对于日常生活中的失败个案总有着相应的认识,也不是那么容易受到社会结构性的"忽悠"。那么不禁要问:他们为何要创业?难道市场的理性与经济利益的刺激,使其"明知山有虎,偏向虎山行",还是熊彼特(Schumpeter)、德鲁克(Peter Ferdinand Drucker)②等学者所言的企业家的开拓创新精神,但这是否又和传统的小农生存理性相悖。显然,返乡创业实践选择问题的回答,原有知识层面的理性认识和实践相脱节,不能做出令人较为心悦诚服的回答。因此,这在矛盾与疑问之中也就提出了一个非常现实性的问题,在市场经济进程中,社会个体有着什么样形态的经济行动逻辑,或者说,社会中什么因素影响着社会个体的经济行动,什么社会机制支配着社会个体的经济行动。

对以上问题的回答,需要暂且搁置有关农村外出打工者返乡创业的理性判断,在经验之中探究农村外出打工者返乡创业实践的选择逻辑,从创业实践之中获得真知。相对来说,明确了农村外出打工者的返乡创业实践逻辑,也就可以明确为何在理性认识的状态下有着悖论性的经济行动或非理性的行动等,从而回答了前面所提出的经验性问题,进一步深化对农村外出打工者的理解和认识。因此,分析和建构支配返乡创业选择的社会机制等是本研究的核心问题。

## 第三节 返乡创业研究问题的识别

研究农民工返乡创业现象的基础和关键在于理解农民工返乡创业经济活动的选择,探究他们为什么要返乡创业、支配返乡创业的机制何在。然

---

① 徐勇:《农民理性的扩张:"中国奇迹"的创造性主体分析——对既有理论的挑战及新的分析进路的提出》,《中国社会科学》2010年第1期。
② 将创业视为实践的德鲁克认为,创业与创新相联系,创新是企业家的特定工具。他们利用创新改变现实,作为开创其他不同企业或服务项目的机遇。企业家需要有目的地搜寻创新的来源和变化,并且发现由于变化而出现的成功创新机会的征兆。如果缺少创新,那么就不能视其为创业。所以,在他的判断之中,并非每一个创新的小企业都属于企业家行为或者代表了创业精神。具体可参见〔美〕彼得·F. 德鲁克《创新与创业精神》,张炜译,上海人民出版社2002年版,第23、25页。

而，研究问题的确立并不等于研究问题的明确，即使对于本研究来说，农村外出打工者返乡创业已经是一个较为具体的问题，一个较为现实的问题，仍然需要进行问题识别。只有经过问题辨识之后，我们才能深入了解问题的性质，即返乡创业选择是否是一个假问题，以及返乡创业问题的重点和针对性在哪里等。

## 一　行动实践中的客观事实

解读农村外出打工者返乡创业选择问题，具体主要操作化为两个问题，其中之一是，为什么农村外出打工者要返乡。与返乡相对，农村外出打工者可以留在城市社会中，完成现代化及城市化过程中的市民化。在当前有关农民工研究中，市民化的主题已经成为学术共同体中的主流，学界多元化与多角度地探求农村外出打工者在城市社会中的适应性，如从政策层面、制度层面、文化层面探求等等。回到现实生活中，无论是从现象的归纳，还是从对宏观统计数据进行演绎看，返乡创业都是不能忽略的社会客观事实，即使它有违现代社会发展的"规律"。第一，在城乡劳动力市场中，由于城市劳动力市场的门槛设置，诸多未能踏进城市劳动力市场的进城农民（包括非正式劳动力市场的进城打工者），他们只能选择返乡，在农村劳动力市场中寻求相应的劳动岗位。第二，在市场化进程之中，资源（生产要素）配置的形式主要由市场决定。在市场经济时期，处于市场空间中的社会个体具有用脚投票的权利。根据利益权衡等因素的影响，他们自行选择返乡或留城等。第三，在国家政策制定及制度安排之中，鼓励农民工就近就地转移已经成为新的动员方向，返乡自然也就成为其中的一种形式。因此，在社会流动多元化的时代之中，打工是一条主流化的道路，或许是多数农村劳动力实践的道路，但返乡也是诸多进城打工者不可避免的遭遇或选择。从前文分析可知，在当前流动人口基数较大的背景下，返乡创业群体规模也并不小。通过社会事实的解读进行判断，返乡并不是一个"假命题"，而是现实生活中客观存在的"真问题"。与返乡创业问题相联系，返乡创业也并非"假问题"。在市场经济体制中，个体拥有着相应的选择自由及空间，即使信息有限，仍然可以在乡村劳动力市场之中选择其他劳动形式，如就近打工、耕作农业等。作为社会客观事实，返乡创业也有着自身的发展规律。尤其在"支持农民工返乡创业"等制度安排之下，农村外出打工者返乡创业问题不仅突破了以往"真问题"与"假问题"讨论的范畴，而且上升到了时间紧迫性的层面。简而言之，尽管返乡创业与社会总体的主流行动不相符合，但是返乡创业已经是现实生活中不可忽略的社会事实，而且是政府系统部门迫切需要解决的现实问题。返乡创业选择问题是研究领域中一个较为真实的问题。

当然，对农村外出打工者返乡创业选择还存在其他解读方式，如将返乡创业选择视为一个整体性问题，返乡就是为了创业。或者，创业选择在先，返乡选择在后等。无论进行怎样的解读，都难以逃脱将返乡创业选择视为一个完整的系统结构的形式。在客观情境中，返乡与创业两者已经构成一个相互连接的整体，具有普遍性的系统性知识特征。在面对当下返乡创业实践增长趋势的事实时，如何给予其客观而真实的理解？其问题的根源则在于社会市场化时期农村外出打工者的行动选择逻辑，他们如何处理社会、市场与国家等结构性力量的影响。因此，通过实证资料的描述和分析，探究市场化情境与结构下社会个体的经济实践行动也就成为本研究所重点关注的问题。相信对此问题的解答，将有助于解答以上疑问，明确和强化对市场化时期社会个体的经济行动逻辑及其支配机制的理解。

## 二 理性表达中的问题建构

作为返乡创业现象的一部分，选择返乡创业经济活动也涵盖在社会科学研究中的社会事实之内，并且是一种承载着道德、集体意识、集体表象、社会潮流等特性的非物质性（nonmaterial）社会事实。因此，辨别本研究中的返乡创业选择问题需要区别日常生活中的返乡创业选择问题、研究表达中的返乡创业选择问题和制度安排中的返乡创业选择问题。

第一，与前文所讲的市场化社会相连接，有关农民工返乡创业选择问题更是受到了社会大众的热议。在日常生活中，一谈到创业，人们首先想到的便是赚钱，似乎对其已经进行了固化。是否是经济利益刺激着社会成员选择返乡创业？或者说返乡创业选择与经济利益间存在什么样的关系？作为理论导向的经验研究，对这一问题的回答将有助于理解市场化社会中社会成员的经济行动逻辑，明确市场化社会中社会成员经济行动的支配机制。回到经验之中，农村外出打工者返乡创业牵动着社会中的每一个人。一是在当前经济不景气的状态下，返乡创业更关系着家庭及社会秩序的稳定。如果返乡创业失败，那么问题的矛盾更加尖锐，会将家庭和社会推向更加危险的边缘。二是当前创业是一种时尚，返乡创业已经成为"热潮"，牵动着社会中的各类群体、组织等的神经，如何对待创业及其"神话"则需要理性的知识。

其次，在日常生活中，强调个人的选择动机与抱负相联系，特别是向上社会选择，如选择较有难度的行动，社会大众总是习惯认定该行动者具有深远的理想。对于返乡创业选择也不例外，在老板光环的映照下，社会总是赋予创业以高度的认同，强调创业实践者拥有"大抱负"、"野心"等。解读社会层面的表达，意味着将返乡创业选择推到个人心理层面因素的影响。只有个人具有不一般的心理特征，才选择返乡创业实践。在本研究中，我们并不排斥心理因素的影响，但在讨论和分析农民工返乡创业选择行动时要超越选择个体的个人意识或其本能，注重社会结构性因素的影响等。置社会个体于行动空间之中，返乡创业选择相应受到社会系统、市场系统等结构性因素的影响。在结构化力量与个体能动策略共同塑造下，农村外出打工者返乡创业选择实践逻辑得以生成，这实质上也反映了返乡创业选择的性质。

第二，积极鼓励和扶持农民工返乡创业已经成为当前制度安排的主旋律。反观国家一系列政策，从提倡创业到培训创业，从制度安排创业再到政策扶持创业等显示出返乡创业在社会发展中的战略性地位。在扶持返乡创业的主导声调下，各级政府出台了一系列相关政策，涉及返乡创业的方方面面，从鼓动、宣传到实践过程中的土地、金融支持等。操作农村外出打工者返乡创业选择是一个面向社会及国家发展的重大需求层面的问题，是一个现实性的"真"问题。然而，返乡创业选择中的"国家理性"并不等同于"个体理性"。从"个体理性"上升到"国家理性"则需要我们以返乡创业实践选择中的个体理性为基础，不能仅仅以国家理性作为基础，否则丧失个体理性的诉求，诸多政策的效果并不会较为乐观。因此，对于本研究而言，我们侧重于探究实践中的个体理性，即返乡创业实践者为何选择返乡创业。

第三，当前有关返乡创业的研究越来越多，逐渐成为知识共同体中的热点，然而，丰富、繁杂的研究使得对现象的解释也越来越复杂。关于返乡创业，有人将其看作农村社会建设的新动力，有人将其视作当前"救火"的有效工具，有人将其视为社会的不稳定之源……不同解释之间所存在的难以调和的矛盾让研究之水越搅越混，真理镜像也越来越模糊，对什么是事实已经难以辨别真伪。简而言之，不同的取向使得知识共同体中的认识纷繁复杂。究竟该如何看待返乡创业实践，需要从源头出发，重新揭开农村外出打工者返乡创业的面纱。在本研究中，消除诸多认识的分歧和差异，需要将学术带回常识之中，达到日常社会的真实建构。这是讨论和分析问题的基础。

　　本研究作为一项规范研究，不仅要强调研究问题的客观真实性，而且要重视研究过程中一定的问题意识①。研究问题的建构需要对相应的问题进行解构。本研究将把返乡创业选择问题置于社会发展历程之中进行辨识，以便明确返乡创业选择问题的性质以及研究的重点和针对性。通过对上述问题的解答，我们可以发现，挖掘农村外出打工者返乡创业的逻辑及其支配机制不仅有助于回答理论层面的问题，如市场化社会中个体经济行动的支配机制等，同时有助于明确返乡创业实践中的诸多社会事实，促进返乡创业实践中个体理性与国家理性的合拍，扩大返乡创业规模，增强返乡创业实践效果。

---

①　问题意识的来源一般有两种形式，一种是自上而下的形式，一种是自下而上的形式。

# 第二章
# 理论自觉：创业选择研究的转向

问题的明确使得研究有了进一步的方向，但还需要对研究问题进行深层次的明晰，以保证做出有价值、有意义的研究。否则，不但不能为知识的积累做出相应的贡献，推动学术向前发展，反而会是一种学术资源的浪费。所以，无论是经验研究，还是理论性研究，都非常强调文献梳理的重要性，既可以在既定问题之中找出研究的切入点，也可以进一步深化已有的研究内容。在本章中，我们将在理论自觉的学术原则下，借鉴国内外有关创业选择及相关经济行动选择的文献，对有关农村外出打工者返乡创业选择问题进行破题，并且寻找新的研究立意。

## 第一节 结构与理性：创业选择研究的两类传统

重视理论自觉意味着强调知识的一脉相承。在研究中，理论有继承、有发展，同时也要保持既有的理论自信。[①] 无论是西方社会还是东方社会，纵使有着再大的不同，作为个体的抽象产物或实体，在社会变迁与发展的过程中也存在一定的共同性。并且，后发现代化社会对前者既有经验的有益借鉴以及当前对过去的反思，将会有效避免"重蹈覆辙"，推进社会更好地向前发展。在其他社会之中，虽然没有与中国大陆社会中的农村外出打工者返乡创业较为一致的现象，但在中国大陆之外的社会中，也存在创业

---

[①] 郑杭生：《中国特色社会学理论的深化》，中国人民大学出版社2010年版，第19页。

选择的问题①，诸如香港地区社会个体的创业选择、台湾地区的"黑手变头家"、东欧地区社会中的创业选择、美国劳动力市场中的自雇行动选择等。在经验基础上建构的创业选择研究大致可以追溯到18世纪中期。进入20世纪80年代以来，在众多因素的影响下创业行动急速升温，创业问题受到高度关注，创业也因此成为一个正式的学术研究领域。② 经过学人的共同努力以及多年的知识积累，有关创业选择的研究也可谓卷帙浩繁。

纵观中外有关创业选择研究的文献，无论是以创业行动的功能论、创业行动的社会网络论、创业行动的策略论、个体的社会心理理论等，还是以创业行动的经济分析、劳动力市场分割理论等来阐释社会个体为什么要创业，既有成果都难以摆脱行动与结构二元论的束缚。③ 相对来说，创业行动选择研究在不断的演进与深化历程中也形成了两类研究传统，即结构分析与理性分析。

## 一 结构分析：行动约束下的创业选择

对于创业行动选择的研究，强调总体特性的结构分析主要着重于劳动力市场的结构、家庭组织形式及社会结构等三大层面。社会个体处于结构之中，其行动在结构的刚性作用下要符合相应的社会规范。所以，制度及其规则的约束也就成为结构分析所依赖的理论信条。在创业行动选择结构性分析的文献中，无论是基于经济人的假设，还是转向社会人的假设，劳动力市场、家庭结构及其形式、社会习性、文化等结构性因素都制约着行动者的选择。

### （一）创业选择与劳动力市场结构

无论在发达的资本主义国家，如美国、欧洲的一些国家等，还是在发展中国家，如中国等，当劳动力市场出现压缩及不均衡的状态时，市场中的自雇型创业便会成为一种热潮。基于类似经验的观察和判断，有研究得

---

① 创业在西方社会中有多种表述，诸如 entrepreneurship、venture 等，每一种表述有不同的指向。在本研究中，主要回顾的是有关 self-employment 的研究文献。之所以做出这样的选择，关键在于 self-employment 与本研究所注重的创业有一定的相似性。如果笼统地进行回顾和反思，将会对研究增加不必要的干扰。
② 林强、姜彦福、张健：《创业理论及其架构分析》，《经济研究》2001年第9期。
③ 叶启政：《进出"行动—结构"的困境：与当代西方社会学理论论述对话》，三民书局2004年版，第289页。

出了劳动力市场结构与创业行动选择有着较高相关性的结论，或者说劳动力的市场地位是较为重要的解释性因素。① 在现实生活中，非常态下的自雇型创业与劳动力市场有关，而且常态下的自雇型创业也是在劳动力市场结构的宏观因素与微观因素影响下而成为事实的。② 在经济走势良好的环境下，市场利润刺激个体积极选择创业行动，市场消极时则失业率的增高促使个体主动选择创业行动。③ 在充足的经验资料支持以及学理的观照下，利用经济分析范式及其经济人假设研究创业行动选择的学者更加确信劳动力市场结构的作用。简析劳动力市场结构作用于创业选择的文献，可以发现劳动力市场的影响力及其特性主要体现在市场部门的分割与不均衡、市场利益回报、市场结构的解构与发展等方面。以下将从这几个层面进行深入的分析。

**1. 市场分割及失衡下的创业行动选择**

市场分割理论将劳动力市场划分为不同的形式和部门，如正式劳动力市场与非正式劳动力市场。④ 在不同的市场形式中，存在各不相同的规则及规范。不同的社会个体进入分割后的市场中，会出现不同的状况，如进城农民、移民群体、老年人等。对于进城农民而言，他们很难在劳动力市场中获得正式的工作，所以倾向于选择自雇型创业。⑤ 相比于在正式市场部门中难以寻找到工作，他们在非正式市场中的情形大不相同。一方面，城市中有着较多的创业实践机会。另一方面，相对于城市中的居民来说，来自于农村的进城者更能寻找和发现这种机会。⑥ 以移民群体人员为例，Evans的研究认为，移民的语言水平较低，与当地人的交流存在许多障碍，因而

---

① Pernilla Andersson Joona, "Exits from Self-Employment: Is There a Native-Immigrant Difference in Sweden?" *International Migration Review* 44 (2010).

② Marlis Buchmann, Irene Kriesi & Stefan Sacchi, "Labour Market, Job Opportunities, and Transitions to Self-Employment: Evidence from Switzerland from the Mid 1960s to the Late 1980s," *European Sociological Review* 25 (5) (2009).

③ Simon C. Parker & Martin T. Robson, "Explaining International Variations in Self-Employment: Evidence from a Panel of OECD Countries," *Southern Economic Journal* 71 (2004).

④ Thomos D. Boston, "Segmented Labor Markets: New Evidence from a Study of Four Race-Gender Groups," *Industrial and Labor Relations Review* Oct. (1990).

⑤ Wim P. M. Vijverberg, "Nonfarm Self-Employment and the Informal Sector in Cote d'Ivoire: A Test of Categorical Identity," *The Journal of Developing Areas* 24 (4) (1990).

⑥ Andrew M. Yuengert, "Testing Hypotheses of Immigrant Self-Employment," *The Journal of Human Resources* 30 (1) (1995).

处于社会弱势的地位,如难以找到相应的工作或者受骗[1]等。作为弱势的一方,他们经常只能压低自身的劳动力价格。在劳动力市场中,雇主为了追求更高的利润,比较倾向于雇用这样的劳动者。同工不同酬以及不对等的关系使得移民群体的利益经常受损。因此,移民群体在劳动力市场分割(labour market segmentation)的状态下,比较倾向于选择竞争力较小的自雇型创业。在这种类型的创业中,移民群体在积极性和参与比例方面较高于本地人。[2] 通过对比两个不同群体——一个群体是移民到加拿大的移民群体,另一群体则是加拿大土生土长的本地人,在自雇型创业中的差异性特征,Mata 等认为,自雇型创业之所以存在,关键在于劳动力市场的分割,特别对于移民群体人员而言,他们当中受教育年限较低的个体更加倾向于创业[3];对于老年人而言,在自雇型创业过程中,工作时间和薪水,一方面可以被自行规划和决定,另一方面也受到市场或所处环境的影响,如劳动力市场中的工作年限要素等,非正式劳动力市场有着较大的弹性。因此,很多老年人比较倾向于选择这类工作。[4] 简而言之,社会弱势群体之所以倾向于选择自雇型创业,关键在于正式制度与规则的束缚以及非正式制度与规则所带来的机会。一方面,劳动力市场中存在不均衡和歧视,市场中的竞争机制使得弱势的个体难以得到平等对待。另一方面,不同于正式的劳动力市场,非正式的劳动力市场中有着有利于弱势群体的劳动分配和工资决定形式,如居住区域内个体或家户的经济需求为自雇型创业提供了空间,自雇型创业者可以进行相应的资源整合,获取家族和家庭中多样化的支持,以此将不利条件转化为优势资源。[5]

依赖不同的进入路径实现自雇型创业,可以有效地避免劳动力市场中的不公正待遇[6],并且自雇型创业在职业发展过程中具有相应的安全性,也

---

[1] M. D. R. Evans, "Immigrant Entrepreneurship: Effects of Ethnic Market Size and Isolated Labor Pool," *American Sociological Review* 54 (6) (1989).

[2] Borjas, George J., "The Self-Employment Experience of Immigrants," *Journal of Human Resources* 21 (1986).

[3] Fernando Mata & Ravi Pendakur, "Immigration, Labor Force Integration and the Pursuit of Self-Employment," *International Migration Review* 33 (2) (1999).

[4] Joseph F. Quinn, "Labor Force Participation Patterns of Older Self-Employed Workers," *Social Security Bulletin* 43 (1980).

[5] Caroline B. Brettell & Kristoffer E. Alstatt, "The Agency of Immigrant Entrepreneurs: Biographies of the Self-Employed in Ethnic and Occupational Niches of the Urban Labor Market," *Journal of Anthropological Research* 63 (3) (2007).

[6] Light, Ivan, *Ethnic Enterprise in America* (University of California Press, 1972).

就是所谓的稳定性①。因此，不同的劳动力个体会根据自身的特性在结构性力量的作用下选择自雇创业活动。

## 2. 市场利益回报下的创业行动选择

检视劳动力市场的结构性力量，在正视其消极性力量的同时，也要注重其正功能的发挥。对于市场结构正功能的理解，主要体现在市场利益回报方面，具体又可划分为行动收益与税收刺激。高行动收益与税收减免政策的作用使得市场中的创业行动方兴未艾，渐成一种浪潮。①创业行动收益的刺激。市场中不同的行业有着不同的行动收益。创业行动中的高收益是吸引社会个体进入的一项重要变量。② Magnus Lofstrom 根据对美国 1980 年和 1990 年的人口普查数据进行分析发现，移民创业者的工资一般较高于打工者的收入。同当地人的收入水平相比，创业者的收入一般等同于当地雇佣工人 30 岁时的收入，等同于当地创业者 40 岁时的收入。其与自身的移出地相比，自雇性创业活动减少了与当地收入水平的差距，这一差距缩小了大约 14%。③ Bernhardt 的研究认为，加拿大的男性之所以选择自雇型创业，相关的潜在性收入是决定性因素。④ McManus 在德国和美国经验资料的比较基础之上，证实了劳动力市场中自雇型创业与收入之间的正相关关系，社会个体之所以选择进入市场进行创业的决定性因素在于创业收入较高以及相应的稳定性。⑤ 由此可见，在功利主义者或实用主义者看来，市场中创业行动的高收益是行动生成的关键性条件。②税收减免的作用。除了市场自主调解下的行动收益刺激，非经济因素力量的介入，主要行动中有关税收的减免也将对创业行动有所作用。Robson 等的观点认为社会个体创业选择的刺激来自于利润和税收的作用。⑥ 以英国为例，国家在政策制定或制度安排层面对自雇型创业进行扶持和帮助。主要体现对创业者的税收有所减免，

---

① Hinrichs, Karl, "Irregular Employment Patterns and the Loose Net of Social Security: Some Findings on the West German Development," in Michael Adler, Colin Bell, Jochen Clasen, & Adrian Sinfield (eds.), *The Sociology of Social Security* (Edinburgh: Edinburgh University Press, 1991).

② Peter S. Li, "Economic Returns of Immigrants' Self-Employment," *The Canadian Journal of Sociology / Cahiers Canadiens de Sociologie* 25 (1) (2000).

③ Magnus Lofstrom, "Labor Market Assimilation and the Self-Employment Decision of Immigrant Entrepreneurs," *Journal of Population Economics* 15 (1) (2002).

④ Irwin Bernhardt, "Comparative Advantage in Self-Employment and Paid Work," *The Canadian Journal of Economics / Revue Canadienne d'Economique* 27 (2) (1994).

⑤ Patricia A. McManus, "Market, State, and the Quality of New Self-Employment Jobs among Men in the U.S. and Western Germany," *Social Forces* 78 (3) (2000).

⑥ Simon C. Parker & Martin T. Robson, "Explaining International Variations in Self-Employment: Evidence from a Panel of OECD Countries," *Southern Economic Journal* 71 (2) (2004).

这也是如果缺少减免的形式,那么在税收种类繁多、税率较高的状态下,自雇型创业的原有收入在去除相应的税之后,可以说是剩下无几。然而,现实的状况是可以通过创业减少或逃避相应的税收。与打工活动相比,其存在一定的经济利益优势。在理性的作用下,很多倾向于计算的社会个体在利益的刺激之下便选择了自雇型创业。[1] 由此可见,作为一种客观的调控方式,税收刺激了社会个体的经济活动选择,使得自雇型创业浪潮在国家可控范围内有节奏地展开。

**3. 市场解构与发展下的创业行动选择**

静态地审视结构性力量,其可以带来创业行动;动态地观察市场的发展与变迁,可以发现在其结构解构之中也存在创业机会。所谓市场解构与发展下的创业行动选择具体可以分为两个方面,一方面由于技术的变迁以及全球化的推动出现了自雇型创业。[2] 从经济的创新角度来讲,在后工业时期,工业由资本集中型产业向劳动力密集服务型产业转变。因此,在市场中产生了一些对小型企业的需求。另外,新型技术的培育打破了以往传统企业的边界,无论对于企业来说,还是对于工人来说,建立小型的企业已经不存在较大的困难,这也就给那些有意选择创业的社会个体提供了机会。从经济解构的角度来讲,经济转型使得原有的经济形式发生转变,如产业结构调整,原来工厂中的劳动者将被排斥,或退出工作岗位,而选择创业经济活动。可见,后工业社会来临,市场中的产业转型与升级以及技术的变迁等为自雇型创业创造了相应的机会。于是在技术变迁的背景下,许多理论研究者有着对创业的期望,认为自雇创业会逐渐多起来[3],并会形成一种新的浪潮。

市场经济的解构与变迁并不仅仅指产业的升级与换代,同时也存在危机,但同样为社会中的个体提供了相应的创业机遇。在经济危机的情境中,自雇活动再次成为经济学和社会学研究的重点,观察家和政治家迫切地希

---

[1] Bárbara J. Robles, "Tax Refunds and Microbusinesses: Expanding Family and Community Wealth Building in the Borderlands," *Annuals of the American Academy of Political and Social Science* 617 (2007).

[2] Aronson, Robert L., *Self-Employment: A Labor Market Perspective* (Ithaca, NY: IRL Press, 1991).

[3] Piore, Michael J. & Charles F. Sabel, *The Second Industrial Divide: Possibilities for Prosperity* (New York: Basic, 1984), p. 27.

望自雇活动能有效地及低成本地解决社会中的失业问题。① 具体而言，创业具备提供就业岗位的功能。一方面，创业解决了创业个体的就业问题，另外一方面，创业也解决了其他失业者的问题。在创业规模超越自我雇佣的条件下，规模越大，解决的失业人口数量越大。相对来说，创业带动了就业，是解决经济萧条的一种较为有效的途径。其之所以被视为成本低廉的方式，关键在于自雇型创业是一种个体性行动，即使有着国家的参与，但国家在此过程中所发挥的作用也只是一种调节性或协调性功能。相对于其他解决失业问题的策略来说，自雇型创业成本较小，并且能够带来经济效益，为整体经济发展做出一定的贡献。对于为解决失业问题而努力的国家政府来说，增加就业人数和扩大就业规模才是直接的途径。所以，在相应的环境之中，国家政策的介入为个体创业制造了相应的机会，并发挥社会动员作用。在现实生活中，这种实践逻辑已经不断被证实，如我国政府部门在2008年金融危机中对农村外出打工者返乡创业的支持等。

### （二）创业选择与家庭组织形式

格兰诺维特的低度社会化对经济人假设及其经济分析的批判表明，社会中的个体并非纯粹趋利而动的理性人。作为社会人，无论是团体社会中的个体，还是差序格局中的个体②，初级群体的家庭组织形式同样作用着劳动力的劳动形式，这主要表现在两个方面。一方面是家庭组织所具有的资源，在亚洲和西班牙移民群体中，自雇型创业者的实践和选择受到所在家庭构成、人力资本和阶层资源的影响。因为集体利益个人和关系的作用，家庭可以聚集到所需的劳动力和经济资本。③ 另一方面，家庭组织形式的作用存在于家庭成员间的关系、所扮演的角色以及家庭分工的存在等。

首先，在家庭结构方面，扩展家庭相对来说容易选择自雇型创业。对于其中的原因，Boyd 认为，一方面，家庭的存在与发展需要一定的物质经济。在面对失业压力的情境下，他们更加倾向于选择自雇型创业，以解决生存安全问题。另一方面，家庭中要照顾老人、小孩，完成家庭所赋予的

---

① Paolo Barbieri, "Self-Employment in Italy: Does Labor Market Rigidity Matter?" *International Journal of Sociology* 31 (2) (2001).
② 费孝通：《乡土中国　生育制度》，北京大学出版社1998年版，第26页。
③ Jimy M. Sanders & Victor Nee, "Immigrant Self-Employment: The Family as Social Capital and the Value of Human Capital," *American Sociological Review* 61 (2) (1996).

责任和义务等，选择自雇型创业可以兼顾工作和生活。① 所以，结婚的成年人更倾向于选择进入市场进行自雇型创业。

其次，在家庭内部分工层面，存在基于社会性别差异以及在此基础上出现的劳动力市场不均衡状态，男性和女性进入市场中进行创业的目的或选择不同。女性在于可以兼顾家庭，男性则为了更高的收入回报。② 1995 年 2 月的人口调查研究显示，在社会个体创业选择层面，社会性别之间也呈现出不同的差异。女性，特别是有孩子的妇女的选择更多地受到家庭因素以及弹性时间安排的因素影响。③ Budig 根据数据分析得出结论，在专业领域，创业收益与性别并无较为明显的区别，男性和女性都能从中获得相同的收益；在非专业领域，妻子和母亲的角色使得女性的收益有所下降。之所以有这样的结果，在于女性承担着更大的家庭责任。④ 为了延长收入的生命时间，或者说在生命历程之中，增加工作的时间长度以及将失业的风险最小化，对于要抚养和照顾小孩的年轻女性来说，选择创业行动更加现实。⑤ 因此，在 Connelly 看来，创业的选择是基于照顾小孩策略的选择。之所以这样说，是因为对女性来说，一边创业，一边照顾自己的小孩，可以减少照顾小孩的成本。对于必须照顾小孩的妇女来说，如果有这样的选择，自雇创业将成为她们的首选。从工作类型上来说，如果存在以下选择，一是只能工作，不能照顾小孩，二是放弃工作照顾小孩，三是一边工作一边照顾小孩，那么很多人将会选择第三种类型的工作。将她们与那些没有小孩的妇女进行对比，她们这种倾向更加强烈。由此可见，小孩是家庭妇女进入创业行业的一个重要因素。并且，小孩的数量以及小孩的年龄将直接影响创业。⑥

处于家庭组织结构之中的社会成员，并非是孤立的个体化社会人，而是

---

① Robert L. Boyd, "Black and Asian Self-Employment in Large Metropolitan Areas: A Comparative Analysis," *Social Problems* 37 (2) (1990).

② Greg Hundley, "Male/Female Earnings Differences in Self-Employment: The Effects of Marriage, Children, and the Household Division of Labor," *Industrial and Labor Relations Review* 54 (1) (2000).

③ Richard J. Boden, Jr, "Flexible Working Hours, Family Responsibilities, and Female Self-Employment: Gender Differences in Self-Employment Selection," *The American Journal of Economics and Sociology* 58 (1) (1999).

④ Michelle J. Budig, "Intersections on the Road to Self-Employment: Gender, Family and Occupational Class," *Social Forces* 84 (4) (2006).

⑤ Alícia Adserà, "Changing Fertility Rates in Developed Countries. The Impact of Labor Market Institutions," *Journal of Population Economics* 17 (1) (2004).

⑥ Rachel Connelly, "Self-Employment and Providing Child Care," *Demography* 29 (1) (1992).

有一定单位的组织人。家庭规范及其结构形式对每一位家庭成员有约束力。在社会大环境背景下，个体成员尤其是家庭中的妇女为了能够参与劳动，或是为了家庭生计以及家庭的发展不得不参与生产。同时，家庭妇女的角色扮演又需要其以家庭为主，为家庭的生活负责。在多重力量的形塑下，自雇型创业成为她们最为优化的形式选择。

（三）创业选择与社会习性

作为一种持久的、可转换的潜在行为倾向系统，习性（habitus）客观地构建着我们的社会世界，支配着我们的日常行动。[1] 在创业实践活动中，社会习性的作用主要强调创业行动的生成在于社会文化因素的影响，具体表现在以下几个方面。

首先，创业实践选择归因于个人的感性选择。延续前人研究结果，Bradley 认为有专业技术的创业者收入将高于受雇劳动者。这是他们预先存在的资源，可以保证在市场中实施自雇创业活动。所以，有技术的个体喜欢进入市场中进行自雇型创业，也可能实现创业目标。那些在市场中没有技术的自雇型创业者，收入相对较低，但是他们进入的原因多是自身的喜好。[2] 对于移民群体而言，他们将自身的文化带到流入地，并延续流出地商业文化的传统，继续进行自雇型创业活动。在这种观点的作用下，产生了一系列的理论成果，如在本族群资源利用层面，形成了物质资源、信任资源说等。[3]

其次，在以往的认识之中，阶层有着封闭性，即"龙生龙，凤生凤，老鼠生个儿子会打洞"。许多事物都有遗传性。对于创业也不例外，上一代有创业的人，那么下一代更加倾向于创业行动，或者说与其他人相比较更为倾向于创业行动。在日常生活中，这种现象叫"子承父业"。之所以能够产生这样的行动倾向，Glazer 等给出的理由是，长期与创业的父母生活在一起，耳濡目染，学习并积累了信用资本、人力资本等。相对那些生活在非

---

[1] 〔法〕布迪厄：《实践感》，蒋梓骅译，译林出版社 2003 年版，第 79、80 页。
[2] Don E. Bradley, "A Second Look at Self-Employment and the Earnings of Immigrants," *International Migration Review* 38 (2) (2004).
[3] Caroline B. Brettell & Kristoffer E. Alstatt, "The Agency of Immigrant Entrepreneurs: Biographies of the Self-Employed in Ethnic and Occupational Niches of the Urban Labor Market," *Journal of Anthropological Research* 63 (3) (2007).

创业环境中的个体来说，后者也就缺少相应的意识启蒙和机会。[①] 因此，在比较的状态下，两者之间便有了明显的差异，前者在创业文化的形塑之下获得了经营企业实体的能力。这是一种软性的层面分析。从硬件角度考虑，上一代的创业为下一代的继续创业积累了必要的物质资本，使得他们具有了再次创业或单独创业的可能性。与那些没有创业资本的社会个体进行比较，这是一种较为直接的优势。因此，在两方面因素的影响下，也就构成了创业的社会习性学说。

简而言之，在研究中，市场的限制并未显示出如其他研究那样的较为明显的影响。相对来说，家庭的影响较大，且是一种较为积极的影响。从影响度方面进行理解，父辈的财富影响较小，影响较大的是创业过程中代际的相关性[②]，其主要原因在以下几个方面。一是资本的代际传递，父辈的资本会传递给子辈。无论从伦理上，还是从责任方面来讲，其都有着传递的可能性。二是子辈成长于父辈创业的环境中，实践世界中有了学习的机会，培养了自身创业的习性与能力。从日常生活角度来讲，这也正像费孝通先生在研究禄村农田的时候所观察到的现象一样，孩子们在耳濡目染之中习得了种田经验，懂得了种田规律。[③] 三是在这种环境中成长起来的子辈有着可以动手的机会，尝试创业的可能性。为什么移民喜欢创业，或者说移民者具有创业习性的原因，就在于此。通过对1980年和1985年加拿大移民数据的分析，Peter S. Li 认为在经济较好的年份，长时间住在加拿大、有着高的教育水平与较高的创业人力资本者更倾向于自雇型创业活动，也更加适合创业活动。[④]

作为习性的一部分，文化对创业有着巨大的作用。回顾文化对创业作用的研究，在最为经典的文献《新教伦理与资本主义精神》中，韦伯阐释了文化对资本主义兴起的正向作用。[⑤] 沿用韦伯的理论来解释日本以及在美国的日本移民经济的发展，根据对 JARP 数据的分析，Woodrum 发现传统宗

---

[①] Glazer, Nathan & Daniel P. Moynihan, *Beyond the Melting Pot*. (Cambridge: MIT Press, 1970), pp. 30 – 31.

[②] Thomas Dunn & Douglas Holtz-Eakin, "Financial Capital, Human Capital, and the Transition to Self-Employment: Evidence from Intergenerational Links," *Journal of Labor Economics* 18 (2) (2000).

[③] 费孝通、张之毅:《云南三村》，天津人民出版社1990年版，第21页。

[④] Peter S. Li, "Immigrants' Propensity to Self-Employment: Evidence from Canada," *International Migration Review* 35 (4) (2001).

[⑤] 〔德〕马克斯·韦伯:《新教伦理与资本主义精神》，康乐、简惠美译，广西师范大学出版社2010年版。

教因素与自雇型创业之间有着独立的影响性关系。据此判断，对于自雇型创业的选择，宗教因素的影响远远超过家庭背景、受教育年限的影响。从文化方面来说，民族宗教因素影响社会个体的经济行动。[1]

## （四）创业选择与社会情境

生活于社会中的个体难以脱离社会情境。社会情境影响着个体的创业选择，或是为之提供机会，或是限制各阶层群体人员创业类型选择等。在20世纪60年代的台湾，从农业社会向工业社会转型，在出口外销经济政策的推波助澜下，"客厅即工厂"的自雇型创业特殊景象到处可见。[2] 这也正是社会情境对创业活动积极影响的表现。

Ellu Saar 和 Marge Unt 以爱沙尼亚的经验为个案，从推拉理论的角度解释了为什么在爱沙尼亚改革期，本国的自雇型创业呈现高比例的增长。在研究中，所谓推的力量主要在于20世纪90年代初期，一些文化水平（受教育年限）较低的工人进入了初级市场部门或次级市场部门。在改革期间，初级与次级市场部门的改革导致这部分工人被排斥出去。这好比一场马拉松比赛，劳动者逐渐被比赛的机制所淘汰掉。在经济转型及结构调整过程中，未给劳动者留下任何工作的机会，他们逐渐丧失了工作的机会。在结构层面客观的推力作用下，进入自雇型创业并非一种向上流动的路径，而是生存压力使然。此时的自雇型创业变为一种生存型经济。相对于受教育年限较低的工人来说，受教育年限较高的工人则有着不一样的境遇。在改革开放初期，作为社会中的知识精英、政治精英，他们在社会结构中占据着既有的位置，获得了大量的政治资本、经济资本、社会资本等。在20世纪90年代前半期，即改革深化期，固化的结构被打破，原有的社会结构发生变化和转型，如国有企业转型与重组等，他们以及后来的精英分子摇身一变成为自雇型创业者，甚至和大公司、企业进行竞争。以此将两种自雇型创业类型进行对比，受教育良好的精英分子主要是为了寻求机会，他们也主要集中在商业和服务业层面；受教育年限较低的自雇型创业者是为了生存，他们主要集中在初级市场与次级市场部门之中。[3]

---

[1] Eric Woodrum, "Religion and Economics among Japanese Americans: A Weberian Study," *Social Forces* 64 (1) (1985).

[2] 〔加拿大〕熊秉纯：《客厅即工厂》，蔡一平、张玉萍、柳子剑译，重庆大学出版社2010年版。

[3] Ellu Saar & Marge Unt, "Self-Employment in Estonia: Forced Move or Voluntary Engagement?" *Europe-Asia Studies* 58 (3) (2006).

与此类似，为何黑人会在20世纪80年代大量地进入市场中进行自雇型创业，创业呈增长趋势，Boyd认为，一是大量的黑人人口因素是创业出现的一个土壤环境。因为人口的聚集与增加，创业有了大量的机会，特别是类似于酒吧、商店这样有关日常生活的创业实体。与之关联，70年代创业机会的下降，也正因为缺少这样的客观环境。二是种族的居住分离，一方面使得白人与黑人之间产生了一定的社会距离，特别是黑人与白人商人之间产生了社会距离；另一方面，各种限制使得黑人更加倾向于选择本族的商店或商业，从而支持了黑人商业的存在与发展。三是区域劳动力市场因素，在区域劳动力市场中，大量人口的存在，也就意味着有竞争，使得工作增加了竞争的难度。面对那么多人要工作的现实，部分人被迫选择进入市场进行创业。即使自雇创业利润较低，也是一种优于失业的优化选择。[①] 通过分析可知，劳动力市场存在相应的缺陷，当国家权力介入时，劳动力市场逐渐得到完善和规范，公共部门的工作机会也会增多，这将会降低自雇型创业的优势，并且增加一定的成本。这将对自雇型创业产生消极的影响。

从国家层面考量创业选择，具体表现在以下五个方面：政府的大小，合法的结构及财产安全的权利，多样化的筹资渠道，自由的贸易、信任、劳动力和商业规则的建构。研究发现，政府较小、好的合法结构以及财产安全，且信贷、劳工以及工商管理程度较小时，社会个体更倾向于创业。[②]

从形式角度来看，社会结构性力量表现出多种多样的形式，对社会中个体创业行动的影响也是复杂多样。相对于经济人假设来说，社会性结构力量使得个体摆脱了低度社会化，走向了高度社会化，与此同时却也陷入了过度社会化的困境。简而言之，结构性的力量制造了创业行动的机会，个体按照结构性力量的安排选择创业经济行动。

## 二 理性分析：生存策略与社会流动

结构分析可以在整体中把握创业行动选择存在的社会事实。然而，从既有的研究过程来看，社会个体在结构分析中或者在结构性力量作用下处于一种被动状态。无论是经济人假设，还是社会人假设，结构分析中的个

---

① Robert L. Boyd, "A Contextual Analysis of Black Self-Employment in Large Metropolitan Areas, 1970-1980," *Social Forces* 70 (2) (1991).

② Kristina Nyström, "The Institutions of Economic Freedom and Entrepreneurship: Evidence from Panel Data," *Public Choice* 136 (3/4) (2008).

体欠缺实践中相应的主体性和自主性。在日常生活中，拥有"生存智慧"的社会个体有着自我行动的逻辑。在创业行动选择过程中，个体的理性也同样充斥于实践之中。

（一）生存策略与创业选择

经济理性与社会理性的表现在于个体会在比较之中采取最优策略满足自身最为基本的生存需求。Bogenhold 等认为，边缘化中的社会个体在市场中处于较为不利的地位，利益以及相应的机会也十分有限。[1] 在正式劳动力市场中，他们难以找到工作，也意味着难通过正式制度安排的工作满足最基本的生存需求。为了满足生存需求，他们只能转向劳动力市场中的非正式制度安排的工作，如摊贩等。通过此种劳动形式，处于边缘化地位的他们不仅可以找到工作，也可以达到养家糊口的目的。综合进行考虑，这种创业选择是一种具有比较优势的个体理性选择，且是一种生存理性选择。在香港地区的有关研究资料中，微小型创业及自雇型创业被视为解决家庭生计的有效策略。特别对于移民于香港的内地人而言，由于在正规经济体内处于劣势地位，不能找到工作以及打工所挣的工资难以满足生存之需，在不停变换工作的过程中，他们逐渐转向非正规经济，即自雇型创业，以此满足生存需要。[2] 在西方文献中，移民群体的自雇型创业之中也不乏这样的选择案例。作为一种自我寻找边缘化出路的有效路径[3]，在自己所生活的范围内，创业实践者能够在所在场域之中拥有一定的资源，并且了解和熟悉相关的生活文化，能够为自身谋来相关资源，并也有助于其克服市场的困境，走向成功，从而实现摆脱贫困或边缘化地位的目标。以前文所分析的家庭组织形式下的妇女选择为例，她们选择创业实则也是一种劳动策略，通过选择创业实现了既照顾家庭的目标，又完成了劳动生产目标，实现个体劳动者再生产目的。简而言之，自雇型创业不仅有利于创业实践主体满足基本的生存需求，同时也有利于其摆脱被边缘化的地位。

与生存策略相联系，创业的功能有效地满足了经济行动者经济活动需

---

[1] Bogenhold, Dieter & Udo Staber, "The Decline and Rise of Self-Employment," *Work, Employment and Society* 5 (2) (1991).

[2] 黄洪：《香港劳工阶级的形成：宏观、微观及中程之分析》，载刘兆佳、尹宝珊、李明、黄绍伦编《阶级结构与阶级意识比较研究论文集》，香港中文大学香港亚太研究所1994年版。

[3] Kræn Blume, Mette Ejrnæs, Helena Skyt Nielsen & Allan Würtz, "Labor Market Transitions of Immigrants with Emphasis on Marginalization and Self-Employment," *Journal of Population Economics* 22 (4) (2009).

求。在比较视野下，拥有自主理性的个体自然倾向于选择有利于自我的劳动形式。对于处在结构矛盾位置上的个体而言，选择创业经济行动可以在一定程度上化解所遭遇的困境。因此，无论是在他们自己看来，还是在研究中的"他者"看来，选择创业经济行动都是一种理性行动选择。

## （二）社会流动与创业选择

随着有关创业选择研究的推进，一些研究发现，摊贩不再是单纯的"边陲人口"，而是一种劳动者脱离劳动体制自行创业的形式。[1] 与打工者的社会经济地位进行比较，自雇创业实践者的社会经济地位较高。[2] 在 Form 的研究中，他也认为职业体系中存在分层结构，创业者的阶层地位较高于打工者的阶层地位。在职业形式选择过程中，理性的社会个体在比较优势的状态下倾向于选择自雇型创业职业[3]，以此改变自身的地位，"光宗耀祖"[4]，实现向上流动[5]。在经验研究之中，台湾地区的案例较为典型，在工业化时期，"黑手变头家"的社会现象一直受到社会底层个体的重视。在实践中，创业实践者"往往以教育程度偏低为由，认为不可能循正式的管道在有层级制度的公司机关逐级升迁"[6]，遂通过在市场中获得一技之长后有了一个可以此向上层阶级流动的可能性，因此选择创业经济活动[7]。通过对既有文献的分析可以判断，无论是直接影响，还是创业过程中派生的结果，创业行动的选择不仅在于经济理性的作用，也有着社会理性的影响。本质上，随着后来者的认识，其加入创业实践群体的动机也逐渐转向社会理性的追求。

---

[1] 戴伯芬：《谁做摊贩？——台湾摊贩的历史型构》，《台湾社会研究季刊》1994 年第 17 期。

[2] 陈文超：《形同质异：进城农民务工经商的分殊》，《华中科技大学学报》（社会科学版）2015 年第 5 期。

[3] Form, William, *Divided We Stand: Working-Class Stratification in America* (University of Illinois Press, 1985).

[4] 陈其南：《家族伦理与经济理性：试论韦伯与中国社会研究》，《当代》（台北）1987 年第 11 期；余英时：《中国近世宗教伦理与商人精神》，联经出版事业股份有限公司 1987 年版。

[5] Bates, T., *Race, Self-Employment, and Upward Mobility: An Illusive American Dream*, Washington (DC: The Woodrow Wilson Center Press, 1997). Waldinger, R. H. Aldrich & R. Ward, "Opportunities, Group Characteristics, and Strategies," in *Ethnic Entrepreneurs: Immigrant Business in Industrial Societies* (London: Sage, 1990), pp. 13 – 48.

[6] 柯志明：《台湾都市小型制造业的创业、经营与生产组织——以五分埔成衣制造业为案例的分析》，台北"中央研究院"民族所 1993 年版，第 31 页。

[7] 谢国雄：《黑手变头家——台湾制造业中的阶级流动》，《台湾社会研究季刊》1989 年第 2 期；吕玉瑕：《家庭企业女主人的劳动因素之分析：家庭策略之考量》，《台湾社会学刊》2006 年第 36 期；李哲宇：《一技之长真能黑手变头家吗？——机车修理师傅的维修技术、社会关系与工作意识》，世新大学社会发展研究所硕士论文，2008 年。

随着对创业选择的分析加深,一些文献开始转向阶级分析的视角,如将选择创业经济活动视为跨越阶级边界的策略等。① 由此可知,在走出纯粹经济理性怪诞假设之后,创业中选择的社会理性又逐渐偏向政治人的极端。②

(三) 自治感与创业选择

区别于向上流动层面的社会理性而言,在有关文献之中,还存在与之相异的个体理性,这也就是所谓的"自治感"理性。在 Benz 等的研究中,他们认为独立的重要性将使得社会个体选择创业。在劳动力市场中存在一定的等级制度,不听命于他人的对立面是自我决定,两者只能选择其一。选择自我做决定,这将影响着个体的生存状态,这远远超出对收入和工作时间的追求,而是向往一种更高的生活满意度。人在个体的价值观中并非仅仅追求经济利益,还有着社会利益。追求经济利益的过程,也可以带来相关的利益。③ 基于对移民于香港的纺织企业家的分析,黄绍伦认为在传统儒家文化的作用下,中国个体强调自身的"个人自治观念"④。汪和建在回答"什么决定着中国人将自主经营当作其参与市场实践的首选方式"一问题时,沿用黄绍伦先生的逻辑,将中国人喜欢做老板的情结归结于自我行动的作用,并对当前中国中小企业增长迅速但规模偏小的特征予以解释。⑤ 相异于结构分析,概化的自治感与自我行动更加倾向于体现社会个体的自我及隐藏其中的主体性与自主性。在具体实施过程中,个体选择自己做老板以此摆脱结构的束缚。⑥ 自我行动与自治感强调个体的能动性,并将个体拉回日常生活之中,恢复了"人"的个性,有利于对主体理性的把握。然而,评价概化的自我行动或自治感不免又有着陷入心理主义或社会心理主义的危险。为了弥补这一不足,或者说坚持社会学分析,汪和建对于创业选择

---

① 徐嫁猷、黄毅志:《跨越阶级界限?:兼论"黑手变头家"的实证研究结果及与欧美社会之一些比较》,《台湾社会学刊》2002 年第 27 期。
② 在当前有关劳工问题研究,一种论点提倡回到"阶级化"分析之中,通过重读马克思阶级理论等来重新解释当前的劳动关系等。处于此种学术范围内的创业选择研究也相对受到"阶级化"分析的影响。
③ Matthias Benz & Bruno S. Frey, "Being Independent Is a Great Thing: Subjective Evaluations of Self-Employment and Hierarchy," *Economica* 75 (298) (2008)。
④ 黄绍伦:《移民企业家——香港的上海工业家》,上海古籍出版社 2003 年版。
⑤ 汪和建:《自我行动与自主经营——理解中国人何以将自主经营当作其参与市场实践的首选方式》,《社会》2007 年第 6 期。
⑥ 叶荫聪:《摆脱束缚的都市经验与文化:珠江三角洲农民工家庭研究》,《文化研究》2008 年第 6 期。

的分析又落实到了关系理性,从关系之中获取相应的创业资源及其力量,这决定了个体走向市场的实践。① 因此,在注重理性分析的过程中,强调关系因素的研究又将个体带回了结构分析之中。

与生存策略的理性选择分析进行比较,社会流动的理性建立在社会人的基础之上。个体在实践之中的追求并非货币等,而有着更高的社会性目标,如向上社会流动以及个体的自治感等。对于创业行动选择的三种方向,生存策略、社会流动与自治感之间并不矛盾,处于一种连续统之中,是一种统一体和复合体。然而,之所以出现分析的差异,关键在于社会的变迁与发展,不同的时空背景下,社会中的个体追求不相同。当然,生存策略的追求是最为基本的追求,因为只有在满足需求之后,个体才能具有物理属性,存在于社会之中。概括来说,这是一种现实性的需求,是一种更迫切的需求。当生存不再成为目的之时,追求也在发生相应的变化,从低层次转向较高层次,理所当然也就转向了社会理性,如对地位、声望等方面的追求等。

## 三 结构分析与理性分析的比较

强调社会总体特性的结构分析与重视个体行动策略的理性分析,都从各自的视角较为充分地展示了创业选择的影响因素。这为我们把握经济行动选择中的相关特性提供了可能,同时为理解本土化社会中的返乡创业现象提供了理论资源。然而,不同的分析视角与路径,在分析过程中也有着不同的取向。通过比较分析发现,两种分析路径在分析目标相同而采取的分析路径不同的状态下,产生了不同的研究结果。具体可见表2-1。

表2-1 结构分析与理性分析比较

| 内容 | 结构分析 | 理性分析 |
| --- | --- | --- |
| 研究视角 | 宏观整体 | 微观个体 |
| 研究对象 | 被动者 | 能动者(能动性、主体性) |
| 研究内容 | 外在的客观因素对行为主体的影响 | 行动主体对客观环境的作用 |
| 研究工具 | 推拉理论的宏观阐释、传统—现代社会转型论的解读 | 经济理性、社会理性 |

从表2-1显示的内容可知,在研究主题与问题相同的情况下,由于研

---

① 汪和建:《自我行动与自主经营——理解中国人何以将自主经营当作其参与市场实践的首选方式》,《社会》2007年第6期。

究路径的不同，结构分析与理性分析在研究视角、研究对象的定位、研究内容以及所建构的研究工具方面都产生了较大的差异。结构分析以分析创业选择的影响因素为立意，从宏观整体出发，强调外在的客观因素对于行动主体的影响。在结构分析者看来，作为社会中的个体，处于结构之中，其行动在结构的刚性作用下要符合相应的社会规范。制度及其规则的约束也就成为结构分析所依赖的理论信条。在创业行动选择结构性分析文献中，无论是基于经济人的假设，还是转向社会人的假设，劳动力市场、家庭结构及其形式、社会习性、文化等与创业行动选择有着较强的相关关系。将社会结构中所有的因素系统化，结构分析可以概化为强调社会利益的推拉理论与强调社会转型的传统—现代二元结构论等。在分析家的解释之中，创业选择实践者也只能是一种被动者的角色。

迥异于宏观层面的结构分析中被动者角色，微观层面的个体理性分析，强调行动主体对客观环境的作用，在分析过程中充分展现了创业选择过程中的主体性和自主性。无论是在常态情境中，还是在非常态的情景下，社会个体都有生存智慧，拥有一定的资源，也都在积极配置资源，以此产生最优化的经济行动。即使对于劳动力市场中的弱者而言，他们也有着能动性和主体性，主动寻求有利于自身的经济活动。特别是在比较的形式下，当创业选择的优势大于劣势时，他们自然会选择创业。当某种劳动形式的效益超过创业劳动形式时，他们也会放弃选择创业劳动形式，而选择其他劳动形式。因此，探究创业选择的影响因素势必要探究创业实践者的行动逻辑。反思理性分析路径，其强调个体的理性，注重个体的能动性策略，但是往往容易滑落至心理学或社会心理学研究范围之中，理性分析也因此转化为动机分析。从研究文献来看，有关理性分析的创业选择多属于动机分析，如强调自我感觉等。实质上将创业选择归因于心理因素的作用，也导致了对事实认识的含混不清，难以将一些独立性变量区别出来，影响了客观事实的建构。

比较结构分析与理性分析的差异，可以发现，研究的建构突显出结构分析之中个体理性明显不足，而理性分析由于过于强调个体的特征陷入了心理动机的归因，缺少必要的整体性。与日常生活相联系，矛盾的两种分析路径好像都呈现了客观社会事实，但不能完整而客观地展现创业选择图景。为了能更真实地展现实践中的经济行动逻辑及其机制，有必要在分析中充分将两者进行整合。这也就给有关农村外出打工者返乡创业选择研究提供了有益的借鉴。

## 第二节　行动与互动：返乡创业选择研究的起点

根据既有研究成果来回答农村外出打工者返乡创业中的相关问题，很难得出较为满意的答案。这不仅仅是因为两者之间有着较大的差异性，也在于结构分析与理性分析中所存在的相关问题未得到解决。在对前人研究的批判与继承的基础上，为避免陷入狭隘的研究路径，需要转换分析思路，重视经济行动主体的能动性，同时反观经济行动指向的客观的物化形式，所以本研究以行动和互动作为返乡创业研究的起点。

### 一　返乡创业选择问题的行动取向解构

通过对创业行动选择及农村外出打工者返乡创业研究文献的解读，可以明确回答农村外出打工者返乡创业选择的问题，寻找其中的支配性因素，即为什么他们会从外出打工向返乡创业转变。如果仅简单地对所提出的问题进行分析，即将展开的研究不免又落入既有研究的窠臼，如探求打工与创业行动间的因果关系等。要避免既有研究套路，意味着要用原有研究成果来充斥现有研究问题。

首先，行动研究问题的解构在于行动性质的明确。在以往研究中，创业行动并非纯粹的经济行为。在市场情境之中，创业行动选择既有着经济利益的刺激，同时也受到社会规则、习俗等形式的制约。作为一项嵌入社会结构中的经济行动，返乡创业选择的客观性不仅对返乡创业者自身产生作用，而且对其周围的人及社会产生了重大的影响。研究农村外出打工者返乡创业的选择，实质上也是对市场社会化中经济行动的研究。相对于问题的解构层面来说，对返乡创业的探讨不能仅仅停留在就事论事的层面，应就创业的功能和结构来谈选择问题，否则容易落入简单化的境地。

其次，行动研究问题的解构在于确定行动单位的边界。以社会个体作为承载体的经济行动，其行动的边界也在社会个体的能力范围。不管行动主体有多强的选择意愿，如果欠缺必要的行动能力作为支撑，那么也是无济于事不能实现返乡创业目标。返乡创业者能力的大小，决定了个体经济行动的空间。返乡创业者的能力越大，其可选择空间的张力越强，反之，则越小。所以，行动选择空间与行动选择能力相挂钩。对于农村外出打工者返乡创业选择行动来说，所谓的行动边界也主要是指行动主体可选择的类型，诸如打工、创业、种地等。对于这种类型可以进一步细分，如出远门打工、就近打工、返乡创业、外出创业、回家种地、在家种地等。诸多选择类型的存在构成了返乡打工者的选择空间。对返乡创业问题的解答也就需要从既定的行动边界或空间出发，立足根本，从实践中寻找答案。对于行动选择实践中的个体来说，选择空间是个人选择的基础，缺少必要的选择空间，也意味着没有选择的可能性。极端的例子便是一种单一的路径，采取一种服从的形式，否则只能是对现实的超脱。即使在这个过程中强调个体的主动性和能动性，能动性的发挥也缺少了必要的实体形式，选择也就无从谈起。可见，在研究之中，所要回答的问题也就在行动边界确定的基础上转换为"为什么会选择创业"。如果仅仅是从自我逻辑角度出发，那么同样具有自主行动的传统种地形式为什么没有得到大家的厚爱？

再次，行动研究问题的解构在于确定行动的作用性力量。在研究之中，尊重社会客观事实需要重视社会结构性力量。同样，强调社会多样化的特性，也需要看重社会个体的能动性选择。这无疑需要在研究实践中从整体进行宏观把握。从前面的文献分析之中，可以看到，如果难以从结构性上把握宏观因素，将会落入之前所讲的模糊性认识之中。变通性策略则是将国家、市场、社会等因素融入具体行动之中，通过对行动的分析来展现结构性力量。从日常经验来看，返乡创业是行动的最后指向，而返乡创业之前还存在两种行动类型，如打工和种地，并且行动之间也存在相应的时间序差。将所有的行动或劳动形式放置于个体的生命历程之中，以打工劳动形式作为坐标，个体的选择过程可以划分为三个阶段，即打工前、打工过程中、打工后阶段。在不同的阶段，整体性的力量有所不同，而个体在能动性的支撑下对社会结构的策略也有着相应的差异。

分散的行动类型通过时间关系得以整合成一个系统性的整体。在这个真实、客观的整体之中，返乡创业行动的选择并非农村外出打工者的初始选择，而是一种二次选择或再次选择[1]。从选择"洗脚上岸"到选择返乡创业，不同的选择有着不同的尝试和体验，也体现出行动者不同的梦想和追

---

[1] 如果将耕种田地作为初始选择的话，外出打工则是二次选择，返乡创业则是三次选择。如果将外出打工作为人生经历的初始选择，那么返乡创业是二次选择。这种区分更多存在于新一代打工者与老一代打工者之间。

求。返乡创业者的追求是什么？在不同阶段，他们又有着什么样的追求，为什么曾经放弃了传统的耕作习性而选择外出打工，在何种因素和条件的作用下又放弃了外出打工行动而选择返乡创业？在以往研究中，研究者们总是习惯性地从拉文斯坦的推拉理论、舒尔茨的"投资—收益"模型以及理性选择解释范式层面进行理解。我们不否认以上理论中相关因素的存在，但是为什么会出现二次选择，或者再次选择，为什么最终将选择的落脚点放置于返乡创业层面？已有理论虽然能在结构性与能动性的发挥层面使这些问题得到相应的澄清，但是一方面能真正给予其客观、真实的回答吗？另一方面，这种答案又与日常生活中的客观真实相差多远呢？从具有主体性的返乡创业者自身角度来理解，事实远非那么简单，绝对不能割裂两次选择或再次选择之间的联系，应将其视为一个连续统。作为一个整体，在这一个非间断性的选择过程中，两次选择及多次选择之间存在难以割断的联系。或者说，在表面的时间先后顺序中，社会事实的构造中折射出返乡创业者行动的社会性选择机制。这是否又类似于从外向内看的视角，外出打工是返乡创业的基础，城市现代性的洗礼使得现在的返乡创业者开启了创新行动的智慧？事实到底将会呈现什么样的状态与特征，这是本研究重点探讨的问题。本研究从返乡创业者自身体验和感受出发来理解这一过程，即从内向外看，站在返乡创业者的角度和立场来看待问题，探究返乡创业者在实践中的选择行动逻辑。

简而言之，本研究视经济行动具有稳定的特性，将行动置放于广阔的时空之中进行分析。在本研究中，大体从三个层面对返乡创业者的社会选择行动机制进行剖析。首先，对他们的选择过程进行解构，探究其为何放弃既有的传统习性而选择外出打工；其次，重点分析外出打工者在城市中所获得的经历和情感；最后，着重分析他们在外出打工、种地、返乡创业三岔口的行动策略，进而回归到当前的现实问题之中，于比较的基础上寻求和建构在社会市场化的日常生活中返乡创业者行动选择机制与返乡创业行动选择的逻辑。

## 二 返乡创业选择问题的机制分析建构

返乡创业选择问题的解构使得本研究的问题简化为"解释外出打工逻辑向返乡创业逻辑转换"的问题，强调农村外出打工者的经济行动为何穿梭于在家种地、外出打工、返乡创业三种经济行动之中。根据机制分析的观点来看，社会现象、变量之间的相关性和持续的共变并不能解释社会现象，而需要被一系列引发现象、变化的主体和行为来解释①，对于创业行动选择的系统性分析构成了一种机制分析。在具体研究过程中，为了对所提问题进行有效的解答，需要在研究之中重视行动的"整体性"、"客观性"、"系统性"、"因果性"等，建构返乡创业选择问题的社会机制分析路径。

第一，返乡创业经济行动受到市场与社会双向运动力量的支配。如何理解双向运动？是否有必要着重坚持异化的分析视角？对这些看似复杂问题的解答，需要从经验出发，对返乡创业行动选择问题进行解构。在探求因果机制的目标设置下，研究将研究对象和研究问题进行综合，在经验研究之中，通过外在的元素，或者说经济行动的意义及其投射来回答农村外出打工者返乡创业选择问题，以此避免先入为主的偏见，实现经验和中层理论的连接。

第二，创业经济行动的存在及其变化承受着市场、国家以及社会因素的共同作用力。对于农村外出打工者来说，返乡创业既有着市场因素的影响，如劳动力市场结构的问题，同时也有着国家政策及制度安排的影响，如小额贷款等，以及社会结构力量的影响，如家庭的结构和形式等。无论是结构分析，还是理性分析，对上述因素的理解过多地停留在描述层面，给创业行动贴标签，将其划归为生存型创业等，对于内在的运作形式实质上并未有所了解，也就形成了所谓的"黑箱"。因此，从描述上升到解释层面的理解，需要在原有的认识基础上转向对国家、社会、市场等多种力量之间关系的认识。对于农村外出打工者返乡创业选择来说，解释性理解也将深化对返乡创业选择经济行动的认识。

第三，在现实社会中，问题的出现和解决不是哪一个单维度的力量所能够支配的，而是在相互形塑与建构的过程中有机生成的。对于问题的理解自然也需要从两个方面进行考量，一方面，问题存在于相应的情境之中。情境内各个部分之间是一种有机组合的关系，各自有着客观性结构及功能，相互之间呈现互构的关系，构成了一个客观性的有机系统。对于农村外出打工者的返乡创业选择来说，外部系统中的国家、社会、市场三者之间存在结构化的关系，影响着个体的选择。这也就是在文献中经常强调的结构性力量。另一方面，处于客观系统中的个体，也并不是一个被动的主体，而有着自主性和能动性，有策略地应对着客观系统中的结构性。纵观个体的行动过程，个体与外部系统之间形成了对应的客观关系，具有较强的稳

---

① 〔瑞典〕彼得·赫斯特洛姆：《解析社会：分析社会学原理》，陈云松等译，南京大学出版社 2010 年版，第 27 页。

定性。回归到分析重点来说,经济行动具有社会系统性特征。所以,在分析经济行动时,要弥补结构分析与理性分析的不足,就需要采用系统的机制分析方法。

第四,从静态研究转向动态研究,既要注重横切面的因素,也要从历时性角度审视行动的一致性。帕克教授曾说:"和动物比较来说,人的生活世界不是二度而是三度的。"所谓三度是指过去、现在和将来,"人能回顾前瞻,所以人的生活中有一种紧张及犹豫,足以破坏已经成立的习惯,或解脱尚没有成立的习惯。在这紧张的犹豫的时间中,活动的方向受当时态度的支配,实较已有的习惯为甚"[①]。对于返乡创业选择问题的分析和理解要突破点、面的限制,动态地审视问题,将返乡创业放置于一个连续的经济行动流之中,而非简单地分析打工和创业之间的关系。在具体操作中,需要联系外出打工前的现象、外出打工时的现象、外出打工后的现象,将这些看似"碎片化"的现象进行有效的连接,展示出一个动态的场景。通过对图景的建构,可以揭示掩藏于其中的农村外出打工者返乡创业选择的行动逻辑。具体而言,进城之前,农村人为何要放弃种地习性而选择外出打工?既然外出打工,为何又选择放弃外出打工而走入返乡创业?种地、外出打工、返乡创业,三者之间是一种矛盾体,还是一种统一体或复合体?因此,解析三者之间的动态关系,也将明晰逻辑转换的内在结构,展现选择的支配性因素。

第五,强调类型化研究。在当前社会之中,有着多种创业实践群体,不同的创业实践群体由于自身的特性作用其表现也不尽一致。如果进行笼统式的研究,则会出现更为复杂的结论。所以,有关农村外出打工者返乡创业研究需要进行细致的分类研究。一方面,需要明确返乡创业与其他创业形式的不同,如返乡创业与未曾外出者创业有何不同。在以往的认识之中,农村人外出打工无疑可以比作"洗脚上岸",在城市生产与生活过程中他们是否获得了城市的现代性,使自己具有了开拓与创新精神?以此是否可以区别于那些未外出打工的在家创业者?通过这些问题的回答,将进一步加深对当前农村外出打工者返乡创业行动选择的认识,从而深入其本质,再次确认农村外出打工者行动选择的性质。另一方面,农村外出打工者返乡之后,有着多种选择形式,也可以进行多种选择。除了选择返乡创业,

---

[①] 转引自费孝通《乡土中国 生育制度》,北京大学出版社1998年版,第162页。

也可以继续延续进厂打工的状态或者回家种地，选择前者的原因最为受到关注。面对日常生活中的事实，返乡创业已经成为当前人口流动的一种形式以及社会流动的一条路径与类型。因此，探究农村外出打工者返乡创业选择的支配机制成为探究当前此种流动类型的社会机制，以消解返乡创业形式层面的高调论和实质层面低调论间的张力。

作为"结构—行动"的产物，返乡创业不是农村社会打工者的凭空想象及其感性选择的结果，而是多维度因素作用下的结果。因此，在重视前人研究结果的基础上，农村外出打工者的返乡创业选择得以解构，现有研究必须进行系统分析转向，全面、客观地审视支配个体经济行动的因素和变量，探求市场化过程中经济行动的支配机制。

强调社会机制（social mechanisms）分析，意在重视结构与功能的基础上，摆脱之前的动机分析，避免重蹈当前经济学以及经济人类学等所注重的心理归因分析的覆辙，如对中国人经济生活中的情感及逻辑分析。与结构分析和理性分析相对应，在社会机制分析之中，强调社会情境、宏观对微观的影响与个体对宏观因素的应对，抽象出行动生成机制（action formation mechanism）等[1]，以此回应农村外出打工者返乡创业行动选择研究问题。与机制概念所强调的"一系列的主体（以及属性）及其他们自身或者与其他主体互动的行为"[2]不同，本研究中的机制分析强调行动主体与多样化行动客体间规律性的意向性关系，互动过程主要体现在通过在家种地与外出打工、在家种地与返乡创业、外出打工与返乡创业间的互动。与之前的研究视角相比较，采取社会机制分析方式在有效解答问题的基础上，不仅考虑诸如种地与返乡创业实践间的关系、打工与返乡创业的关系，也在重视整体性的同时注重行动的细节，特别在意系统各部分之间的相互作用。此外，在重视经验的基础之上，农村外出打工者返乡创业行动选择研究将最终上升到相应的理论高度，超越经验研究，回到理论分析之中。但与理论演绎分析又有所不同，需要扎根于经验中，从中提取客观社会事实，并进行归纳和概括，从而促进社会科学知识的积累及发展。

---

[1] P. Hedstrom & R. Swedberg (eds.), *Social Mechanisms: An Analytical Approach to Social Theory* (New York: Cambridge University Press, 1998), pp. 24 – 25.

[2] 〔瑞典〕彼得·赫斯特洛姆：《解析社会：分析社会学原理》，陈云松等译，南京大学出版社2010年版，第27页。

## 第三节　解释与建构：返乡创业选择研究的转向

学术发展需要一脉相承，对研究问题的分析从无到有持续积累，从弱向强不断发展，以推动知识存量的增长与质的飞跃。展开返乡创业选择的规范性研究，批判性地继承前人研究成果，也就意味着用达成的研究共识来解构农村外出打工者返乡创业选择问题，并且在此基础上建构新的研究取向。转向机制分析，则需要回到原点，从经济行动的共性出发，探究农村外出打工者返乡创业选择的逻辑及其支配机制。

深入分析市场化社会中经济行动的逻辑和支配机制，首先需要将经济行动的社会文化综合视角具体化，在"联系的生活"观解释路径下构建测量经济行动影响因素的指标体系。综合和延续相关理论知识可以发现，"联系的生活"观在本土社会中既有着外在形式的经济效益，也有着社会指向的内涵。因此，考量本土社会中经济行动的逻辑，需要重点从两个方面展开：一方面，在经济因素维度，我们可以从行动的经济效益入手；另一方面，在社会因素维度，其具体表现为两个层面①，一是社会结构作用的社会关系，二是社会文化和意义系统的身份、地位等。因此，综合考虑经济活动中社会与市场因素的作用，我们可以将现实生活中经济行动的考量形式操作化为三个方面，即"经济行动—经济效益"取向、"经济行动—社会关系"取向、"经济行动—身份地位"取向。

### 一　"经济行动—经济效益"取向

作为经济行动的外在形式与经济行动的显性结果，经济效益是衡量经济行动成效的有效指标之一。在韦伯有关经济行动的论述之中，经济效益作为效用形式满足经济行动主体的需求。② 对于经济行动主体而言，追求经

---

① 许多研究显示，政治因素对经济行动也产生较大的影响，并在理论之中形成了对应的政治经济维度等。但是，对于日常生活中的社会成员而言，政治权力的影响相对较小。或许，对于大多数经济行动主体而言，有时候政治更多地是一种经济行动实现的手段。尤其在社会制度允许的空间之中，如当前的"市场在资源配置过程中起决定性作用"的环境中，政治因素对一些经济行动的支配作用相对较弱。因此，本研究并不打算将政治维度作为重点分析的层面。

② 〔德〕马克斯·韦伯：《经济行动与社会团体》，康乐、简惠美译，广西师范大学出版社2010年版，第117页。

济利益被视为一种形式理性。因此，在构建测量经济行动支配机制的指标体系过程中，经济利益是必要的指标。细致分析经济利益作为必要指标的原因，大致体现在两个方面。第一，从概念的理论层面进行分析，缺少必要的经济取向，社会成员的行动难以被称为经济行动。所以，就概念的构造意义来说，深入经济行动内部进行分析，经济利益可谓行动的经济基础。第二，在市场化社会中，一方面，物质财富不仅是社会结构性分层的客观指标，同时是各类经济活动的基础，尤其在日常生活与商品相联系的状态下，日益成为经济行动主体追求的目标。对于经济因素对经济行动的影响，如激励经济行动者或约束行动者等，本研究已经在前面做了较多的论述，在此不再赘述。另一方面，对于经济行动主体而言，经济利益已经成为经济学中所讲的偏好。在经济行动过程中，无论是从经济理性人的角度出发，还是从社会关系人的角度出发，经济行动主体都具有偏好理性，在比较过程中选择合适的或者优化的经济行动。如对经济行动的成本、效益等方面的考虑。例如，当经济行动的成本过高，超过社会成员的负担时，这类经济行动自然不在社会成员的考虑范围内，或者说是其处于有心无力的状态而难以生成。当经济行动缺少必要的效益时，经济行动也不能生成。由此可知，作为经济行动过程中具有刺激性的变量，经济因素影响着我们的经济活动安排。在社会实践中，经济行动的逻辑中充盈着经济要素。因此，在考量经济行动时，经济因素必是一个难以越过去的指标。在本研究中，对社会成员的经济行动过程的分析，非常有必要将经济因素指标纳入考量范围，并主要从经济效益角度对其进行分析，如经济利益、经济效益等。

## 二 "经济行动—社会关系"取向

作为社会结构要素，社会关系影响着社会行动的特例——经济行动，主要表现在两个方面，一是强调社会关系作为经济行动的条件，二是将经济行动的目标重点锁定在社会关系层面。在以往研究中，大多研究文献指出，作为社会人，社会成员的经济行动嵌入社会结构之中，通过社会关系网络发挥作用。[①] 与强调社会关系作为经济行动的策略与手段不同，本研究的"经济行动—社会关系"取向主要强调社会关系作为经济行动的目标指向，支配着经济行动的形式选择，即经济行动的生成关键在于行动背后的社会属性。在本土社会中，与西方个人本位社会特征相反，人们更为注重

---

① 〔美〕马克·格兰诺维特：《镶嵌：社会网与经济行动》，罗家德译，社会科学文献出版社2007年版，第1—33页。

的是伦理本位,强调人实存于各种关系之上,其中家人父子,是其天然的基本关系,故伦理首重家庭。① 对于本土经济行动主体而言,在注重经济行动理性的同时,更要遵从"人情为重,财务斯轻"②的原则,重视和维系完整的家庭关系。否则,缺少必要的成长土壤和环境,经济行动难以生成,即便生成之后也难以长时间存在,只能是昙花一现。由此可见,经济行动的生成受制于关系因素。在市场化社会中,无论强调当前的社会性质是熟人社会,还是半熟人社会,以及无主体的熟人社会,经济行动主体都生活在一定的社会关系网中,如亲属关系网、地缘关系网等。他们的经济行动不仅处于嵌入社会关系网络的状态,而且社会关系网络也影响他们经济行动的选择。在日常生活中,这种影响将主要表现在情感等方面,如出于情感的需要而选择某类经济行动形式,或者放弃某类经济行动形式。对于情感与经济行动关系的讨论,最早可追溯到亚当·斯密的《道德情操论》,后经韦伯等学者的发展,现在其已经成为社会学及经济学中的一类重要分析框架③。其中,所形成的诸多观点已经受到社会科学界的认同,形成了一些较为重要的观点,如马布尔·别列津(Mabel Berezin)认为,情感嵌入经济行动之中,并对经济及经济行动产生重要的影响。④ 因此,在分析经济行动的社会逻辑之中,情感关系因素是需要重点考虑的维度。⑤ 在本土社会中,由于差序格局的存在,不同的情感关系对经济行动的影响也有着较大的不同,如核心圈层的情感关系直接影响着经济行动形式的选择,离自我中心较远的情感关系的影响力相对较弱。在本研究中,"经济行动—社会关系"取向重点考察不同的情感关系对经济行动选择的影响。

---

① 梁漱溟:《中国文化要义》,上海人民出版社 2005 年版,第 72 页。
② 梁漱溟:《中国文化要义》,上海人民出版社 2005 年版,第 74 页。
③ 情感在社会学以及经济学等学科中一直处于边缘化的状态,长久受到忽略。然而,从客观社会事实出发,情感因素确实是日常生活中难以忽略的重要因素与概念。随着研究的深入以及对客观社会事实的重视,情感因素不仅被重视,而且被视为诸多问题中的核心问题和具体问题,以此形成了一类分析框架与一系列观点。甚至在一些社会科学者看来,要立足于情感要素,建立情感社会学、情感人类学、情感经济学等。
④ 〔美〕斯梅尔瑟、〔瑞典〕斯维德伯格主编《经济社会学手册》,罗教讲、张永宏等译,华夏出版社 2009 年版,第 128 页。
⑤ 贝克尔特在评析嵌入观点时认为,嵌入性指出了经济情境中决策的社会、文化、政治和认知的结构,行动者与所处的环境之间有着不可分割的联系,但嵌入性观念本身没有提出一种目的性(intentionality)和策略性行动的理论。对于本研究而言,探究经济行动的支配机制并不仅仅要强调经济情境与经济行动之间的关系,更要重视本土化社会中关系情境如何影响经济行动的生成。

## 三 "经济行动—身份地位"取向

"经济行动—身份地位"取向，主要强调经济行动的效益及其所带来的社会效果，并且偏重于经济行动的社会意义文化体系。一方面，在阶层化的社会结构体系中，社会身份与地位划分了社会成员的阶层属性。现实生活中，社会结构性的规范将不同阶层的生活方式以及生活品味予以区隔。[1] 从经济行动与身份地位的关系层面进行判断，阶层所赋予的身份、地位影响着经济行动主体的选择。在经济行动选择过程中，不同阶层中的经济行动主体有着较为不同的经济行动形式选择，如在日常生活消费过程中，无论是在表达性消费、娱乐性消费、时尚性消费方面，还是仪式性消费方面，不同的阶层群体有着不同的消费规范[2]，若违背所在阶层群体的文化规范，则有可能被所在阶层群体边缘化，受到社会排斥。另一方面，对于具有理性的经济行动主体而言，社会文化规范的影响将引导着他们追求必要的社会阶层地位。在实践中，社会身份和地位已经成为社会成员的经济行动目标，社会成员或是保持自身的社会地位，或是通过各种策略提升自身的社会地位。在具体选择过程中，经济行动主体的通常做法是，习惯性地按照自身的身份、地位选择相适应的经济行动形式，并且在多样化的经济行动形式之中选择较为有口碑的经济行动形式，或者能够实现向上社会流动的经济形式成为优化的选择。即使自身的能力与经济行动标准有着一定的差距，或许在行动主体看来，某些经济行动形式存在不合理成分，但他们仍然会进行选择，如礼尚往来中的"做人情"等。从经济行动的客体而言，某种经济行动形式能够满足社会成员向上流动的目标的话，那么会相应获得社会成员的认同。反之，其则成为社会成员排斥的经济行动形式。此外，除却保持身份、地位的经济行动选择外，许多经济行动主体还会选择一些必要的手段和策略实现社会向上流动。以往一些经验研究已经指出，在商品化时期，当社会分层机制与经济指标相联系的时候，赚钱就成了农村家庭/农村居民（包括干部）减少他们不利社会经济地位的唯一途径[3]，并通过增加和积累物质财富的形式实现社会向上流动。回到日常生活中，身份

---

[1] P. Bourdieu, *Distinction: A Social Critique of the Judgement of Taste* (London, Routledge and Kegan, 1984).

[2] 陈文超：《从社会学视角看农民生活消费的现状与特点——以湖北省某村庄为例》，《调研世界》2005 年第 1 期。

[3] 吴晓刚：《"下海"：中国城乡劳动力市场中的自雇活动与社会分层（1978—1996）》，《社会学研究》2006 年第 6 期。

地位的具体呈现是面子。与面子相关的经济行动更是涉及日常生活的方方面面，从劳动形式选择到生活中的"建房热"等。言下之意，在市场化社会中，为了追求更高的身份、地位，以及保持某种身份、地位，经济行动主体会选择与身份、地位相关的经济行动。这不仅仅是追求物质财富类经济行动，更多体现为与面子相关的一类经济行动与经济活动，或者通过对物质财富的追求来实现自己的"面子"等。简而言之，身份、地位已经成为经济行动选择的条件，影响着经济行动的选择，不同的身份、地位的人选择不同的经济行动。与此同时，为了追求更高的身份、地位以及实现社会向上流动，经济行动主体倾向于选择能够提升自身社会地位的经济行动形式。深入分析后发现，"经济行动—身份地位"取向的逻辑在于人物主体要改变当前的身份、地位状态，实现向上社会流动。

从上述分析可知，经济效益、社会关系以及身份、地位等三种取向又作用着经济行动及其行动主体。在具体作用过程中，三种形式可以呈现单向度的作用形式，即每一种形式都可以对经济行动独立发生作用，也可以呈现合力作用的复合形式，即三种力量在相互作用过程中达致平衡，进而形成一种复合力量作用着经济行动及其主体。具体可见图2-1。

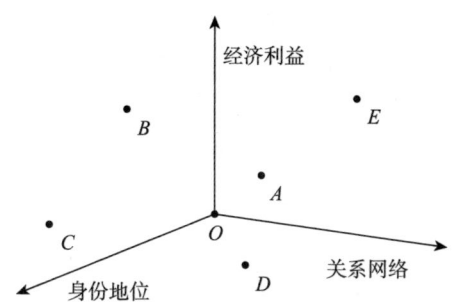

**图2-1 经济行动实践形式考量取向示意图**

由图2-1可知，"三维坐标系"中不同的坐标轴分别代表三种不同的考量形式，意味着每一经济行动结构之中包含着三种成分，即经济利益成分、身份、地位成分、关系网络成分。三种成分以不同的比例相互调和之后便形成了空间中的A、B、C、D、E等点，每一个点代表实践中某一经济行动的具体形式。在不同的情境和结构作用下，不同的经济行动主体有着不同的经济行动逻辑，也相应构成了三维空间中不同的点，并形成了立体的三维空间图示。在三维空间之中，三种考量形式处于相互制约和统一的关系之中，每一个点正是在三种力量相互作用而达致均衡状态的结果。与图2-1相对应，一些研究业已指出，"中国人努力工作，重视家庭伦理，又维持良好的人际关系，主要就是在追求个人的功名富贵"，"金钱和权利是我们这个社会的珍贵资源，有钱有势的人为大家所尊重，追求权势就自然成为社会的主要目标"①，等等。由此可知，作为评判社会地位的基础性指标，经济效益的大小直接关系到身份地位的高低，而社会关系取向直接影响经济效益的取舍及其大小，并且身份地位也有着相似的作用，不仅将对经济效益有所影响，同时将对社会关系产生作用，如一些人为了获得相应的社会地位，而放弃日常生活中的情感等。简言之，经济行动的三种考量取向之间也呈现出相互作用的关系，当三者之间达成必要的均衡状态时，则生成经济行动。在市场化情境之中，三者之间的均衡关系也成为经济行动的支配机制。因此，对于本研究而言，探究经济行动的逻辑也相应转换为研究经济效益、社会关系与身份地位三种合力在现实生活中的具体呈现，即分析三种作用形式在经济行动过程中如何相互作用，最后形成一种什么样的类型及其形式的复合力量，以及在实践中怎样进行运作等。

具体到农村外出打工者返乡创业选择过程中，作为劳动形式的在家种地、外出打工与返乡创业三种经济行动，三者之间存在诸多差异②，也就出现了客观状态下的经济行动选择机制。基于机制分析路径，为了更加真实地展现社会经济行动的逻辑（能够解释剩余的问题）及其社会支配机制，必须实现综合性的分析，以结构—理性分析作为理解经济行动的出发点，借助劳动—经济利益的经济行动取向、劳动—社会关系的经济行动取向和劳动—社会地位的经济行动取向等三种取向考量三种劳动形式间的内在差异，探求支配农村外出打工者返乡创业的社会机制。

---

① 文崇一：《中国人的富贵与命运》，载文崇一、萧新煌主编《中国人：观念与行为》，中国人民大学出版社 2012 年版，第 28 页。
② 在本研究看来，农村外出打工者之所以选择返乡创业，不仅仅在于个体自身的逻辑，也在于经济行动形式之间所存在的差异。在个体自身逻辑一定的状态下，如果三者之间没有差异，都能满足农民工的需求，那么也就不存在相应的选择。相反，如果三者有差异，特别是能够不同程度地满足农民工主体的需求，经济行动的选择也就相应而生。

# 第三章

# 方法诠释：走向开放的个案研究

研究路径及方法的选择有利于对研究问题的把握和操作化，促进研究的深入开展以及提高研究的深度。缺少研究路径及方法，一个有较好问题意识的研究也只能是一个败笔，或者沦落为平庸化研究。因此，将主观思考予以具体化的客观实践也就变得非常重要。为了保证经验资料的有效收集，我们有必要探究具体研究路径及操作方法的选择。在这一章中，根据农村外出打工者返乡创业选择问题的性质与特征，我们将集中讨论和诠释有关研究方法的操作问题。

## 第一节 返乡创业选择研究的方法理路

### 一 量化思路与质化路径的取舍

在实证主义研究方法之中，最常见的划分类型是定性研究方法与定量研究方法。作为一种研究手段以及收集资料的方法，两者各有利弊。对于选择何种研究方法来展开既有研究并无定论，主要与所研究问题有关。然而由于多种因素的影响，当前定性研究方法逐渐被边缘化，受到相应的"科学话语"质疑。[①] 与之相对，定量研究方法则因其代表性、精确性等优势"登堂入室"，成为社会科学研究方法的主流。在当前有关农村外出打工者的研究之中，学者们普遍倾向于采取定量的研究方法。在具体研究过程

---

[①] 翁乃群：《重新认识质性研究在当下中国研究中的重要性——以人类学应用研究为例》，《民族研究》2007年第6期。

中，一方面，受到主流研究路径的影响，好像脱离既有的数据，就缺少了一定的科学性和解释力，所以研究者一般较为倾向于采取问卷调查的方法。另一方面，在问卷调查之中，无论总体状况如何，好像样本越大，实证力度越强，解释力度越大；相反，如果样本越少，则难以构成相应的解释力度。在实施过程中，具体做法是进行大规模的问卷调查。回到本研究的问题中来说，采用问卷调查方法当然也是社会较为期望的研究方式。因为，问卷调查的数据可以强有力地找出当前返乡创业选择的因素，建构内在的因果关系，并显示出关系的强弱程度。与质性研究或定性研究相比，这也能摆脱研究中的主观臆造性，增强实证性。可是，从实践出发，农村外出打工者返乡创业仍然属于农村外出打工者群体系列，它不仅有着与农村外出打工者同样的特征[①]，其研究也面临着较为具体且特殊的现实困境。

首先，我们能够通过一些其他途径了解当前农村外出打工者的总体数量，可是对于当前农村外出打工者的返乡创业者数量并不十分清楚，而之前所介绍的数据更多的是在一定的数理基础之上对现状的推测，具体有多少返乡创业实践者并无准确的数字。这就缺少了抽样调查过程中必要的抽样框。在没有抽样框的状态下，抽样无从谈起。从既有的量化研究文献来看，许多问卷调查也多是随意性的调查，即将被调查者数量上简单加总，而非有机的组合。在返乡创业研究实践中，大到全国范围之内的调查，小到一个县城范围之内的研究，即便贴上全国、某省的标签，其发现也并非国内总体状况或某一区域的整体状况，如国务院发展研究中心联合其他单位所展开的各种调查、高校以及其他科研机构所展开的区域范围内的调查等。这种状态下所获取的数据也有一定的意义，可是研究结果也就不像严格的抽样调查那样有着较大的效力，还需要进行相应的限定。从研究结论而言，基于非随机抽样数据分析得到的结论研究者不能进行整体推论，否

---

① 农村外出打工者一个显著的特征是其所具有的流动性，与之相对应的是农村外出打工者在时间与空间中的分布不均衡。要想精确了解他们在一个地区的分布状况，在当前的技术环境中有一定的难度。与之相似，研究者即使有途径清楚农村外出打工者的数量，却无法展开相应的调查。如清楚了总体样本及抽样框，也无法进行抽样，毕竟农村外出打工者的流动所带来的空间不确定性与时间不确定性增加了调查的难度和成本。事实上，实践之中较为流行的做法是采取不严格的抽样方式，如随机抽样等。这也就从根本上忽视了社会科学研究方法的实质性特征，按照社会的要求而"误识"了定量研究方法。自然，在"误识"或"误用"的状态下进行相应的研究，研究结果或发现也就难以逃脱应有的质疑。具体到农村外出打工者的量化研究方面，没有科学的抽样方法和严谨的抽样程序，结果也只能是限制在所做的调查问卷数量之内，不能进行必要的扩展与推论。由此，有关农村外出打工者的问卷调查的意义与效用大打折扣。

则犯错误的可能性将大大提高。对于本研究来说,缺少总体状况,也意味着难以进行抽样调查,而且在现有人力及物力等因素的作用下,也不能随便地展开抽样调查。与此同时,对于以往的数据,研究者则需要以质疑和批判的态度谨慎地使用。在本研究中,有关农村外出打工者返乡创业的数据仅作为参考。

其次,不能进行抽样调查,并不意味着不能进行问卷调查。对农村外出打工者的返乡创业现状进行问卷调查有着可能性。因为存在返乡创业现象,找到相应的返乡创业者,即可完成问卷调查,获得有效的数据。但是事实远非理论形式上那样简单,从现实状况来看,返乡创业现象分布并非呈现了均衡状态,要想获得充足的被调查者也存在较大的难度。

这是因为从预调查时开始我们已经意识到,回乡创业者并不像我们通过媒体和学术界发表的研究成果所感受到的那样多。在设计调查方案时,我们要求每一个县在全县范围内选择10个回乡创业的典型案例。虽然我们努力通过劳动、工商、税务等部门和回流人员的介绍去发现回乡创业者,但是,在多数情况下仍然很难找到10个样本,最终只能到县城的批发市场等商业区去寻找。也就是说,10个样本多数情况下不是"选择"出来的,而是"挖掘"出来的。[①]

与之相似,村上直树也强调他的调查样本不是选择出来的,而是"挖掘"出来的[②]。由此可见,在一定区域范围内,返乡创业者的数量并不多。然而,狭小范围内的数量有限不是说返乡创业者群体规模不庞大。如果以村庄为单位统计返乡创业者的数量[③],一个村庄内也许仅有1位返乡创业者,甚至在有的村庄内连1位返乡创业者也难以"挖掘"出来,但是如果将其上升到全国几百万个村庄之中,那么其绝对数量不容置疑。在现实生

---

[①] 刘光明、宋洪远:《外出劳动力回乡创业:特征、动因及其影响——对安徽、四川两省71位回乡创业者的案例分析》,《中国农村经济》2002年第3期。

[②] 〔日〕村上直树:《农村地区工业化与人力资本的作用——以河南省回乡创业为例》,《河南大学学报》(社会科学版)2011年第2期。

[③] 对于这种统计方式,在这里只是一种假设。因为,如果理解返乡创业并不一定在村庄之内,有的在乡镇、县城以及城市之中等,那么以村庄为单位进行统计会显得不完整。但是,这之中也存在合理的地方,毕竟返乡创业者的关系还在农村社会之中,农村社会也仍然是一个熟人社会,即使在无主体状态之下。因此,在以上两种条件下,返乡创业的事实也能传播到农村社会之中,并且在乡村社会之中进行传播开来。这样的话,以村庄为单位统计返乡创业者的数量也不为错。

活中，每个村庄内的返乡创业者数量并不均衡，地区之间也存在较大的差异。要想获得足够数量的被调查者，则不能将调查地域限制在一个"点"之中。即使在当前返乡创业现象有着扩展的状态下，仍然需要以"挖掘"的方式获得充足的被调查对象。因此，在有关返乡创业研究中，调查对象的不足可以通过地域的扩展而获得，进而满足规模化的要求，形成视觉上的冲击力。突破地域限制，也就打破了那种地方性知识结构，就问题而进行整体性讨论和分析。研究的发现也只能适用于和限于被调查者群体之中进行的讨论和分析。因为被调查者缺少必要的代表性，研究的发现和结论也就丧失了一定的延展性。

反思已有研究，这种简单加总性问卷调查的意义，仅仅是为了量化方式而采取问卷调查，以数据说明问题。然而，即使建构了变量之间的因果关系，其效力又有多大，仍然需要放置于抽样调查之中进行检验。如果说这种问卷调查是一种探索性研究，仅仅为了了解问题，为之后的抽样调查做准备，那么这意味着需要投入更大的成本。由此可见，在返乡创业选择问题上，可以采取问卷调查的方法进行收集资料，但是要慎重，特别是在面对投入和收益比的时候，这种非抽样调查选择也就并非一种优化的选择。

再次，在排斥定性研究的同时，量化研究也并非接近完美，其自身也经常受到诟病。在对问题的理解程度层面上，其浮在水面上，难以沉下去是最为经常遭受质疑的地方。因为，定量研究或者问卷调查的立足点是：应用自然科学的思维形式，模仿物理学研究，将社会经济现象上升到现代话语中的科学层面。可是社会中的个体并非物，他们自身有价值理念及情感等，而"冰冷"的数据难以凸显个人行为的张力，所以说数据分析对于个体行为的理解稍显力度不够。[1]

> 统计数据告诉我们，牧区的人均收入在不断增加，但是牧民却告诉我，天气干旱迫使牧民大量出售牲畜，从表面上看收入增加了，但是日子却越发难过。[2]

---

[1] 对于这一点，许多社会科学研究者已经达成共识。如赵鼎新认为，人的行为不仅建立在本能上，还建立在文化基础上，我们不能完全采用传统的自然科学方法来研究人的行为等。具体可参见赵鼎新《社会科学研究的困境：从与自然科学的区别谈起》，《社会学评论》2015年第4期。

[2] 王晓毅：《环境压力下的草原社区——内蒙古六个嘎查村的调查》，社会科学文献出版社2009年版，第5页。

在研究实践中，我们也经常遇到类似的问题。这说明定量研究方法并非万能。也许它对于社会中的一些主题特别适用，对于另外一些主题可能不适用，如强调对社会行动主体的理解并赋予其意义等。回到之前所界定方法的标准之中，作为一种研究手段或者收集资料的形式，方法没有好坏，只有适合与否。对于本研究问题来说，研究返乡创业选择的逻辑及其支配机制，探求经济行动中的影响因素及理想类型，这不仅需要描述和分析返乡创业行动，而且关键在于理解和解释。因此，方法的选择也就较为倾向于定性研究或质化研究。

最后，从之前的文献述述中可以知道，在以往有关创业选择与返乡创业选择的研究中，以往研究较多偏向于定量研究。从研究方法的本体论、知识论与方法论的角度来说，当前有关创业选择的判断及对返乡创业的认识之所以进入一种固化的状态，无不与定量研究方法相关。量化研究追求因果关系的建构，在学科假设之中设定相关理论假设，这容易导致研究在既有的假设或知识结构之中打转，难以有新的发现。如何打破这种认识，突破现有的返乡创业研究瓶颈，这需要寻找异质性的发现，需要通过质性研究方法的介入，转换分析和研究视角。在操作中，我们通过对既有返乡创业实践资料的归纳和分析，在同中求异中，重新认识返乡创业的选择。因此，对于返乡创业选择问题来说，采用质性研究方法有助于研究的展开，避免"新瓶装旧酒"。

> 从方法的角度来看，微观的社会研究特别有助于摆脱既有的规范信念，如果研究只是局限于宏观或量的分析，很难免套用既有理论和信念。然而，紧密的微观层面的信息，尤其是从人类学方法研究得来的第一手资料和感性认识，使我们有可能得出不同于既有规范认识的想法，使我们有可能把平日的认识方法——从既有概念到实证——颠倒过来，认识到悖论的事实。[1]

定量研究注重整体层面的状况，质性研究强调重心下沉，在经验中认识事物的客观性。[2] 在返乡创业选择问题解答中，宏大话语关注的是现代性中

---

[1] 黄宗智：《长江三角洲小农家庭与乡村发展》，中华书局2000年版，第429页。
[2] "经验"与"认识"有一定的区别。对于这一点，施利克已经做出了较为细致的区分和辨别：经验是指对个别事物或属性的认识和体验，认识是从不同的经验中找出相同性，从现象中找出本质，用少数概念去把握繁杂的现象，其目标是要获得概念层次的知识。具体可参见黄光国《社会科学的理路》，中国人民大学出版社2006年版，第74页。

的传统和现代,微观层面的理解要从社会个体的日常生活经历出发,正视社会个体的自我呈现。具体来说,研究生活常态中的经济行动选择,需从经验中的实践入手,将所有问题置于日常生活时空之中进行探讨,并打破以往社会科学研究的支配规则,在情境和社会结构之中归纳和概括新的经验发现。

简而言之,方法的采用不在于个人及社会的偏好,在于对研究问题性质及特征的判断,并以此选择较为合适的研究方法。对于返乡创业选择问题来说,通过对调查对象以及研究问题的深入剖析,我们认为,采用质性研究的方式将有助于研究问题的展开,收集到较为丰富的田野资料,有利于加深对问题理解的深度。

## 二 走向开放的个案研究

作为注重质性研究中的解释力与启发性功能的方法,个案研究在实施过程中较为侧重经验材料的情境脉络与历程等。选择个案研究方法呈现问题的研究结果也是研究方法和研究问题共同作用的结果。根据农村外出打工者返乡创业选择问题的特性,选择质性研究中的个案研究方法作为研究的主导方法,以便解释和理解行动的真实性,进而建构经济行动选择的支配性机制。

### (一) 个案研究的传统

个案研究在有关中国的研究中有着深厚的传统。我们通过对历史文献资料检索,发现从事经验研究的学者,多以个案研究作为研究设计基础。无论是在乡村建设学派之中,还是在社会学的"中国学派"内,个案研究的形式都占据了主导的地位。如李景汉的《定县社会概况调查》、费孝通的《江村经济》、林耀华的《金翼——中国家族制度的社会学研究》、杨懋春的《一个中国村庄:山东台头》、许烺光的《祖荫下——中国乡村的亲属、人格与社会流动》以及张之毅的《易村手工业》等。[1] 在厚重的个案研究方法优势利导下,现时期的研究仍然延续着以村落为单位的实地调查传统,并

---

[1] 一方面,学术有一脉相承的作用和需要,另外一方面学术也与研究团队的主导人物有巨大的关系。在这个时期,最为明显的是"魁阁"社会学研究基地里的成果。在吴文藻的倡议和费孝通的带领下,研究作品都是以田野个案的形式展现,如费孝通的《禄村农田》、田汝康的《芒市边民的摆》与《内地女工》、史国衡的《昆厂劳工》等。事实上,在社会学学科恢复与重建时期,这类领导人物仍然发挥着重要的"领跑"作用,影响着学术的发展。简而言之,在20世纪30年代,特别是在社会学恢复与重建时期,个案研究方法的盛行与费孝通有密切的关系。也许他的社区研究方法受到了美国社会学家帕克、他的导师马林诺夫斯基以及吴文藻的影响,但是他直接影响了中国社会学研究方法的发展。

且形成了一种风格。如沈关宝的《一场静悄悄的革命》、王铭铭的《社区的历程：溪村汉人家族的个案研究》、项飚的《跨越边界的"社区"》、应星的《大河移民上访的故事》、吴毅的《小镇喧嚣》等。①

深究个案研究方法在中国盛行的原因，通过对上述作品的分析，可以归结为两点，一方面是中国的"地大"，各地呈现着一种不均衡的状况，每一个地方都有着特殊性，具体表现在文化等方面。对于20世纪初期的研究者来说，全盘了解中国社会的现状不仅不现实，也没有可能性。最为关键和要紧的任务只能是一点一点地了解。② 从个案的角度来说，"麻雀虽小，五脏六腑俱全"。每一个案都有自己的特殊性，这是个案的典型与特色。一个小村庄与一个社区俨然是中国不同社会类型的缩影。所以，每一个个案都有代表性，都有着值得研究的地方，关键在于从哪个角度进行切入。通过解剖麻雀的方式，我们可以"以点带面"地认识中国农村社会。另一方面是学科间的影响，特别是人类学的学术传统对社会学研究方法的影响。在社会学舶来之初，人类学的田野作业方法有别于社会学的问卷调查，在比较之下，借鉴人类学的田野作业方法进行的研究更能反映中国的现实状况。

> 他把英国社会人类学的功能学派引进中国，是想吸收人类学的方法来改造当时的社会学。因为人类学注意到文化的个性（即本土性），因而强调研究者应采取田野作业的方法。吴先生提出社会学中国化就是着重研究工作必须从中国社会的实际出发。③

在反思和前瞻性的约束下，借鉴人类学田野作业的研究方法，要求我们深入微观社会之中，以个案研究的方式来探究客观而真实的现实社会。从效果来说，这一方式在研究实践的过程中形成了一种传统，研究路径也因此一直得以延续和发展。在当前研究中，人类学研究方法对社会学的影响并没有减弱，特别是地方性知识的责难和本土化的浪潮使得研究过程中人文主义的张力得以彰显，用个案研究的方式反对普适理论，凸显文化的作用。从既有研究方法实践来看，个案研究方法在整个社会学本土化过程中占据了足够的席位，形成了社会科学本土化过程中的一种研究传统。延

---

① 在这个时期，由于社会科学研究者规模的扩大，采用个案研究方法的作品也层出不穷，不仅突破了村落单位，将其扩展至城市社区之中，而且研究越来越细致与深入。
② 费孝通、张之毅：《云南三村》，天津人民出版社1990年版，序。
③ 费孝通：《开风气育人才》，《北京大学学报》（哲学社会科学版）1996年第9期。

续和发展个案研究的传统在当前社会学研究方法中也成为本研究的主要取向。在本研究中，为了更好地运用个案研究方法，需要深入、透彻地了解个案研究的特征及其不足之处，以便扬长避短，为之后的研究打下坚实的基础。

### （二）个案研究：有界限的系统

**1. 个案研究的存在及其特征**

作为质性研究方法的最主要的形式[①]，个案研究在社会科学研究过程中有着重要的地位，更是国内外学者较为倾向选择的两大研究方法之一。如果说定量研究方法的基础是一种整体主义观，那么个案研究是一种个体主义。这也是个案研究存在的基础。无论是从唯名论来讲，还是从唯实论的角度进行分析，社会与个体关系的存在都赋予了个案研究存在的合理性与合法性。从某种程度上来说，这强化了对于个案研究所谓"有界限的系统"的理解。[②] 简而言之，个案研究侧重于对个体定位式的研究，主要强调个体自身的特征与性质。在强调主体性以及对主体的理解状态下，个案研究具有先天的封闭性特征，其效力发生范围也仅限于系统之内。如果欲以推广既得的结论，则需要保持谨慎的态度。

从当前研究来看，国内对于个案研究的阐释和应用主要停留在三个方面。其一，从定性研究与定量研究的关系出发，对定性研究的功能和作用进行定位。如费孝通先生曾论述道：

> 定量的分析绝不能离开定性的分析。一般说来定性在前，定量在后，定量里找出了问题，回过来促进定性。……我一向重视，至今还是要强调，"解剖麻雀"的定性分析是社会调查研究的基本方法，这一点不能含糊。但是只用这个方法是不够全面的，要规定这个"麻雀"在全部"麻雀"中占什么地位，即有多大代表性，那就得进行定量分析。[③]

---

[①] 在关于研究方法的讨论中，与定量研究方法相对的方法存在定性研究及质性研究方法两种表达形式。对两者间的区别，究竟该采取哪一种表达形式，学术界莫衷一是，有着较为激烈的讨论。本研究摒弃两者之间细微的差异，站在宏观层面来阐述个案研究，所以在表达过程中，采用"质性研究"的表达方式。

[②] Robert E. Stake, *Qualitative Case Studies*, In Norman K. Denzin and Yvonna S. Lincoln（eds.）, *The Sage Handbook of Qualitative Research*, Sage Publications, 2005, p. 444.

[③] 费孝通：《社会学调查要发展》，《社会》1983 年第 3 期。

定性研究作为定量研究的前提，为我们提供必要的理论预设或理论假设。可以说，定性研究的目的在于认识事物，界定和判断事物的性质，为之后的量化研究奠定相应的基础，这在形式上是探索性调查等。个案研究为人们认识事物和了解事物的性质提供可能性。个案所具有的描述与理解的功能为下一阶段的量化研究做必要的准备，是否能予以推广在于量化数据的检验。由此可见，个案研究的基本功能也是描述事物，为个体画图像。这也是对个案研究归纳性特征的灵活运用。

其二，个案研究为理解社会的多样性和复杂性提供了路径及可能。对于这一点，国内的学者在经验研究实践中给予了精致的展示。在一些研究中，个案研究已经摆脱以往传统型功能而向着深挖方向迈进。这也是当前社会科学界之所以重视个案研究在经验研究中作用的一个重要因素。

> 个案研究从一开始就是另有所图的，个案研究属于学术研究中质的研究方法的范畴，说到底，它最为根本的目的并不在于为科学——实证化研究积累量的和类型学的样本（这也正是在此路径上个案研究始终无法解脱方法论困惑的根本原因），而是要为理解社会的多样性和复杂性提供案例。①

在这种观点与理论的支撑下，或者说按照这种逻辑思路的演进，"深描"、"讲故事"、"叙事"等形式已经成为个案研究的代名词。建立在田野基础上的叙事型个案研究，目前受到学界许多学者的追捧，其成果已经小有气候，不仅表现在数量方面，而且体现在质量方面，如吴毅教授的《小镇喧嚣》等。注重个案研究的整体性特征，在相对完整的情境结构中深入研究社会问题，有利于对问题进行全面而细致的分析。反思个案研究的理解性功能，它的描述性功能已经上了一个台阶。这赋予了个案研究较高层面的意义，也因此成为个案研究方法日后的拓展方向之一。

其三是个案研究方法的解释性功能。这里的解释与之前所言的解释的不同主要在于研究对象的不同。对于一些极端性的事件，或者一些较为重大的问题，个案研究方法的介入提供了解释性的可能。在相对封闭的系统之下运行，这些问题有着自身的特性，如发生的情境、影响的范围等。具体问题也只能具体处理，也只能以个案研究的方法进行对待。这也就格外地凸显了个案研究的长处，即可以了解复杂问题或特殊性问题的独特性。

---

① 吴毅：《记述村庄的政治》，湖北人民出版社2007年版，第181页。

从极端的例子中学到的经验教训可以用来为一般情况服务，就研究目的而言，对这种独特现象的揭示有可能比一个典型现象更加有说服力。[1]

特殊性问题既是一个具体的问题，也是一个个案，存在于问题的整体之中。通过个案研究的介入，特殊现象或问题有了被理解和解释的可能。因此，从研究方法选择来说，个案研究对于此问题的解答是一个不错的研究策略。

简而言之，个案研究由于其"有界限的系统"性特征，其功能和作用被限制在一定的范围条件之内。这也折射出了个案研究在应用过程中所遭遇的诟病。

**2. 个案研究的诟病及其两种走向**

在现在的研究中，人们总是喜欢拿定量研究的长处来评判质性研究的短处，如定量研究方法在科学抽样的基础上获得了具有代表性的个案，建立在此分析层面的研究结果也具有了向外推演的可能性。言下之意，定量研究结论不限于具体的分析之中，可以进行适度的推广。对于质性研究来说，针对所界定的个案研究来说，研究对象的选择建立在个案的特殊与典型等基础之上，自然无从谈起代表性的问题，缺少代表性的基础。其从研究中获得的结论只能限定在一定的范围之内。其实推广也可以，那就需要在前面加上限定条件。可见，定性方法及个案研究的结论并不具有普适性，理论推广的范围有限，只能用地方性知识（local knowledge）[2] 进行概括。在定量研究方法的诘问下，质性研究的代表性问题等自然成为一种无法被回答的问题。在讲究一体化的时代背景下，这个问题的解决已经看起来非常有必要，一些学者也为此进行了相应的尝试，不仅有国内的社会科学研究者的参与，也有国外的社会科学研究者的参与。在诘问以及反思传统个案研究方法的基础上，目前个案研究在原有的基础上呈现两种趋势。

一种是延续个案研究的传统，强调个案的整体性，发挥和升华个案研究的描述性和解释性功能，以此应对代表性问题。评价此种应对方式，其是一种消极的应对方式，不将代表性视为个案研究的问题，或者说即使代

---

[1] 陈向明：《质的研究方法与社会科学研究》，教育科学出版社2000年版，第15页。
[2] 地方性知识，是人类学家吉尔兹在《地方性知识》中所提出的一个学术性概念，主要强调"把对所发生的事件的本地认识与对可能发生的事件的本地联想联系在一起"。具体可参见〔美〕克利福德·吉尔兹《地方性知识：阐释人类学文集》，王海龙、张家宣译，中央编译出版社2004年版，第220页。

表性是个案研究的问题，那么代表性的理解也是他者强加于个案研究方法之上的，而非个案研究的本意。基于此进行判断，个案研究不是统计样本，其代表性问题是一个虚假问题。① 与之相对，其给出个案研究存在的价值好比森林与树木的关系。森林之所以存在，就在于树木的存在，如果缺少一定数量的树木，森林也就失去了存在的必要。与此类似，延伸个案研究方法则从个案的情境出发，强调分析个案的动态过程及其与特定社会情景的联系的重要性②，以此增强个案的解释力，及表明个案研究存在的价值。

另一种是强调理论和个案的结合，增强个案的解释力。在国外对于这种形式的理解则是以拓展个案法为代表，强调"将反思性科学带到民族志中，目的是从特殊中抽取出一般、从微观移动到宏观，并将现在和过去建立连接以预测未来——所有这一切都依赖于事先存在的理"③。随着拓展个案法传入中国，一些学者将其与中国现实结合起来，认为这将获得知识的更新与理论前进的有效动力。

> 如果认真运用"拓展个案法"，每一个村庄研究都会成为社会学发挥作用并实现社会学自我更新的机会。④

拓展个案法对国内学者的影响不可估量，研究者们将其视为对质性研究方法或个案研究方法的继承和发展，并且相信，依据对原有理论的反思以及依靠经验资料的独特性而重新构建理论将是个案研究的又一发展路径。与此相似，卢晖临等专门针对个案研究的界限性系统，归纳了当前四种解决个案研究方法中有关普遍性与特殊性、宏观与微观的二元性问题，具体为超越个案的概括、个案中的概括、分析性概括以及扩展个案方法等，其中重点在于立足宏观分析微观，通过微观反观宏观，并且经由理论重构产生的一般性法则较好地处理了特殊性与普遍性的关系问题等。⑤ 从实践效果来说，拓展个案法的运用有效地消解了个案研究方法代表性的问题。如果

---

① 王宁：《代表性还是典型性？——个案的属性与个案研究方法的逻辑基础》，《社会学研究》2002年第5期。
② 朱晓阳：《延伸个案与一个农民社区的变迁》，载《中国社会科学评论》第2卷，法律出版社2004年版，第27—54页。
③ 麦克·布洛维：《公共社会学：麦克·布洛维论文精选》，沈原等译，社会科学文献出版社2007年版，第77页。
④ 毛丹：《村落共同体的当代命运：四个观察维度》，《社会学研究》2010年第1期。
⑤ 卢晖临、李雪：《如何走出个案——从个案研究到扩展个案研究》，《中国社会科学》2007年第1期。

说深描是一种消极的应对，拓展个案法则是一种正面的积极应对，通过理论的抽象力度来回应其中的问题。①

**3. 未尽的质疑**

已有研究路径拓展了个案研究的走向，使得个案方法得以深化，并且在一些实践中，具体的应用使得这种走向得到了检验和证实。然而寄希望于深描和理论抽象以走出个案，事实上也存在一定的质疑。并且，其在解决原有问题的同时，又产生了新的问题。

个案最为突出的特征在于其独特性，无论是深描还是拓展个案法，都难以逃脱个案的特殊性。对于深描来说，注重个案之中所内含的文化，将其界定为地方性知识，肯定文化的重要作用，而过分地注重文化与叙事，又陷入了人文主义立场，个案研究的"客观性"问题将成为关注的焦点。将此点转换到农村外出打工者返乡创业选择的研究之中会发现，通过对一个个案的深挖，能够很好地展示创业选择实践中的细节，理解和解释的重点则放置于其社会化的环境，强调的是个体所接受的文化，如家庭的影响、国家开放程度的作用等。无论做出怎样的解释和理解，其中都不免带着被研究者个体的特殊性。如果对一个村庄范围内的返乡创业者进行研究，也许理解和解释会倾向于村庄内部的文化等。对于这种做法，我们会发现这种解释和理解仍然有着狭隘性。试问，如果将此个体放置于别的村庄之中，他们就不会返乡创业吗？如果继续超越地域则会发现，不仅东部地区有返乡创业者，西部地区也有返乡创业者。这也就不是某一个个体的成长经历、家庭的文化、社区的文化等因素影响的结果。由此可见，用深描的方法能洞悉某个体创业选择的经过及其特征，可是个体的特殊性无法复制，也因此不能很好地解释其他个体的选择。对于全国"遍地开花"的返乡创业实践而言，这就是一个难题和挑战。这一点又落到了拓展个案法层面。对于拓展个案法来说，通过个案的特殊性证伪已有的理论，重构新的理论有着可行性，但是这种在特殊性基础之上修正的理论又有多大的意义？或者说，如果这个个案特殊，是否会因此为一棵树木而丢掉了整个森林呢？修正的理论其解释力度与范围又将如何呢？譬如说，对于跑车人李强、菜贩商老文以及包工头卢国兴等人来说，各自的经历不同，各自的创业选择过程也不相同，如果仅仅以一个个案而向宏观层面转换，将导致新的问题出现，

---

① 对于拓展个案法，有的学者认为其并不是一种研究方法，而是个案研究方法的方法论，因为在实践中其并不具备具体的操作技术等。对此，我们认为，拓展个案法为个案研究走出个案提供了一条路径。

或者说新的宏观话语同样不能覆盖其他个案。因此，这需要继续寻找走出个案的研究方法，以及寻找适合本研究的研究方法，即怎样处理个案之中特殊性与客观性的关系。

此外，单个的个案虽然很丰满，但独立的经验显得有些单薄，其解释性力度也大大地受到影响。拓展个案法相对于个案叙事的深描已经有了向前发展的动向，已经从实质性内容角度开始走向开放，将其与理论进行结合，通过理论的抽象性来扩大其影响，但这也难以避免前面所说的那种困境的出现。本研究的研究设计也要求脱离宏大话语的束缚和限制，不然又会回到既有研究话语之中。这不是现代性的作用，便是西方话语的延续。事实上，这样做也将导致个案研究优势的丧失。

脱离宏大话语之后是否会转向过于微观的经验主义，在经验之中打转，以至于在狭小的范围之中就事论事？这肯定将导致研究流向问题的表面，致使研究显得肤浅而无味。要避免流于形式的经验研究，深入社会肌理，就要对个案研究方法进行必要的反思，超越既有的个案研究形式。

在当前实践中，返乡创业现象可谓多地区的社会事实，单独的地域文化与地方性知识已经不是影响返乡创业选择的关键性变量。举例来说，如果说地域商业文化对某一地区的创业现象有影响，塑造了个体的返乡创业实践，那么为何地域之外的社会个体也在进行返乡创业？所以，对于目前"遍地开花"的返乡创业现象已经不仅仅是某一村庄的商业氛围或者某一地域的经商传统所能解释的社会事实。返乡创业现象超出了狭隘的地方性文化范围。对于本研究来说，在研究过程之中，强调地方性知识的个案研究已经显得有些苍白无力，难以给予既定社会事实有效的解释。因此，寻找新的研究路径才能突破当前困境。

（三）走向开放个案研究的可能

一个个案能展示行动或事件中的既有逻辑或机制。这种逻辑或机制是一种独特性。我们可以赋予其相应的典型性①。但其仍然难以超越个案的特殊性，也有可能陷入"合成谬误"的逻辑之中。如果将两个个案放在一起，三个个案放在一起，四个个案放在一起，甚至更多，那么结果是否会产生相应的变化？我们的质疑是否会有所动摇？无论是从证实的角度，还是从

---

① 何谓典型性，这在于研究者个人在客观性的基础之上对研究对象的意义赋予。如果从这个角度进行理解，那么任何事物都有一定的特殊性。这在哲学中具有相对丰富的解释，这里就不再赘述。

证伪的角度进行理解，多个案放在同一事实时空之中进行研究和分析的优势将远远高于一个个案的研究。对于其中优势的理解可以从两个个案的关系出发进行理解。具体而言，两者之间的关系可以简单地概括为两类。一类是叠加关系。所谓叠加关系即是在研究过程中，将多个个案的状况与特征叠加在一起，抽象出一个"理想型"的个案及某种"理想类型"。

    我给自己塑造的这个村落类型，起了一个学名，叫"羊城村"，代表珠江三角洲城郊地区进入终结过程的村落。这个"羊城村"，在现实中有一个村作为基本的塑造底板，但却具有许多原型。我把这些原型中最有代表性的那些特征和故事提炼出来，用这些来自生活的原始素材，像机器压缩饼干一样，压缩成"羊城村"和"羊城村的故事"。[①]

理想型的个案，也可以被理解为一个想象中的个案，在现实生活中难以找到对应的个案，但是这个塑造的个案又能在现实生活找到类似的个案。具体来说，可能想象中的个案特征之一来自于个案甲，而特征之二来自于个案乙，特征之三来自于个案丙……，其塑造的理想类型并非无中生有，而是其根据客观事实进行了必要的加工处理，然后抽象到经验理论或特征的高度，以此可以全面把握研究对象的社会性特征和逻辑等，也有助于加深对社会事实的理解。形象地来说，这也就好似对多个个案做"加法"运算，除去个案之间相似的部分，保留个案之间相异的成分和元素，然后将所有的异类成分有序地放置于同一个个案之中，赋予其较为抽象的意义。通过这种形式，我们可以获得一个相对完整的个案，无论这个个案是否存在于现实生活中，它都并非一种想象，而是建构于现实生活基础上的一种抽象。或者说，形式上的抽象建立在实质真实的基础之上。在具体操作过程中，即使形式有所变动，只要实质性内容并没有多少"失真"，仍然是对社会事实的反映，是社会事实的一种"缩影"。

上面一种关系是做"加法"运算，与之相对，另一种则是做"减法"运算。所谓"减法"运算，即将多个个案之间相似的成分提炼出来，去除异样的成分，进而保留一个较为"干净"的同质性个案。从意义的角度进行理解就是，相同的部分越多，说明同质性程度越高，或者说相同元素在社会事实存在过程中的重要性程度就越高。这些元素也是在研究过程中要

---

[①] 李培林：《透视"城中村"——我研究"村落终结"的方法》，《思想战线》2004年第1期。

格外重视的因素,要多下功夫进行细致性的研究和分析。从运算法则的角度来看,之所以是"减法"形式,主要是排除那些异质性因素,强调同质性因素,以此对社会事实的发生机制进行有效的理解。对于这种形式,学界将其界定为"离析"关系。其通过既定的离析,可以建构出一个与上面论述相似的类型。当然,这种类型是想象中的,而非现实生活中原模原样的类型。因为按图索骥就会发现,塑造或构建中的个案与现实中的个案相比,总是这里少一块,那里少一块,就像日常生活中经常说的那样"缺鼻子少眼的"。尽管如此,这并不妨碍人们对社会事实的有效理解。在实际生活中,人们对事物的理解往往有重点,专注对某一局部的理解,而离析出的这一部分恰恰在社会事实发生过程中扮演着关键性角色。因此我们的研究有必要专注于某一部分。这样处理不仅不会损害对社会事实的理解,还能强化对社会事实的深度把握,增强对社会事实发生机制的建构。从形式角度而言,其也是统计学中经常运用的方式,即通过控制某种类型变量而测量其他变量,进而产生一种变量与社会事实之间较为恒定的关系,这经常被称作模式。可以说,"减法"运算形式遵照了统计形式中的操作形式,但是离析形式与之不同之处在于更能强调个案的特性,生成形象的认识。如果统计研究形式让个案具有相应的骨感,那么离析形式则赋之于"丰满"的形式,也将有效地加深人们对社会事实发生机制的认识。与"孤立"个案进行比较,不难发现离析形式会产生一种去伪存真的可能性。多个案的介入、同质性因素的抽离,有利于去除虚假因素的成分,保留真实性,使研究过程中所建构的社会事实发生机制更加逼近社会客观真实。

无论是叠加形式,还是离析关系,都是研究过程中研究者所掌握的一种处理个案关系的手段和形式,是研究者所构建的个案之间的关系形式。通过研究者的介入,在叠加和离析关系的运用过程中,多个个案之间将呈现某种序列性关系,进而在序列性关系中,可以生成一定的"理想类型",从而完成所设计的研究目标和任务。对这种"理想类型"进行评价,我们从所归纳出的"求同存异"与"去伪存真"两个特征就可以明确这种多个个案研究的优势所在。在个案的加总过程中,通过明确既定的目标来处理个案之间的关系,或是叠加,或是离析。并且,如果将其同时运用于同一研究之中,或者说在某一研究之中将其进行必要的整合,以某种形式统一,这种优势将大大加强。由此可见,多个案的加总是对个案研究形式边界的放开,并且保持了每一个个案实质性内容的独立。从形式和实质性内容角度来讲,形式边界开放的个案研究即对未尽质疑的有效应对策略之一。这也是本书所界定的"开放性个案研究"方法。

当然，开放性个案研究形式也有着一定的使用范围与限度。我们相信，没有放之四海而皆准的真理，也没有一种完全适用于任何研究的研究方法，我们不仅需要对同一种研究方法在具体研究中进行适当的变通，有时还需要适当的改造或另外选择较为合适的研究形式和方法。仅仅从多个个案之间关系的建构角度来说，这种形式的运用为我们提供了走向开放个案研究的可能性。与之前的深挖形式进行比较，形式开放的多个案与独立性个案相比有着相对的优势，尤其是在保持其深描特性的基础之上，而且会通过"理想类型"的建构深化对社会事实完整性角度的把握和理解。

（四）既有研究中的传统与经验

阿卡·古普塔（Akhil Gupta）与詹姆斯·弗格森（James Ferguson）指出，人类学作为一门"田野科学"的学科起源，导致了其理论和方法的发展均围绕这样一种假设：以一处界定清晰的实际地点作为民族志田野工作的适当重点。[1] 这也是当前人类学研究的传统和个案研究方法的社会科学起点。对于这种研究形式，后来者将其发挥到了淋漓尽致的地步。随着研究实践数量的增加，一些学者在发展的视角下进行了反思。

> 传统人类学的研究方法，是在一个村庄或一个社区通过参与观察，获得研究社区的详细材料，并对这一社区进行精致的雕琢，从中获得一个完整的社区报告。这样，人类学的发展本身为地方性的资料细节所困扰，忽视了一种整体的概览和思考。很多人类学者毕生的创造和智慧就在于描述一两个社区。[2]

反思人类学的田野作业方式，其事实上也是对个案研究的质疑。回顾相关文献，这种反思和质疑从 20 世纪二三十年代便已经开始，并有着具体的实践。在当前所能检索到的文献中，费孝通先生的反思可谓学者尽为熟知的。他以开弦弓村的社会经济状况为基础写成了《江村经济》。无论是在国内，还是在国外，对于《江村经济》的评价在学术界已经达成一种高度评价的共识。对于业内人士以及作者本人而言，其也深知单一村庄的特殊性难以证明其文所隐含的命题，所以其在成文之后又在同一主题之下选取

---

[1] Akhil Gupta & James Ferguson (eds.), *Culture, Power, Place: Explorations in Critical Anthropology* (Durham NC: Duke University Press, 1997), pp. 1 - 46.

[2] 麻国庆：《比较社会学：社会学与人类学的互动》，《民族研究》2000 年第 4 期。

了禄村、玉村等进行必要的研究①，以补充在江村研究过程中的不足。或者说，这是为江村的研究寻找他者性的个案形式，以强化对相关问题的理解。

《云南三村》是从《江村经济》基础上发展出来的。《江村经济》是对一个农村社区的社会结构和运作的描述，勾画出一个由各相关要素有系统地配合起来的整体。在解剖这一只"麻雀"的过程中提出了一系列有概括性的理论问题，看到了在当时农村手工业的崩溃、土地权的外流、农民生活的贫困化等等，因而提出了用传统手工业的崩溃和现代商业势力的侵入来解释以离地地主为主的土地制度的见解。但是当时我就觉得"这种见解可否成立，单靠江村的材料是不足为凭的。"……从江村到禄村，从禄村到易村，再从易村到玉村，都是有的放矢地去找研究对象，进行观察、分析和比较，用来解决一些已提出的问题，又发生一些新的问题。②

从今天的情形来看，无论是在自觉的状态下，还是在他者质疑的状态下所产生的反思性实践，费孝通先生的持续性研究无疑都是对个案研究的有效反思和实践，也是开放性个案研究在本土化过程中的有益尝试。从结果来看，深化的土地问题认识以及经济发展路向的明确无疑证明了开放性个案研究是成功的。这种实践无疑打开了走向开放个案研究的可能性，更为后者的研究提供了一种范例，使得后来者得以继承前人的步伐而不断将这种研究形式向前推进。

综观黄宗智先生的既有研究发现，无论是在有关经济史的研究之中，还是在相关法律著作之中，其所采用的研究方法都有相应的延续性和承接性，主要的研究方法也是我们所界定的那种开放的个案研究方法。如其在《华北的小农经济与社会变迁》以及《长江三角洲小农家庭与乡村发展》中通过对满铁调查的33个村庄中有关9个村庄资料的运用，对华北地区社会经济发展状况进行概括③；通过对长江三角洲8个村庄的研究，阐释长江三

---

① 经过研究和分析，魁阁时期的大部分个案研究都可以笼统地归入开放性个案研究序列。因为，它们都是对于某一主题的深化和强化，也都是一种后续性研究或持续性研究，只是选择的个案有所不同而已。或者说，其形式上有所不同，而内在的实质性内容有着较大的相似性。事实上，这些不同也是在某种主题下进行研究的必然结果。这也就提供了一种思路——可以把既有的文献置放于同一分析框架之中进行相应的分析，并将加强对当时背景下社会的认识。

② 费孝通、张之毅：《云南三村》，天津人民出版社1990年版，序。

③ 黄宗智：《长江三角洲小农家庭与乡村发展》，中华书局2000年版，第45页。

角洲小农家庭与乡村社会的发展状况①；从3个县收集来的628件民事案件构成了《清代的法律、社会与文化：民法的表达与实践》②一书资料的主要部分。

与之相似，在对国家政权建设的观照下，杜赞奇通过对满铁资料中6个村落个案的运用，经过详细的论证和分析而形成了《文化、权利与国家》，提出了"权利的文化网络"等概念，强化了对农村社会基层组织的认识。③

李培林在研究"城中村"的过程中，开放性个案研究方法也是主要研究方式。通过第一次调查，他们获得了广州市石牌村等7个"城中村"及相关访谈性的资料；随着第二次调查范围的扩大，他们获得了40多个"城中村"及相关的访谈资料。④ 其通过对既有材料的加工和运用，进而形成了"村落终结的故事"。

周大鸣在做外来散工研究时表示，其研究立足于当前中国大陆经济最具活力的东南沿海地区，以广州市、杭州市、厦门市和南宁市等城市的外来散工为研究对象，研究重点为外来散工的身体身份、生存状态、生活目标、谋生手段、关系网络，在城市中的文化体验、社会适应，以及他们的社会支持、救助帮张和呼声、意见等。⑤

当开放的个案研究方法蔚然成风时，一些学者开始了一定的反思。纵然应星对开放的个案研究有着诸多批评，但是在《草根动员与农民群体利益的表达机制》中，也选取了4个个案，具体为西南地区的A村村民就地抗争个案，华北地区B村村民集团诉讼个案，西南地区大河移民集体上访个案及S乡移民集体上访个案。通过开放个案的形式边界，他详细探讨了农民利益表达行动的机制。⑥

王晓毅对内蒙古6个嘎查村的调查，是在相同的主题下，或者是在具体的问题下进行的，如草原环境怎么样了、草场产权制度的改革意味着什么、

---

① 黄宗智：《长江三角洲小农家庭与乡村发展》，中华书局2000年版，中文版序。
② 黄宗智：《清代的法律、社会与文化：民法的表达与实践》，上海书店出版社2007年版，第3页。
③ 〔美〕杜赞奇：《文化、权利与国家：1900—1942年的华北农村》，王福明译，江苏人民出版社2008年版。
④ 李培林：《村落的终结：羊城村的故事》，商务印书馆2004年版，第6页。
⑤ 周大鸣：《"自由"的都市边缘人——中国东南沿海散工研究》，中山大学出版社2007年版，第3页。
⑥ 应星：《草根动员与农民群体利益的表达机制——四个个案的比较研究》，《社会学研究》2007年第2期。

牧民的生产生活发生了哪些变化，等等。①

检视以往研究成果，采取类似开放性个案研究方法的成果较为繁多，可以说是硕果累累。通过纵观式的分析可以发现，开放个案研究方法逐渐从系列研究转向在一个细小主题范围下的研究，从涵盖几本著作到仅仅囊括在一本著作内，甚至一篇研究报告或论文之中等。从发展的角度来看，这无不说明开放的个案研究方法由于其所具备的优势而逐渐受到重视，并得到广泛的运用，也更加说明开放的个案研究的生命力较为旺盛。

已有成果已经成为在论证和分析研究方法过程中反思和实践的经验。虽然在相关研究之中，所谓的开放的个案研究方法并未被提出，但是经验告诉我们，开放的个案研究方法在先前的研究中有着深厚的传统。并且我们从经验中也能发现，根据相关研究主题，采取开放的个案研究方法有利于研究的深入，对社会事实进行较为完整的把握。从某种意义上来说，既有的研究文献不仅证明了开放的个案研究方法的可能性和现实性，而且为后续研究提供了蓝本。

### （五）走向开放个案研究的形式

不仅有关开放的个案研究成果证明了该方法存在及发展的可能性，而且通过对其进行有效的归纳也可以整理走向开放个案研究的相关形式。那么，在具体操作过程中，如何在保持个案实质内容的同时开放个案的形式边界，以此体现开放个案研究方法的特色？以及在研究过程中怎么样体现走向开放的个案研究方法所具备的特色，以及有别于其他研究方法的优势？具体而言，回答此问题将落实到走向开放的个案研究的形式上，如个案的选择及个案的分析等两个方面。

**1. 个案的选择：主题相关性**

个案的选择需要一定的标准，缺少相应的标准作为支撑，个案的研究意义就会大打折扣。无论是在有界限性的个案研究之中，还是在抽样调查之中，研究设计通常都会赋予相应个案一定的选择意义，进而超越感性选择上升到理性选择层面。即使凭空想象，以感性选择作为基础，以自身的条件为原则，或者说哪里自己容易进去、调查好做、容易收集资料等，有的人便会选择其作为研究的个案。并且，在意义建构之时，我们也不会忘记赋予其既定的意义，显示出相应的独特性和典型性等，以此证明研究的

---

① 王晓毅：《环境压力下的草原社区——内蒙古六个嘎查村的调查》，社会科学文献出版社2009年版。

科学性。在调查中，人们经常会按照既定的客观标准、条件进行相应的选择，如经济指标，最常用的一种说法是按照经济发展的好、中、差标准从中选择具有代表性或典型性的个案等。无论采取何种形式，最终都会回到理性选择的层面，从特殊性和普遍性的角度建构选择的标准和意义。

对于开放性个案研究方法来说，个案选择的标准关键在于主题相关性，即要在同一主题范围之下选择个案。所谓主题相关或统一，是要求个案有着相应的针对性，不同个案中的社会事实侧重于同一主题。言下之意，所有的个案在既定的时空背景下要有较为类似的社会事实或在相同的时空背景下有相反的社会现象等。对于时空背景的强调并不意味着将划落至传统意义上的封闭性个案研究。强调个案的地域性特征，主要是重在关注个案之间的主题关联性。因为，在同一时空背景下才有相同主题的社会事实，如果脱离既定时空背景，主题则有可能发生变味或者不同。这也将使得对个案之间的分析缺少共同的平台。所以，对于以往个案研究之中所涉及的地域性特征，开放个案研究并不予以过于特别的限制，强调时空背景是强调主题关联性，为之后的个案间分析搭建统一的平台。主题统一也意味着个案之间具有关联性。这种关联性是一种客观性的事实关系，而非研究者主观建构的关系。从个案之间的形式关系角度来讲，个案之间因为具有相同的主题，都在同一时空背景之下发生，所以有着相似性。从个案内部的关系来讲，个案之间或许有关联，或许没有任何关系，这并不是开放的个案研究方法关注的重点。因此，在个案的选择过程中，标准便是主题的相关性，按照同一主题选择最大数量的研究个案。

以返乡创业研究为例，在主题观照之下，要根据既定的研究对象界定标准选择个案。在选定第一个个案之后，可以采取滚雪球的方式选择其他个案，也可以采取另外的形式选择其他个案。在选择过程中，只要是有关农村外出打工者返乡创业的案例都可以收集。对于个案数量，开放的个案研究方法并无较为明确的要求，而是采取一种最大化原则。并且，个案越多，所建构的理想类型就越富有解释力。所以研究者在个案收集过程之中，总是尽最大力度来不断扩充研究的个案数量。在实施过程之中，人们对个案的质量有所强调，也意味着在重视个案数量的同时，也重视个案的质量，保持个案的完整性和深度性。因此，在数量和质量的双向要求之下，多方面能力的限制使得开放的个案研究方法所获得的个案数量也相对有限，而理想类型也会因此受到影响。随着后续性研究的展开，开放的个案研究方法会一直持续下去，个案数量也能得到不断地增加，理想类型必会不断地得到修正和完善。可见，开放的个案研究形式是一种动态的形式，它并不会因为一次研究的结束而终结。与此相反，它能为后来者的研究提供指导，而后来者的研究将完善和修正既有的理想类型，如此反复，进而实现对社会事实的完整性把握和理解。

**2. 个案的分析：实质性比较**

应星在评论村民自治研究的趋向时曾提出"田野调查究竟是要更广泛的，还是要更深入的"的问题。在解答中，他说，就中国村庄之多、差别之大而言，不用说4个，就是做40个、400个村庄调查，恐怕也始终无法断言它们就是中国村庄的典型代表。多个案比较当然是可以采用的研究方法之一，但研究者应该认识到，质性研究的力量并不在研究的数量上——它在这一点完全不可能与定量相比较——而是在研究的深度上。所以，要体现村庄整体的丰富性，并不在于其所研究的村庄类型的丰富性，而在于提出问题的敏锐性、田野调查的深入性、叙事展开的繁复性与理论分析的复杂性。[①] 从表达之中，可以看到，应星评论的关键在于鉴于中国社会的复杂性而提倡质性研究的深度，不主张在量上面做文章，不赞同那种蜻蜓点水式的做法，提倡就某一种类型进行深挖，将其做实。在对此种观点进行回应的过程中，仝志辉说他的做法不是硬性地寻求比较，而是想追求一种体现对复杂和多面向实践的映照研究方法，让多个案的经验相互映衬，更深入和恒定地浮现出实践的逻辑。这种做法有可能比单独研究一个典型派性的村庄理解更深入，结论更平和。对一个外在于原有经验的新实践，如果不是多个案调查中的反复体味和比较，好的问题就不一定产生。[②]

对于开放的个案研究方法来说，个案的数量只是一个外在形式的问题，关键在于个案内在的实质性内容，以及个案内在所潜藏的社会性机制。在研究过程之中，开放的个案研究方法强调在遵守个案界限的基础之上保持个案的形式开放。这也就要求在做深、做足个案的深描之后，进行必要的横向比较，以此在叠加及离析的基础上抽出相应的理想类型。因此，对于个案内在机制的发现和建构需要借助比较方法，通过实质性比较深化个案的研究，最终透过表象而对问题的实质有所把握，从而走向深层次的开放。

作为一种系统性的研究方法，开放性的个案研究方法始终贯彻机制分

---

① 应星：《评村民自治研究的取向——以〈选举事件与村庄政治〉为例》，《社会学研究》2005年第1期。
② 仝志辉：《乡村政治研究诸问题——对应星批评的回应和进一步思考》，《社会学研究》2005年第3期。

析原理，而这种机制分析关键在于坚持实质性比较原则。所谓比较，也正如本研究在之前的论述，通过个案经验间的叠加和离析产生相应的共同性和异质性成分，以此发现真问题，逼近客观真实。在返乡创业研究中，当个案选定之后，将所有的个案置于同一平面进行比较，利用去伪存真和求同存异的方式①，寻求返乡创业行动选择之间共同的成分，以及在共同之中的相异的部分。对于研究者来说，同质性的内容以及异质性的内容则是比较过程中的产物，是希望得到的加工品。在进一步分析之中，对于异质性的内容，研究者通过对不同个案所处的环境（包括大环境和小环境等）、行动的差异等进行再次比较，寻找其中的内在发生机制。对于共同性的内容，通过探求相互之间共同的元素建构相应的社会事实发生机制，塑造理想类型，以此摆脱低层次的经验化研究，上升到具有经验理论的层面。对于比较形式，可以进行横向的比较，也可以进行纵向的比较，可以有着横切面的比较，也可以进行历时性的比较。在具体研究之中，研究者通过比较显现并建构返乡创业选择的理想类型，回答为何农村外出打工者会从外出打工的逻辑转换到返乡创业的逻辑。当然，随着个案数量的增加，比较也是动态性的比较，通过实质性比较，不断地修正和完善返乡创业选择社会性支配机制。

**3. 个案的推进：动态性参与**

对于开放的个案研究方法所得到的结论，其也保持一种开放的原则。在不断的修正过程中，其结论将不断地得到完善。保持动态性推进方式不仅是社会事实类型多样化因素的客观性所决定的，也是开放的个案研究方法自身所决定的。首先从社会事实的多样性角度来说，建构在开放性的个案基础之上其得出的理想类型也总是保持着一种开放的形式。其通过不断地增加个案数量，在叠加和离析原则的指导下可以不断地对理想类型进行修正，进而将所得结论不断地向前推进。认识也将随着修正过程而不断地得到深化。换个角度进行思考，类型多样化的存在使得个案的数量不断地增加，建构的理想类型也因此不断受到挑战和质疑。对于个案数量增加，只能保持着必要的开放性，否则缺少相应的新个案增加，理想类型的生命力也将就此终结。从开放的个案研究自身来说，以上的分析也证明了开放性个案研究方法的取向，其最终目的不在于寻求普适性，实现一叶知秋的目的，而在于不断地完善既有的理想类型，超越已有经验研究，抽象出具

---

① 在分析和研究过程中，对于其中所存在的相关关系，如因果关系、共变关系以及虚无关系等，研究者一般采用的是"穆勒五法"。

有本土化解释力的概念或理论。对于其是否可以走向区域比较的形式则需要另当别论。

作为一种注重系统性的研究方法，开放的个案研究从个案的选择到完善个案的结论，都将采取一种开放的形式。这也是其区别于多个案研究方法以及多点民族志①（multi-sited ethnography）的一个较明显的特征。当然，开放的个案研究方法处于刚刚起步的阶段，理解和建构还存着这样或那样的问题，其深化和完善还需要实践的积累。

对以上内容进行简单小结后发现，在理论自觉的要求下，以摆脱以往的知识导向来回答返乡创业选择的问题，必须坚持从实践出发的科学道路。对于农村外出打工者返乡创业研究来说，既然无力进行样本框内的抽样调查，封闭性的个案研究又处处遭受既定的质疑，难以摆脱经验的束缚，那么就需要走向开放的个案研究。在比较之中，超越经验性研究，抽象出或建构理想类型，形成对社会事实的有效理解和把握。相对来说，开放的个案研究方法能够把握返乡创业选择的复杂脉络，从返乡创业实践者的角度来理解返乡创业选择，为研究提供了较为合适的路径，成为研究设计方法的有效选择之一。

有了选择的机会，但并不代表其一定会做出上述选择，关键还在于研究对象的性质。回到研究之中，从具体研究问题出发，注重研究对象的主体性以及自主性，寻找和挖掘社会个体的选择性机制，要求进行精细的个案性研究。或者说，坚持走向从实践出发的社会科学道路②，必然要进行经验性研究，那么在理论自觉的状态下超越经验本位，必然要走向开放性个案研究。因此，本研究在具体研究实施过程中，选择开放的个案研究作为研究道路。对于具体的操作过程，我们将在下面几节之中进行详细论述。

## 第二节　返乡创业研究的个案选取过程

通过运用开放的个案研究方法，关于农村外出打工者的返乡创业研究

---

① 在流动的社会之中，带有地方性特征的文化已经随着人与物等要素的流动而突破了某单一领域的限制，甚至遍布于全球社会之中。为了能更深入地分析现代文化状况及特征，多点民族志强调，要跟随流动的文化来拓展田野调查点。具体可参见〔美〕詹姆斯·克利福德、〔美〕乔治·E. 马库斯《写文化：民族志的诗学与政治学》，高丙中、吴晓黎、李霞等译，商务印书馆 2006 年版。
② 黄宗智：《认识中国——走向从实践出发的社会科学》，《中国社会科学》2005 年第 1 期。

从无意识阶段的调查逐渐走向了结构性安排下的调查阶段，所收集的个案数量也随之不断增加。打工者返乡创业的形式也是五花八门，多种多样，形成了一种立体感的画面。个案的深度也是由浅到深，从最开始的猎奇、蜻蜓点水等到目前的有选择性地重点把握与深描。反观我们在农村外出打工者返乡创业研究社会现象中行走的历程，那也是我们不断学习和强化对返乡创业社会事实认识的过程。特别是通过不断地增加个案数量，保持了一种开放性的研究过程，对问题的把握力度在不断得到加强，认识的深度在逐渐加深。一方面为了展现返乡创业研究的过程，凸显个案的特性与研究的逻辑，另一方面为了通过这种形式展现开放的个案研究方法所具有的魅力，强化对开放的个案研究方法的理解。根据每次调查的重点不同，本书将我们参与返乡创业研究的历程划分为无意识的常识阶段、社会动员下的多元参与阶段、结构安排下的深描阶段。

## 一 无意识的常识阶段

打工潮从 20 世纪 90 年代开始一浪高过一浪，外出打工成为农村劳动者行动中最为主流的选择。特别是在升学无望的情况下，农村劳动者选择外出打工不仅在当时是一种理性的选择，而且在今天看来也是一种非常理性的抉择。因为它不仅解决了个体的去向问题，还带有向上流动的表征——毕竟脱离了农村，而且打工相对较高的社会经济效益使得个体及所在家庭得到了满足。我们深入城市社会之中，与打工者亲密接触，更能发现，也许理性抉择之后隐藏着许多难以道出的酸甜苦辣，或许只能是农村出来的劳动者迫不得已的暂时性选择。老一代农村外出打工者（即五六十年代人）所得到的不仅是一种经验，更是一种生活的起点。新一代农村外出打工者以打工为起点向前走，似乎又难以走到尽头，而且只是在重复上一代人的生命轨迹。经过上一代人的打工实践，"打工非长久之计"的认识已经在 70 后、80 后及 90 后中达成共识。然而，面对"不打工，我们能做什么"的质疑，他们常常难以找到合适的答案。所以，他们只能踏着上一代人的脚印继续向外走。打工者说，他们每一天也只是在重复着同样的劳动，怀揣着攒钱回家盖房、娶妻（嫁人）生子的梦想。在我的周围，几乎都是这样的类型，比如我的表兄弟、堂兄弟们，如果没有挤过"独木桥"，我也将与他们一样，走相似或相同的道路。虽然没有在这条道路上前进，由于与他们的亲近关系和日常生活中的走动，我经常听到有关他们打工的故事，也能感受到他们在打工生活中的艰辛。在这种旁观倾听式的接触中，强化了我对"打工没有出路"的认同，并时常为他们的将来感到忧愁，也许这仅仅是一种本能的忧虑。

因此，当返乡创业现象出现时，本能的忧虑使得我将一切应对打工的方法视为理所当然，或者说将其视作日常生活中的一种常识，没有进行进一步或深层次的思考。事实上，经常在农村和城市社会中跑调查，返乡创业现象对我来说并不陌生，在我们调查的对象之中就有许多是返乡创业者，并且这些调查对象向我们讲述相关社会现象之时也或多或少告诉我们了一些返乡创业现象。然而由于当时学术敏感度欠缺，对返乡创业现象的关注也只能停留在感性认识的层面。另外，由于对其他问题的关注，也只能任其从手头溜走，将其视为日常生活中的一种常识性现象。久而久之，见多了和听多了类似的返乡创业现象，我的内心中便对其有了一些肯定，相信返乡创业相对于外出打工来说有着一定的优势。因此，每当与周围的人谈起对外出打工的看法之时，我便多多少少对返乡创业发表赞许的言辞，也总是想鼓动那些农村外出打工者进行返乡创业。至于对其中存在的逻辑或者支配性机制，并没有进行过多的思考。

回顾我个人的日常生活，最早意识到返乡创业现象已经难以记清是在什么时候，但系统地对返乡创业者的了解则是在2003年左右，主要缘于身边一个老师的弟弟外出到广州打工，由于太辛苦，难以承受"成天抱电视机"的苦而进行返乡创业的故事。而对返乡创业以调查的方式进行系统的了解则是在2008年秋季，只是当时并未对此主题展开深入的分析和研究。记得在2008年秋季我独自前往武汉市石榴红村进行有关市场影响下的社区文化建设状况调查。调查过程中发现，由于石榴红村当前旅游业的发展，很多之前外出打工的农民陆续回村庄发展家庭餐饮业。在驻村调查过程中，房东一家就是返乡创办餐饮业者。依据调研手记回顾调查的经历，我现在仍然记得房东向我讲述回家办餐饮业的过程，甚至记得当时她拿着一份曾对其进行新闻报道的地方报纸向我证明其表述真实性的情景。接着，我在2009年秋季到教育部民族学人类学暑期学校学习，并到元阳县菁口村进行田野调查。由于当时主要以村庄内的商户为调查对象，我在调查中访谈了一户从南沙回来的创业者，其主要在村庄内从事烧烤商业活动。通过对其活动的参与性观察以及深度访谈，我对其生活及运作形式有了比较深刻的认识。相对来说，这种认识一方面停留在经验层面，另一方面由于主题不同而对其进行了过滤，因此对返乡创业社会事实的认识仍然未从感性认识上升到理性认识的高度。

## 二　社会动员下的多元参与阶段

随着社会情境的变化，返乡创业现象在多种因素的影响下逐渐成为社会中的热点问题，吸引了社会各界的关注。在2009年底，返乡创业现象正式进入我的有关研究议程之中。为了更深入地研究返乡创业现象，我一方面开始阅读相关返乡创业研究文献，如墨菲的《农民工改变中国》等，并且整理以往对返乡创业相关现象调查的资料，以期从中理出相关头绪；另一方面借助相关项目的力量，准备在寒假期间展开一次农村外出打工者返乡创业的经验调查[①]。之所以选择这个时间段，主要是希望借助寒假这个有利时机，发动华中师范大学社会学院的高年级本科生与研究生在其家乡调查有关农村外出打工者返乡创业的情况。为了做好此次调查，本研究于2009年12月在院系内招聘相应的调研员，最终有31个学生进入了该研究团队。每个调查员都具备相应的调查理论基础和一定的实践经验，但是由于他们没有充分了解调查对象的社会学特征、人口学特征等，我们又从具体的要求和研究对象出发，对其进行了有关返乡农村外出打工者调查的基础性知识培训，不仅使其了解了这项探索性研究的目的所在，更使其明晰了调查的重点所在。

按照调研计划，2010年1—3月招募的调查员在各自家乡展开个案调查。为了深入发掘发生在创业实践中的事件及返乡创业者的经历和体验，此次寒假调查强调主要运用深度访谈法（intensive interview）对自然情境或场景进行直接的、质性的观察（qualitative observation）。经过对原始资料的整理和分析，我们共收集了来自于福建、四川、湖南、湖北、浙江及广东等省域中的县（市）、乡（镇）或者村庄之内的21例创业实践个案。从经验资料的内容来看，访谈对象不仅有农村外出打工的返乡创业者，也包括其周围的个体；访谈内容均是以返乡创业实践为核心，侧重于关系、事件、行动等方面。收集到个案资料之后我们进行了深度的分析，形成了一系列的调查报告和研究论文。

对寒假调查进行评论，其结果达到了设定的目标，但其中也有许多不足之处。从内容层面来说，由于是初次以返乡创业为主题进行调查，我们的目标基本设置在对返乡创业过程的整体性把握上。相对来说，目标设置

---

[①] 寒假调查有着其独特的优势。按照中国人的传统习俗，大部分外出的人都会回家团聚过春节。对于返乡创业者来说，无论是在城市内的返乡创业者，还是在乡镇中的返乡创业者，都会回到农村。因此，此节点也就给原本难以展开的调查提供了时间和空间上的机会。

得过大，少了一些应该有的重点，导致调查员难以把握；从参与者角度来讲，采取的是多主体的参与性调查。在调查实施过程中，虽然调查员经过培训，但是由于能力及其他因素的影响，如访谈技巧以及对问题敏感度的把握存在差别，应继续追问的细节却突然戛然而止等，所收集的资料显得有些参差不齐。在后续重点深挖时其资料显得有些捉襟见肘。另外，随着研究的深入，我们逐渐发现之前的材料已经难以支撑既有的研究以及接下去的研究。为此我们也在反思过程中，一方面吸收寒假调查的经验，一方面开始准备一次更加深入的调查计划。

第二次调查从 2010 年 11 月 21—28 日，持续了 7 天。此次调查界为秋季调查，参与的人员主要以社会学专业的研究生为主，一共有 6 人。与寒假调查不同，秋季调查主要采取自上而下的方式。借助宜都市人力资源与社会保障局的安排，我们顺利进入田野地点，并且与宜都市内与返乡创业相关的政府部门负责人进行了座谈，如宜都市人力资源与社会保障局、共青团宜都市委、妇联、市工会、部分乡镇的负责人。在座谈会上，我们主要请相关负责人介绍了本部门在实践中的做法以及对农村外出打工者返乡创业的理解等，每次座谈时间大约持续 2 小时。此外，通过对各政府部门以及其他单位，如农业合作信用社等的走访，我们获得了大量的文献资料，如工会所提供的有关返乡创业实践中的纠纷案例等。在秋季调查的后一阶段中，我们侧重于对返乡创业者进行深度访谈。在具体操作过程中，我们主要采取集体调查的形式[①]，分成两个小组分别展开访谈。访谈对象的选取主要通过市人力资源与社会保障局所正在实施的小额担保贷款项目进行确定。[②] 小额担保贷款并非针对返乡农民工创业而实施，但是它的覆盖范围包含了农村返乡创业者。我们按照宜都市人力资源与社会保障局所提供的已经下发的小额担保贷款名单进行联系，进行逐个甄别其是否为返乡的农村外出打工者，然后将确认在创业之前有着外出打工经历的人作为基本调查对象。除此之外，我们根据返乡创业分布的特点，还采取滚雪球式的调查方法，调查了近十户正在创业却未能获得小额贷款的返乡创业者。其访谈的内容主要以创业历程为主线，具体围绕何时外出打工、什么时候开始创

---

① 集体调查与单个个体调查相对，由两个调查员同时对一个访谈对象进行深度访谈，围绕既定的主题，一个进行主导性访谈，另一个进行辅助性访谈，进而查漏补缺，深化访谈的内容。在访谈之外，通过讨论交换有关访谈的看法和意见，不断地在实践中改变和完善访谈策略及访谈问题，以确保深度访谈的实现与调查的顺利展开。

② 宜都市的小额担保贷款模式在湖北省走在前列，受到了相关部门的表彰，并在全省范围内被推广。在调查期间，曾有其他地区的政府部门人员前来进行学习。

业、为何创业、创业中的动机、困难及解决方法以及创业后的关系及影响等展开。对于现场中所发现的重点问题，我们临时采用了挖掘式的访谈策略，进行深度访谈。从时间层面进行衡量，每次访谈时间持续1—2个小时。经过后期文字整理，我们积累了30余万字的访谈资料。

秋季调查是对寒假调查的一种继续。它虽然缩小了调查范围，但是与寒假相比有了长足的进步，不仅弥补了寒假调查之中未对政府部门进行系统性调查的遗憾，而且在访谈的深度方面可谓有了质的提高，修正和完善了之前对返乡创业实践的认识。并且，集体调查方法的采用，使我们在调查过程之中便形成了许多极有价值的观点，促进了对农村外出打工者返乡创业的深度思考和分析。

## 三 结构安排下的深描调查阶段

社会动员下的多元参与阶段为研究者对返乡创业形成整体认识提供了可能性，但是之后的资料整理与分析过程也逐渐显现已收集的个案存在这样或那样的缺陷，特别是当研究问题变得更小时就更需要对较为细致的部分进行"精雕细琢"式的调查。因此，结束了社会动员下的多元参与调查阶段，也意味着开始进入结构安排下的深描调查阶段。在这一阶段的调查主要以我个人独立开展的深度访谈进行展开。在这一阶段中，正式调查主要有3次，第一次是2010年寒假对湖北襄阳地区的7户返乡创业者进行深度访谈；第二次是2011年暑假对云南省箐口村中有关返乡创业者进行深度访谈；第三次则是2012年1月份的补充调查。另外，其间还间接地访问了一些来自农村的同学，他们为我提供了所在地的较为详细的返乡创业实践案例，如安徽黄山地区的返乡创业案例、湖北荆门地区的返乡创业案例等。并且为了了解珠江三角洲一些地区的状况，我们借去中山大学学习的机会实地观察了一些劳动力市场的状况。

在这3次调查中，调查的主题仍然未变，我们延续以往的访谈大纲，对访谈者创业实践中的历程进行深度访谈，但是对其中某些问题也变得更加关注，如本研究所关注的返乡创业实践选择性问题。可以说，这是我们有意识地对重点问题进行深度挖掘。在访谈过程中，以不浪费个案为原则，我们对每个个案的访谈都包含了返乡创业实践历程内容。对返乡创业者周围人的访谈主要停留在如何看待周围人的返乡创业、具有什么样的态度等方面。

在访谈形式方面，因为是驻村调查，每次都持续15天，对一些个案的访谈采取的其实是一种持续性访谈，如第一次访谈的内容没有完成，可以另外约时间再继续访谈，以及当访谈完之后，由于对一些问题当时没有思考清楚，也可以再约时间进行请教。访谈时间短则在 20 分钟，长则在 5 个小时，一般维持在 1 到 2 个小时。其中，在箐口村的调查过程中，凭借和包工头卢国兴的关系，我对他进行了一个持续性的调查。由于有半个月的时间与其吃住在一起，我主要对其进行了正式性访谈、非正式性访谈和观察。正式性访谈有 2 次，其中一次是在他家中对他与他爱人及周围的朋友进行了持续 3 个小时的访谈①，并且在访谈之后和他一起看了其以前所施工的地方。用累计的方式进行计算，我对他的调查时间长达 30 个小时左右，后期整理出了近 10 万字的正式性访谈材料。

在这个阶段的调查过程中，调查对象的选择凸显出两个特征。一是以一个村庄内的返乡创业者作为访谈对象，完整地了解了整个村庄内的返乡创业状况，使得以下两点更加明确：村庄内的文化与返乡创业的关系具备很强的正相关，地域性的知识与返乡创业的行业有着较高的正相关。二是对潜在的返乡创业者与创业失败者，其中包含一些第二次创业者进行了调查。从调查对象构成的角度来说，访谈的对象不仅有正在进行创业实践的返乡创业者，也包括那些返乡创业失败者（现已退出创业实践活动的个体与第二次返乡创业者）以及潜在的返乡创业者等。在调查过程之中，大部分在外奔波一年或半年的农村外出打工者返乡过春节，这些人之中存在大量的不想外出打工、准备创业的人。因此，访谈对象也纳入了那些较为犹豫或正在犹豫不决的个体。这些被调查者即一些潜在的返乡创业者，如犹豫不决的小赵等，虽然他最后仍然决定不远千里而外出打工，但是从他们的行动之中，我们仍然可以看到在其选择背后的支配性因素和机制。相对于前几阶段的调查来说，深描阶段的重点调查不仅增加了访谈的个案数量，而且拓宽了访谈对象的范围，强化了对返乡创业实践的认识，也更加深化了对返乡创业选择性问题的理解。

从调查结果方面来评价这 3 次调查，后续调查是对前次调查的补充，前次调查则是后续调查的基础。尽管每次调查都会存在一定的不足和遗憾，但总体来说都有着十足的进步。这种进步的体现在访谈的深度以及对问题

---

① 个人参与的访谈很多时候是在返乡创业主题之下进行的漫谈，以聊天的方式展开。主客双方都处于一种较为自然的情境之中，没有特别要遮盖的地方。因此，这种方式对于资料的收集也提供了许多便利之处。当然，聊天的形式有时候使得谈话资料显得不那么正式，需要研究者在后续研究之中进行相应的处理。

的理解层面上。这也许正是开放的个案研究的魅力，即在比较的基础上保持着对社会事实的动态性认识。具体到这 3 次深描调查来说，一共访谈了 30 多位返乡创业者个案以及 20 多位返乡创业者周围的个体，累积了较为详实的第一手资料。第三阶段调查所获得的个案的具体情况分析，将在下一节中得到重点介绍。

虽然在有限的时间段对返乡创业进行了三个阶段的多次调查，但是这并不意味着有关返乡创业调查的完成。在开放的个案研究方法作用下，我们将继续保持着持续性研究的态度，不断地扩充个案的数量，修正和强化认识。[①] 事实上，在调查过程中，新的个案资料的冲击使我们有理由坚信这种开放的个案研究方法，而将返乡创业研究进行到底。对于多阶段的调查内容的考察，无论是在阶段性的调查实施过程中，还是在具体个案的访谈之中，为了追寻和探究返乡创业选择中的社会性支配机制，我们始终在机制分析方法的指导下进行，注重返乡创业者的行动经历，重视其在从外出打工到返乡创业这一过程中的主体性和自主性等。通过对文献资料的收集，以及正式性访谈与观察方式、非正式访谈与观察等形式的运用，有效保证了调查实质内容或访谈资料的信度和效度。简而言之，我们在前期的调查阶段，花费了较大的力气，获得了较为充实的个案资料，为之后的分析和研究奠定了坚实的基础。

---

[①] 我们对返乡创业的调查并未因为论文的完成与课题的完成而结束，而是继续深入收集有关返乡创业的案例，不断获取相对典型的经验事实，以期不断完善相关分析框架和所提炼的经验、观点。有关返乡创业主题的补充性调查主要集中在 2014 年 7 月 15 日—25 日在贵州省纳雍县路嘴社区的调查和 2015 年 7 月 31 日—8 月 15 日在云南玉溪市大营街社区的调查。在路嘴社区，我们将调查区域主要集中在农村社区，并对路嘴社区内的所有返乡创业者进行了深入的访谈，并且深入他们的创业组织所在地以及家庭所在地进行了细致的观察。在路嘴社区，返乡创业者群体所涵盖的对象虽少但较为复杂，既有已经成功的返乡创业者，也有刚刚起步的返乡创业者，同时还有一些失败的返乡创业者。对他们的访谈主要涉及返乡创业选择问题，同时侧重于如何进行经营等问题。在路嘴社区的调查相对较为全面，既包含了村庄的整体状况，如政治、人口及社会发展等内容，也涵盖了每一个具体返乡创业经济组织的状况，从返乡创业选择的缘起到返乡创业组织的运作过程及返乡创业的社会经济影响，等等。因此，路嘴社区有关返乡创业的既有资料可以被视为一个整体进行分析，同时，由于在同一主题之下，又可以与相同的返乡创业资料放置于同一平台之上进行比较分析。在路嘴社区的调查共收集了 30 余万字的一手访谈资料。与之相似，对大营街社区的调查，延续了在路嘴社区调查的方式及相关问题，不同的地方在于，大营街社区的调查地点（调查范围）主要集中在乡镇层面（大营街为镇政府所在地），返乡创业（经营组织）的场所主要在城镇社会。我们在大营街社区的调查收集了 60 余万字的访谈资料。

## 第三节 返乡创业研究个案的类别分析

多阶段调查的实施收集了大量的个案资料，保证了对返乡创业选择问题解答的正常进行。为了更好地消化和理解所拥有的个案资料，我们有必要在返乡创业主题下对返乡创业者的状况进行相应的描述和分析，以此明晰研究过程，提高个案资料的利用率以及理顺个案中的相关关系，为后面的分析进行相应的铺垫。不然在研究的过程中，由于缺少对个案资料的把握以及研究的无序，我们或许将对个案资料产生不必要的浪费，并且降低对问题理解的深度。实质上，简析个案资料是研究过程中对资料进行分类整理的一个必要过程。在问题针对性的要求下，本研究还将在这一部分中对返乡创业者个案进行重点介绍，对其背景资料进行分析，进一步加强对返乡创业选择实践的认识。

### 一 返乡创业个案资料的类化与编码

加总所有的访谈个案数量，在多阶段调查之中，具有针对性的返乡创业实践调查大大小小一共有7次。每次调查虽然重点有所不同，但是强调返乡创业实践经历的主题未变，均是以此展开相应的调查。调查的对象主要可以分为以下几类。

返乡创业实践者。这是调查中的重点深度访谈对象。在7次调查中，累计调查的返乡创业个案实践者超过70个，其中进行过重点调查的有40个。所谓重点调查主要强调完全完成了有关返乡创业实践历程的调查，从被调查对象未外出打工前的状况开始，到外出打工的状况、返乡创业的状况以及之后的打算等。调查对访谈对象并无性别差异，访谈提纲相同，既对男性创业实践者进行访谈，也对女性创业进行相应的访谈。在一般情况下，访谈都有录音，事后再进行文字资料整理（在被访者允许的情况下）。

与返乡创业实践者相关个体。在调查中，为了全面了解返乡创业实践中的人际关系状况，我们还对返乡创业实践者周围的人进行了相应的访谈，如对包工头卢国兴的妻子及其朋友黄医生等进行了访谈，访谈内容主要为其对卢国兴返乡创业的看法、给予的支持形式等。

与返乡创业实践相关的政府部门。这部分调查主要采取文献收集、座谈会以及深度访谈的形式。调查地点主要在湖北省宜都市，深度访谈主要是对市人力资源与劳动保障局的刘股长等进行的访谈。

潜在的返乡创业者。这部分调查对象主要是一些当前还在外出打工的农村人。对于何谓潜在的返乡创业者是根据近几年内是否会进行返乡创业进行的判断。如果答案是肯定的，属于潜在的返乡创业者；反之，则不是。我们调查了6位潜在返乡创业者，其中一个属于二次潜在返乡创业者。

除此之外，访谈到的对象还有1位工厂内的人力资源部门职员、大量的出打工者、大量的农村种地农民等。

为了理顺返乡创业个案中的关系，以及考虑到分析中资料提取的便捷性，我们对返乡创业实践中的重点个案进行了归类和编码。具体见附录二。

在归类和编码中的个案资料均指访谈当时的状况，如年龄、家庭成员等与创业的形式等。创业年限则是一个大概的时间。编号中的A代表第一阶段的调查，编号中的B代表第二阶段的调查，以此类推。赋予返乡创业实践个案的标签特征是为了研究行文的方便，以及对访谈者的个人隐私性信息进行处理。如果访问之中我们由于一些因素无法获得访谈者的相关信息，如访谈者的疏忽或不愿告知等，则用其返乡创业实践领域的特征予以代替。

## 二　返乡创业个案特点的初步分析

在加总的返乡创业实践个案资料之中，若按照性别来划分，女性个案10个，男性个案30个，其中有已婚配偶的有36个个案，有子女的34个个案，有父母的22个个案。按照创业年限来划分，1年以内的有7个个案；1—3年的有21个个案；4—6年有4个个案；6年以上的有8个个案。若按照地区和行业来划分，其涵盖了东部、中部、和西部地区等，从事的行业主要有养殖业、服务业、制造业、运输业等。对以上个案进行比较分析后，我们返乡创业实践大致归纳出以下几种特性。

### （一）返乡创业实践的持续性

通过对以上研究个案资料的解读，可以发现，返乡创业实践有着持续性。对于持续性的理解主要可以从两个方面进行把握，一是时间层面的持续性。当返乡创业实践未成为热点时，农村外出打工者在实践着返乡创业的路径；当返乡创业现象受到社会各界关注之时，农村外出打工者仍然在实践着返乡创业的路径；当返乡创业社会热潮随着金融危机化解而退之后，返乡创业实践仍未终结，当前仍然有着许多农村外出打工者在考虑返乡创业，最为典型的例子便是犹豫不决的小赵。由此可见，无论是国家政策未影响返乡创业时，还是国家政策助推返乡创业时，自从返乡创业现象出现之后，到目前为止未有中断，存在持续性。从收集的资料来看，个案的表达体现出国家政策对返乡创业选择的影响，最为典型的便是在宜都的调查案例。其说明了国家权力的介入有利于返乡创业更好地向前发展，如所提供的小额贷款等，有助于返乡创业的展开，吸引更多的农村外出打工者返乡创业，但是即使缺少国家政策的支撑，在缺少小额贷款时，许多农村外出打工者也在有条不紊地进行着返乡创业实践。由此可见，对于返乡创业实践的选择，国家政策的作用机制是锦上添花的辅助机制，而非决定性支配机制。

二是反复性，即其失败后的持续性。进入不确定的市场意味着必须承担风险。不确定性把握得好则可以实现成功的目标，若把握不善，则走向了创业失败。在个案资料之中种植蘑菇的返乡创业者饱尝了失败的苦果，跑车人阿科的姐夫小赵则经受了由于拉货的车子撞在高速公路栏杆上而首次创业失败的打击。失败之后，这些曾经的创业者大多又踏上了原有的打工之路，并且准备着卷土重来，进行第二次创业，如曾经的跑车人小赵准备开餐馆，开始第二次创业。在湖北荆门一些地区，一些养猪户在初始返乡创业失败之后外出打工，过了一段时间后又回来进行养猪。类似的个案还有很多，如有人之前外出打工，然后返乡开早餐店（主要从事面食生意），由于各种因素的影响而难以维持经营，夫妻双方又外出打工，打工一年之后再次回来重新经营原来的早餐店。其反复进行的返乡创业行动证明了行动的持续性以及返乡创业实践的持续性存在。

如果说时间层面未中断过是一种整体层面的持续性，那个体实践中的反复性则是一种微观层面的持续性。对于反复性的理解，国家介入的视角难以给予满意的答复，或者说扶持政策的作用有着相应的限度，不能满足创业实践的需要，也难以为其保驾护航。因此，从政策的角度进行理解将限制相应的思考。

（二）返乡创业实践行业的多样性

开放的个案研究方法虽然不能使理想类型辐射社会整体，但是可以反映出社会中所存在的某种形式。如果说冰山一角的理想类型包含着社会现象的多样性，那么整体中的社会现象更是丰富多彩。通过对所收集的返乡创业研究个案资料的分析，我们可以发现，返乡创业实践行业存在多样性，具体主要表现在两个方面。其一是返乡创业实践行业的丰富多样性。从个案资料来看，返乡创业的行业渗透社会三大部门之中，如在农业领域，有从事种植业的返乡创业者，也有从事养殖业的返乡创业者等。在形式层面，这些返乡创业者多是种植大户、养殖大户等，区别于传统形式，他们已经改变了以往的操作方式，不再是家庭副业或"小打小闹"的形式，如养鸽户陈的现代化养鸽，种植大户尚的规模化作业等。在工业领域，返乡创业实践中有从事制造行业的，如雨衣厂的张进、包工头卢国兴等。在服务业领域，有物流公司的魏老板、搬家公司的崔经理、烧烤店的崔老板等。在当前的返乡创业实践过程中，其形式可以说"五花八门"，多种多样。由于开放的个案研究方法并不关注整体性状况，而相对注重对个案行为特征的解释，所以我在此也不准备对总体情况进行过多的评论和推测，而转向对返乡创业多样性特征进行必要的概括。从返乡创业实践行业领域来看，农村外出打工者所从事的行业多是一种门槛较低的行业，其技术含金量并不高，如跑车、开搬家公司、创办物流公司等，对于有着较高门槛要求的行业很少有人进入。之所以如此，在本研究看来，创新需要较高的人力资本进行支撑，其自身结构性条件限制了他们进入高端科技领域进行创业。这也更加强化了疑问，既然没有创新，没有与企业家精神相关的创新行为的支撑，他们为何又要选择返乡创业。

其二表现在农村外出打工者返乡创业实践的规模层面。在个案的资料中，有关返乡创业实践的规模也是有大有小。对于规模大小的形式衡量标准主要体现在三个方面，第一是投入的资金，第二表现在创业物理空间的大小，第三是雇工人数的多少。在投入的资金方面，返乡创业者的资金投入一般在3万元到5万元左右，最低的投入成本有5000元左右。以烧烤流动商贩小崔为例，其投入性成本大概在5000元左右：一个电动车价格在2500元左右，一台烧烤设备1000元左右（因为流动性，主要运用的是煤气），一些加工原料，如鸡翅、肉串、臭豆腐、油、孜然等1500元左右。①最高的成本有的要在10万元以上，如轮胎经营店陈的投入在10万元以上、

---

① 货物的储存量主要看启动资金的多少，启动资金越多，可以进的货就越多，否则进货就要少些。进货越多，价格会越便宜，因为在一些商家那里奉行的一个原则是量大从优。在实际操作中，很多经销商喜欢以批发的形式进货，但是对于新手来说，刚开始的时候也没有必要进过多的货，主要因为资金有限以及市场情况并不明确，货多则会出现积压的状况。

开联合收割机刘的投入资金则超过 30 万元等。其在创业物理空间层面也表现了不一致,按照常识来讲,投入的资金越大,物理空间也就越大,反之则越小。但事实并不尽然,投入在 30 万元以上的开联合收割机刘的物理空间相对较小,类似于烧烤流动商贩崔的物理空间。从此角度来进行理解,返乡创业实践的物理空间也并没固定的形式,主要看从事的领域行业性质。从事农业领域的行业,一般需要较大的物理空间,如通过各种形式获得 30 亩以上的土地经营权等,从事工业领域的行业较为次之,从事服务业领域的行业则最次,但其中也存在一些特殊状况。在雇工人数方面,各个个案之间也表现出不一致的状况,有的采取了雇工的形式,有的则没有雇佣他者。对于采取雇工形式的个案来说,具体又可以划分为两种形式。一种是临时性雇工,遇到任务时进行雇工,如种植大户经常遇到这种类似的状况,特别是在秋收、春播之际。通常雇工的数量并不一定,主要看工作量,如果要赶时间而工作量又大,雇的人数则较多,大概会在 15 个人左右;如果不赶时间,雇工的数量相对较少,一般在三五个人。另一种是长期性雇工,如羽绒服店主雇请了五个车工,同时其亲属也会在节假日过来帮忙①。从整体来说,返乡创业的规模呈现多样化的形式,但多样化之中更是显露出返乡创业实践的小型化的特性。

(三) 创业实践的家庭组织性

从个案社会人口特征来看,实践中的返乡创业者无论年龄大小都处于已婚状态与准婚姻状态②。相对来说,年龄并非左右返乡创业的关键性变量。在所收集到的个案之中,最小的创业者开始创业时为 20 岁,最大的返乡创业者开始创业时近 60 岁。年龄较大者与年龄较小者所从事的行业有着相应的差异。是否新一代农村外出打工者对新生事物有着较强的领悟和接受能力而从事着市场中较为新潮的产业,老一代农村外出打工者则由于各方面的钝化而从事着社会上的传统产业?我们并不能做出草率的判断。另外,对于老一代农村外出打工者返乡创业的可能性是否小于新一代农村外出打工者这一问题,也需要进行深层次的分析和研究。解读个案资料,我

---

① 我们在调查期间正好遇着其表哥一家过来帮忙,他们主要负责剪线头等简单的活计。经营者对这种帮忙并不付报酬,但会给予一定的回报。据被访者自己介绍,会在过年的时候给他们每个人做一件羽绒服。
② 准婚姻状态即经常所讲的事实婚姻,双方没有进行合法登记,也未按照社会风俗举办既定的婚姻仪式,却已经同居。之所以采用准婚姻状态这种说法,是以此说明两个人在经济方面已经合二为一,并且有结婚打算,如登记或举办婚姻仪式等,这只是时间的问题。

们能看到家庭组织在返乡创业实践中的重要性。那么是家庭组织影响了返乡创业,促使农村外出打工者选择返乡创业,还是返乡创业实践必须依靠家庭组织的形式进行运作?这些都需要在后面进行细致的研究,探求其中存在的机制。通过对上述个案资料的比较与分析,有一点能够肯定,在大部分创业实践中,家庭组织内的成员都以各种形式支持和参与创业实践,或是直接的或是间接的,有的是精神层面的而有的则是物质层面的。如包工头卢国兴在返乡创业实践中,其妻子直接参与创业实践,负责工程队的后勤、伙食工作;跑车人李强在返乡创业后,其爱人则负责售票的工作;处于准婚姻状态的烧烤流动商贩小崔则与其女朋友共同经营烧烤摊的事宜,特别值得一提的是,两人是在确定关系之后同时从工厂中退出而共同创业的。

由此可以发现,返乡创业实践中家庭组织成员均参与了,这之中并无较大的性别差异,男性可以引导返乡创业,而女性也可以引导返乡创业。如十字绣零售商周老板带领妻子从事着返乡创业的活动,雨衣厂的张进则先于丈夫并主导其共同从事返乡创业活动,包工头卢国兴的妻子在一段时间后独自进行经营活动。在创业实践活动之中,家庭成员中的男女都有分工,如豆腐坊陈在创业实践中负责生产环节,其妻子负责市场中的销售;十字绣零售商周老板负责进货与照看孩子,其妻子从事销售工作,与顾客直接打交道。对于创业实践中家庭组织规模的理解,被访者认为一般仅限于父母、自己以及孩子等。这种界定也意味着所有的成员都参与创业实践,下一代人由于未成为一个劳动力而在创业实践中从事一些边缘性的事宜,如雨衣厂张进的女儿在暑假期间为父母跑腿,豆腐坊陈的儿子则在放学之后送货;上一代人有的直接参与力所能及的工作,有的在家从事农业生产活动,将收获的作物直接供给创业实践中的儿女,间接地支持返乡创业实践。简而言之,家庭与返乡创业实践之间有着较为密切的关系。这给了本研究很大的启发,也将成为重点思考的切入点。

(四) 返乡创业实践中的教育弱关联

以往的认识主张教育对于返乡创业有着重要的影响,但是在已有的个案之中,我们发现返乡创业者之中,未上过学的搬家公司崔经理大字不识,却也将其搬家公司经营得红红火火,并得到了周围人的认可;有着高中学历的返乡创业实践者也有着失败的经历,如间接访谈的那位返乡种植蘑菇的农村外出打工者。在访谈之中,所有的个案并未对教育应有的重要性进行说明。从社会事实来看，在所收集的个案资料中，其学历教育都不高，最高的为高中学历，有的则没有上过学连学历都没有，一般多为初中学历。可见，教育对于农村外出打工者的返乡创业选择影响不大，并不像前面所分析的文献所讲的情形，高学历者倾向于返乡创业，而低学历者不倾向于返乡创业等。

如果说学历教育是国家系统内的正式教育，那么参加相应的技能培训等则是一种非正规性的教育形式。是否非正规性的教育形式对返乡创业实践具有相应的影响呢？对于这一方面的关系，以上的个案也尚未表现出较为明显的特征。在访谈的个案之中，无论是技术工人（技工），还是普通工人（普工）都有着返乡创业实践。在这些个案之中，在打工期间曾经接受过培训的人并不多，所以具有非正式教育经历的人相对来说也较少。对于普工而言也就无所谓技术，其之前所掌握的技术在流出地也很难发挥作用。即使对于拥有实用技术的技工来说，打工期间的工作一般也与现有的创业行业较少有一致性，如养鸽户陈之前在温州某工厂内从事的是电焊工作，可谓拥有一技之长，但返乡之后从事的是养殖鸽子的行业；在工厂内开铲车的赵当前是想回家干餐饮业；在工地上挖土方的陈回家开了豆腐坊；等等。如果将此看作一种非正式教育，那么这也同样证明教育与返乡创业选择及实践的关系并不强。所以，教育与返乡创业的关系折射出教育因素并不决定农村外出打工者返乡创业的选择。简而言之，人的现代化，或者说洗脚上岸过程中现代性的赋予等并不能决定性地支配农村外出打工者返乡创业的选择。

（五）返乡创业实践的低收益形式

在外界的认识之中，返乡创业有着较高的收益，通俗地说当老板可以挣大钱。事实上，从个案资料来看，返乡创业实践的收益也并不乐观。在个案资料中，返乡创业实践的收益体现着两种趋势，一是创业之初的收益不明显，另一种则是创业过程中的整体低收益。在创业之初，创业实践很难盈利，甚至会出现入不敷出的状态，这几乎是所有个案的共识。大部分的返乡创业实践被访者，多能够维持创业实体最基本运转。在他们的判断之中，如果能够在开始的3个月内坚持下来，则说明可以长久地运转下去，否则也只能是昙花一现。事实上，这种意义上的坚持远远不止3个月，有的会更长，长达3年之久的都有，如崔经理的搬家公司在开始运转之初很难谈得上盈利，只能艰难地维持基本生活需求以及公司的正常运转。按照他自己的说法则是"那几年根本没往银行存一分钱,不过能坚持下来就算不错了"。可见,在返乡创业伊始,实践中的效益处于一种不明显的状态。特别在与打工经济效益相比较的状态下,返乡创业实践根本没有可比性,处于一种低收益的状态。从整体性的角度来看,当度过他们界定意义上的3个月期限后,情况仍然不是那么明朗。换句话说,返乡创业实践效益处于一种低收益的状态。举例来说,十字绣零售商周老板,从最开始经营首饰之类的货品到现在做十字绣生意已经有4年之余。在这返乡创业的4年过程中,"开始几年没赚到钱,赚得只够吃,没有积攒下多少钱","现在做十字绣生意,算是赚了点钱",不过"4年还不到10万块钱"。用年平均收益进行计算,差不多他每年的收益在3万元左右。与打工经济收益相比,对于一个熟练的普工来说,在犹豫不决的小赵(潜在的创业者)看来,"一年2.5万块,4年赚10万块钱轻轻松松哩"。由此可见,整体之中返乡创业实践处于一种并非高收益的状态。进一步分析,以崔老板的烧烤店为例,其店设置在一所初中制学校的门口,所服务的对象主要是学校里的学生,所以其生意也就分为上学期间和放假期间两种状况。在学生上学的时候,他能卖800多元,毛利润有400元;好的时候能够达到1000元,毛利润能达到500元。但是除掉税费支出等,如卫生费、房租费、水电费、家庭日常生活开销等等,"能到手的钱也就150多元"。在学生放假期间,其每天的收益大概在五六百元,毛利润与纯收入将会更少,大概在100元左右。从一个月的整体收益来看,基本上维持在3500元左右,一年的收益是四五万块。将其与周围的打工者相比,二者处于持平的状态。如若将其平均在每个人头上,那么所得效益将会更低。

  对于返乡创业实践辛苦度的评价,他们大多自我认为"没有闲的时候",成天处于一种忙碌的状态。从时间安排来说,返乡创业实践者每天24小时都在围绕创业的事情转。如搬家公司的崔经理成天思考着怎样能多接活,晚上还需要照看运输车,甚至过年的时候晚上也要睡在车上,生害怕有人偷车或对自己的车做手脚。跑车人李强在经营中巴车的阶段,一连跑了一个星期没有休息,每天睡觉则是在妻子卖票的时候自己趴在方向盘上面打个盹,人一上满马上被喊醒,然后开车上路。这样的辛苦到了"眼睛里抹风油精都不管用"(用他自己的话来说)的地步,最后实在坚持不住了,倒下睡了几天。对于烧烤流动商贩小崔来说,虽然每天必须在城管下班之后"上班",但是其他的时间也是在家为出摊做准备,或进货或在家洗货物等。开工厂的则有时候还需要加班干活,如雨衣厂的张进有订单的时候，就必须在限定时间之前将活儿赶出来，自己要带头加班加点地紧张干，而且要督促工人加班，并且要保证质量。在评价种地大户的过程中，周围人以及创业者自己所给的评价则是"白夜都忙"及"忙得跟鬼娃儿似的"。简而言之，返乡创业实践是一种辛苦的劳动，其辛苦度并不亚于打工活动。将两者相比，某水果摊老板娘则以自身状况进行了说明，"以前打工的时候还有点胖，现在瘦得跟麻秆似的"。事实上，返乡创业实践不仅劳心，而且劳神，需要自身给予创业实体过多的关注。从投入和收益的角度进行经济分析，返乡创业实践处于一种低效益运转的状态，并且即使是低效益状态，也是建立在创业者"自我剥夺"或"自我压榨"之内。

然而，事实与理性又总是存在背离，即使是低效益与自我压榨，可是返乡创业实践主体仍然"乐此不疲"，将其作为一番事业进行对待。特别在付出有所回报之时，激励效应使得他们在返乡创业中的投入更加"疯狂"。

以上我们对返乡创业实践个案的特质进行了粗略的分析，简析出了一些与本研究相关的特性以及一些较为重要的特征。实质上对个案进行总结分析可以得到的相关特性还有很多，限于篇幅，这里只能给予有限的概括和分析。简析和概化的特性为研究摒除了一些非相关的因素或变量，从而回应了既有文献中有关选择性问题的讨论，使得问题得到了相应的限制和缩小。另外，其本身存在也说明了一些问题，如为之前的文献研究提供了反例，或者说之前的解释难以给予这些特性进行解读。故对于这些特性的解释也就需要开辟新的路径，需要在研究的过程中着力分析。

简单总结以上内容，开放的个案研究方法的运用保证了个案资料的效度和信度。从研究的形式角度来说，研究过程的展示也验证了开放个案研究的可能性及优越性。当然，对于开放的个案研究方法的理解也正像在对方法的总结过程中所表达的那样，由于刚刚涉入，开放的个案研究方法也是初始性的，需要不断地提升和完善，但是要相信开放的个案研究方法是对传统研究方法的一个有益补充，其内在体现了较强的旺盛生命力。从研究的实质性角度来讲，研究过程的展示明确了研究的逻辑以及强化了对返乡创业实践的认识，特别是对调查阶段的划分以及对访谈个案资料的简析，理顺和简化了研究中的庞杂关系，确定了个体的日常生活世界是研究的重点，这也为后面的分析做了铺垫。

## 第四章

# 外出打工：劳动与生活的解构

改革开放以来的社会流动经过了多次浪潮，有着多代人的参与。从扛着蛇皮袋进城的老一代农村外出打工者到现在拖着拉杆箱出远门的新一代农村外出打工者，大致可以划分为目前学界所认同的两代打工群体。无论是老一代，还是新一代，虽然社会时空发生变化，但是对于流动的主体而言，对流入地的想象没有发生改变。撇开以往的推拉理论（push and pull theory），我们将目光聚集在流动的主体意愿方面，细究不同主体的流动原因——有的可能是被动的、无奈的选择；有的则是主动的理想追求；还有些是盲目的跟风行为，糊里糊涂间就出去了。无论出于哪种原因，外出打工已经成为一种社会事实，甚至是一种普遍的集体行动。他们的行动之中无不包含对于外出的想象，或是生存理性，或是社会理性，等等。或者说，结构性推拉力更多地展现着外出打工者对流动所寄托的期望与选择。作为曾经的选择，外出打工展现了农村劳动者在市场化社会中的经济行动诉求及其内在逻辑。因此，如果要理解返乡创业经济行动选择，就有必要从了解他们外出打工的逻辑开始。

## 第一节　想象的彼岸与美好的生活

城乡制度安排以及城乡社会、政治、经济、文化水平差异的存在，使得物质上的差别成为城乡二者最显著的表现形式。无论是改革开放之初，还是在改革深化期，这一直都是一种客观存在的社会事实。对于生活于农村社会之中的农民来说，城乡结构差异以及城乡间的生活水平差距使他们有了美化城市的空间。在朴素的农民意识里，美化过多地停留在一种日常生活层面，特别是那种与农村传统生活相异的现代生活方式。从行动与实践角度来讲，美化也意味着一种想象和向往，希望能够摆脱当前的生活状况，最好是能跳出"农门"，到现代化时空之中生活。在现实生活中，追求美好的现代化生活方式成了农村人祖祖辈辈的期望与盼头。[①]

## 一 物质化的生活形式

工业化的城市社会较为凸显的是物质化的内容，具体表现为一些工业化以来的设施，如钢筋混凝土结构的高楼大厦、平坦而整齐的大马路、无需牛来拉的汽车等。而农村在这些方面则显得较为贫乏，能见到的是泥巴和砖瓦砌成的小楼房、碎石铺就的小路、轰隆隆喘着粗气的收割机等。两者相比较，丰富的物质化内容也就成为城市社会生活的代名词。在现代科学宣传、教育的熏陶下，体验和尝试城市社会丰富的物质生活成为农民的一种生活理想。在之前的访谈中经常会听到类似的表达：

> 访谈者：那时候去选矿厂别人要你吗？那么小，别人要你吗？
> 卢国兴：我们这边的包工头带我们去的。
> 访谈者：你那么小出去害怕吗？
> 卢国兴：那时候能出去一趟挺高兴的，大城市没看见过嘛。能去一下南沙是多稀奇，南沙不是老县城，而是一个小镇。那时候还是坐着拖拉机去，是手扶的那种。包工头在我们那里选了十几个人，在我们当时去的那群人中，大小都有，我是最小的。

在访谈中，与包工头卢国兴有同样体验的访谈对象并不是少数。在城乡二元结构因素作用下，城市社会中丰富的物质生活以及新奇的方方面面，刺激着农村人对外面的世界进行想象，特别是对美好城市生活产生向往。以下将通过访谈中所获得的几个生活片段[②]对此问题进行说明。

---

[①] 站在现代性批判的立场，也许现代化生活有许多值得反思和反省的地方。若从实践出发，现实生活中大部分农村人在经济活动中都有着现代化逻辑。其中的影响因素，也许是中华民族的性格特征，也许是社会结构和制度因素，等等。

[②] 生活片段主要强调被调查对象在日常生活中的典型经历。在调查实施过程中，我们总是强调让被调查对象讲述自己的生活故事，特别是他们记忆中仍然较为深刻的内容，如第一次外出时的情景。这些内容构成了他们的典型经历。对于这种研究方法的使用，具体可参见〔美〕W. I. 托马斯、〔波兰〕F. 兹纳涅茨基《身处欧美的波兰农民》，张友云译，译林出版社 2000 年版。

## (一) 河堤上来了辆汽车

也许对现在农村的小孩和未出去过的人来说，汽车之类的工业化物品算不了什么。因为他们的日常生活中充斥着这样的物质化内容，甚至有的家庭拥有汽车等物品，轻踩油门，说走就走。即使没有，交通较为发达的现代社会也提供了较大的空间，如公交车等公共出行工具已十分方便。但对于生活在改革开放初期的农村人来说，这些都是不可以想象的情形，不用说坐汽车，见到汽车都是较为困难的事情。若有幸偶遇汽车打身边经过，呼朋引伴的叫喊声萦绕在空旷的乡间小路上空，久久不愿散去。对于这种思想和做法，现代农村人以及城里人很难理解，他们面对如潮水般涌来的车流躲闪都犹恐不及。在访谈过程中，很多返乡创业者有着相似经历的表达。其中，烧烤店的崔老板这样说：

> 记得我们小的时候，有时候堤上来个汽车，老人们都喊我们赶快去看，我们赶快放下手中的活，有时候端着饭碗就跑到河堤边，等着那汽车开过来。我们小孩在旁边看，大人们有时候也会来看一看。……像这样的情况多了，有时候天上飞个飞机什么的，我们也总是抬头望啊。那时候，因为小，所以比较好奇，没见过，这些东西也就城里面有，在农村很少能看见。

改革开放初期，生活物质的匮乏，使得农村社会中的个体对汽车、飞机之类的现代物品只能停留于观看和欣赏的状态，将其视为稀奇之物。也许对于新一代的打工者来说，这并不算什么，汽车、高楼大厦不足以成为推动力。汽车、高楼大厦等从表层上看是一种形式，实质却是物质化的内容。随着社会变迁与技术的发展，形式在变，农村社会与城市社会的结构性差距仍一直存在，城市社会生活中的物质内容较优越于农村社会生活中的物质内容，而且两者之间的差距有扩大化的趋势。在现在信息化时代中，互联网在城市已经普及，可是在农村很少见。就像当年对待电视、收音机一样，谁家有电视，总是挤破了头一样往那里挤。在我生活的农村，以前经常可以看到一台电视机前挤着十几个人，甚至见过一间房子里挤满了人，几十双眼睛对着一台12寸的电视屏幕。在今天，对于农村年轻人来说，虽然电视不怎么算是稀奇的物品了，没有谁会再挤着去哪家看电视，但是在某些地区如果说哪家有电脑，那么同样可能一个显示屏前面会有十几双眼睛盯着。

在城市，本是日常生活中的常用物品，到了农村，却成了稀缺及稀奇物品。从意义建构的层面来说，物质内容的匮乏，使其对于"稀奇"之物的观看和欣赏不仅仅停留在一瞬间，不只是开阔了视野，更主要的是让农村人了解了城市的生活方式，也使他们想象城市生活中到处充满了新奇事物。

（二）城里面有下水道

城市中的现代化物质形式并不是每一样都能复制到农村社会之中。对于农村社会个体来讲，虽然没有直接观看和欣赏的机会，但是有间接获取信息的渠道。这些渠道包括书本（更多是课本）上的介绍，广播和电视上的宣传，他人的经验叙述，等等。与直接获取信息的渠道相比，间接获取信息的形式使得人们完全根据他者的描述来想象未知的状况，将两种生活方式相比较，更加促进人们对城市美好生活的想象，更加刺激着人们的好奇心。在访谈中，许多调查对象都给我们讲述了在进城前他们有关城市美好生活的想象。其中，菜贩商老文是这样表述他在进城打工之前对城市社会的认识的。

> 以前没有去过城里，总是听去过城里的人讲城里多好多好。那个时候就特别想去城里，一听见谁去过城里，我们总是围在他身边，听他讲城里是什么样子的。记得有一次，听别人说城里有下水道，当时不明白下水道是什么，成天就在脑袋里想着到底下水道是什么玩意，哈哈。

菜贩商老文的经历证实，虽然没有直接的经验认识，但是通过间接的接触，许多人对城市中的物质化生活有了一定的感性认识。即使认识并不全面，甚至有时候是在虚假信息基础上产生的理解，但是它所产生的作用有时远远大于直接的经验认识。因为，想象的空间完全由个体主动支配，可以说其所获得的信息知识越不完整，想象的空间就越大，但离真实的距离也就可能更远。这种与客观真实间的距离，并不妨碍人们的主观想象。相反，对于事物好坏的判定，关键在于其所获得的信息。如果人们得到的信息是好的或者正面的，那么人们对事物的想象自然也会表现出积极的一面，即使在现实生活中这种事物有着种种不好。反之，如果所得到的信息是消极的或者反面的，在主观判断里便形成与前一种截然相反的认识。对于城市美好生活的想象而言，无论是在宣传之中，还是在经历者的讲述之中，往往似情人眼里的西施，即使有着负面的效应，也总易被遮盖住，或者说因为有美好一面的存在，人们选择性地忽略了不好的一面。对于物质化生活形式的内容来讲，城市生活中充斥着农村社会中少有的物品，城市的形象也因此在农村人的认识中保持着良好的一面。对于新一代外出打工者来说，也许下水道在农村社会都见过，并没有什么值得想象的地方，正如同前面所分析的那样，也许"下水道"已经过时了，可是它所代表的城市物质对农村人的诱惑，是每一个外出打工者都经历过的。

在当前信息流动越来越高速化的状态下，农村社会与城市社会在宏观政策的影响下向一体化目标迈进，但是新物质的发源地总是被确定为工业化的城市，致使城市社会中的物质内容在时间上总是先于农村社会出现，在种类数量上又远远超过农村社会。[1] 言下之意，比城市社会相比，新物质传播到农村社会中，总是存在时间层面的滞后性。此外，农村人总是在模仿城市人的物质化生活方式，可是多年积淀下来的差距一时半会儿难以得到消解和清除。所以，在物质生活层面，城乡之间的现代化程度差距是一种客观的社会事实，这也是农村人羡慕城市的一个重要维度。

想象和羡慕的存在让农村人萌生了对现有生活的看法，并形塑了他们的社会行动，使得他们在物质层面模仿城市人。在今天的农村社会之中，物质层面的生活形式的模仿俨然成为一种流行的文化现象[2]，甚至可概括为一种潮流。

## 二 现代化的生活方式

相对于农村社会来讲，城市生活的优越性并不仅仅在于物质化的生活形式，更在于现代化的生活方式。所谓现代化的生活方式，主要强调的是技术给日常生活带来的便利性。随着工业生产的发展，工业化逐渐渗透到日常生活之中，给日常生活带来了诸多便利。相对于农村社会而言，城市

---

[1] 现在的农村社会出现了另外一种现象，也有着较为丰富的物质化内容，但是与城市社会相比，这些物质化的内容多以"山寨"或仿冒形式出现。从本书立意的角度进行分析，这种"山寨"版或"仿冒"版产品的出现也更印证了我们的观点：农村人想拥有城市化或类城市化的物质生活。

[2] 我们在农村做调查时经常可以看到农村人那种刻意的模仿形式。在当前，这种形式已经成为一种普遍性的行动，甚至可以说是在农村社会中的一种集体行动。举例来说，在住房修建方面，农民的住房形式经历了毛坯房、土坯房、瓦房、平房、二层楼房、两层半楼房、三层半豪华小洋楼等。当然，存在即有一定的合理性，此处只是从形式上进行评价，以此来说明农村生活方式的"城市化"。

社会中的现代化的生活方式主要体现在日常生活中公告服务设施的设置上。由于既有政策的影响,在资源配置过程中有限资源过度向城市倾斜,致使城市社会中的公共服务水平相对高于农村社会。生活在农村社会中的人知道,在改革开放初期,人们的日常生活中不仅没有城市社会里的工业化物质,如汽车、水泥路等,也没有便利的商场和医疗服务机构之类,有的只是分布在村庄中心的小商店、每隔几天需要长途跋涉才能赶到的集会。相比较之下,城市的日常生活的优越性也就逐渐得到凸显。在现代社会中,有关农村社会建设政策的出台,使农村社区中的公共服务得到了明显改善,有了直接在家里就可以使用的自来水,有了村村通工程,上街赶集也更加方便,看电视也不会像以往那样经常有"雪花"现象出现等。这并不是说农村生活的便利性赶上了城市,在农村社会建设的同时,城市社会更是以日新月异的面貌向前发展,城市社会中的超市已经设置在了家门口,其商品的丰富度足可以让社区中的人不出社区就可以购买到日常生活中的一切。反观正在建设的新农村,如果农村人想买个大件物品,如电视机、空调等,还必须跑到乡镇上去选购。对此,很多打工者回到农村之后,经常会抱怨"在农村什么都不方便"。言下之意,以生活的便利性为基础进行相应的比较,日常生活中的农村与城市还是有着较大的差距,进而使得农村人以及外出打工者在器物层面上对村庄有着相对的否定。以下将通过几个有类似经历的生活片段来展现曾经的外出打工者对城市社会的态度。

(一) 下雨可以穿皮鞋

农村的路总是人们抱怨的对象。不同于城市社会的水泥路面,农村的是土路,有时候路面还会铺一层沙子[1]。风大或者有汽车开过的时候,路面上尘土肆意飞扬;下雨的时候,泥巴沾得满脚都是,行走非常不方便。生活在农村的人知道,当下雨以及路面还没有干时,要么光着脚走路,待走到有水的地方将脚上的泥巴洗一洗,要么穿着胶鞋走路。所以,当听说城里面下雨的时候还可以穿着皮鞋走路时,他们便被城市生活中的便利性吸引了。

---

[1] 路面铺一层沙子,可以防止下雨天出现泥巴的状况,避免行路的时候"深一脚、浅一脚"。但是这有利也有弊,风大的时候,沙子会吹得到处都是,走路的人嘴里都有,并且对于骑车或赶车的人来说,路上有沙子,增加了相应的阻力。最为关键的一点是,铺沙子需要一定的物质成本和人力成本等。当缺少必要的资本时,即使是铺沙子的路面也很难出现。

> 访谈者：没去过城里，那你当时怎么觉得呢？
>
> 豆腐坊陈的妻子：以前没去过城里，只是听说的，城里面没有泥巴，路都是沥青路，下雨呀都可以穿皮鞋，干净。不像在农村，下雨天走个路都不太方便，和稀泥，有时候牛屎还多。

从上例我们可以看出，农村人对城市生活中的交通系统有了感性的认识。同时在比较之中，他们也产生了对农村日常生活中诸多不便的不满，期待能够过上较为便利的生活。与豆腐坊陈的妻子的表达相似，在访谈中，许多返乡创业者对于城乡两种生活方式的感受也呈现明显的不同。通过对访谈资料的分析，我们可以发现，他们在言语之中更多表达的是对城市生活的溢美之情。

> 羽绒服店老板：我老婆当时非常想出去，她就觉得农村生活不行，走个路都不方便。
>
> 雨衣厂的张进：这农村的路什么时候能够赶上城里，回来一趟都不方便，坑坑洼洼的。下雨的时候就懒得出门，烂稀稀的，干脆待在家里睡觉。

在现实生活中，农村不仅仅走路存在很大的不便，日常生活中的用水、用电等方面也存在诸多不便。与城市生活的便利性相比，有些外出打工者回家没几天，便会想到城市的好处，想早点回到打工的地方。即使城市也有一些不好的地方，但从生活方式角度来讲，他们还是希望过着便利的生活。在调查中，经常遇到一些返乡的打工者，他们对于农村生活的不方便总是用"落后"来形容。深入分析被调查对象的话语，不难发现，在资源配置不均衡的状态下，农村劳动者多是采取"用脚投票"的原则，将城市社会中的便利生活设置为美好生活的一个方向。

## （二）吃个饭都艰难

城里人做饭用的工具是煤气灶和电磁炉等，农村人用的是柴火灶。在城市中，与煤气灶和电磁炉相应的还有抽油烟机之类的东西，下厨房的时候是一种少油烟或无油烟的状态。在农村，烧柴禾产生的大量油烟仅仅是通过烟囱排出去，满屋的"云雾缭绕"根本没有人去理会。对比城乡两种生活方式，返乡创业者中经营十字绣的周老板这样说：

> 现在做饭还是烧柴火灶，做饭的时候还要两个人，一个人烧火，

一个人做饭。不然的话，就是锅上一把，锅下一把。这还不说，烧火的烟呀、锅上的油烟呀都没有办法排出去，待在里面太烟眼了，做个饭屋里怎么会这么大的烟呀？城里面哪会这样，吃个饭都艰难呀。

由于多种因素的影响，农村中的日常生活便利性很难与城市相比。事实上，我们也不应该以此进行比较，因为其有不同的生活习惯和不同的生活方式，农村的生活与农业有着较为密切的直接联系，城市的生活与城市的工业化和都市化有较大的关系。两者处于不同的平行线上，各自沿着不同的路径向前发展。也许正是由于在两条平行线间穿梭，人们便开始比较两者间的差异，农村原本平静的生活状态被打乱，农村人开始向往和追求城市的工业化生活方式。如上面所说的那个片段一样，农村用柴火灶做饭有着较长的历史，几百年甚至上千年了，大家已经习惯这样的方法，虽然比较麻烦，并且熏眼睛，但这已经成为农村的习惯了①，没有人会对其抱怨。可是，当新的相关信息传播进入农村社会之后，人们便会开始进行比较，将两者置放于同一个时空中以便利化的标准进行优劣判定。其结果自然是农村社会中的日常生活处处不方便。

农村日常生活中的不方便表现在诸多层面，有传统社会中遗留下来的，也有农村社会发展速度慢而带来的，比如说就医的不方便、上学的不方便等。此外，农村中缺少必要的信息网络，很多年轻人总是抱怨农村这种"落后"的状态，如经常要跑到很远的镇上去上网、跑到很远的地方去充话费等。相对于农村的落后与不方便来说，处处不方便的农村生活也映照了城市日常生活的便利。在现代科学话语主导的社会中，人们自然选择倾向于城市便利化的生活方式，而否定农村的不方便生活方式。

寻求生活形式的便利化也是社会个体选择的主要影响要素。从此角度而言，城市便利化生活方式也就成为农村人向往的形式。在调查中，我们发现，现在有些农村家庭已经开始安装抽油烟机以及使用其他便利化的机械设备等等。由此可见，对于城市社会中的日常生活，农村社会中的人总是给予一种美好的想象和向往，并努力向其靠拢。

---

① 在当前稍显悖论的是，城市中的人在选择吃什么样的饭的问题，逐渐倾向选择柴火灶做出来的饭与其炒出来的菜，美其名曰"农家饭"。可是生活在农村社会中的人在逐渐改掉以往的习性，选择科学话语主导下的城市生活习惯。也许这里有一点可以借助前文所说的便利化进行理解，城里人只是喜欢通过传统方式做出来的饭菜，但他们并不直接参与这种较不便利化的过程，农村人是直接参与其中，深知过程中的麻烦。

## 三 品质化的生活内容

物质化的生活形式与现代化的生活方式只是人们对美好城市生活形式层面的描述，实质层面则在于品质化的生活内容。虽然过去物质较为匮乏，没有办法和今天的生活内容进行纵向比较，但是在横向上的比较足可以显示出城乡结构之间的差距所在。即使在今天，这种横向上的差距仍然存在。不同时期对品质化的生活内容要求有所不同，形式上却有着一定的共通性。比如说，早期外出的打工者和新一代的打工者，他们追求的生活内容实质有所差异，但是从特征上来讲，无不在于城市生活的丰富性与多样性层面。以下我们将分别从多样的生活选择、别样的文化活动、像样的自由恋爱来描述城市社会中品质化的生活内容。

### （一）多样的生活选择

作为品质化生活的表现之一，多样的生活选择具体体现在选择的多样化与选择的质量两方面。首先，从选择的多样化角度来讲，在城市社会中，物质商品的丰富性以及生活服务设施的便利性，决定了城市人在选择方面有着较大的优越性，直接为其生活内容的品质化奠定了基础。以外显的服装举例来说，衣服是人人都要穿的，可是穿得好与不好就有相当的不同。穿得好的人经常会被他人羡慕，有时这也成为身份和地位的象征。在农村人的印象中，上层的人总是比底层的人穿得好，底层社会中的人总是以一种"衣衫褴褛"的形象出现。这或许从另一方面说明生活质量的高低。在农村社会中，人们由于下田干活的关系，不能经常穿着光鲜亮丽的衣服，因为庄稼活儿总是在和泥土打交道，稍不注意，漂亮的衣服就容易弄脏和刮破。如果弄脏和刮破了，就太可惜了。所以，他们经常穿粗布衣服或者穿一些耐穿、耐磨的衣服。城里人工作有时间段，上班可以穿工作服，下班则随意穿。城市社会中，有着相对较为发达的市场经济，为城里人的选择提供了供给基础，他们在市场中可以选择到自己比较满意的时装。从这点来讲，在农村即使有钱也没有太多选择，产品的丰富度不允许农民进行选择，因而其选择相对较为有限。

其次，从生活质量层面来讲，当农村社会中的人为吃饭发愁时，城市社会中的人却可以吃到肉，虽然少，但是与农村相比较起来，总比一年难得有一次好。接着前面的衣服层面继续分析，外出打工者的穿着直接给予了这个问题相应的证明。对于外出打工者来说，出去之后与出去之前也有较为明显的差别。其打工回来之后，穿着有了较大的变化，无论衣服质量的好坏，他们都模仿城市人穿着的方式，如最为典型的靴子等，即使这样的穿着不适合在农村的泥土路上走动，但是作为一种时尚的打扮，外出打工者回来的时候总是喜欢保持这种穿着方式。行动悖论的背后凸显了其对城市美好生活的向往，也许这是要向他者证明打工后生活的变化。在我们看来，这说明城市生活质量水平较高，即使打工者回乡之后穿的是山寨版或者假名牌，也会招来农村人较为羡慕的目光。

当然，生活不仅仅停留在吃、穿、住、用、行方面，这只是最基本的生存需求，生活还有更高的需求。超越最基本的生存需求，就到了个人的教育发展层面。如果家庭条件不是太好，在吃饭都成问题的状态下，教育根本无从谈起。在调查中，很多返乡创业者对曾经的外出有着这样的表述：

> 访谈者：那时候你那么小，你爸妈同意你去？
> 卢国兴：我大哥带我去的，嘿嘿，不同意怎么办？
> 访谈者：上初中呀！
> 卢国兴：初中没钱上呀。
> 访谈者：那时候成绩怎么样？
> 卢国兴：成绩也不是很好，但是初中还是可以上。

生存的压力，使得受教育根本无从谈起。为了能吃饱饭，满足最基本的生存需求，当时很多的年轻人辍学。与包工头卢国兴的状况相似，跑车人李强也有同样的经历：

> 那时候，学校说要给我们发红领巾，要交2角钱。我知道家里情况，比较穷，没敢给家里说，所以红领巾的事情也就算了。那时候我家比较穷，上学我都没有穿过鞋子，都是光着脚去，到了冬天才会穿鞋上学。好不容易上到五年级，等到读完，我觉得不能再这样读下去了，所以就没有读了，直接出去打工了。

类似的个案在调查中以及其他有关农村外出打工者的调查中经常可以见到。在当前的解释理论中，结构视野下的研究一般较为倾向于"推拉"之力的作用，从理性选择的视角来进行解释，对于个人而言，习惯将其总结为一种理性选择，从家庭层面进行分析，这样的选择和安排也许是出于一种生活策略。① 不同的视角，不同的结果，呈现百花齐放、百家争鸣的局面。这里我们不去评判理论与经验之间的距离，只是寻求不同理论之间的同质性因素，强调其作为社会的个体对美好生活的向往和追求。对于生活在底层的农村人来说，追求城市美好生活的强烈程度就更大。像斯科特在《农民的道义经济学——东南亚的反叛与生存》中所描述的那样，就像一个人长久地站在齐脖深的河水中，只要涌来一阵细浪，就会面临灭顶之灾。② 与之不同的是，当时社会中的个体选择了对自身的一种否定，放弃农耕习作的传统生活方式，选择到城市工业社会中谋取相应的生活资源。

家庭条件的限制、物质生活的匮乏等制约着农村人的选择，生活的品质自然也无法得到体现。而与之同处一个时空之中的城市社会，有着另一番景象，生活选择的多样性使得城里人的生活有了可选择的基础，从具体的生活质量来说，那个年代能否吃到具有生活质量象征的肉就可说明农村生活与城市生活的差异。在生活的深层次方面，如教育和医疗方面，很多农村人无法承担负重，致使农村中出现辍学等现象以及"小病扛，大病等死"的状况。因此，我们可以看到城市生活的美好实质在何处。

### （二）别样的文化活动

以往有关文化的研究，总是强调农村文化的丰富性。虽然没有提及城

---

① 在调查中，遇到一个个案，访谈对象对自己的情况是这样介绍的："想当初，不也是为了过得好一点嘛。你想，我们家有四个孩子，三个在上学，就我爹妈能挣钱。老爹在外面搞建筑，老妈在家里种地。说实话，都比较辛苦，好像也挣不了多少钱。所以呀，每次班里交钱的时候，我们都比较难。你说，他们两个小，当时什么都不懂，开口就向家里要。家里的钱都在我妈那里，我妈虽然嘴上没说不给，但还是有些不情愿。你说也是，一下子拿出一份还好说，一下子拿出三份就太多了。有时候，家里一下子也拿不出那么多钱，总是借。就这样，我们总是要到最后才交得上。其实，在村里的小学，老师对我们都很熟悉，有的老师就是我们村里的，也都认识。我们当时成绩在班上比较优秀，差不多都在前几名。所以，有时候老师看我们交得晚也不说什么，只要交了就行了。有时候，太拖了也不行。不过，那时候要交的钱也比较多，有书本费、学杂费，还有补课费，特别是补课费，每年要交几回。记得五年级的时候，要交补课费，我没有交，老师就让没交的站起来。我们几个女生一下子都站起来了。当时，我个子比较高，又坐在第一排。站起来后，人都很不好意思。所以，从那以后就没去了。我当时想，这小学上完，还有初中，要交更多的钱。自己又是老大，是个女孩，家里面怎么说还是偏向男孩些。想想，干脆就不读了，直接出去挣钱算了。当时，家里面看到我不读了，也没说什么。"从家庭层面对此进行分析，我们不难看出打工者外出打工时家庭的态度。正像有些打工者谈起外出打工的原因时经常所说的那句话，"如果当时家里面管一下，还是不会那么早出去的"。事实上，对家庭来说，此时也是有心无力，只有选择较为现实的安排。

② 〔美〕詹姆斯·C. 斯科特：《农民的道义经济学——东南亚的反叛与生存》，程立显、刘建等译，译林出版社 2001 年版，第 1 页。

市的文化丰富程度，但其总是从潜在层面给出一个信号，即城市文化并不怎么丰富。无论是在单位体制下，还是在当前城市社会中，城市文化都有着自身的特色，内容与形式不仅丰富，而且呈现出多样化的特点。

在我们刚到城里时，我们所见到的文化形式在农村根本找不到。在一个国营单位之中，工人每天上班，下午单位组织活动。那时候每个单位都有个球场，比如篮球场、灯光球场之类的。活动也就在球场上举行，一般是做操，有时是打羽毛球，还有的时候就是打篮球比赛。那场面相当热闹。到了晚上，大家吃了饭，想在家看电视的就在家看电视，不想看电视的则出来到工会里走走。工会里有阅览室，在那里可以看报、看杂志之类的。除了阅览室，还有棋牌室，在里面可以打麻将，下象棋、跳棋等。棋牌自己不用带，可以向工会借。除了这些，还有专门的放电视的地方，这主要是给一些年轻人放的，有些年轻人没有电视，或者自己觉得一个人在家看电视没什么意思，则会跑到这里一起看。到了星期六、星期天，单位组织在篮球场上放电影给大家看。

这是返乡创业者豆腐坊陈讲述的有关城市生活中的文化活动。生活在单位体制下的工人可以享受到单位所带来的一些较为丰富的文化活动。农村社会之中，虽然也有着舞台大戏、耍把戏等演出，但是这些要等到逢年过节的时候才能看到或者参与其中。与之相对，在城市社会之中，"科学话语"下的文化活动却是天天有。如果说这种活动是单位体制下的产物，对农民有着较大的吸引力，可是在单位体制消解过后，此类活动仍然以民间的形式存在，类似于晚上在广场上跳舞的活动，就让农村人觉得城市中的人生活得真是太滋润了。

农村人哪能像他们那么闲，跟个闲老倌似的。每月拿着退休金，吃完饭了，就到公园呀、广场呀那些地方扭呀、跳呀。别人那生活才是叫生活，我们农村人吃完饭了是串串门，现在门也不串了，不看电视，就只能睡觉。这完全没法比。

生活内容差异的存在使得农村人对自身的文化活动缺少必要的肯定和认同。特别是在当前农村集体文化活动缺失的状态下，城市多样化的文化活动更加出彩，也更加让他们羡慕和向往。在城市的农村外出打工者对此更是有着较强的认同。在访谈之中，在夜市摆摊的小黄这样说：

农村有什么好玩的，无非就是人比较熟一点，除了看电视、聊天，什么都不行；在城里面，可以去逛街、上网、打台球、唱卡拉OK，还可以去酒吧，能去的地方还是比较多。

年轻的外出打工者的生活丰富程度相对较高，多样的文化活动也是吸引他们最主要的因素。当农村社会呈现"空巢"状态的时候，他们更是期望能够出去，因为除了仍在学校里读书的，村里的年轻一代基本上都出去了，那么相对来说，能找个说话的人都没有，更不用说有好朋友之类。从某种程度上来说，农村文化的衰落强化了城市文化生活的丰富度，这不仅仅是现代性元素的作用，也在于文化主体的元素，即人的加入，使得城市社会生活的内容更加丰富多彩，这带来的结果便是农村人对城市生活的向往。

（三）像样的自由恋爱

品质化的生活不仅仅在于物质化的内容，更在于精神层面的形式。作为现代文化的发源地，城市社会中的日常生活具有较高的开放性，特别是在情感、恋爱层面等。对农村人来说，尤其是年轻人，这是他们较为向往的主要原因之一。无论是受现代文化的影响，想打破农村社会中的那种传统的"父母之命、媒妁之言"方式，还是在电视、电影里经常看到恋爱的美好，而对其比较向往，农村人在谈到城市生活的时候总是很向往城市里的男女恋爱关系。一方面是因为他们觉得那和农村的形式有很大不一样，自己没有经历过，觉得非常有意思；另一方面，这也是电视剧或电影之类的宣传、教育的结果，他们对其正面的影响有着积极的认同，觉得形式很美好。类似电影、电视剧的宣传之中更多的是对恋爱唯美形式的赞美和歌颂。从认同的意义角度来讲，内化于农村人生活文化中的知识，使得他们较为赞美和向往自由的恋爱形式。从生活方式的角度来讲，这相当于赞美美好的城市生活。

自由恋爱更多存在于年轻人之中，或者说发生在社会个体生命历程的年轻时期。不仅对20世纪的农村年轻人如此，对现在的新一代农村年轻人更是如此，甚至可以说随着现代文化的影响，呈现出有过之而无不及的状况。在现代农村社会中，农村青年都外出打工，特别是女青年，到了年龄即外出打工。对于村庄中的男性来说，在家的女性已不多，成家问题便受到很大的影响。要想找个女朋友或结婚对象，就必须外出打工。只有这样才有机会认识和接触女性，也才有机会去谈朋友。所以，那些尚未毕业或者待在家里的新一代农村青年总是想象着城市中的美好，想着去谈朋友等。

在调查中，我们遇到这样一个个案：烧烤店的崔老板雇请了他的弟弟在店里帮忙，可是已经20岁出头的崔老板弟弟因为经常在店里做事没有机会谈朋友。经过多次思考，崔老板的弟弟决定不再在哥哥的烧烤店里帮工，选择到广东去打工。由于多种因素的影响，崔老板的弟弟最后去了附近的一个地级市床单厂工作。对于崔老板弟弟的这种做法，崔老板评价说："说实话，进厂也就是为了谈朋友。"无论是男性，还是女性，无论是正面的例子，还是反面的例子，这样的故事无不充斥于人们的日常生活中。① 从某种程度来说，无论是出于对城市生活的向往，还是迫于生活的压力，他们都向往和追求城市的生活方式。

城市生活的美好在于物质层面的丰富性、文化活动的多样性以及自由的恋爱形式等。这些无不吸引着和激发着农村人的想象力，促动和加快他们向城市社会流动。对于年轻的劳动者而言，以上三个方面是促使他们排斥和否定农村的生活形式，向往城市高品质的生活方式的主要原因。

综上所述，与以往研究农村人进城的路径不同，本研究从实践出发，注重农村人进城之前对城市生活的想象。由于城乡生活方式差距的存在，在农村人的想象之中，城市社会中物质的丰富性和多样性以及由丰富物质作为基础而构建的现代的生活方式，成为他们在现实生活中追求的目标。具体可参见表4-1。

表4-1　城市社会与农村社会生活方式的三维比较

|  | 城市 | 农村 |
| --- | --- | --- |
| 现代化程度 | 较高 | 较低 |
| 便利化程度 | 较高 | 较低 |
| 品质化程度 | 较高 | 较低 |

注：现代化的生活形式、便利化的生活方式、品质化的生活内容三者之间存在相应的辩证关系。从形式上来看，现代化的生活形式与便利化的生活方式之间有相应的联系，处于生活方式的表层；品质化的生活内容则关乎对日常生活质量的要求，是一种实质与内在的表现。当然，品质化的生活内容以前两者为基础，缺少现代化的生活形式和便利化的生活方式，在相应的生活圈内自然难以达到品质化的生活内容的要求，也就谈不上生活上有希望。所以，三者之间相互型构，逐步形成了一个有着实实在在的连续性和上升性的生活圈层系统。

在农村人或者外出打工者的判断之中，城市社会的生活方式具有优势。在现代化话语表达之中，工业化所塑造的生活方式优越于农村传统生活方

---

① 在当前的农村社会中，由于多种因素的影响，男性找结婚对象的困难程度比女性高。在我们调查的地区中，总是有许多男性未找到对象，而女性未见到一例。

式。从表4-1可知，农村社会中物质匮乏、便利化程度较低、生活乏味，城市社会有着丰富的物质内容、便利化的公共服务以及高品质的日常生活等。相比之下，这自然使农村劳动者在流动前产生对城市生活的美好想象和向往。回到日常生活中来说，农村社会中的个体构成了生活圈层系统，向往和追求现代化过程中美好的城市生活方式。在实践中，他们在生活圈层系统中通过有限的资源配置来实现改造生活的目标和期望。

## 第二节 集体缺失下的个体利益释放

对美好生活的想象是对美好生活的期许，农村外出打工者为自己画好了一幅理想中的生活蓝图，属于个体日常生活中的感性认识。感性的认识在实践中仅仅是个体行动的动机和愿望，并不能生成经济行动。然而，在多种力量，诸如市场因素、国家因素以及社会因素的作用下，农村人的感性认识上升到理性认识层面，经济行动也就成为现实，并且变成改造传统生活的集体行动。

### 一 走进市场的家庭农业生产

在中国农村社会中，家庭联产承包责任制的实施意味着集体的解散和传统的变革，农村社会重新走向以家庭为单位的个体主义。与注重整体主义的集体化不同，在以家户为单位展开农业生产的过程中，家户既是生产单位，同时也是消费单位，两者融为一体。在实践中，生产的目的在于消费，消费的动机在于生存，为了生存就必须参与农业生产，无论是家庭中的大人、小孩，还是老人。家庭农业生产形式下的小农也因此被界定为"生存小农"。坚持实体主义的恰亚诺夫在《农民经济组织》中研究这类农业生产形式时认为，家户农业经济一方面在于家庭劳动力数量的最大限度利用，另一方面则在于生产维持家庭消费的最低水平的物质。[1] 在家庭联产承包责任制下，家户外的搭便车行为有所减少，已经摆脱了集体化时期的"干多干少一个样，干与不干一个样"的生产状态。在农村人看来，干得越多，收得越多，自己的生活会越好。在多劳多得的环境之中，只有"懒汉才会饿死"。因此，在生产与生活相关联的状态下，为了能够追求较好的收

---

[1] 〔俄〕Ł. 恰亚诺夫：《农民经济组织》，萧正洪译，中央编译出版社1996年版。

成，获得较高的作物产量，家户内的成员都会尽量参与农业生产，并且想尽一切办法来提高产量。在访谈之中，一些农民或年纪稍大的返乡创业者总是在讲述过去是怎样种田的，如早饭做好后会在吃饭前提着粪篮出去捡猪粪、牛粪等；小孩会在中午放学后的时间出去放牛，或去割猪草，或去沟堰之中捞水草等。

在种种表达之中，我们不难看出，在家户农业生产中劳动辛苦程度与消费满足感之间的关系。一方面，当劳动辛苦度获得既定的收益使得消费得以完成之时，两者成正比例关系，那么劳动量会不断地投入。在以生存为取向的生产中，当农业中的生产能够满足农村人最基本的消费之需时，无论出现怎样的状况，只要能够满足最低限度的生活需求，农村人都会愿意投入，愿意进行自我剥夺来维持这种生产形式。另一方面，现实并非如此简单，劳动与消费的关系也不会如此简单地演绎下去，因为所处的环境有所改变，集体的解散也意味着国家从农业生产安排中退出，逐步将农业交给市场这只"看不见的手"进行管理和调节。在市场经济之中，市场因素的介入，如供求关系、价格机制等，使得种地经济活动的衡量标准发生了变化，其从抽象的消费满足程度变成了具体的货币数量。虽然生产最终还是在于满足生活的需求，但是劳动与消费之间增加了市场的因素，使得劳动与消费之间呈现更加直观的关系，即通过货币的数量进行衡量，抽象的关系已经不那么模糊，劳动的收益是否能够直接满足消费的需要，能够满足到什么程度，一目了然。这种衡量具有较高的客观性，一方面是对生产的衡量，另一方面是对消费的衡量，两者的对接直接形成了最终对家庭农业生产的评价。

分田到户说明农业生产已经不再以国家安排为导向，而转变为以市场为导向。市场需要什么，农业生产中就安排种植对应的作物；什么作物经济效益高，就优先种植及扩大该作物种植规模。从理论上来说，在劳动与消费关联的状态之中，家户获得了较高的自主权和决定权，能较高程度地改善生活。然而，事实并非人们想象的那样简单，特别是当市场因素介入，在市场机制的影响下，形成了"生产—货币—生活"的关系。如果单位时间内的劳动在市场中获得较多的货币，那么消费可以得到满足，生活处于较为优越的境地。反之，如果获得的货币数量不充足，那么，就算再辛苦，生活中的消费也无法得到足够的满足，甚至有时候将严重影响家户的生存。从总体状态进行评价，分田到户后，家户的温饱问题得到了解决，但只是"相对温饱"。搬家公司崔经理的访谈证明农民在分田到户后生活状态得到了改善，但仍然处于一种相对贫困的状态。

> 那时候每顿有得吃，但吃不饱。记得春上的时候，白天长，早晨吃的苞谷粉不耐饿，一顿喝它个两大碗，不到吃午饭就饿了。要是早上吃个馍的话，会好些，不过那时候新麦还没有熟，陈麦差不多都快吃完了。没得办法，有时候家里面还有红薯、土豆，就把它们埋在做完饭的火里面，等到午饭时就刨出来吃了。……那时候，都不够吃，大家情况也都差不多。

这是搬家公司崔经理对小时候生活在分田到户初期的记忆。与之相似，对于那些劳作在分田到户初期的农村人来说，生活的困苦也是他们生命历程中难以抹掉的记忆。在访谈过程中，在夜市摆摊的小黄对生活的困苦这样表达：

> 那时候，差不多每家都一样，粮食不够吃，不像现在这么充足。不够吃的时候，基本上都是找些其他的掺和在一起吃，好吃的和不好吃的一起对合着，这样也就过来了。你看春上的时候，挖荠菜，还可以将树上的榆钱、槐花，然后对苞谷粉蒸，好一点的人家可以对面，差不多都有吧。这样，到了新麦下来了，也就可以吃上面了。到了秋季，差不多要省着吃，不然来年春上就真的要"挨饿"了。一般来说，这时候有芝麻叶、红薯叶，也比较多，在吃面条的时候，多放点芝麻叶、红薯叶，少下点面条，那时候也将苞谷粉和面粉掺着吃，这样吃的话，会省些。……一年到头，基本上吃不到什么肉，过年的时候要割个几斤，也就是搭个荤腥，来了客，炒点。

分田到户改善了集体化时期的劳动关系，提高了劳动生产效率，家户生活由此进入了尤其对于家户农业生产来说，相对温饱的阶段。可从实践层面来说，在市场经济中，农业处于较为弱势的地位，生产方式使得农业生产的效率处于一种较为低下的状态，乡村家户的生活水平仍然处于温饱线上下。以湖北省为例，具体可见表4-2。

表4-2 中国农村分田到户初期劳动与消费的关系

| 年份 | 人均收入（元） | 人均消费（元） | 消费/收入（%） | 恩格尔系数 |
| --- | --- | --- | --- | --- |
| 1978 | 133.6 | 116.1 | 86.9 | 67.7 |
| 1979 | 160.2 | 134.5 | 84.0 | 64.0 |

续表

| 年份 | 人均收入（元） | 人均消费（元） | 消费/收入（%） | 恩格尔系数 |
|---|---|---|---|---|
| 1980 | 191.3 | 162.2 | 84.8 | 61.8 |
| 1981 | 223.4 | 190.8 | 85.4 | 59.9 |
| 1982 | 270.1 | 220.2 | 81.5 | 60.7 |
| 1983 | 309.8 | 248.3 | 80.1 | 59.4 |
| 1984 | 355.3 | 273.8 | 77.1 | 59.2 |

资料来源：黄季焜《制度变迁和可持续发展：30年农村与农业》，格致出版社、上海人民出版社2008年版，第16、22页。

生产率的低下要求更多的劳动力投入生产中以维持家户较低的生活水平。可在操作过程中，并非如此简单，因为所产出的单位产量并不能完全分配于家户生活消费之中，还需要参与再次分配。具体来说，在集体解散之后，家户农业生产进入了市场调节和管理阶段，但是国家并未完全从农业生产中退出，在生产成果分配之时，其原则为"交够国家的，留足集体的，剩下都是自己的"，由此可以看到"税费"对家户农业生产要素的配置。因此，家户农业生产需要在向国家及集体完粮纳税之后，才能在市场经济中实现自我消费的需求。在自我消费之中，家户农业的产品是一种初级产品，部分可以满足消费需求，但大部分还需要与工业进行必要的对接。工业与农业之间严重的不对称关系，使得农业初级产品在市场之中处于超级弱势的地位，初级产品出卖之后所得货币数量难以应对生活消费之需。事实上，其连最基本的生活消费需求都难以满足，更不用说满足较高层面的消费需求了。

按照恰亚诺夫的观点来说，消费无法得到满足，可以通过增加单位时间内的劳动投入来满足消费的需求。对于这一点，黄宗智先生则认为单位时间内的生产要素有限，一方面，劳动投入不断增长难以带来消费的实质性变化，另一方面，劳动投入在不断地增长，人口数量也在增长，两者之间逐渐不对称，致使原有的均衡结构被逐渐打破，即不能满足人口日益增长的生存需求。[1] 具体来说，在"人均一亩三分地，户均不超过十亩"的有限条件下，投入再多也难以实现期望中的突破。

"内卷化"或"过密化"的表达让我们看到了市场经济中家户农业生产的局限性，在面对市场化与工业化的侵蚀时，既有的劳动与消费均衡已经

---

[1] 黄宗智：《长江三角洲的小农家庭和乡村发展》，中华书局2000年版。

难以维持小农经济的生产。结构性的作用使得他们难以维持传统的生活水平，处于一种严重边缘化的状态，更不用说追求想象中的美好生活。对于农村生活状态，有些政府官员在现实感性认识的基础之上，提出了"农民真苦，农村真穷、农业真危险"[①]。从某种程度上来说，这也是对市场化中农村家户农业最为真实的写照。将其归结和概括为一点，农业传统生活之船在市场商品化的海洋之中随时可能搁浅。

简而言之，在集体解散之后，农村人的劳动与生活从集体化走向了个体化，市场无形之手管理和调节的方式逐渐把个体的生活带向了一个多元化的阶段。吃、穿、住、用、行等市场化。然而，市场之中农业生产的弱势地位，使得生产和消费之间逐渐呈现出不平衡的状态，生产难以满足消费的需求。农村人的生活在市场化中逐渐处于一种边缘化的状态。在特定社会结构之下，人们将此与城市中的个体进行对比，就使得农村人产生了如上一节所讲的那种对美好生活的想象。已有的文献总是强调推拉理论。在推拉结构之下，个体外出，走进城市，以打工形式来改造传统生活。事实上，这在某种程度上忽视了个体所具有的能动性，没有完整地分析传统生活改造的过程。因此，为了逼近社会客观真实，展现完整的选择过程，我们有必要通过机制分析方法，深层次地考虑其他相关因素。

## 二 市场经济中的个体生活

农业生产进入市场，表明在集体解散之后个体的生活也走向了市场。进入市场，生活要遵守市场规则，并且生活本身也由于市场的介入发生了较大的变化。从生活的形式到实质性内容，变化可谓纷繁多样，从吃、穿、住、用、行，甚至到价值观等等各方面。通过对现实生活的观察，我们可以从以下几个方面对市场经济中的个体生活变化进行把握。

### （一）生活消费的市场化

将生活结构放入市场，市场的特性也将对生活进行彻底的改变。对于改变的理解，二元论的学者将个体与市场的关系进行对立，认为这是市场对个体的作用，或者认为其是个体对市场元素的追求等。在本研究看来，两者都能自圆其说，各有道理，如果将两者进行整合，我们会发现其是一种相互形塑与建构的过程。具体来说，在两者共同的作用机制下，生活消

---

[①] 李昌平：《我向总理说实话》，光明日报出版社 2002 年版。

费的市场化特征生成了，具体见表4-3。

表4-3 农村居民家庭食品消费支出与价格上升情况

| 年份 | 1978 | 1980 | 1981 | 1983 | 1984 | 1985 | 1986 | 1987 |
|---|---|---|---|---|---|---|---|---|
| 商品化率（％） | 24.1 | 31.1 | 36.6 | 40.2 | 39.7 | 41.7 | 44.1 | 46.4 |
| 购买食品量（公斤） | 97.25 | 124.79 | 144.75 | 165.99 | 171.06 | 172.45 | 185.50 | 193.90 |
| 食品消费支出（元） | 18.19 | 31.13 | 41.70 | 59.14 | 64.14 | 76.46 | 88.61 | 101.90 |
| 消费支出增长（1976年为100） | 100 | 165 | 221 | 313 | 339 | 404 | 469 | 539 |
| 价格上升（1978年为100） | 100 | 132 | 152 | 189 | 200 | 232 | 253 | 279 |

注：消费支出中未包含烟的消费支出。
资料来源：冯立新、刘宝军《人均食品消费支出增长与食品价格上涨的相关分析及其对策研究》，载何康、王郁昭主编《中国农村改革十年》，中国人民大学出版社1990年版，第744页。

**1. 个体生活形式的多样化**

在市场之中，消费需求已经从原来简单的生活需求转向多元化的需求。对集体化时期的生活有着感性认识的个体可能记得，在集体化时期，由于生活资料的不足，人们的衣食住用行处于一种相对单调的状态。按照当时的人的说法：有吃的就不错了，吃得饱的那就算是条件好的家庭，哪敢有那么多想法。对于此种时空背景下的人来说，想得最多的也就是怎么吃饱的问题，至于吃的是什么、怎么吃，则没有过多的计较。与之类似，在住房、穿衣、交通等方面，其所考虑的都是最基本的问题。然而，从集体化农业生产形式向家户型农业生产形式转变之后，其生活的形式发生了较大的变化。当然，这不是说之前的问题立刻得到了解决，而是生产关系转变、被搞活后，马上有了成效，特别是在生活方面有较为明显的体现。将这个时间段拉长可以发现，随着连续统的向前推进，生活中的多样化形式越来越复杂。从表4-3可以看出，农村人生活资料的商品化率逐年在提高，从1978年的24.1%上升到1987年的46.4%，增长了22.3个百分点，消费支出增加了4.39倍，这意味着人们的生活需求有一半要来自市场，而食品消费支出增长与价格上升的比例平均为1:0.52，因此人们大部分劳动所得要花费到市场之中。

与今天的生活形式进行比较，显然集体化时期的人们对生活方式的变化有更深刻的认识。如穿着方面，在集体化时期，衣服是"新三年，旧三年，缝缝补补又三年"。随着农业家户化形式的确立，生活状况有了一定的改变，人们每年会新添衣服。到了今天，已经很难看到有人还穿着打补丁的衣服。可以说，在商品化市场的刺激下，农村社会个体已经摆脱了之前同质性消费的特征,在穿着方面有着多样化的体现,有的追求休闲式的衣服,有的追求西装革履等;在颜色方面,摆脱了清一色的蓝色调,追求花花色彩,有蓝、有灰等,甚至在蓝与灰之中有更为细致的区分,藏蓝、藏青等。在选择的过程中,个体根据自身的条件进行选择。与之相似,在吃的方面也有体现,人们最初选择较为有限的作物来满足基本的生存需求,在农业家户化之后,家户的生活质量有了新的提高,更加注重食物的多样性,而非之前的单调。从某种意义上来说,无论是对于刚从集体化之中走出来的农村人,还是根本没有经历过集体化生活的农村人,他们需要面对着多样化的选择,并且选择的多样化作用着他们的生活方式。

无论将这种形式的商品的出现归结于科技的进步,个体的需求,还是经济利益对商家的刺激,有一点很清楚,生活消费形式的多样化影响着社会中的每一个个体,包括生活在农村地区的人。方方面面的经验证明,集体解散之后,家户农业生产中的劳动力进入了市场,也将其生活带入了市场之中。在市场经济内部,个体利益得到了释放。

**2. 个体生活消费的时尚化**

随着商品化程度的提高,农村人生活消费的时尚化逐渐凸显。无论是从吃、穿、住、用、行方面进行观察,还是根据人口群体特征进行分析,我们都可以看出生活消费时尚化已经成为一种趋势。从个体选择的角度来说,在市场中,时尚消费品也是农村人生活中的一种主要选择。如在改革开放初期,人们崇尚的是"三大件",如自行车、缝纫机、手表等。在结婚的嫁妆之中,这些是必不可少的。如果没有这些"耐用消费品",那么在结婚后人们会想尽一切办法,如"勒紧裤腰带"省吃俭用等,进行置办。

表 4-4　农村居民家庭平均每百户耐用消费品拥有量

| 指标＼年份 | 1978 | 1980 | 1981 | 1982 | 1983 | 1984 |
|---|---|---|---|---|---|---|
| 自行车（辆） | 30.73 | 36.87 | 44.41 | 51.50 | 63.41 | 74.48 |
| 缝纫机（架） | 19.80 | 23.31 | 27.68 | 32.76 | 38.07 | 42.57 |
| 收音机（台） | 17.44 | 33.54 | 42.25 | 50.46 | 56.82 | 61.13 |
| 钟表（只/个） | 51.75 | 68.53 | 89.03 | 104.35 | 132.09 | 151.54 |
| 其中：手表（只） | 27.42 | 37.58 | 55.09 | 68.09 | 91.44 | 109.44 |
| 电视机（部） | — | 0.39 | 0.87 | 1.68 | 3.99 | 7.24 |

资料来源：中华人民共和国国家统计局编《中国统计年鉴》(1985),中国统计出版社1985年版,第573页。

从表4-4可以看出,随着社会的市场化加深,个体追求时尚商品的目标也不断得以实现。从1978年自行车的每百户占有量30.73辆到1984年的74.48辆,个体平均拥有自行车量有了大幅提升。在住的方面,人们在同质化消费中追求的是"遮风挡雨",而在集体解散之后,取向已经发生相应的改变,追求的是市场化的标准,呈现的是一种炫耀式消费观念。因此,住房建设在多种因素的作用下,越来越时尚,越来越新潮,俨然有城市别墅的风格。无论是在建筑设计方面,还是在室内装修方面,其都是对城市潮流的一种模仿和移植。在吃的方面,已经从温饱向营养和健康层面转换。在集体化时期,温饱问题是最大的问题,这是客观事实,可是随着时间的推移,健康问题是最重要的问题。

随着社会的变迁与发展,时尚也在不断变化,从统计数据来看,之前家庭生活的追求已经过时,或者说已经基本实现,具体见表4-5。从某种意义上说,家户生活一直处于被改造的状态之中,不断向着美好的生活迈进。在这条生活改造的道路上,没有终点,只有起点,每一阶段都可谓一个新的起点。

表4-5 农村居民家庭平均每百户耐用消费品拥有量

| 年份<br>指标 | 1990 | 1995 | 2000 | 2005 | 2009 | 2010 |
| --- | --- | --- | --- | --- | --- | --- |
| 洗衣机(台) | 9.12 | 16.90 | 28.58 | 40.20 | 53.41 | 57.32 |
| 电冰箱(台) | 1.22 | 5.15 | 12.31 | 20.10 | 37.11 | 45.19 |
| 空调(台) |  | 0.18 | 1.32 | 6.40 | 12.23 | 16.00 |
| 抽油烟机(台) |  | 0.61 | 2.75 | 5.98 | 9.75 | 11.11 |
| 自行车(辆) | 118.33 | 147.02 | 120.48 | 98.37 | 96.45 | 95.98 |
| 摩托车(辆) | 0.89 | 4.91 | 21.94 | 40.70 | 56.64 | 59.02 |
| 电话机(部) |  |  | 26.38 | 58.37 | 62.68 | 60.76 |
| 移动电话(部) |  |  | 4.32 | 50.24 | 115.24 | 136.54 |
| 黑白电视机(台) | 39.72 | 63.81 | 52.97 | 21.77 | 7.65 | 6.38 |
| 彩色电视机(台) | 4.72 | 16.92 | 48.74 | 84.08 | 108.94 | 111.79 |
| 照相机(台) | 0.70 | 1.42 | 3.12 | 4.05 | 4.76 | 5.17 |
| 家用计算机(台) |  |  | 0.47 | 2.10 | 7.46 | 10.37 |

资料来源:中华人民共和国国家统计局编《中国统计年鉴》(2011),中国统计出版社2011年版,第359页。

对于家户中的成员来说,对于年轻人而言,时尚性消费更是得到了较为细致的体现。无论是集体化时期的年轻人,还是新一代的年轻人,都有着对时尚的追求。集体化时期，年轻人喜欢穿"白涤纶衬衣"、"喇叭裤"等，而今天年轻人穿着讲名牌、抽烟讲品牌，我们不难看出他们对时尚生活的追求。从传统和现代的二元论角度进行理解，崇尚和追求时尚消费，也意味着对传统农村生活的质疑，寻求较为新潮的事物体验，具体来说这就是现代生活方式。如在农村调查之中，我们经常看见有些青年将头发染成各种颜色等。在市场潮流的引导下，在商品化的时空背景之中，对于今天的农村人来说，市场化的消费形式已经完全改变，彻底与集体化时期的消费观念发生了决裂，进入一个个性化张扬的时期。

### （二）生活消费的社会化

个体的生活并不仅仅由市场因素决定。同样，在生活消费之中，个体同样接受着社会规则的影响。在社会性力量的影响下，个体的利益得到了进一步的释放。在农村调查中，我们经常会看到那些"人去楼空"的高档住房，被用木板或者砖与水泥等将门窗封住；也经常会发现，打工者的手机一个比一个新颖和潮流。类似现象在农村社会中还有很多，在此不能一一列举。通过这些现象，我们从中总结出农村生活消费具有攀比性、阶层性等特征。

在同质性的社会中，人们的生活形式并没有多大的差异，但是到分田到户后，由于受田地肥沃与贫瘠、个人勤快与懒惰、对市场行情的把握等因素的影响，家户之间的经济状况有了明显的差异，逐渐走向异质性社会，具体表现在外显的与内在的两个方面。虽然说全国各地注重的形式不太一样，比如有的农村注重的是房屋的修建，有的农村重视房屋内在的装修，有的农村则看重吃喝与衣着等，但是有一点比较清楚，那就是在农村人自己心中有一杆秤，并且衡量的结果会通过不同的口碑进行传递。举例来说，以调查的某个村庄为例，房屋是修建的一家比一家好，一个时期比一个时期好，如分田到户初期注重的是三间瓦房，后来逐渐转向平房，20世纪90年代初期转向两层的楼房，21世纪初期则转向三层楼房，现在出现了四层的小别墅。对于具体的内容，我们会另文论述，这里仅从形式上的变化进行研究，足已看出社会化的影响之深。如果将分析的范围仅仅限制在村庄场域之内，那么不同的房型及其装修的豪华程度，说明村庄内部已经形成了消费结构分化。[①] 生活在熟人社会之中的农村人，每家每户都不愿意落后

---

① 陈文超：《从社会学视角看农民生活消费的现状与特点——以湖北省某村庄为例》，《调研世界》2005年第1期。

于他人，无论是生活方面，还是生产方面。只要有所落后，其会想尽办法进行赶超。其如果对落后没有任何作为，那么就会被贴上一个"落后"的标签。这不仅标识着这一家在农村社会中的地位结构，还决定了这一家在乡土社会中的行动及其关系状态。比如，家户内成员的交往范围、儿女子孙的婚姻问题等。由于地位低下，大部分人不愿意与其进行交往，此家户内成员的行动受到相应的影响，特别是在农村社会之中受到重视的婚姻问题。由于交往范围有限，没有人愿意给其子女说媒，并且在硬性条件不足的状态下，子女的终身大事可能成为一个较为重大的问题。其中，所谓的硬性条件主要指房屋住所问题。在婚姻关系的建构中，其中有一项指标便是房屋问题。如果有房子，女方索要的彩礼会较少；如果没有房子，那么彩礼会加大，把建房的钱加入彩礼之中。所谓有房子，并不是简简单单地说有一个住所，主要指所拥有的房子是否符合当时的潮流。由此可见，在农村社会中集体化的缺失状态下，家户生活消费的异质化造就了生活消费的结构化。在结构化力量的作用下，个体通过能动性不断地进行着生活消费的攀比。在调查之中，犹豫不决的小赵之所以外出打工，原因便在于此。由于家底薄，他结婚的时候只有三间平房，并且平房在当时已属于中下层。为了赶上社会的潮流，两个人在新婚之后就外出打工，几年之后回来将自己的房子修建得与周围家户一样。事实上，农村人修建房屋已经是一种比赛，在竞赛过程中，有人不断地进行超越，也有人不断进行反超越。在这样的状态下，"遮风挡雨"的住所已经成为村庄内部个体地位外显的标志。

生活的内部存在攀比，生活的外部也存在相应的比较。农村人将自身的传统农业生活与城市人的市民生活及现代化生活进行对比时，会发现两者之间存在较大的差距。因此，弥补差距也就成为他们在社会结构作用下的行动。如有的农村人将城市社会中所铺设的地板砖引到农村社会，将汽车开回到农村中，等等。可见，在生活消费市场化中，由于社会结构性因素的作用，个体利益逐步得到释放，涉及面越来越大。

在农村日常生活中，作为曾经被羡慕的城市社会中的物质化形式，在有些农民家里已经实现，如洗衣机、冰箱之类，可是他们当中有些家庭根本不看重物品的实用度。当然，这并不是他们会不会使用和愿不愿意使用的问题。以某个调查个案为例，当我们走进一返乡创业者农村的家里时，其家里的家具并不比城市一般家庭少，洗衣机、冰箱、衣柜、沙发等都一一具备，可是我们打开他们家冰箱的柜门时，发现冰箱并没有开（通电），里面放着鸡蛋和大米等。通过访谈我们才了解，冰箱买了两年，可他们没有开过几次。之所以放着鸡蛋是因为家里老鼠比较多，把它放进去后关上柜门，老鼠就进不去了。从功能的角度来说，冰箱的功能由冷冻、保鲜转为了储藏。我们相信，对于生产厂家而言，这也绝非他们想象的。① 从某种程度上来说，对于冰箱的功能，农村里的人，即使那些没有外出过的人也通过其他途径知道怎么正常使用冰箱。所以，不是冰箱的主人不知道怎么使用它，而是冰箱的功能发生了相应的转变。在访谈中，我们曾和被访谈者谈及冰箱的问题时，问了一个问题："既然花那么多钱去买个冰箱，放在家里又没有什么用处，是不是可以把钱用在别的地方，还比较实用些？"本以为会得到赞同的说法，可被访者说："那怎么行，冰箱是每个家里都必须有的，你看城里人哪家没有呢。"她这一反问使得我们不得不重新思考冰箱的功能。从她的表达中能看出，首先，城市家庭中有的现代化物品，农村家庭也总是在想尽办法拥有。其次，现在农村社会中几乎每家都有冰箱之类的现代化物品，意味着张家有，李家也就必须有。由此可见，冰箱之类的物品在农民的价值观中被视为现代化的象征，也更被视为财富的代表。因此不难理解，为什么他们那么重视现代化物质的外在形式，而忽视其根本性功能。

从外向内看，我们总是习惯性地将他们的消费方式界定为"攀比型消费"②，但是在农村人那里，意义并非如此，相反是一种与日常生活相关的必需品。以房屋为例，城市里有两套或多套房子，那是一种投资行为，而农民在农村中同样有着很大的房屋，并且极力地将房屋建得更高、更加豪华。从以前的毛坯房到现在的三层半豪华小洋楼，从传统的大通间到城市里的多卧室，农民将一大间改成几个小间，以增加房屋的数量。从房屋的外面来看，可谓极为豪华，贴着瓷砖，绘有彩画，用仿白玉石栏杆装饰；但是走进内部一看则有着另外一番景象，光秃秃的墙壁甚至没有刷仿瓷之类的东西，偶尔有一两间房子贴着地板砖，内部摆设缺少必要的家具，空荡荡的。用他们自己的话来说，第三层或者第四层自己都不经常上去。由

---

① 跑车人给我们讲述了当年贵州人对冰柜同样使用的情况。当年他在给别人打工时，跑长途车经过贵州一些地区，那里的居民经常会拦路抢劫。对于抢回去的冰柜，他们用于装一些物品；对于抢回去的电视，他们只要电视机的外壳，把电视机的电路板之类的东西直接拿出来，然后用外壳来装家里的物品。对于这种做法，李强给出的解释是：那里的人不开化，还不知道冰柜、电视机是做什么用的，所以就只能自己"发明"其用途了。

② 陈文超：《从社会学视角看农民生活消费的现状与特点——以湖北省某村庄为例》，《调研世界》2005 年第 1 期。

此可见，他们的生活活动范围经常在第一层或者第二层，第三层及第四层经常空着。对于已经合理利用的第一层、第二层，还仍然有较多的空房。在调查中，我们曾经开玩笑说："到时候住在你们家调查，不知道有没有房间？"他们则严肃地说："一层、二层的房间你都住不完。"农村中房屋的状况并不像城市那样较为紧张，几乎每家的房屋数量都处于一种富余状态。通过对表4-6的统计数据解读，我们可以看出农村人住房现象的变化趋势，也可以看出传统生活改造的过程。

表4-6 农村居民家庭新建房屋和居住情况

| 指标\年份 | 1990 | 1995 | 2000 | 2008 | 2009 | 2009/1990（%） | 2009/2008（%） |
|---|---|---|---|---|---|---|---|
| 年内新建房屋情况 | | | | | | | |
| 新建房屋面积（平方米/人） | 0.82 | 0.78 | 0.87 | 0.99 | 1.21 | 147.6 | 122.2 |
| 砖木结构（平方米/人） | 0.47 | 0.37 | 0.36 | 0.28 | 0.32 | 68.1 | 114.3 |
| 钢筋混凝土结构（平方米/人） | 0.23 | 0.33 | 0.47 | 0.66 | 0.85 | 369.6 | 128.8 |
| 新建房屋造价（元/平方米） | 92.3 | 200.3 | 260.2 | 533.7 | 620.4 | 672.2 | 116.2 |
| 年末居住情况 | | | | | | | |
| 住房面积（平方米/人） | 17.8 | 21.0 | 24.8 | 32.4 | 33.6 | 188.8 | 103.7 |
| 砖木结构（平方米/人） | 9.8 | 11.9 | 13.6 | 14.9 | 15.1 | 154.1 | 101.3 |
| 钢筋混凝土结构（平方米/人） | 1.2 | 3.1 | 6.2 | 13.4 | 14.5 | 1208.3 | 108.2 |
| 住房价值（元/平方米） | 44.6 | 101.6 | 187.4 | 332.8 | 359.3 | 805.6 | 108.0 |

资料来源：国家统计局农村社会经济调查司《中国农村统计年鉴——2010》，中国统计出版社2010年版，第284页。

如果从他者的理性来看，首先从房屋的数量进行评价，农村家庭一般为三口之家或四口之家，何必修建那么多房屋？就算住也只能住一层或两层。回到研究话题来说，何必模仿城市人的生活方式呢？保留农村社会应有的特征才是一种切合实际的方式，符合传统农民的实用主义倾向。可事实并非如此，被调查者认为，在日常生活中，住得怎么样关系到很多方面，比如说孩子的婚姻问题、在村庄内的地位问题、交往范围的问题，等等。从他们的表达之中我们可以看到他们为何要模仿城市人的生活，为何要增添现代性的元素。在农村中，通常情况下，结婚之前首先需要将房子修建好，修得越好，那么来"说亲"的人在同等情况下会较多。反之，会相对较少。在有关调查中，我们经常会听到没有修建好的房子的家庭，其孩子结婚都成问题的说法，这些说法也就会在村里传开，如做父母的没本事、那家孩子不争气、那家家底不怎么样，等等。① 另外，在结婚过程中，不仅仅是房子的问题，现代化物品已经成为陪嫁嫁妆，如冰箱、洗衣机、电视等早几年前已经名列其中，现在这里面多了一些如电脑这样的物品。在现在的农村，网络不那么发达，有的地方甚至没有电脑，但是陪嫁嫁妆仍然有这些现代化物品。

物质化的生活形式在日常生活中的吃、穿、住、用、行方面处处有所体现，而这外显层面的背后，作为摆设的物化形式更多地被赋予了一种内涵，有着一定的文化意义，渗透着其在日常生活中必要的社会功能。由此可见，其在器物层面的象征性意义背后，隐藏着农村人在集体解散之后农村生活的社会化倾向。用他们自己的话来说，不能生活在城里，但也可以过城市人的生活。由此可见，现代经济的发展，使农村人的经济生活发生了剧烈的变化。②

简而言之，人民公社的解散，"三级所有、队为基础"形式的瓦解意味着国家的退出，市场经济中个体的利益得到了释放。在社会结构因素的作用下，物质化的现代生活使农村人对传统生活形式及其内容进行了彻底的否定，形成了改造传统生活的逻辑。

## 第三节　失序生活状态下的劳动形式转变

"把生活过得好一点"，这是在访谈时访谈对象强调最多的一句话。深层次地理解他们的行动使我们相信，这也许就是行动的根本逻辑之所在。所以，在当前传统家户农业生活不太好的情况下，为了能过上城市或类似城市的美好生活，他们需要从形式和实质性内容上改造传统生活方式。对于年轻一代的农村人来说，上述想法没有发生实质性的改变，只是这种改变传统生活的想法比上一代人更加强烈，表现为彻底地否定传统生活方式。相比较来说，这种改造乡村传统生活的方式更强烈、更直接。

---

① 在现实生活中，许多农村人为了房屋的修建可以说是耗费一辈子心血，整个人生的意义也就建构在房屋层面。由于人口生育的影响，农村人中年时为儿子建房，等到老年时，又要为孙辈操心建房的事情。
② 李亦园：《邵族的经济生活》，《考古人类学刊》1957年第9、10期。

## 一 乡村传统生活改造的内涵

在实践中,改造乡村传统生活,也就是改变与农业有关生活的形式和实质性内容,使其不断地拥有更多的现代化的内容,达到城市化或类城市化的生活形式与内容。从动态角度审视,不同的时期,具体的标准不一样,但是后续的改造建立在前一阶段的基础之上。或者说,前一阶段的改造推动着后一阶段的改造向前发展,使得生活水平不断地提高。因此,传统生活的改造是一种持续性的活动,有着前后相承的一体化特性。

在传统生活的改造过程中,主导型的力量有三种,一种是国家层面的制度安排,一种是市场化的力量,一种是社会结构的力量。首先,从国家角度出发,在政治因素的作用下,其大致可以分为运动型改造与组织化改造。对于运动型改造的理解,即在政治制度安排下,人们采取运动的形式来改造传统生活,如社会主义新农村建设运动,通过改造传统乡村生活而达到"生产发展,生活宽裕,乡风文明,村容整洁,管理民主"的现代农村景象。与运动型改造相对,类似升学路径、参军路径则属于组织化的改造形式,如一旦挤过考试"独木桥",那么改造生活也就相对完成。在这之中,随着社会的变迁与发展,标准也在不断地发生改变,如之前通过中考、参军可以实现生活方式的转变,但是随着社会的发展,中考和参军已经不能实现改造生活的目的,只有高考等途径可以实现。相对于运动型改造形式,组织化的改造形式更加直接,有着质的转变。在这个过程中,当事人有户籍制度二元结构下的身份实质性转变,如获取了城市户口等。因此,这一过程也更加严格,竞争也更加激烈。特别是农村人与城市中的个体站在同一起跑线上,由于资源配置的不均衡,不是每一个人都能够通过读书实现改造传统生活的目的。从社会结构的角度来讲,由于婚姻圈外延的扩大,有的女性通过婚姻途径实现了改造传统生活的目的,但对于男性这一条路径基本上较难实现。

农村人如果难以在上述两种形式的力量之下寻找到改造传统生活的路径,相对来说只能寄希望于市场化的力量。在农村社会中,因为没有高考或参军路径而留下来的农村人,一部分人在国家政权的末梢进行工作和生活[1],成为乡村社会中的管理者,另一部分人通过市场的形式来改造传统生

---

[1] 在文献中,这一部分人也经常跳出国家政权末梢,选择用外出打工的方式来改造传统生活。如我们经常可以看到某某地方无人愿意做村民小组长或村长、村委书记之类的报道。

活，借用市场的力量改变生活形式，提高生活水平。在市场之中，改造的形式多种多样，有一技之长的人可以通过技术进入市场，或是经营商业，或是从事手工业等实现改造。没有一技之长的或无法进行商业活动的人，只能从事农业生产活动，从而利用家户农业生产在市场经济中所获得的收入来改造传统乡村生活。

在集体解散之后，家户农业走进市场，个体的利益在多种社会力量的作用下得到了释放，进入市场的个体与家户都在想办法改造传统乡村生活。这才出现了乡村社会的不同阶层结构，其大致可以划分为农业劳动者、农民工、雇工、农村智力劳动者、个体劳动者和个体工商户、私营企业主、乡镇企业管理者、农村管理者等8个阶层[1]。在这类阶层群体之中，对于没有正式性制度资源的群体而言，在资源配置过程中处于较为弱势的一方，他们更多地依靠种地来改造传统乡村生活。

## 二 种地没前途

没有其他途径的农村人，只能通过种地的方式来改造传统生活。在市场经济中，货币化的衡量形式使得种地逐渐"捉襟见肘"。首先，像前文所分析的那样，"人均一亩三分地，户均不超过十亩"的耕地数量使得农户即便在现有的田地的基础之上投入再多，其产出也难以有质的飞跃。其次，市场中农业初级产品处于弱势地位，在与工业产品不相对称的状态下，其货币化收益将会大大缩水。在农村社会中，种地劳动形式维持生存状态下的劳动与消费的协调发展关系可以说是一种较为理想的方式，但是对解决个体利益释放的实际问题相对较为有限。

生活方式不仅仅指日常生活中的吃、穿、住、用、行等方面，也包括精神文化等具有内涵的文化层面。从时间层面来说，这其中不仅要有一定的现实性，还需要有一定的未来性。用农村人自己的话来说，那就是"生活得有希望"。在希望中生活，生活就有了方向，也就建构了生活的意义。在生活中看不到希望，就失去了相应的目标，个体的生命历程也就丧失了动力。对农村生活及种田耕地生活的否定，在于在当时的情境下难以看到生活的希望，这不仅仅是因为城乡之间的差距，其关键性因素在于内在层面，即原有的生活方式。

上班和种地是农村人经常比较的两种工作形式。在工业化以前，仅有

---

[1] 陆学艺：《重新认识农民问题——十年来中国农民的变化》，《社会学研究》1989年第6期。

种地一种工作形式的时候,不会存在选择。因为没有可选,即便不愿意,也不得不从事种地的活动。在工业化出现以后,劳动职业的形式发生了相应的改变,不仅仅有种地的职业,也存在以工业为中心的劳动形式。这时候就出现了比较,出现了社会个体的选择。与种地以农业为中心相对,上班则以工业为中心,有着固定的作息时间。两者之间有紧密的联系,也有较大的差异。在农村人的理解中,其差异主要体现在两点,其一,在科学话语的宣传和造势之下,农业的社会地位不如工业的地位,形式类比后其认为农民的工作不如工人的工作,因为种地要"面朝黄土背朝天",上班则"风不吹、雨不淋、日不晒";其二,种地有风险,当脱离大集体后,这种风险也就相应要由家户进行承担,那么收成并不能有充分保证,特别进入市场之后,不确定性就更加大大增加了。对于工人来说,"砸三铁"之前①,有"铁饭碗"一说,旱涝保收。即使在"砸三铁"之后,国有企业进行改革,进入市场,风险相对之前有所增加,但是相对农民依靠土地进行保障来说,国企工人仍病有所医,老有所养,即生病了有公费医疗、老了拿退休金等。因此,在显现的差别之下,"土里刨食"的农村人自身产生了对原有生活方式的否定。

从调查资料来看,对原有生活方式的否定首先体现在种地的内部效益方面。收益较小或者入不敷出的时候,就算没有上班那种美好的工作方式出现,农民也会对其产生某种程度上的否定。当上班形式存在的时候,否定程度就更加强烈了。

> 一开始就不怎么喜欢种地。不是说种地麻烦,而是种地没什么意思。好一点养活自己,不好时连自己都养不活。那一年我自己算了一下账,收的东西还不够交的。所以,最后就和队上说不种了,直接出去打工去了。

对于税费改革之前生活在农村的人来说,种地不赚钱是一种事实②,大部分人选择逃离到城市中。所以出现了抛荒的现象。经过税费改革之后,种地不赚钱的事实已经有所改变,可是人们对种地的态度并没有多少改变,特别是那些尚未完成九年义务教育的学生,在学校里就等着毕业,毕业后

---

① 所谓"砸三铁"主要是指针对国有企业现状进行改革的措施。具体"三铁"则为铁饭碗、铁工资、铁交椅。
② 陈文超:《农民种地不赚钱:悖论抑或社会事实》,《中共福建省委党校学报》2011年第4期。

就直接出去打工，从未想过留在农村里种地。

> 在农村能学到什么？学到的只有种地。你看现在有几个年轻人在家里待着？在家里的都是些不中用的、没能力的。要有点本事呀，这些人早八百年都出去了。所以呀，能出去就出去，待在家里呀，啥事儿也干不成。

上面这段话虽然没有直接表达"种地没前途"，但无不透露着一种信息，即对种地的鄙视，所以不愿选择在家种地。这就是当前新一代农村人较为主流的想法和表达。其中的原因，一方面在于社会化的要求，人们需要到大城市当中进行感受和体验，很多年轻人的父母很支持自家的孩子外出打工，不指望他们能寄钱回家，倒贴也非常乐意。按照他们的话来说，孩子还小，种地这种力气活又干不了，如果不出去，成天在村里面能做什么？一个人待久了，还容易出问题。无论是抱着不出问题的逻辑，还是有着出去见世面的想法，现在的父母都较为支持自家的孩子外出打工，将他们与农村的种地活动主动隔离开来。对于年轻的农村劳动力来说，种地与他们好像毫不相关，他们也不具备种地能力。因此，无论是对于老一代，还是对于新一代，在他们的意识和行动之中，"种地没前途"已经成为既有的共识。

## 三 打工有面子

在市场化过程中，与农业有关的生活形式已经和社会中个体的追求有了差距和矛盾。这也就成为他们要改造乡村传统生活的一种理由。特别当农业生活形式难以满足其市场化生活消费时，寻找新的方式来改造传统生活也就是社会机制作用中的他们的一种必然行动。

对种地活动及乡村生活的否定，除了内在层面的影响因素，还有外在因素的作用，这主要是由于当时农村社会对外出打工的看法和评价。在改革开放初期，社会中的流动速度并不能和现在社会的流动状况相提并论，呈现一种相对封闭的状态。对于当时的农村人来说，国家与社会为其提供走出农村的途径大概有4种：升学（中专及以上）、参军、招工（定向形式）、婚姻[①]。缺少以上4种途径，如果想"跳出农门"，可能性不高，反而有可能成为

---

[①] 在日常生活中，城市社会中的男性或女性由于身体、年龄、家庭等因素的影响，无法或者很难寻找到婚配对象，通常会在农村社会中进行选择。一般状况下，女性通过这种途径流动到城市社会中的比例比男性依靠这种途径流动的比例要高。

"流民"或者"盲流"①，遭到社会的规训和惩罚。能在城市生活和工作，不仅仅对其本人而言是一种荣耀和资本，也会给与之相关联的农村人带来较高的社会地位、荣誉乃至名望。由此可见，在流动机会较少的状态下，进城打工机会就成为一种稀缺性资源，进城也就成为现实生活中农村人比较羡慕的行动。

当社会二元结构逐渐有所松动，在个体的能动性作用下，打工可以作为一种形式进入城市之后，自然成为大家所肯定和认同的途径。因为除了这种途径，对于资源相对较少的人来说，别无他法，而且此途径正好可以实现他们曾经的理想。从一种整体视角来看，打工是一种正确的选择。从意义建构的角度来讲，打工意味着进城，能看到城市生活的美好。对于长期生活在农村社会中的人来说，这也就使他们"开了眼界"、"见了世面"、"也和城市沾上了点关系"等。从包工头卢国兴所形容自己第一次进城（镇）时那种激动和兴奋的感觉之中，我们可以看到一个从未离开农村社会的人对城市生活的好奇，好奇的满足也因此成为他们炫耀的资本。从这个角度进行理解，也可以看出为什么当时从城市回来的人身边总是围着一些人听其叙述城里的故事。在一定程度上说，这也就在整体上确定了打工在农村人生活中有较高的地位。

如果打工带来的仅仅是好奇，那么农村人对它的认同只会落入一般层面，不会形成一种社会性层面的集体行动，这关键在于打工的形式和所带来的利益。从形式层面来讲，当打工的工作形式和城里人以前的工作形式较为相似的时候，如不用风吹、雨淋、日晒地工作，按照规定的时间上下班，旱涝保收，月月拿着固定的工资，等等，与所处的农村社会进行比较，这也就更加强化了"打工有面子"的评判。实质上，打工不仅仅是名声好听——在城里做比较轻松和体面的活，还能带来比从事农业较好的经济效益。在调查中，我们发现虽然返乡创业者曾经的打工工资每天是3.5元，但是这样的工资在20世纪90年代初期，相对于农村人的收入水平来说比较高。因此外出打工者就会成为农村人羡慕的对象，尤其每月或者每年从外面寄回的打工工资，更是让人们觉得打工是一条不错的致富路径。从当时的情况来看，很多曾经贫困的家庭通过打工不仅解决了生存问题，而且将家里的房屋进行了重建。这些外显的变化更加强化了农村人对外出打工路

---

① 政府在城市管理方面，针对进城就业的农村人出台了一系列政策法规，如暂住证政策等。对于违背（反）这些法规政策的案例，具体参见崔传义《中国农民流动观察》，山西经济出版社2004年版，第425—492页。

径的认同，或者说断定"打工有面子"①。或者说，从他者的行动中，看到了希望，这也就促使其认同和实践打工路径。

如果说像今天这样，大家对这个在当时看来还是"黑箱"的打工有这么清楚的认识，就不会形成所谓的"打工有面子"一说。在改革开放初期，二元结构有所松动，社会流动刚刚开始，外出打工者人数相对较少，还没有形成流动潮，打工存在较高的边际效应，有经济层面的，也有社会维度的。具体来说，在当时的环境下，虽然打工可以为缺少制度性资源的人带来一条通往城市生活的途径，但真正能享受到这种资源的人还是相对较少。因为，对于未出过远门的农村人来说，所掌握的信息非常有限，且咨询信息系统也不像今天这么发达，该去哪里打工，或者说哪里有工可打等问题很难得到解答。由此可知外出打工资源是一种封闭性的资源，也只掌握在一些有关系的人手中，在封闭的系统内进行配置。所以，外显的效果加上有限的规模，自然使得外界加强、升华了"打工有面子"的看法，进而上升到农村社会中的一种倾巢出动的集体行动，产生了一种"能出去都挤着出去"的逻辑。从生活方式的角度来说，"打工有面子"意味着有相应的前景在里面，社会的个体能从中看到相应的希望。因此，农村中的人怀着对各种美好的憧憬，从最开始的为了生活过得好一点到现在的能更好地社会化等，不断地向外走，最终形成了一浪高过一浪的打工潮。

作为传统农村生活方式，"日出而作、日落而息"的种地生活在工业化的侵蚀下，逐渐丧失了原有的优越性。与城市化生活方式比较起来，惯有的种地生活相对有些失色。在感性选择及理性选择下，传统的乡土生活逐渐失去了原来的向心力，许多农村人以打工的方式不断地向城市社会流动，使得村庄的生活秩序发生了相应的变动，渐渐形成了一种"空巢"的状态。简而言之，外出打工改变了传统的生活方式，导致传统的劳动与生活关系开始走向解构。

---

① 事实上，在这里需要区分两种因素。一是结构层面的因素，即打工行动本身所产生的效应，如物质方面、知识面、视野等；二是"打工有面子"的存在也是行动者自身努力建构的结果，如他们回家时的穿着打扮等，无不向外人显示着打工生活的美好，这让他们感到自己很有"面子"。

## 第五章

# 人在工厂：劳动与生活的分离

城市中的生活也许正如想象中那般美好，有时候甚至远远超乎了想象。那是不是意味着农村人在外出之前的想象，以及农村外出打工者向往和追求的生活方式一定能在城市生活中得到实现？事实并非如此，想象归想象，落实到具体的个人层面之后，很多时候想象与现实有着较大的差距。因为社会个体的想象只是停留在自己主观方面，可事物的发展状态并不是仅仅由主观想象与相应的能动性决定的，它还受到外界客观条件的影响。农村外出打工者在外出之前对城市持有高度的热情，可是当其真正在城市社会中生活和工作，由想象走进现实时，现实生活中各种条件的刺激和制约使农村外出打工者的想法随着自身的体验而发生改变。从客观层面来看，这种体验有来自物质文化间的差异而产生的不适应，但更多的是类似情感、阶层、工作等方面的"异化"体验。与之相对，原有的美好想象随着体验的加深及异化的加重逐渐流失或者流变，从而产生对现实生活的控诉和在城市社会中的身心挣扎。在本章中，我们将重点描述和分析返乡创业者在城市打工期间的日常生活。一方面，通过他们在城市社会中劳动和生活状况的具体表现，寻找想象和现实的差距及其身心挣扎的根源所在；另一方面，通过他们对城市生活方式的理解，展示返乡选择逻辑转换的机制，增强我们对返乡创业选择及其逻辑的理解。

## 第一节 现代工厂：压缩了的生活空间

进城打工给农村人带来了好奇，他们见到了在农村没有见到过的场景，可是进城没多久就像包工头卢国兴那样开始后悔了。无论后悔的原因是像包工头卢国兴"停学了五年之后，才后悔没有去读书"那样，还是像搬家公司崔经理那样出来打工而进了监狱，这背后都掩藏或暗示一种社会事实，即农村外出打工者在城市社会中的生活并没有想象中那样美好。迥异于乡村非正式制度的现代工厂制度逐渐形塑着进城打工的农村人，以现代劳动形式改造着他们的生活习性，不断压缩着他们试图扩大的生活空间。

## 一 现代制度下的身体规训

城市生活的美好与繁华并没有因为打工者进城而有所改变，事实上正是因为农村外出打工者的到来而更加繁华和美好。可是这种美好的城市生活在外出打工者的日常生活中很难找到一点美好色彩，与之相联系的则是和打工活动有关的工厂车间、流水线、食堂、宿舍等。充斥于他们日常生活中的事物也大多都是这些，或仅有这些。所以，了解农村外出打工者的身心状态和特征，有必要从打工者的日常生活展开。

无论是沿海的工厂，还是内地的工厂，外出打工者对其有一种较为模糊的划分，即大厂和小厂。对于这一点，刚进城打工的人并不是很明白，只有待上一段时间，亲自感受后才会明白其中的差别。所谓的大小厂之分，主要是从打工者自己的角度来讲的。他们认为大厂是那些规模比较大的工厂。所谓规模比较大，主要体现在三个方面，一是厂房比较多，楼层比较高。二是工人人数比较多。按照他们的说法，两三百人的一般是小厂，600人以上的才是大厂。三是老板不直接管事。如果老板经常来管人，那一般是小厂。大厂基本上有比较健全的制度，如人力资源部、营销部等，老板不会直接管理每一个细节。对于打工者来说，这里就存在选择进大厂还是进小厂的问题。小厂各方面管理都不太完善，但通常充满人情味；大厂的各项规章制度相对较为完善，但是讲人情的地方并不多。以调查过程中被访谈对象讲述的一个故事为例：一个大厂工人在厂内弄丢了新发的工资，随后遗失的工资被厂内同事捡到并上交人事部，拾钱上交者得到了50元的奖励。当失主知道情况前去人事部认领时却被人事部以无法证明那些钱就是他丢的而拒绝。如果换在小厂，只要说一声，老板基本上就会把钱给他。由此可见，小厂较为讲人情，大厂注重规则。相对来说，大厂的规章制度比较健全，管理形式相对较为规范，自然对打工者的约束也比较多，如不能染发、不能有文身、身体不能有缺陷、上班的时候要穿工作制服等。当然，这并不意味着在小厂里打工不受约束，自由自在。在打工者看来，小厂管得不严，是老板没有那么多的精力来管理细节。在老板的精力范围之内，他的严格程度也不亚于大厂的制度规范。简单来说，在大厂中接受现代制度管理，在小厂中接受老板的性情管理。以工资发放的形式来说，大厂发工资现在一般使用银行卡，每月会按时发放；小厂则发现金，有时候用信封装着，发放的时间不固定。至于其他方面的比较情况，具体可参见表5-1。

表5-1　打工者眼中大厂与小厂的差异

|  | 大厂 | 小厂 |
| --- | --- | --- |
| 管理形式 | 规章制度 | 老板性情 |
| 福利保障 | 有一定形式 | 基本上没有 |
| 工作形式 | 分工细致 | 什么都要做 |
| 工资稳定 | 稳定 | 不稳定 |
| 竞争力 | 压力较大 | 压力较小 |

在农村外出打工者的经验中大厂和小厂存在较多差异，但是也有被调查对象在访谈中表示，随着多家小厂联盟组成大厂形式的兴起和发展，大厂、小厂之间的差距在逐步缩小。所以在选择空间足够的情况下，打工者选择进大厂还是进小厂主要取决于个人偏好[①]。

无论是大厂还是小厂，即使是一个小手工作坊也有劳动规定，有现代化的制度安排，打工者不能随心所欲。与农业社会中的生产安排有所不同，农业社会中的安排是一种粗线条式的，而工厂内的安排更加具体和精细。什么时间应该在哪里，什么时间该做什么，工厂的制度中都有比较明确的规定。从安排的形式来说，这种规定主要是从时空性层面进行规制，时间标准是其中一个关键性评判标准。在访谈过程中，曾在一个600多人的鞋厂打工的小黄（在夜市摆摊的小黄）将鞋厂详细的作息时间表展示给我们，具体如表5-2所示。

表5-2　××鞋厂作息时间安排

| 时间 | 地点 |
| --- | --- |
| 7：30—11：30 | 工厂车间 |
| 11：30—13：30 | 工厂食堂 |

---

① 选择进小厂还是大厂，或是进小手工作坊，主要影响因素在于工资、人际关系、劳动强度、雇工者的态度等。

续表

| 时间 | 地点 |
| --- | --- |
| 13：30—17：30 | 工厂车间 |
| 17：30—19：30 | 工厂食堂 |
| 19：30—22：30 | 工厂车间 |

曾经在这个鞋厂打工的跑车人阿科[1]，在访谈中也讲述了他的故事。由于已经过去好几年，阿科已记不清当初进厂的具体细节，但是对工厂的日常生产规则他印象深刻。他的经历也印证了表5-2中有关工厂作息时间的制度规定。

> 早晨7点钟起来，洗漱完毕后，开始吃早饭，到厂里基本上也就七点半，开始上班，中间根本没有休息。如果你这段时间休息了，特别是被拉长看见了，不是被挨骂，就是要扣钱。中午倒是有一会儿休息的时间，这段时间仅仅够吃饭，想休息是不大可能。因为进的是大厂，大厂人多，吃饭的人又多，所以有时候要排队，这就占了很长时间。等你吃完了，也就差不多开始上班了。根本没得时间出去逛逛。下午也差不多，等到了晚上，基本上回到住的地方也就累了。虽然说那里比较好玩，可是也基本上懒得出去。有些女工爱吃些零食，那也基本上是在放假的时候到超市一次买上一大堆，放在那里，等下班回来再慢慢吃。一般晚上，没有什么事情，很少有人出去。所以，一般下班就是睡觉。有时候实在太累了，连澡都不洗，直接躺下就睡着了。等到第二天，醒后一看手机，快7点了，又赶快起来。差不多每天都是这样。

在工厂制度的制约和束缚下，进城打工者的生活被严格划分为不同的模块。在每个一时间段中，打工者的活动都已经被规定好。对于打工者而言，他们所需要做的则是按规定时间进入不同的模块之中，或者用一些现代方式帮助自己进入时间模块之中。

> 厂里面有电铃，就是那种电脑控制的。到了上班的时间，特别是早晨，睡得比较香的时候，电铃响了，有时候恨不得上去把电铃给砸

---

[1] 跑车人阿科曾经返乡创业，与他姐夫合伙跑车。可是，他姐夫有一次在高速公路上开车，由于天气的原因，路面太滑，将车撞在了高速公路的护栏上，撞坏了车并缴了罚款，他也因此终止了返乡创业活动。

了。没办法,还是要起来,有时候真是实在不想起来。如果在小厂稍微晚点没什么问题,只要你今天去上班。因为小厂管理得不严,什么都要老板亲自过问,老板没看见就算了,看见了那就要骂人了,最多就是扣工资。所以,有次生病了几天没回厂,老板都没有发现,工资还是照样领着。大厂就没有那么好了,要刷卡,虽然不是老板管着,是人事部管,但是三天不见你刷卡,那你自觉卷着铺盖走人,也不需要给老板说。至于那个月的工资你也就不要想了。你要找别人说理的时候,他们会告诉你:你不知道厂规吗?进来的时候没看厂规吗?厂规里面有这样的规定,旷工三天以上就走人,自己也就这样不得不算了。

在工厂实践中,工厂要求每一位打工者必须对每一时间模块中的经济活动有着较高的警觉性认识。从上述表达可知,一方面,工厂通过技术装备有效地应对了生理的懒惰等;另一方面,严格的制度惩罚措施更是强化了进城打工者遵循既有的时间模块规定。甚至有的时候,为了追求经济效率,进城打工者的休息活动时间模块也必须让位于工厂的生产效率。

大厂是一个月休息两天,有时候是休息一天。小厂没有休息。[①] 活儿多的时候还需要经常加班,这都是比较正常的事情。在上班时间内,一天要上够12个小时,这还不算加班的时间。如果加班,那时间还要长。对那些年轻的刚去的,很难适应。一般受不了的,就只能跳厂。其实工厂都差不多,看起来轻松,进去以后就知道是啥样子了。所以,像那些十几岁的,一般很难在一个厂待长久,磨得受不了,自己就慢慢走了。

在调查过程中,当我们和其他人一起比较跑车人阿科所在工厂的时间安排时,大家给出的看法是,这种安排形式比自己的好。在他们的工厂之中,一般都采取"点对点"的形式,如"七对七"、"八对八"等。所谓"七对七"是指从早上七点一直工作到晚上七点,"八对八"主要指从早上八点工作到晚上八点,工作时间为12个小时,中间只有1个小时的吃饭时

---

① 对于休息时间的规定,不仅大厂、小厂之间存在差异,不同时空也存在差异,或者说哪里政府部门约束得比较严格,哪里就会按照国家规定安排休息。另外,哪段时间政府部门来查,工厂就会按照要求执行,但是等过了这个风口,又会按照自己的规定进行。如当前东莞地区比较正规,每个星期上5天,休息2天,是按照国家的规定执行。现在由于活儿比较多,一个星期休息1天,即上6天休息1天。

间。另外，还有的工厂采取三班倒的形式。所谓三班倒就是早中晚班形式，一天分为三个时间段，每一个时间段由不同的人来工作。相比较而言，点对点的形式使得打工者难以有放松和休息的时间，除了吃饭、上厕所之外就一直在紧张的流水线上工作。就算是上厕所，工厂之中也都有规定，曾在东莞打工的跑车人小赵对此讲道：

> 上厕所要请假，然后给你个"离位证"。只有拿到证了，你才能离开，不然的话就不能离开。……上厕所的时间一般是3—8分钟。如果离开时间长了，就有人会管你，有时候态度不怎么好。

工厂制度中的时间安排使得现代化的生产得到了有序的保障，这也是劳动密集型工厂能够存在的一个关键因素。① 对于打工者来讲，严格的厂规以及紧密的时间安排让他们成天被束缚在工厂区域范围内。特别是增加一定的劳动量后，工厂限制和束缚会变得更加严重，如早上"赶紧"起来上班、中午"慌张"吃饭、工作时间"紧张"工作、晚上"疲惫"上床睡觉。过严的限制和束缚使得他们不仅难以体验和感受美好的生活方式，还使得其神经始终处于紧绷状态，身心处于一种紧张的状态之中。与外出打工之前所从事的农业生产劳动或学校生活相比较，一些打工者经常有"不如在家"的感慨，"甚至还不如我们干农活时那么轻松，时间没那么紧张"。与外出打工前的想象相比，打工者的梦想似乎很难在这种打工生活中找到踪影。

沿海的工厂如此，处于现代社会中的建筑工地、煤矿等都采用的是现代工厂制度的管理形式，即使是大街小巷中的作坊也是如此管理。由此可见，外出打工者都在接受着现代工厂制度的身体"规训"，即使对于高居一定位置的菜贩商老文来说，现代工厂制度下的管理形式也逐渐压缩着他的生活空间，使他难以喘过气来。从某种程度上来说，现代城市社会中的生产机构，犹如一个较大的现代工厂。只要外出打工，就难逃现代工厂制度对身体的形塑与规训。对此，感慨与抱怨总是一种日常生活中的体验和感受的表达形式，但这种表达形式也许仅仅像斯科特所讲的"弱者的武器"②一样，可以对自我的情感进行调节和释放，但对自己的生活状况没有大的

---

① 在这里也许存在一种博弈，在后文中也会讲到。无论老板按照何种方式计算工资，工作时间越长，工人的产出越高，马克思所言的"剩余价值"就越多，老板获利的空间就越大。但是一方面劳动者的精力有限，另一方面国家的介入使得老板的获利空间得到了限制。

② 〔美〕詹姆斯·C. 斯科特：《弱者的武器》，郑广怀、张敏、何江穗译，译林出版社2007年版。

改变。与此相对，在这种现代性制度的要求下，城市工厂中的打工者不得不"努力"形成一种工作习性，严格地按照规则要求行动，否则"走人"、"炒鱿鱼"就会成为他们要遭遇的城市经历。

## 二 现代工厂中的劳动形式

打工者没能在城市中体验到想象中的城市的美好，现代性制度的残酷反倒让他们不停地抱怨，诸如形式层面的时间安排以及每天重复的单调而繁忙的生活。工厂生产与生活的互动和联系，形成了生活中的"三点一线"，即宿舍、食堂、工厂。在这几个场所之中，重心是工厂中的"流水线"、"机器"等，打工者每天围绕工厂的生产进行转换。在较为紧张的工作状态中，打工者对生产本身也有了相应的体验，但这种体验也并非之前所想象的那样，虽然"风不吹、雨不淋、日不晒"是事实，可是劳动强度大大加强了，远远超过了之前的想象。

在社会分工中，男性和女性的工作有着较大的差异，即使在农业生产过程中，社会性别差异也有着明显的体现。然而，在城市工厂中，"去性别化"已经成为一种事实，不仅男性可以从事女性的工作，如缝纫、裁剪等，女性也可以做一些男性的工作，如建筑工地上的小工、保安等。所以，与其从社会性别的角度来思考打工的劳动形式，不如直接从工作形式入手。在工厂中，不同的活儿有着不同的要求，做不同要求下的活儿也就有着不同的感受和体验。

### （一）流水线上的活儿

在现代工厂中，无论是大厂，还是小厂，采用的生产形式大多是福特制①，也就是流水线式。在这种生产体制中，打工者的劳动任务主要是负责某一个"工序"。众多打工者在流水线上以相互配合的状态完成产品的生产。在劳动过程中，工厂老板或者技术部门有着规定，如必须完成多少数量等，并且随时都有监工、组长和拉长的巡视，谁若偷懒则会受到批评和惩罚。在现代工厂制度规定下，偷懒耍滑相对比较困难，并且在应用各种现代管理形式后，如"金字塔"式的管理形式、计件激励机制等，打工者更是难于从中体会到乐趣，相反感受到的是流水线上的速度得到了大大

---

① 作为资本主义体制下的一种生产方式，福特制是以一种流水线方式组织生产，即把一项工序复杂的产品制造过程划分为不同的细小过程，进而形成一种规模化的运作。

的提高。① 速度的提高，势必使得流水线上的工作强度得到了增加，打工者的手脚根本"停不下来"。

以在夜市摆摊的小黄曾经所在的玩具厂为例。在该厂中，女多男少，女性打工者一般从事流水线上的组装工作，男性主要负责玩具的装箱和搬运。女性成天坐在车间的流水线旁只需双手操作，工作看似轻松容易。虽然流水线上的工作对文化程度没有要求，但对手脚速度有着较高的要求。在分工明确的责任体制下，流水线上的工人反应必须快，当散件传到自己的位置时必须迅速完成组装，并传给下一个工位的同事，继而开始第二轮的工作。一旦有所滞后，产品散件便会在该位置上堆积，而一个工位的速度跟不上会使整个流水线的工作无法正常进行，情况严重的话甚至会影响整个工厂的效益。此种情况一旦被工厂管理人员发现，滞后的工人便会受到批评，而负责该流水线的拉长或组长也难逃批评。如果生产进度受到严重影响的话，滞后工人轻则被扣工资，重则会被清理出厂，而同在该流水线上的工人的奖金和工资也会受到影响。在夜市摆摊的小黄这样说：

> 在这种情况出现之前，我们一条线上的拉长或者组长便会出来批评，认为做事心不在焉。当然对于那些速度较慢的打工者，整条线都会拒绝接纳他/她到这条线上来，或者说进来之后，如果影响大家的速度，则会给其较大压力，迫使其转岗位。

从在夜市摆摊的小黄的表达中可以看出，流水线上的打工者不仅要应付流水线上的活，还要应付一条线上的"关系"。所以，流水线上的打工者无不处于一种紧张的状态，只要流水线不停下来，紧张也就需要持续着。事实上，流水线永远不可能停下来，因为这是工厂老板所追求的利益所在。处于流水线上的打工者也只能在紧张的状态中挣扎。按照他们的话说，"上个厕所都要跑着去，不然速度慢下来，又要挨骂了"。流水线的工作状态不仅存在工厂之中，也存在其他劳动场合，如现在关注较多的建筑工地。在

---

① 我们认为流水线上的计件制使得一条线上的员工处于相互监督的状态，因为大家的利益被连接在一起。当其中有人影响到自己的利益，或者说某个人想搭顺风车的时候，他/她就会被大家排斥出去。在调查中，也碰到大家对那些贴了"手脚比较笨"的标签的人都采取尽量躲的态度的事例。当然，在这里也许也存在另外一种状况，那些"手脚特别出众的人"，很多人也不愿和他/她在一组，因为他/她的速度快，无论再怎么赶，都会给自己面前堆积一堆散件，不仅造成相应的心理压力，还会受到拉长等人的鄙视和训斥。所以，很多人也不愿意和那些"特别能干的人"处于同一条流水线上。

建筑工地的劳动过程中，一般一个大工配备两个小工，大工站在脚手架上负责技术活儿，小工负责拌灰、搬砖之类的体力活儿，两者之间形成一个简短的流水线。当流水线不能正常运转时，如小工供应石灰的量不能满足大工的需求时，小工就会挨骂。长时间这样下去，大工也就不愿意带这样的小工，要求换掉。① 在约束小工的同时，大工也有着同样的约束，因为小工的工资也有相似的计算方式，主要是根据其供应大工的用砖数量来衡量，大工用砖较少，说明自己的速度比较慢，工资自然较低。这时候如果是大工的原因，一般的情况下，小工也不愿意跟随这样的大工干。由此可见，流水线上的工作使其相互之间处于一种紧张的状态，他们根本不可能将手中的活儿停下来。

类似这样的场景在现代工厂之中到处可见。农村外出打工者也将其视为家常便饭，他们会从最开始的不熟悉，受到责骂或者克扣工资，到最后的适应，甚至作为大厂之中"优秀的员工"进行表扬。可是，对于他们的身心来说，是另外一种状况。一方面，从身体的角度来说，眼尖手快使得身体受到相应的影响，这也就像曾在玩具厂打工、现在夜市摆摊的小黄所说的那样，眼睛视力下降得很快，并且以后容易老花眼。另一方面，从心理状态而言，工人们普遍处于一种焦虑的状态②，坐在流水线旁边格外地紧张。简而言之，这种场景自然使得人们想起了卓别林（Charles Chaplin）的电影《摩登时代》，"生活即将被工业化的流水线给吞噬"。

### （二）卖苦力的活儿

流水线的工作形式适应社会分工的规模化生产，因此在当前生产方式中处于主流地位。在农村社会中，流水线上的活儿经常被描述为"稍微动动手"就可以拿到工资的活儿。言下之意，流水线上的活儿不是那么重，也不需要多少文化知识，而建筑工地挖方的活儿、砖瓦厂搬运的活儿、挖煤窑的活儿有些"受罪"。虽然同样不需要多少文化知识，但是劳动强度相对有了较大的提高，完全依靠自身的体力来完成相应的工作。这类在外打工的人也就是人们经常所说的卖苦力，依靠自己苦干谋生。在农村社会中，

---

① 之所以如此，一方面在于施工方包工头的利益以及整个工地的进程受到了影响，另一方面，建筑工地上采取的也是计件制的形式，一天砌了多少块砖，一块砖多少钱，用砖的数量和砖的价钱相乘就可以算出小工一天的工资总额。

② 以往的研究强调打工生活的乏味与单调——每天重复同一项工作，使得打工生活索然无趣。与之相对的则是一种紧张和焦虑。

人们较为担心卖苦力的活儿，不仅工作过程中没有一定的安全性保障，还极度紧张和疲劳。如在沙场卸沙的活儿，当运沙的船来了，打工者负责将船上的沙卸下来。一般情况下，一个人负责一条船，要在规定的时间内将船上的沙卸完。当然也可以请人帮忙，如果这样做的话，钱就要与人平分。所以基本上都是一个人负责一条船。这也就意味着一个人做了几个人的活儿，自然劳动强度也就增加了。曾在外打工的豆腐坊陈说，他之前在广州的一些工地上挖方，一方多少钱，要挖多深都有一定的规定。工头所做的就是将要开工的工程划成片，规定一个人负责多少，然后打工者就在规定的片里开始挖。用他的话来说，"那完全是力气活，把人磨得不行"，所以最后干不了只能回来了。类似这样的经历还发生在搬家公司崔经理身上，他曾在砖瓦厂做搬运工，因为太累留下了病根，最后磨得他受不了，只好离开。由此可见，单独作业的形式，不仅精神紧张，而且较为繁重。在访谈中，包工头卢国兴这样形容自己在烟草局打工时的感受：

访谈者：你回来时候有什么想法？那一个月觉得好不好玩呢？和出去之前想的一样吗？

卢国兴：那时候打工挺好玩的。

访谈者：为什么？

卢国兴：那时候出去打工的人比较少。我停学五年之后到地方上一个烟厂打工，烟草局刚好在那里有个基地。我们文化程度低，只有一把力气一把汗地去背那些砂浆泥呀，废料呀。那些文化程度高的，就在办公室做那些检验之类的工作。

包工头卢国兴的感受是基于和一些坐在办公室的人的工作相比，强调脑力劳动的轻松，体力劳动的繁重。事实上，体力劳动的辛苦使得很多打工者以及社会中的他者将卖苦力的打工活动视为最低层次的打工方式。可是对于许多缺乏知识技能、只有一把力气的农村人来说，这是一种较好的追求美好生活的方式。为了美好的生活，他们只能让自己的身心处于一种挣扎的状态。当实在难以承受时，或者只要有稍好的时机，他们就会逃离卖苦力的人生。

对于无一技之长的农村打工者来说，他们有的只是力气，老板招其进厂也主要看重这个方面。所以，无论工厂的设施多么现代化，打工者的身份注定是卖苦力。

跑车人阿科曾在一个600多人的玩具厂从事搬运工作。他向我们讲，虽然现在太大的纸箱已经不需要一个人勉强去手搬和肩扛,但每天要不停地搬,不停地挪动,很少有休息的时间,并且总是穿不了干净的衣服。他说干完一天活儿下来,"人根本一点力气都没有,脑子里什么都不想,只有趴在床上休息的份"。

工厂的安排按照追求最大利益的原则进行设置。当工作量较少的时候,安排的人数相对较少;当工作量大的时候,安排的人数较多。总之,人尽其力,将打工者发挥到最大极限。打工者对此的体验和反应也只能是一个"累"字。在工厂之中,也许有些人比较羡慕保安的工作,可是在访谈之中,保安对此也有着同样的感受,如每天巡逻磨得脚都起泡、晚上打瞌睡也要出去巡逻或者值班等。由此可见,无论什么形式的打工工作,特别是对于卖苦力的打工者来说,在工厂老板追求最大化利益的规则中,打工者处于被雇佣的地位,只能听从于安排,这也必然使得身心处于一种挣扎的状态。

### (三) 有技术的活儿

如果说流水线上的活儿和卖苦力的活儿是一种没有技术含金量的工作①,有着相应的枯燥、烦闷、机械与劳累的工作感受,那么对于有技术的打工者来说是否不同呢?在调查中发现,无论是否有技术,不管技术的高与低,身心挣扎的体验都存在于他们的打工遭遇和经历中。

在工厂中,没有技术的打工者通常被界定为普工,所做的工作一般像前文所说的那种流水线的工作、搬运的工作等。② 有一技之长的打工者被界定为技工,他们依靠技术谋取岗位,如电焊技工、车床技工、美发师等。技工又分级别,如一级、二级、三级等,不同的级别也有不同,级别越高一方面说明工龄越长,另一方面也说明技术越高。在打工者之中,普工占了绝大部分的比例,技工的人数相对较少,高级别的技工人数往往最少。普工之所以多,是因为任何一个进工厂打工的人都可以成为普工,做流水线上的工人或者车间内的搬运工等,但是有技术的工作不是任何人都可以

---

① 流水线上的活儿与卖苦力的活儿有着相同的性质。流水线上的活儿也可以划分为卖苦力的活儿,但是两者之间又有一定的不同。因为流水线上的活儿多是介于有技术和无技术之间,而卖苦力的活儿纯粹是一种依靠力气来获得相应报酬的活儿。在打工者之中,实质上也存在分层,卖苦力的工作处于最底层,流水线上的工作地位相对较高,而有技术的打工者地位则更高。

② 普工这一说法只存在于工厂中,是对工厂中的打工者进行界定的一种方式,在工厂之外的打工者则不包含在内。

胜任的。① 因为级别高的岗位需要一定的技术，工作者就要有一定的技能训练和培训。在目前的社会之中，学习或培训技术的途径主要有两种，一种是技校、培训学校等正规的训练，并且结束之后给予相应的证书。因为前期要有一定的投入，所以外出打工者很少通过这种途径来成为技工。另一种是非正式的培训，即由普工向技工转换，但这种途径时间较为漫长，并且需要师傅来带，因此也并不是那么容易。在现实生活中仅有少量的人通过这种形式转成所谓的技工，如一些服装剪裁师等。

成为技工比较难，同时技工也有自己的难处。与普工相比，技工的工作形式和工作时间与普工并没有很大的差别，什么时候上班，什么时候下班，都要遵守同样的厂规，没有任何特殊的权力。做得不好，技术不到位，产品出现了瑕疵，同样会遭到老板以及组长或监工的责骂，比如"你又不是属猪的"，等等。在工作过程中，责骂与批评是他们经常遭遇的经历。在工作强度方面，不同的技工有着不同的感受，如经常开车的人，一开就是一上午，使得其对狭小的座位有着厌恶的感觉，能少进去就少进去。目前正在成规模养鸽子的小陈谈到他曾在浙江某工厂做焊工时的感受，他说虽然工资待遇较高，但是长时间的工作、没日没夜的加班使其眼睛和身体很难吃得消。② 在访谈中，一位做磨具的打工者也这样说：

> 烦死了，天天加班，一天加到晚，天天都钻在车间里头。在那儿待了那么几年，连公园都不知道在哪儿，还别说去其他地方了。

长时间的工作使得打工者产生了异化的体验。跑车人李强这样讲述他打工时的感受：

> 那时候比较苦，我和老板两个人开车跑长途，从云南跑四川，一开就是十几个小时，中间有时候经过贵州，还会遇到抢劫的。遇到有人拦车的时候，我们根本就不敢停，一个劲儿地开着。有时候白天是抓紧时间开，为了赶路根本不可能休息，只有到了晚上才找个地方把车停下来。

---

① 从宏观的背景来说，这也与我国当前的生产方式有一定的关系。由于大多数工厂都是劳动力密集型企业，具体来说也就是海外的加工工厂或代工厂，自然对技术含金量的要求相对较低，仅普工就可以胜任相应的工作。
② 其实这里出现了一种矛盾心理，外出打工者经常希望加班，但又非常讨厌加班。因为加班可以获得相应的加班费，可是加班一般是在休息的时间，比如晚上，那么就延长了工作的时间，使得身体处于一种超负荷的运转状态，身体有时候难以吃得消，所以一听到加班的通知，抱怨的心态就会出现了。

跑车的辛苦让身心处于一种紧张状态。与之相同，曾经的跑车人魏老板，也曾因长时间的紧张而导致车祸的发生，此后其身心都陷入痛苦之中。由此可见，虽然不同工作种类的打工者对打工生活有着不同的体验和感受，但技工和普工一样在打工的过程中都承受着过重的身心负担。进城打工之前他们想象的城市生活是按时上班、按时下班，每天下班后就有大量的自由支配时间，可是这样的场景在他们的实际生活中很难实现。因此，进城打工之后的他们不仅没有体会到美好的城市生活，反而得到的感受是打工劳动形式对自我的异化，使自己处于一种极力逃避与挣扎的生活状态之中。简单来说，作为商品的劳动力支撑着城市化及工业化的存在与发展，接受着现代制度的形塑，并以此为代价换得"美好的生活"，如将打工收入寄回家或者反哺家庭经济等，而自身更加强烈的感受却是工业化大生产中所产生的不适应与异化。

## 第二节　身体限度与工资高度

无论是生存理性与社会理性的逻辑，还是体面回来与永远离开的逻辑[①]，农村人外出打工的外在化都体现在"货币"这一具体器物层面。即使对于新一代打工者来说，这种外在的物化仍然是他们的实践目标，甚至是他们最为重要的实践支撑。在调查过程中，我们曾经遇到一位温州某工厂人力资源部的负责人。据她介绍，她所在的工厂大概有200多人，属于一个小厂，她在这个工厂工作了近两年。她对工人工资的看法使我较为感兴趣，"为什么现在的打工者抱怨工资低，其实只要好好干，每个月差不多都可以拿到4000元"。言下之意，那些工资拿得少的，或者抱怨工资拿得少的，如新一代打工者，责任在于自己不好好地工作。事实是否如此，打工的工资又呈现何种状态，这直接关系着他们在打工期间的生活态度。以下我们将结合返乡创业者曾经在工厂中的经历对这个问题进行详细的探讨。

### 一　计件、计时与工资极限

在访谈之中，一些返乡创业者对于之前的打工实践总是这样形容："计时的不要脸，计件的不要命"。无论是采取偷懒耍滑的方式，还是采取"拼

---

[①] 贺雪峰、董磊明：《农民外出务工的逻辑与中国的城市化道路》，《中国农村观察》2009年第2期。

命"的形式,打工者的目的之一就是获得较高的收入。所以,为了获得较高的工资收入,打工者一般都会积极地发挥自己的能动性来应对工厂的制度性规定。在工厂中,工资的计算方式主要有两种形式,另一种是计时的形式,一种是计件的形式。以下我们将具体对这两种工资形式进行深入的分析。

计时工资的计算方式,主要是按照工作时间的长短计算工资。工作时间越长,工资会越高。相反,工作时间越短,则工资较低。对于具体的计算方式,需要用时间的单位进行衡量。为了能够与工作效率进行搭配,工厂基本上采用的是较为精简的计算方式,如月、天、小时等三种形式。按照月进行计时,也就是一个月多少钱。比如 2009 年在襄阳地区打工者的月工资一般在 1200 元左右,温州以及东莞地区则在 2000 元左右。从调查所掌握的情况来看,东莞工资高于温州 200 元左右。稍大的一些工厂为了更有效地提高生产效率,采取的则是以天为单位的计算方式,干一天给一天的工资,不干自然没有钱,累积到月末的时候进行整月发放。比如在襄阳某油厂,其工资的计算方式是按照天为单位进行计算,男性的工资是 55 元/天,女性的工资是 45 元/天①,平均每个月工作 22 天。按照"满打满算"的那种上班形式,大概男性的月工资会达到 1210 元,女性的工资则是 990 元。与按月、天为单位的计时工资不同,按小时的计时工资则更加细化,以小时为单位来衡量打工者的劳动价值,并按小时发给劳动者工资。这种形式经常出现在散工群体中。无论是以月为单位,还是以天或小时为单位,计时工资一般可以包括两部分,一部分是基本工资,一部分是加班工资。具体情况可参见表 5-3。

表 5-3 东莞、温州、襄阳三地打工者工资比较

| 指标<br>地区 | 基本工资(元) | 平时加班(元/时) | 周末加班(元/时) | 国假加班(元/时) |
| --- | --- | --- | --- | --- |
| 东莞 | 1160 | 9.49 | 12.66 | 18.98 |
| 温州 | 1140/1150 | 9 | 12 | 18 |
| 襄阳 | 1150 | — | — | — |

注:根据访谈资料自制表格。表中的工资状况仅为调查时点的工资水平。对于进城打工者工资水平的变动趋势,有学者研究发现,过去 30 年,打工者名义货币工资以年均近 10% 的速度增长。具体可参见卢锋《中国农民工工资走势:1979—2010》,《中国社会科学》2010 年第 7 期。

---

① 对于工资间的性别差异,访谈对象给予的解释则是:工作的工种不一样,劳动辛苦程度不一样,所以工资也不相同。比如说,男性主要负责的是搬运和装箱的活儿,需要较大的力气;女性主要负责贴标签等活儿,需要的力气较少。

所谓基本工资主要是指在相关法律规定下每天工作 8 个小时，一个星期工作 5 天，平均一个月工作 22 天的工资。对于这类基本工资，从表 5-3 可以看出，无论是沿海还是内地，基本工资都维持在 1150 元左右，大约每小时 6.5 元。如果没有加班，也就没有加班费。如襄阳地区某 LED 灯管厂的打工者，每天工作 8 个小时，一个星期休息 2 天，没有额外的补助和加班费用，一个月拿 1150 元。值得注意的是，并不是所有的工人都可以拿到基本工资。基本工资能否全部拿到要看出勤率。在严格的监督下，比如前面所讲的打卡制度、指纹识别措施等，如果出勤率达到 100%，是全勤，则给予发放全部的基本工资。如若出现缺勤的状况，则从中扣除 50 元或 100 元[1]。缺勤也主要指不能随意请假，并且，如果请假超过 3 次，就视为有缺勤记录，那么一个月的基本工资也就只能拿到 1100 元左右。在这种规定下，工厂中的打工者很少有人请假，即使身体不适，为了能够拿到基本的全勤工资，也都会坚持去上班。对此，在夜市摆摊的小黄有这样的认识：

　　厂里面一般不让请假。请假是要扣工资的，一般情况下就是 50 块钱，有的厂高一点要扣 100 块钱。没有人会请假，不请假的话，把班上满，基本工资就全发，上不满就不会全给你。如果你天天请假的话，那扣得还要多。差不多在哪儿都是一样，没有啥差别。在厂里面，没有多少人愿意请假，如果经常请假，别人也烦，你自己也就觉得工资拿不高，自然就要待不下去了。

一星期上 5 天，平均一个月要上 22 天，这也就是所谓的上满班，以此才能保证每月的基本工资。对于加班工资，由于不在正常工作范围之内，一般单位时间内的价格稍高于正常工作时间范围内的标准。根据时间段的不同，具体的计算方式大致可以划分为三种类型。一是平时的加班，主要指在周一至周五正常上班期间内的加班，通常主要是晚上加班。从前面的分析中可以看到，一天 8 个小时，上午 4 个小时，下午 4 个小时，基本上已经将打工者的活动时间占尽，剩下的只有晚上的时间。在一些工厂中，如果按照正常工作 12 个小时计算基本工资的话，那么加班的时间还将持续得更晚。作为休息时间的加班工资，基本上保持在平时工资的 1.5 倍。由于地

---

[1] 在访谈之中，对打工者表达的内容进行分析，可以发现，50 元或 100 元在工厂那里被视为全勤奖。扣除，表示没有相应的奖励，因为有缺勤记录。全部给，表示一种奖励，奖励工作的积极态度。由此也可以看出其中的矛盾。另外，如果按照工厂的表达，那么基本工资还会下降，没有达到 6.5 元每小时的价格。

域因素的影响，比如交通便利、企业工厂的规模效应等，系数会有一定的波动。从表5-3中的数据可以看出，长三角的加班工资系数相对低于珠三角的加班工资系数，但之中的波动并不太大。二是周末时间的加班，即在本该休息的双休时间到工厂加班，也属于额外的工作时间进行生产劳动，所以工资一般也相对高于正常工作范围内的工资，此时间段内的加班工资大概为正常工作范围内的2倍。三是"国假"时间内加班，如五一、十一、春节等，按照国家相关法律规定，工资是正常工作时的3倍，每小时在18元左右。相对来说，国假期间的加班工资最高。这意味着将加大工厂的成本，缩减工厂和老板的利益。所以，在这种状态下，很多访谈者表示，这个时候工厂也基本上响应国家的号召进行放假，除非有紧急情况不得不加班。通常情况下，一般工厂都处于放假的状态。即使打工者非常强烈地想加班，老板和工厂也不愿其加班。这又一次证明了前面的分析，劳动的调配主动权掌握在工厂和老板那里，打工者处于一种"失语"的话语表达状态。

在工厂之中，仅仅依靠基本工资难以满足打工者的有效需求，甚至难以满足自身的生活需求，更谈不上将打工的收入寄回家、存入银行等。所以，为了能够获得较高的收入，大部分打工者都会通过加班来增加收入。对于这一点，我们从打工者每月的工资数额可以看出，每月2000多元，除去基本工资，剩下的则是加班费。对于普工类的打工者，他们的收入增长空间到底有多大，取决于他们的加班费有多少，或者说加了多少班。或许人们总是记着这样一句话，"人有多大胆，地有多大产"，可是结果并非人们想象中那样，没有无限的增长空间。按照月基本工资1140元的标准进行计算，一个打工者每天按时上班，拿到所谓的全勤奖，基本工资为1140元。对于工资收入中的加班费，按照理想状态进行计算，在工厂每天都需要加班，自己也每天有机会加班的状态下，平时的加班费可以拿到792元，周末的加班费可以拿到1152元，所有的工资总和则是3084元。如果遇到其中1天或3天是国假，工资会有适当的提高，大概可以上升到3300元。如果每月能够拿到3300元，保持着这样一种理想状态，那一年12个月的工资最高可以在40000元左右。如果夫妻两个都在外打工，那么全部的收入有80000元。看到如此高工资的打工收入，也要看到其背后付出的劳动辛苦度，每天12个小时的工作量，没有一天休息时间。所以，这个数额的工资也只能停留在想象中。在现实生活中，通过计时来获取工资的打工者，其收入一般维持在2500元左右，偶尔会有一个月接近或超过3000元。具体的情况可参见表5-4。

表5-4 打工者月工资情况

| 个案 | 时间 | 行业（职位） | 月工资（元） | 备注 |
|---|---|---|---|---|
| 养鸽户陈 | 2009 | 电焊（技术） | 3500 | 技术工，夫妻两个一个月有5000多元 |
| 跑车人小赵 | 2011 | 模具厂 | 3000 | |
| 十字绣零售周老板 | 2007 | 家具厂（小组长） | 2200 | 作为组长，每个月的工资高于一般打工者300元 |
| 包工头卢国兴 | 2009 | 铁厂（大师傅） | 3000 | 老员工，有技术的工人 |
| 跑车人阿科 | 2011 | 开车（模具厂） | 3500 | 老员工，自己认为是半个技术工 |
| 烧烤小摊贩崔 | 2011 | 打包（床单厂） | 1200 | |

也许有人会对计时工资的形式给予相应的评价——"计时的人不要脸"，认为他们在工作中总是想"偷懒耍滑"、"消极怠工"，没有那么卖命地去干活，所以工资不那么高。如果按照计件的形式来挣工资，工资则较高。因为，这个时候就没有人会"偷懒"，就会非常卖力地去干。对于这一状况的评价，还是要从具体的情况进行分析。无论是珠三角，还是长三角，在有的工厂之中，工资采取的是计件的形式。所谓计件工资，主要指做好一件成品或者完成一件成品的工序，付给一定的报酬。在单位时间内，付出的越多，劳动工资也就越高。在工厂实践中，计件工资又可以划分为两种形式，一种是个人计件，另一种是集体计件。所谓个人计件，主要指一件成品，个人可以独立完成，然后付给一定的工资作为报酬。在这种状态下，个人会加班加点地干，因为这直接和自身的利益相挂钩，干得越多，获得的劳动报酬越多。在访谈中，一位打工者以他自己为例子讲述了这种形式的操作过程：齿轮上的轧丝工作，轧一个是1.3元，不熟练时一天30个左右，熟练时能轧出六七十个，平均轧一个需要10分钟的时间，一个小时可以做出6个成品，但这之前还需要较长的时间进行准备，如上"刀"等。如果按照每天12个小时的工作量，仅仅进入正式工作的时间，大概每天有10个小时，这样的话就可以做出60个成品，一天可以拿到78元，一个月下来也就是2340元。如果特别熟练的话，速度会加快，大概一天的收入为80～120元。以此来计算，一个月的收入大概为3600元。

每个都想多干，可是时间不够，只有那么多时间，就算自己加班，也没得办法。所以只有自己特别熟练，得到的会多一些。一般这样的活儿，那些经常干的人，工资会高些。像我们这样年轻的比较少，一般也就2000块钱左右，但这已经累得不行了，天天加班，有时候真是受不了。

从跑车人小赵的妻子的表达中可知，即使加班加点"拼命"地干，也总是有相应的极限特别是对于人的能力来说。具体到个人的话，在群体比较之下，其会因此而更加努力地"忘我投入"，不然落后于他者，则显得自己"不行"。对于这种现象，跑车人小赵这样评价他妻子的行为：

> 别人比她一天多挣5块钱，她都要气得跟什么似的，就觉得自己不应该比别人少挣钱。说实话，少挣点也说明不了什么问题，但她就觉得好像不得了啦，少挣5块钱觉得好像比别人笨似的。所以，第二天就要非常卖力地干，不说超过别人，也要和别人一样。如果比别人多挣5块钱，那就特别高兴，就跟小学生考了个满分一样，比吃颗糖还甜。

在这种群体压力的状态下，虽然个体的积极性和能动性被调动起来，但是人无法突破生理极限。所以，无论如何"拼命"，收入相对来说也就维持在一定的范围之内，大概也就像上面分析的那样，一月2500元左右。与计时工资相比，两者之间相差无几。

与个人计件相对，还存在一种集体计件的形式。集体计件主要在流水线上应用得特别多，因为某一件成品需要划分为不同的工序，也就需要不同的打工者合作来完成，对于这件成品的计价方式也只能采取整体主义。如果每一个个体完成的工序都有着同等的重要性，在计算工资的时候则采取平均主义的原则。如果工作量并不一致，则工资的计算系数也有相应的差异。通常一条线内由拉长协调，不断实现有序地配置员工，保证线内或组内人员的工资差异不太大。并且，在群体内部的压力下，集体计件的工资相对稳定，一般平均在2300元/月左右。如果速度过快，生产产品数量较多，那么高的时候能达到4000元。如果生产产品数量较少，低的时候只有1100元左右。在实践中，即使技术非常娴熟，手脚反映特别快，并且大家都愿意听从经济的召唤，可人并非机器，即使机器运转时间长了，不维护，还是要出问题的。对于具有生物性特征的人来说，不仅不能和机器相比，而且如果用机器的方式来运作，其损耗远远高于机器。即便农村外出打工者能够"吃苦耐劳"，能够进行机器式运作，可还需要休息和调整，否则损伤之后的修复费用将更高。由此来看，集体计件与个体计件的形式以及计时工资的形式,并无多大的差异,单位时间内的工资有一定的极限,从所掌握的经验资料来看,大致工资数额难以越过4000元这个临界值。具体可见图5-1。

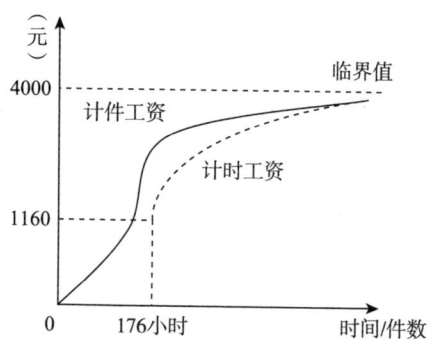

**图5-1 计时工资与计件工资的差异示意图**

说明:工资临界水平主要根据当时工资状况进行绘制。

从图5-1可知,计件工资的形式赋予了打工者较多的能动性,其可以根据自身的熟练程度以及劳动辛苦度进行调整。付出越多,得到的回报越多,这似乎已经成为农村外出打工者加班加点地"拼命"工作的信条。然而,在最初的工作过程中他们可以通过自身的努力使工资呈现较高的上涨趋势,但工资到了一个峰值则增长的速度逐渐下降,与计时工资有着同样的增长速度,难以超过既有的临界值。① 即使工作再努力、技术再娴熟,其生理条件已经达到极限,工资增长也只能是"有心无力"。

对于工资的分析,除了注重个体的能动性之外,还需要注重他者的力量对于工资的确定性作用。在实践中,决定工资多少的他者主要有工厂的老板与工厂的同辈群体。老板追求的是秩序和效率,其中效率是核心,故其对"不要脸"的劳动形式自然有意见。为了避免"磨洋工"的出现,防止将一个单位时间内的工作量拖延为两个单位时间内的工作量,老板在计时工资的劳动安排过程中,要求单位时间内规定的任务必须有效完成,否则打工者不但没有奖金,还会被克扣本月工资。如果超额完成,说明单位时间内的工作量较少,那么下一次的单位时间内的工作量只增加不减少。如果此次完不成,则仍然采用相同的惩罚措施。在同质性群体内,或者在同一条线上,为了应对老板的最大化利益索取,大家认为维持单位时间内的产量和效益就是最好的处理方式,甚至有时会出现"偷懒耍滑"等"不要脸"的形式。如果出现"愣头青"拼命地干,其将逐渐成为被群体排斥

---

① 不同的地区,由于工资差异的存在,临界值也不相同。所以,对临界值的判断,需要根据地域的差异进行。

的对象。由此可见，工资的增长不仅要受束缚于工厂中的老板，还受限于同辈群体间的关系。由此可知，并不是你多能干，工资就会呈现直线上涨的趋势。

  对于"不要命"的打工者，老板肯定喜欢，因为他干得越多，榨取的剩余价值就越高，所以老板鼓励自己的员工多劳动。一方面劳动的时间占据了闲暇的时间，工厂内的打工者就不会有时间打架、闹事与吵嘴等而影响工厂生产秩序。另一方面，打工者干得越多，为老板和工厂带来的利益越多，所以老板也希望打工者在工厂有订单的状态下加班加点地拼命干。同一范围内的其他打工者则不遵从这样的行动逻辑。在工厂内部，打工者由于处于较为封闭的工厂范围中，也可以说是一个类"熟人社会"，相互之间存在一定的比较性关系，为"利益"、"面子"、日常生活中的"地位"进行"较劲"。即使在工资层面也不例外，就像上面所分析的那个个案一样，因为少挣5元而有情绪，决定在第二天的工作中争回这口气。如果第二天难以争回这口气，还是以同样的结果而结束，则说明他者在这个工作中有一定的优势，比如手脚较快。这在计件工作中表现得较为明显，一道工序中或许仅有1秒钟的差异，但经过12个小时的积累，这种差异就会扩大。如果将时间扩展到一个月，相应的差异就会更加明显。或者说，从每天5元的差异，经过长达30天的积累则会变成150元的工资等级，从量变逐渐衍生出了质变。对于拼命干的打工者来说，自己当然是"辛苦换得了回报"，可是对他者而言，尤其是对同质性较高的打工者来说，本身一口"难以咽下的气"，此时则变成了相应的"恨"与"嫉妒"，一方面会给拼命地干的高工资者在日常生活中找点麻烦，给予一定的排斥，如说些尖酸刻薄的话进行刺激。可见他者的行动实践逻辑发生了转变：即使再辛苦也没"你"那么快，说明"你"能力的确高，为了保持内心的平衡，"我"就采取排斥和打击的形式，以缓解自己内心的不快。有时这种排斥还体现在工作中，比如拖延上一道工序的时间，不予以配合，或者有时对于对方需要帮忙的事情视而不见、听而不闻等。另一方面，等级的出现打破了同质群体内部的均衡态势，拼命干的高工资者不仅成为大家"紧盯"的目标，而且大家还会大声地"叫"，如向老板反映"不平等"等。在访谈中，有一做模具的打工者向我们这样讲述：

    谁工资拿得高，其他人都眼红，就跟得了"红眼病"似的。如果高太多了，就更不得了，你比如说，本来以前在一起关系还可以的人，因为工资有差距，就有可能玩不到一起了。有的人还会跟老板说那个人干的活儿太容易,所以干得快些,凭什么他拿那么多,要和他换换。老板为了照全大局,大部分时候还是会换的。就是在我们一条线上,快的和慢的有时还会调一下。

与之相似,访谈中人力资源部的管理人员也有类似的讲述:

> 厂里的老板照顾的是整个厂。你找到他,说别人的工资太高,对你有压力,要走,或许老板会无动于衷,但如果有一群人找老板说感觉自己压力大,要走,老板就有可能觉得事情有点严重。你想,走了大部分人,这个厂没办法开工了。一般情况下,老板也不想让人走,因为培养一个员工,特别是成为一个熟练的工人,需要一两个月,这样的话,有时候还没有收益,人就走了,厂里面就亏了。所以,老板一般会把那个工资较高的人调到其他岗位上,这样的话工资就会平衡些,不会差异太大。听说调去打扫卫生的都有。如果调到一个新的生产线上,那个人落差比较大的话,就是说以前工资拿得那么高,现在工资突然一下差了那么一大截,如果他接受不了,就有可能转厂。一般转厂比较多,但是老板不会留。因为在老板看来,你只会一条线上的事,如果这条线以后不行了,转到那条线上,你又不会,不还是会影响工厂的效益吗?还有就是,走了一个人不要紧,稳定了全厂呀,厂里面的机器还是在不停地转。

与之相对,老板比较喜欢工资不高的人对高工资者有意见,喜欢他们"叫"。因为,他们可以给老板提供一个"压低价格"的理由,特别是对于采用计件工资形式的老板来说。某打工者工作较为拼命,获得了高工资,既然大家觉得他的工资太高了,感觉有压力,那么说明老板给的单件价格太高,在这样的情况下,老板就压低单件的价格,降低他的工资,以此缓和大家的情绪。市场价格不变,压低单件产品的价格,无疑剩余价值空间扩大,"肥"的是老板。等到大家要求涨工资时,老板再根据当前的状况,给予小幅度的上涨,即使按照相关政策法规的要求,给工人增加了工资,但是上涨幅度远远小于下降的幅度。所以,工人的工资看似有了提高,但始终很难回到之前的工资水平。在这种状态下,拼命干的高工资者也就相对较少,一般不会存在特别离谱的高工资者。在现实生活中,在既有的统计数据中,工资的水平状况也都呈现连续性的正态分布,具体如图5-2所示。

由此可见,高工资者因为工资太高而遭到"非议",受到排斥和挤兑;

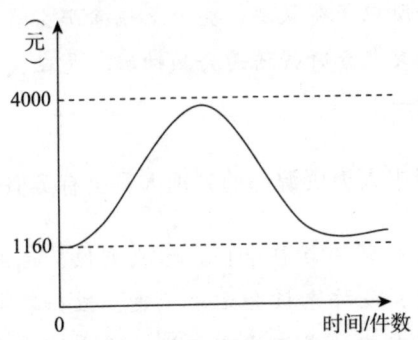

图 5-2　同一工厂中打工者工资的正态分布图

低工资者则由于受工资不高等社会因素以及经济因素的影响，同样会遭到排斥而难以在工厂中待下去，这样工厂中就基本形成了一种较为均衡的工资正态分布趋势。这也就出现了很少有高工资者的状态，即使打工者再拼命地干，在社会因素的影响下，工资相对来说也仍然被保持在一定的范围内。以此来审视为什么外出打工者对创业"情有独钟"，我们就不难理解具有主体性的打工者的选择。

## 二　身体、薪酬与自我认同

工资有一定的限度是客观事实。在社会事实背后，工资隐藏着打工者的行动实践逻辑。所以，仅仅关注工资的限度，缺少对打工者在打工行动上的认识和认同的分析，也难以理解一般性的高工资。当前，在打工者群体中存在一种简单的判断，即"你要别人的钱，别人要你的命"。在调查中，这也是打工者经常诉诸口头的。之所以将钱和命连接起来，是因为认识和认同之中存在相应的逻辑。

第一，有劳动，才有收获。按照经济学的理论来讲，有投入，才有产出。与之相似，在城市工厂中，打工者的收入建立在劳动量的基础上。如前文所分析的那样，工厂的性质以及老板的意图决定了老板与打工者之间是一种市场交换关系。在工厂制度规定之下，打工者的工资也就和劳动量有关系，并且这种关系呈现出一种高度的正相关。工作量越大，工资拿得越多；工作量越小，那么工资就越少。当然，没有工作量，自然也就没有工资。这样的情况在现实生活中经常见到，比如工厂停产，虽然责任不在打工者个人，但是由于没有工作量，没有为老板创造相应的经济效益，也就无法获得工资或者其他奖励。老板或工厂不是福利主义者，对于打工者来说，他们所希望的也不是一种福利主义，而只是希望老板或者工厂不是

"黑心老板"或者"黑工厂"就可以了。当然，他们也知道，没有工作量，也就不要指望老板发工资。由此可见，在老板或工厂与劳动者之间存在最基本的交换原则，即作为商品的打工者出卖自己的劳动力等生产要素，老板或工厂给付一定的工资。对于交换双方来说，无论缺少哪一方，交换都不可能发生。从交换行动的发生角度来讲，除了存在客观性的主体之外，也需要相应的连接物将两者之间的行动予以连接，否则交换仍然不会出现。在现代社会中，农村外出打工者进入城市社会中，在现代工厂进行打工，通过既定的劳动量来实现对货币的诉求；而老板出于追求利润的目的在城市社会中设立工厂，通过产品形式来实现自己的经济价值追求目标。由此可见，两者之间的连接物是现代工厂中的劳动产品，也可以说劳动产品是双方交换的载体，两者通过劳动产品实现交换活动。相对于分析的主体来说，有合格的劳动产品才有报酬，这是打工者在现代工厂中最基本的实践逻辑。

第二，付出和回报是现代工厂中最为基本的交换关系，由此衍生出的行动逻辑是最为简单的行动逻辑。无论对于农村外出打工者来说，还是对于老板或工厂来说，这种简单的逻辑形塑着双方的行动，双方为利益而劳动，或者说为利益而付出。如果将这种逻辑置放于市场经济之中，其合法性与合理性很难受到质疑。从某种程度上来说，其反而强化了人们对这种最为简单逻辑的认识，使人们从不适应向习惯转变。由于市场经济的影响，社会中的个体，无论是城市社会中的市民，还是农村社会中的农民，都已在市场经济体制的形塑下，具有了市场化的观念。如果外出打工者想要获得更多的收入，合法性的途径便是多劳多得。在这里强调一点，不排除有人会采取另外一种方式来增加自己的收益，如提高技术，以此提高生产效率。的确，在所熟识的理论之中，有两种增加个体经济效益的方式，一种是通过提高技术来加快生产速度，使得单位时间内的生产效率得以提高，生产出的产品增多，进而也就实现了个体更多的经济价值诉求目的；另一种则是延长劳动时间，在一定的生产技术下，通过延长劳动时间来增加生产的数量，产品数量越多，所获得的回报也就越高。对于外出打工者来讲，在工厂中虽然也有提升自身技术的可能，但是由于所从事的工作多是普工型劳动，对技术含量要求不高。这也就像他们自己表达的那样，只要你"眼尖手快，就能够做得快"，或者说有力气，就能够"肩挑背扛"。在这种状态下，即使有相应的劳动技巧，发挥的空间也没有想象中那么大。所以，一般情况下，计算工资的方式也只体现在时间层面，一方面是在单位时间内加大生产劳动的强度，即在一定的时间内，标准工作数量为1，可是通过增加劳动强度，发挥和挖掘劳动潜质，将工作数量增加为1.5或2。这也就迫使自己的神经处于一种紧张的状态，不敢有所松懈，否则将会降低劳动效率。在计件工资制度下，这相对也满足了打工者追求更高经济效益的目的。另一方面，为了追求更多的经济报酬，农村外出打工者的惯用做法便是延长工作时间，即在单位工作时间之外继续工作，这是经常所说的加班。在1个单位时间内的工作数量为1，那么在2个单位时间内的工作数量就成为2。这也达到了同样的经济诉求目的。与之相对，其需要放弃的是休息的时间，或者说，用休息的时间来交换市场中的货币。在现实生活中，无论计件工资制还是计时工资制，这两种形式有普遍性，并且已经产生一定的适应性。在计时工资制度的工厂之内，工资按照既定的时间单位进行计算，如一些玩具厂的装箱和搬运等工作，相对增加单位时间内的工作强度毫无意义，不能从形式层面增加工资的数量。① 所以，其只能扩展或者延长劳动时间。无论如何，加班需要付给工人必要的加班费，否则也就没有人愿意加班，如果加班不付加班费，也许会出现消极怠工的现象。反之，加班有加班费，打工者就有积极性，更倾向于加班。因为只有加班，才能拿高工资。当然，加班也就意味着要在超出正式规定的劳动时间范围进行工作，如《劳动法》规定个人每天的工作时间为8小时，在现代工厂中的农村外出打工者每天的工作时间远远超过8个小时。从实质性层面来说，他们所超过的标准已经不是形式层面的国家制度安排的标准，而是各工厂之中潜在的标准，即之前所说的那种12小时工作制度。在这种超长的生产劳动时间中，劳动辛苦度已经远远超过农业生产中的"面朝黄土背朝天"与"汗流浃背"，劳动者产生了一种迥异的劳累体验。对此，理发店小刘这样评价：

  年轻人吃不了打工的苦。在城市里面想出去玩，就没有时间加班，加一点班就觉得累，不加班就抱怨不挣钱。所以，就经常换工作，这个工厂干几天，觉得累，要加夜班，不干了，就去另一个工厂，那个工厂也要加班，活儿又重，又不干了，结果又去别的地方。像这样的人多的是，我那侄子就是这样，跳了好几个厂，不是嫌不挣钱，就是嫌活儿重，

---

① 之所以这样说是因为，从事搬运劳动的打工者如果增加劳动强度，原来需要一天干完的活儿，现在半天就可以做好，但是工资也只按半天的标准来计算。如果在一些小厂中，老板看到了这样的情况，会给予相应的奖励，但这不应该计算在工资之内。如前文分析的那样，老板会有意地在其所获得的报酬中增加一部分，不写备注，双方对此的理解是通过一种潜在的方式进行的。

更主要是不喜欢加班。他现在在玩具厂中做些搬运的力气活儿，有时候装箱，有时候搬货，活儿不重，但钱挣得少，一个月也就一千七八百块钱。和他一样的一个老表，经常加班，一个月能拿到两三千块钱。还有就是我一个侄女，初中没毕业就出去了，开始的时候在麻城市，当时就14岁，后来大了一点去了广东。因为家里穷，那时候就晓得挣钱寄回家，慢慢地给自己家里盖起了一座漂亮的两层楼房。你说那时候工资那么少，这不都是加班加出来的呀！如果按时下班，攒不了多少钱。

比较的方式让打工者明白打工能够为农村社会带回货币的秘诀所在。掌握了这个秘诀的农村外出打工者经常是没日没夜地加班，因此工资相对较高。相反，不愿意加班，工资就相对有限，最终是"难以养活自己"。由此可以发现，在农村外出打工者群体之中，存在收入不均衡的状态，除却技术层面的因素，加班因素在其中占据了重要的成分，毕竟从事技术工作的农村外出打工者是少数，更多的打工者没有一技之长，依靠自身的体力来实现经济诉求。在现实生活中，那些没日没夜加班的打工者获得了较高的回报，寄回家的钱改善了家庭的生活状况，修建了在村庄内颇有面子的楼房[①]。如跑车人李强便将自己打工挣的钱寄回了家，在村庄内修建了合得上社会时代节拍的房屋——楼房。在访谈过程中，他充满自信地说自己的房屋是当时村庄内为数不多的几座楼房之一。因此，在行政的逻辑运作之下，加班的报酬具有更大的意义，如打工的收入所占比重超过了农业的收入，并且是某些村庄社会中的第一大经济形式，支撑着村庄的发展。

日常生活中人们对打工以及打工经济的认识过多地基于结果的层面，沉浸于打工的收获之中，从而忽视了对打工过程的分析，进而难以看到打工经济的实质。打工经济的出现改善了家庭生活、生产等方面的状况，并给农村社会带来了巨大的变化，但这些都建立在加班的形式基础之上。试想，如果缺少必要的加班，那么在工资不高的状态下，农村社会的发展以及家庭的生产与生活状态的改善步伐就不会那么快。在当前经济形势相对来说较好的环境下，新一代外出打工者的受教育水平远远高于老一代外出打工者。按生产要素的配置来说，处于良好状态的他们应该可以拿到更高

---

① 楼房是个体在社会中身份和地位的具体承载符号。无论是在农村社会，还是在城市社会，房屋的状况直接体现个体的经济实力，展现个体的社会地位。对于漂亮楼房的理解，要做简单的区分，因为有些地区注重房屋的外部装饰，有些地区则注重房屋的内部装修与布置。

的工资，至少也应该和老一代打工者的水平持平，根本不会产生"打工挣不到钱"的抱怨。可在实际生活中，恰恰相反，他们不仅没有带回预期的收入，相反有的还需要家庭内部的支持和补贴。为何出现较大的反差呢？现实生活中的人们总是喜欢将其影响因素归结为个人性情，如懒惰、喜欢玩等，但是从社会因素的角度来看，事实并非这么简单。农村人外出进入工厂打工，不管是老一代打工者，还是新一代打工者，都必须完成规定的工作量。对于新一代的农村外出打工者来说，即使他们再懒惰，规定的工作量必须完成。在实际工作过程中，他们也的确和老一代农村外出打工者一样完成了规定的工作量，如果不完成规定的工作量，将会被视为"违背工厂的规章制度"，会被辞退。如果说规定的工作量是硬性要求，具有刚性的作用，那么加班的工作量就是软性的要求，具有一定的弹性，即可加班，也可不加班。在老板或工厂的运作逻辑之中，通常愿意加班的打工者才是老板或厂方比较喜欢的员工。对于这一点，我们将在后面的讨论中重点分析其中的原因。如果可以加班，老板会安排打工者在相应的时间段内加班。当然，对于社会中的个体来说，虽然有相应加班形式的制度安排，但并不是所有的老板或工厂都有加班的要求。即使在同一工厂内，也有不同的形式，打工者可以遵循较为自愿的原则。个体有了一定的选择空间，可以选择加班，也可以选择不加班。如果有的老板或工厂强迫要求所有的员工都加班，则会出现之前所说的那种现象，受不了的新一代农村外出打工者会主动离开该工厂，寻找那些劳动较为轻松并且没有硬性加班要求的现代工厂。显然，这也就出现了收入不均衡状态，加班的打工者收入就相对较高，不加班的打工者收入只能是基本工资，有时甚至没有奖金，因为现实生活中的奖金更多地和加班相挂钩。不喜欢或不适应加班的新一代农村外出打工者难以获得较高的收入，特别在与老一代外出打工者参照性群体对比下，收入显得非常有限。由此也就不难理解为何当前新一代农村外出打工者所获得的打工收入较少了。实质上，这并不是因为其懒惰，而是超出常规的工作量使其难以承受，进而只能选择在其能承受范围内的工作形式。在这里，通过分析，我们可以清楚地看出所谓的"加班"形式并不等同于我们通常认为的那种加班，两者之间存在形式上的不同。在国有企业之中，或者说在以往的认识中，加班是指一天8小时之外的工作，是一种非常态化的形式，偶尔也会在正常休息时间内工作，如节假日等。农村外出打工者的加班虽然说也是正常休息时间范围内工作，但是他们的休息时间范围相对来说较短，按照分析来说，在工厂制度要求下，一天工作12个小时，在12

个小时之外的时间内工作才算是加班。如果用这种标准来考核新一代农村外出打工者的工作形式和劳动态度，那么不能承受者自然就被贴上了"懒惰"等标签。相对来说这是学术界一些研究与分析的着力点，可在我们的分析中，常态的加班形式使我们认为这并非事实，这只是一种参照老一代农村外出打工者的价值判断而做出的界定。①

因此，对之前所分析的简单行动逻辑进行深入分析，我们可以发现其内在包含一种深刻的内涵和指向。打工经济收入的支配性原则在于打工者超长的工作时间，并非自身的技术。相对来说，工作时间越长，工资就越高，这强化了打工者对打工的内在或本质的认识，即依靠身体状况来换取相应的货币数量，付出越多，获得货币数量也就越多。简而言之，在形式层面，个体的货币数量随着其自身的付出呈现增加或上升的趋势。在现实生活中，这是一种存在于打工者群体之中的"常识"。我们曾经看到类似的报道，工厂更改原有的制度，放弃原有的"加班"形式，采取正常的工作制度，却引起了工人的不满，引发了上街游行示威集体行动，工人要求恢复原有的加班规则②。由此可见，在现有条件下，深知打工经济秘诀的农村外出打工者为了获得高收入不得不强烈要求加班，否则所获收入很低。在多种力量的形塑下，加班在他们那里已经成为一种习惯，没有了加班，反而不习惯。

第三，在这里我们也应看到另一个问题。人的精力和体力是有限的，用有限的精力和体力去交换日常生活中的货币数量。相对来说，这种交换已经远远超出生产劳动的交换范围，也超出了人们的日常理解。若上升到理论层面，总体是有限的，交换是用总体与他者进行交换，交换所得的物品，如货币数量也并未用来补偿总体，可以说，总体一直处于一种亏空的

---

① 事实上，回到老一代农村外出打工者的时空之内，也就是在他们20多岁的时候，他们在劳动生产中是一种什么样的状态？是否也曾被他们的上一代贴上"懒惰"的标签？当过了此阶段之后，他们是否从"懒惰"之中转换过来，变得"勤劳"、"吃苦耐劳"？这在一些已经成家及有了下一代的农村青年打工者身上已经逐渐体现出来。因此，有这样一种观点，即当前新一代农村外出打工者的劳动表现是由于其处于社会化时期。简而言之，每一个社会个体都或多或少会经历这个阶段。当然，这个阶段的影响因素是复杂多样的，如上一代为其做好了一切事情。对于这个观点能否成立，还需要进一步论证。

② 回顾历史，人类曾经为8小时工作制而不断地抗争和努力，特别是通过集体行动来表达，如游行示威等。可是，对于现代工厂中的打工者来说，当工厂主动减少"加班"时，却引起了他们的抗议。具体可参见符吉茂《工厂不加班工人不答应上街游行"抗议"新决定》，《羊城晚报》2011年11月18日。这一截然相反的要求和相同的做法，不得不引起反思：其为何要反对减轻工作时间的做法？从某种程度上来说，这更加证明了上面的观点或者从"加班"这个角度切入能够发现打工过程中更多的问题。

状态。在现实生活中可以看到，农村外出打工者加班之后的收入大多寄回农村，用来修建房屋等，其对自己则十分"苛刻"，如舍不得吃、舍不得穿，等等。特别是在"为了体面回来"或"永远地离开"逻辑之下，此类束缚性作用也就更加强烈。因此，"加班"过程中的个体处于一种逐渐被"掏空"的状态。可见，"加班"形式下的交换是一种"内耗"行动。从个体有限的总量来说，这也就决定了这种交换并非长久之计，只能是一种暂时性的行动，是一种非稳定性和长期性的活动。当内在的能力消耗完的时候，交换也就无法发生。因为作为交换一方的农村外出打工者无法再生产出相应的产品，交换便丧失了对应的载体，交换行动就会消失。这也就是农村外出打工者所表达的："你要别人的钱，别人要你的命"。在调查中，一些被调查者讲述了发生在他们身边的故事，当谈到所拿的工资时他们往往流露出羡慕之情，可是谈到付出时，又不得不回到现实生活中来。在调查过程中，有一位梦想外出打工的学生这样讲述：

> 我周围的人都出去做裁缝，有的在武汉，有的在广州，有的在北京。广州给的工资最高，我姐她就在东莞做。当时她出去后，做了一年的学徒，然后就自己单独做了。他们做裁缝的工资并不比其他人少，有时一个月可以拿到快1万块钱，但是每天要工作16个小时，每个月大概有一天的假……很辛苦。每次我姐都跟我说要好好读书，不到万不得已就不要出来打工，说打工太辛苦了，受不了。她现在身体、眼睛都有些受不了……她经常说，等到攒到50万块钱的时候，就不做了，回来做生意。

从上面的讲述之中可以发现，近万元的工资在打工者群体中非常少，可是每天工作16个小时在打工者之中也是一种极具挑战性的工作。仅仅从一天的时间来讲，一天24个小时，工作16个小时，即使将吃饭等算在这个时间范围内，也只能剩下8个小时。按照个体休息时间的需求来说，8个小时也只能用于休息，以恢复身体机能。由此可见，其在一天时间的分配中，除了上班，就是睡觉。如果说偶尔一两天这样工作，还可以通过以后的休息进行调整，可是长期这样下去，调整与恢复的可能性也就从物理层面缺失了，只能使得身体处于一种亚健康的状态。这也就是分析中的加班掏空机制，看似通过不停地加班获得了较高的工资，但换回的是身体和眼睛的不适。当然，在这16个小时之中，身体受到工作制度的规训，该做什么、不该做什么都有着明确的要求。相对来说，除劳动形式与生活单调之外，对个体产生的严重影响具体表现在身体上。

因此，从分析之中，我们可以看到交换形式的实质，无论是感性的人，还是理性的人都会觉得有些非理性。特别是当"命"和货币相联系的情境下，人们会反思日常生活中的天真，现实生活中的个体过多地沉浸于打工的阶段性结果之中，而忽视了内在的实质。对于现实生活中的打工者来说，其由于处于较为弱势的地位，没有也不可能参与交换规则的制定，只能遵循交换原则，进而变得更加工具化。这好比之前所说的那种生计策略或家庭策略的需要，只要拥有或获得满足相应需求的结果，根本不在乎其过程。这就好像经济效果的光环效应已经远远遮盖了其他实质性的影响，打工者最后只能是在交换过程中被剥夺了"命"。

第四，"你要别人的钱，别人要你的命"的表达之中更透露着打工者和雇主（老板或工厂）之间的双重关系。一方面是"利益共同体"的关系，所谓"利益共同体"主要强调形式层面的交换关系和利益关系。具体来说，打工者消极工作，生产出的产品数量和质量受到影响，老板的利润就受到影响。同样，老板缩减产品数量、缩小市场规模也会影响到打工者的利益。当产品市场受到影响时，单位产品的价格下降或上升，直接关系到双方的利益。因此，双方之间也存在共同利益之说。并且，共同利益之说还表现为双方的追求较为相似，打工者追求经济效益，老板或工厂的目的与动机同样在于追寻市场中的利润。虽然有着同样的行动动力，但是二者在实施过程中的实质性地位并不相同，这也是打工者与老板或工厂关系的另一方面。在现代工厂之中，作为规则的制定者，老板或工厂具有主动性，并占据支配性地位，即使在当前"民工荒"的状态下，仍然有主导性的作用。与之相对，农村外出打工者处于被支配的地位，是共同体中被他者所左右的个体，只能服从相应的规则。由于生产资料的私有制形式，干活有工资，可并不是全部劳动所得，所以在共同分配资源时，老板占据了生产劳动的剩余价值，农村外出打工者生产得越多，老板和工厂所获得剩余价值将越大。从身份层面来讲，农村外出打工者也只能归结为老板或工厂赚钱的工具。在利益动机驱使下，加班也就成为老板和工厂经常使用的工具，并且他们鼓励员工加班。当然，在市场萎缩的时候，他们则采取相应的措施来减少加班，进而使得既得利益最大化。在这种状态下，可以说打工者的加班要求正合老板和工厂的心意。从某种程度上来说，这只是强化了"命"和"钱"的联系，加快了打工者被"掏空"的进程。因此，整合上面的逻辑，农村外出打工者的劳动生产过程也就可以用"你要别人的钱，别人要你的命"来概括。

第五，反思既有的研究，无论是从生存理性向社会理性转换，还是从生存利益向发展利益转变，其都无法否认打工的形式及其所承担的功能。简单来说，打工是农村人从农业生产方式走向工业生产方式的一种途径，从传统乡村生活走向现代城市生活的一种工具。在我们所经历的打工阶段，社会流动过程中有关"打工"的好名声或者农村社会中个体对打工的认同有多方面因素的影响，可以说是多元化力量作用的结果。其中，最为关键的一点便是加班这种形式。当除去加班之后，打工者进入一种正常的劳动生产状态时，结果也将会发生变化。如果将打工经济和种地经济相比，打工也许还不如种地产出的多。因此，为了维持打工经济的地位和评价，无论是老一代打工者，还是新一代打工者，他们都需要经历"加班"，也都有着"你要别人的钱，别人要你的命"的体验和表达。

在农村外出打工者的判断之中，"你要别人的钱，别人要你的命"的表达更多地带着一种否定的含义。从某种程度上来说，揭露了一种事实，其对这种事实采取一种否定与排斥的态度。这正如在调查中一些创业者所说的那样，如果不出来创业，也只能是"拿命换钱"。由此可见，当具备一定的选择能力时，社会中的个体将会脱离打工劳动形式。因为，包括老一代农村外出打工者在内，如果没有具体的条件限制，没有人愿意在这种行动逻辑下进行社会交换，毕竟其是一种不对等的交换。对于新一代农村外出打工者来说，他们当然不希望以"命"来交换相应的货币，特别是在没有生存压力的状态下，他们更不会选择这种交换方式。如果哪个工厂有这种交换方式，他们的具体做法则是"跳厂"。由于社会评价注重的是市场的产出和结果，新一代农村外出打工者的选择行动并不能得到肯定与认同，进而行动的主体在矛盾的状态中只能放弃原有的选择，选择社会大众所认可的行动。以此来解读学术界赋予新一代农村外出打工者的行动意义，所谓的"理性的转变"、"发展的利益"等都有些脱离客观实际①，或者说并非

---

① 对于新一代农村外出打工者行动的评判已经是当前社会中的热点问题，我们希望通过既有的定位来重新思考中国劳工问题的走向以及中国社会的发展。但是，过于借用这种单线进化论的思想，存在一个问题，即总是强调他们所处的环境不同以及相应的行为变迁，等等，这并不能触及问题的核心所在。在本研究中，根据已有经验资料的分析，我们认为，新一代农村外出打工者之所以迫切地寻求新的出路，将返乡创业作为自己将来的打算，更多地反映了其当前所处的一种困境。我们具体用这一节中的"加班"形式来进行分析可知，年轻人不能承受加班或者不想加班，也就是打破原有的加班形式，因此从打工所得到的回报就相当有限。这在老一代打工者看来，特别是在与自身所处的时空标准进行相比，更不用说和当年的他们进行比较，新一代的做法很难得到肯定和认同，实质上遭受的则是一种否定和排斥。相对来说，这种话语力量又形塑着新一代的行动，迫使他们寻找新的行动方式。所以，我们认为，他们不是问题的新一代，而是在打破老一代所建立的标准之后处于困惑之中的新一代。

建立在社会事实的基础上。当然，行动指向是为了更好的生活，对老一代农村外出打工者来说是如此，所以他们忍受了"加班"的形式。对于新一代农村外出打工者也不例外，在"生活"的作用下他们极力想摆脱这种加班形式，特别在"前人"经验的示范作用下，对这种"粗放式"发展方式更加厌恶。或许，这也就意味着，随着越来越多的打工者明白打工过程中加班的形式和实质，越来越多的人将从打工行动向其他职业行动转变。

实质上，当新一代农村外出打工者逃避加班形式之后，其所获得的收入也就逐渐不能满足个人及家庭存在与发展的需要。在结婚后，现实生活中货币需求量不断增加，个体将需要强迫自己适应加班的形式，或者转向从事其他职业。

## 第三节　情感、关系与工厂生活

农村外出打工者在城市中的关系体现在两个方面：一是与城市社会中陌生人的关系，二是与农村社会中熟人的关系。从调查的资料来看，无论是与熟人的关系还是与陌生人的关系，都处于一种悬置的状态。所谓悬置，主要指农村外出打工者将与他人的关系置于一种不投入或投入较少的状态，好似悬在半空中一样。但这并不表示关系的破裂或者僵化，只是强调不经常联系。

不论是农村外出打工者的主动选择，还是客观条件下的被动反应，悬置状态的出现都有一定的外部性因素的影响，并直接影响他们的工作与生活。对于那些已经返乡创业的实践者而言，关系与情感的悬置是其身心挣扎的主要原因之一，也是其决定返乡创业的关键因素之一。以下我们将从城市与农村社会两方面对其进行具体分析。

### 一　城市生活中的陌生人

"出远门打工"意味着农村外出打工者需要悬置部分原有熟人社会中的关系和情感，同时适应陌生城市的生活。与城市人因时空距离形成的疏离感强化着外出的痛苦，在双重结构性力量的冲击下，农村外出打工者只能作为在城市生活的陌生人"焦虑"地存在。

学术研究对农村外出打工者与城市人的关系，强调"排斥"的概念。

一方面，农村外出打工者由于自身的境况与城市人形成一种"主动排斥"，不愿意和城市人交往，自我隔离；另一方面，城市和农村之间由于社会经济文化隔阂而存在一定的差距，城市人给农村外出打工者贴上了"素质低下"的标签，不愿与其打交道，形成一种"被动排斥"。在现实生活中，并非完全如此，城市人与农村外出打工者无论工作还是生活都很难在同一时间内发生互动，也就不存在所谓的"排斥"一说。特别对于住在工厂中或工厂周围的打工者来说，即使想和城市人发生互动，也没有充足的时间和机会。也许在工厂中，老板或者一些管理层属于城市人，但是这种关系仅仅停留在雇佣和被雇佣的层面，双方之间的交往并不涉及情感。

相对于工厂中的打工者而言，在城市中打散工和从事商业经营的农村人则在工作事务中与城市人有着或多或少的联系。农村外出打工者为城市人服务和打工，或是找城市人办事时，便存在某种雇佣关系或利益关系，一般很少涉及感情和建立长久的关系。

生活中的"居住分区"① 使得交流相对较少，农村外出打工者与城市人不可能有深入的交往。其交往更多的是工厂中的同质群体。"朝夕相处"使得大家之间相互了解，日常生活中打工群体内形成了老乡关系、朋友关系以及婚姻关系等。同时，不同关系中竞争或合作的性质决定了彼此间不同的情感状态。特别是在利益分明的情况下，竞争关系迫使他们将感情悬置，隔阂和疏离取代了必要的关心。他们经常有这样一种表达：虽然住在同一个宿舍，但是彼此之间缺少必要的交流，有什么心里话和委屈也只能咽进肚子里，或者蒙着被子一个人哭，甚至有时候还不能哭出声，害怕他人听见。即使在恋爱中，双方之间的关系也处于一种悬置状态，工作的不稳定性使得大部分人对爱情抱着"玩玩"的态度。所以，在陌生的城市工厂中，农村外出打工者经常是老乡之间"抱团群暖"、"扎堆取暖"，以此缓解精神焦虑与紧张状态。然而过多的"老乡找老乡"、老乡会林立使得一些群体性事件成为可能。作为关注工厂生产效率和秩序的工厂或老板，则不希望工人扎堆聚集，并从招工流程到管理部门把关，杜绝一个地方的人在同一个工厂中过多，或者说一条生产线上的人过多等。

在正式制度与非正式制度的约束下，日常生活中的农村外出打工者找

---

① "居住分区"强调社会分层导致的居住格局的变化，比如城市人所居住的高档豪华小区很少有农村外出打工者居住在内，而农村外出打工者居住的区域，由于公共服务设施、社会经济地位等因素的影响，城市人逐渐主动搬离。因此，人们的日常生活形成了"居住分区"格局。

老乡也不是那么容易，有时候自己处于休息状态，而对方处于工作状态，难有交流的机会。即使同一宿舍的，也会如同面对"熟悉"的陌生人，没有交流和沟通的可能性。紧张与劳累的打工生活使得具有主体性的打工者只能悬置原有的感情。

对于农村外出打工者来说，城市生活中难以找到应有的情感寄托，只有加班加点地劳作，这正是工厂和老板非常期待出现的场景，而希望生活丰富多彩的打工者也只能向"钱"看。回应之前谈到的话题，当工资收入进入内卷化的状态时，选择也就发生相应转向则成为客观性事实。

## 二 隔离的乡土关系

信息化社会中，工业技术带来的"时空压缩感"[1]对于在城市社会中的打工者而言，表现并不明显，取而代之的是强烈的"时空剥夺感"。他们中有的独自来到城市打工，有的则举家迁移到城市进行打工，不论哪种方式，存在于乡村社会中的亲情与关系依旧无法割舍。时空距离的存在使他们无法同时兼顾进城打工与乡村日常生活，只能二者取其一。在各类因素的影响下，他们大多选择出远门打工，乡土关系因此在隔离中不断地淡化，其自身的情感也处于异化的状态。

打工者进城打工意味着在空间层面与农村社会分离。这种距离或近或远，近的相距几十公里，远的则会出省甚至跨出国门[2]。无论距离的远近，只要不处于同一地域中，相互间走动的可能性便极低。尤其是对于进城打工的农村人来说，之前那种面对面的互动已经发生了彻底的改变，具体表现在夫妻两地分居、代际隔离以及与亲朋邻里间情感关系的悬置等。

### （一）夫妻分居

夫妻分居主要指夫妻双方由于地域的作用居住于不同的地区，如丈夫居住在甲地，妻子居住在乙地。对于农村外出打工者而言，家庭中的夫妻分居是由外出打工所造成的，而非法律上的用于调解夫妻不和的分居。空间距离的存在致使两人缺少面对面的互动，分居时间过长容易导

---

[1] Harvey, David, *The Condition of Post-Modernity: An Inquiry into the Origins of Cultural Change* (Oxford: Oxford University Press, 1989), p. 240.

[2] 在安徽一些村庄内，一些打工者选择到国外一些地方打工，如刚果、利比亚等，主要从事建筑工作等。

致家庭的破裂。农村外出打工者家庭内的夫妻分居程度往往较高，主要表现为分居的时间长，一般以半年时间和一年时间居多，有的则更长；其次表现为分居的距离远，有的虽然较近，但在工厂制度的约束下也很难见上一面。

农村外出打工者中的夫妻分居形式主要有两种类型。第一种是夫妻双方一方居住在农村家中，一方外出打工。居住在家中的这一方既有可能是妻子，也有可能是丈夫。在现实生活中，留在家中的多为女性，其中的原因是多方面的，如农村传统的生活模式——男主内、女主外、女性需要照顾小孩及老人、女性在社会上不好找工作等，她们也多被社会贴上"留守妇女"的标签。据叶敬忠等的调查发现，留守妇女年龄为36—45岁的超过半数，26—35岁的占29.0%，婚龄集中在6—25年。①

第二种是夫妻双方都外出打工，但是并不在同一个区域范围内。具体细分为在同一个城市内打工和不在同一个城市打工。不在同一城市打工的夫妻，因为距离太远，即使放假也无法团聚。究其内在原因，一是物理空间的存在阻碍了双方面对面的互动；二是难以支付面对面互动的成本。虽然现在交通比较发达，动车、高铁朝发夕至，可是他们面对票价也只能"望票兴叹"，"想都不敢想"。特别是将一张车票的价格与其月工资进行对比后，"绝对理性"的他们即使面对两个小时的车程，也会考虑经济问题，再加上在现代工厂制度下，一天或两天的短暂假期更易使他们主动放弃团聚的机会②，而选择简短的电话问候③。

对于在同一个城市打工的夫妻来说，如果不在一个工厂之内，又没有夫妻房④的待遇，就只能通过在外租房解决分居问题。如此虽然可以保证见面的机会，但其也无法像传统社会中那样"朝夕相处"，因为从事的工作不一样、上班时间不一致等，特别是加班到很晚，两个人回来后也很少进行沟通和交流，因为第二天还要很早去上班。如果他们考虑经济问题没有出

---

① 叶敬忠、吴惠芳：《阡陌独舞——中国农村留守妇女》，社会科学文献出版社2008年版，第1页。
② 在访谈中，很多农村外出打工者表示，一般情况下，放假时不会去对方所在的城市。因为时间成本与物质成本都投资在路上，见面和团圆的意义大打折扣。不过，如果假期时间长一点，有一个星期的话还是会考虑的，毕竟一个人待着也很无聊。
③ 之所以简短，关键还在于钱。在现实生活中，通过对一些厂家经济行动的观察，也可以发现话费问题迫使农村外出打工者不会通过电话长时间聊天。
④ 由于多种因素的影响，一些工厂逐渐实施人性化的策略，采取夫妻房的形式安排有家属的打工者的住宿，但这种形式只是在少数工厂存在。

去租房，直接住在宿舍，由于工厂大多采取男女分开居住的形式①，他们仍然处于一种事实上的夫妻分居状态。

> **访谈者**：为什么不待在广东回来了，你先前不是说广东机会多吗？
> **美发张**：起初是不太想回去，我走出了农村，没过多久就回去好没面子嘛，人家会说我不能干。
> **访谈者**：那什么原因让你回到家乡了？
> **美发张**：也没有什么大的原因。一是我女朋友还在老家，我把她接过来没地方住，我都还住在我哥的工棚里面呢。二是给别人当学徒工资太低了，不是美发店包吃的话，我这点钱都不够吃饭。
> **访谈者**：那你妈妈不想你回去吗？
> **美发张**：我妈无所谓，她现在身体还好，不需要我和我哥照顾，再说现在她有点土地出租，也不需要我们拿钱给她。
> **访谈者**：那你为什么选择回老家发展，而不是去成都或其他地方？
> **美发张**：不是才和你说了吗，回家离我女朋友近一点，可以在一起。再说了，回家至少不至于人生地不熟。而且我舅舅也支持我回家开店，他怕我在外面被人骗。

从夫妻分居的类型中，我们可以看到一个共同的事实，那就是一个家庭中的成员分处两地，过着不同的生活。本是为个体提供情感支撑的家庭此时已经被空间距离和物质成本所虚化，这不仅无法给农村外出打工者必要的情感支撑，还对其生活造成了不利的影响，成为一种异化和挣扎的开始。

从理论和现实生活中的情感需要出发，个体更喜欢家庭形式的完整性，即一家人团聚在一起。可是外出打工使原有的完整的家庭生活发生变化，尤其在逢年过节或者遇到重大问题的时候，这种不完整性更加突出。对于农村外出打工者来说，想家成为城市生活中常有的感受，这种对家人的思念逐渐形成一种罪责感，觉得亏欠对方，亏欠家庭。在调查中，他们对此经常有如下表述：

——没有好好地和她过几天日子；

---

① 在一些工厂中，有男性打工者经常留宿女性打工者宿舍，也出现过女性打工者住在男性打工者宿舍中，但多以恋人或朋友的身份入住，并且居住的时间较短，一般一个星期或者半个月。如果时间较长，厂方会进行干预。

——逢年过节没有陪过她；

　　——这几年都在外面，没有回家过一个年；

　　——一个人在家很累，忙上忙下的；

　　——常年在外，家不像家。

不难发现，农村外出打工者强调家庭的完整性和夫妻双方应尽的义务，进城打工使得这种义务无法实现，影响了家庭的完整性。节日团聚、必要仪式的缺席也让他们产生了一种罪责感。从家庭的实质层面看，夫妻间情感的孤寂会造成家庭内部的瓦解，如离婚、婚外情等。据调查，随着外出打工人数的增加，农村离婚率呈现升高的趋势，出现了庞大的离婚人群。[①]出于对结婚成本的计算与离婚后果的考虑，外出打工者对婚姻状况的担忧程度也不断增加。特别是对于农村男性来说，如果30多岁离婚，家里还有小孩，想再婚非常困难。对此，雨衣厂的张进有着较为深刻的认识：

　　出远门遭罪呀……离婚了，那个家就算没了，男的要带个小孩的话，就算一辈子都没戏了。女的有时候还好说些。不过苦的还是那孩子。所以呀，为了自己呀，孩子呀，离婚干啥？还是在家过日子最重要。不然，啥都没了……

反思这种社会现象，尤其对于农村外出打工者而言，他们为了家庭为了生活背井离乡外出打工，最后钱没有挣回来，家却已经被解构，其代价太高。

### （二）代际隔离

代际隔离主要指两代之间因存在空间距离而产生的隔离。外出打工者与亲人之间的关系会逐渐紧张，进而出现身心异化。在当前家庭结构中，以外出打工者为核心进行划分，代际隔离主要表现为两种形式，一种是亲子隔离，另一种是父（母）子隔离。两者间又存在不同，前者是对下，后者是对上。以下将分别对这两种形式在情感隔离状态下产生的身心异化事实进行分析。

在讨论代际隔离所带来的生活影响时，首先要明确子女在个体人生中的意义和地位。如果子女在农村外出打工者的价值判断中的地位较低，那

---

[①] 张玉林：《"离土"时代的农村家庭——"民工潮"如何解构乡土中国》，载吴敬琏、江平主编《洪范评论》第3卷第2辑，中国政法大学出版社2006年版。

么打工者就不会在此方面产生焦虑,更不会由此发生打工劳动的异化。相反,如果子女在农村外出打工者的价值判断中的地位较高,打工者将其看得比自己还重要,那么焦虑感也随之增加。在有关生育制度的论述中,费孝通先生对孩子在家庭中所具有的功能进行了详细的分析,将其总结为一句意涵深远的话:人类有孩子才有婚姻。[①]

在今天市场化社会中,子女在家庭中依然担负着社会性功能,建构了所在家庭以及父母生命的意义。与传统家庭中子女数量多、替代性强相比,现代社会中,受政策制度的安排及一些思想的影响,子女已经成为一种稀缺品,受重视程度大大提高。在现实生活中,很多父母对子女是倾其所有,让他们吃得最好、穿得最好、接受最好的教育等。无论是在城市,还是在农村,这一点都有着相似性,只是因父母文化水平及能力不同而表现出来的层次不一样。对于农村外出打工者而言,与其说将外出打工的意义建构于整个家庭,不如说将行动的意义置于子女身上。所谓打工挣钱,更多是为给子女挣得学费——在教育市场化的时期,缺少必要的经济支撑,子女的学习也就可能中断。在以往的研究中,人们总是强调打工经济的消费更多在于村庄内的房屋层面,然而房屋修建的目的其实也在于子女的婚姻等方面。与有男孩的家庭相似,双女户或独女户家庭,他们同样积极参与到打工活动中来,或许是基于招赘的考虑,也或许是为女儿出嫁的嫁妆做准备。所以,打工的意义更多地还是停留在子女身上。因此,其在外出打工之前就需要对家庭内的小孩进行必要的安置,否则处理不好,打工也就丧失了其中的意义。

将小孩放在家里,交给自己的父母或者岳父母照顾是农村外出打工者通常的做法。如之前所说,城市生活成本的压力,使得很多年轻的夫妇在试验一段时间后,最终还是选择将子女带在自己身边。[②] 这主要有两方面原因:一是子女在城市生活需要人照看,意味着夫妻中有一人不能工作,而要专门照看小孩。如果其中一方有着较高的工资尚且可以支撑,月工资在5000元以上,那么一家人在城市的生活算是可以有着落。但对于一般的打工者来说,两个人的工资加起来才勉强达到5000元,一个人的工资不可能支撑整个家庭的开支。二是居住在城市,无论是大人,还是小孩,都是一个独立的消费体,而且小孩在城市中的消费俨然超过了一个大人。对此,

---

[①] 费孝通:《乡土中国 生育制度》,北京大学出版社1998年版,第224页。
[②] 叶荫聪:《摆脱束缚的都市经验与文化:珠江三角洲农民工家庭研究》,《文化研究》2008年第6期。

我们可以算一笔账。2009年跑车人小赵曾将5岁的儿子带到广东东莞，并将其送到当地的一个幼儿园读书，3个月交给幼儿园的学费大概是3000多元。为了每天接送孩子上学，他们专门买了一辆踏板摩托车，大致是3000元。小孩每天的生活开销如下：早餐"爽歪歪"、鸡蛋等，大概要10元，晚上从学校里接回来，差不多每次在路上要买些零食，大概要20元。有时候，他们晚上还会出去逛逛，那么开销更大，如买炸香肠、豆腐之类的，每次30元左右。另外，家里还要备些小孩喜欢吃的零食。除此之外，有时候还要买一些学习用品，如图画书等，用来培养孩子的学习习惯。

如果对这笔账单进行详细的分析，特别是将其和成人消费对比，一个小孩的消费相当于夫妻两人的消费。在这个例子中也许父母比较溺爱孩子，不仅不会使其"缺衣少穿"，还要为其创造和城里孩子相同的生活条件，如穿同样的衣服、吃一样的食物等，让他们感受到幸福的生活。在此暂且不解释其中存在的作用机制，我们只需明白这是很多父母的想法和现实生活中的做法。毋庸置疑，这增加了打工者自身的负担，使他们处于一种经济更加拮据的状态，身心更加异化。可见，没有生产能力的孩子成了父母的负担。从结果层面看，将孩子带在自己身边，也违背了外出务工的逻辑，使得其最后只能两手空空，既不能永远地离开流出的村庄，在城市中生存下来，也不能体面地回去，因为开销的增大使得工资被消耗，甚至原有的积累也会被消耗掉。所以相对来说，将小孩带在自己身边也就成为一种较为不明智的选择。

在这里，也会出现农村人经常有的另外一种观点：辛苦一辈子不就是为了下一代有一个好的学习和生活环境吗？不然，那么辛苦为了什么？他们将自己的人生希望交付给了下一代，将自己的人生意义建构在为下一代努力的行动中，所以宁可自己过得苦一点，为了孩子的教育和生活，也会想办法将孩子带在身边。在实际调查中发现，这种情况虽然存在但是数量较少，规模也不大，一般是外出在城里经商的家庭才如此，外出打工的家庭这样做的相对较少。然而，在城市中生活和接受教育，并不代表这些孩子可以获得和城里孩子同样的教育和生活资源。他们大多过早或更多地承受着与其父辈相似的不平等待遇——就读难，费用高，限制多，所在的民工或打工者子弟学校资源少，超出义务教育范围后的费用还要由自己承担。在城乡二元结构限制下，孩子参加高考还需回到原有户口所在地。在阶层封闭的状态下，这些孩子大多很早走上了打工之路或者子承父业。很多父母的希望也因此破灭，人生丧失了之前所建构的社会意义。因此对于大多数农村外出打工者来说，既然钱也花了，什么也没有得到，还不如干脆把孩子放在家里，托付给老人来照看。特别是，当打工者子弟学校的生存空间在各方面受到挤压时，这种选择也就更加理性。

把小孩托付给老人照看，这是之前以及现在的农村外出打工者较为普遍的做法。当孩子小的时候老人还能照看，但是随着年龄的增大，老人的精力也在逐渐下降，行动也不像以前那么方便。小孩则呈现相反的状况，随着年龄的增长，其能力增强，精力也更加旺盛，活动范围不断扩大，具体如图5-3所示。

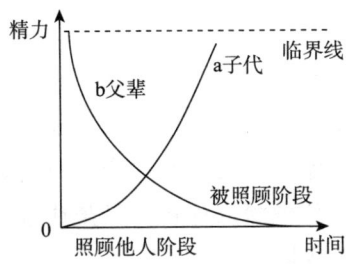

**图5-3 老人与小孩精力对比示意图**

通过图5-3可以发现，线条b代表老人的活动能力，呈现一种下降的状态，线条a表示小孩的精力呈现逐渐上升的状态。当达到一定程度时，小孩的活动空间会突破老人的活动空间，逐渐脱离老人的视域范围。在老人不能照看的时候，问题则出现了。在调查过程中，经常听到一些照看小孩的老人上吊自杀的事情。访谈后得知，在多雨时期，村里村外的池塘、沟堰以及村庄附近的小河、小溪等雨水涨满，再加上农村没有什么好玩的地方，这里就成为小孩经常光顾的场所。老人虽然反对，但是教育、斥责或是打骂并未对小孩产生较大约束力，一不留神，小孩就有生命危险。若发生孩子溺亡的事故，老人自然难辞其咎，在各种压力下，只能选择在儿子和儿媳妇未回来前自杀，留给外出打工者的只能是更多的悲痛，使打工者产生了对进城打工的质疑："这么辛苦出去打工到底是为了什么？"

对于没有发生重大事故的家庭来说，这些也成为他们日常生活中的担忧，老人必须时刻提高警惕，履行自己的照看责任。将小孩放在家里托付给老人的农村外出打工者，内心之中增加了一份担忧。尤其在溺亡等事件连续出现之后，担忧和焦虑更加强烈。如跑车人小赵所说的那样：

老爹老娘年龄大了，小娃又那么调皮，不好管，现在农村里车也多，小娃喜欢乱跑，稍不留神，就要出问题。要是真出了问题，你说再辛苦打工还有什么意义，挣再多钱也换不回小孩呀！所以，在外面的时候，每隔一段时间总要打电话回来，听听小孩的声音，问问什么情况。这样自己心里也好受些。

在社会风险日益增加的状态下，外出打工者并不仅仅在河水涨满时期会产生忧患和焦虑，日常生活中也经常会产生类似的紧张和担忧，如交通隐患、食品安全、生活健康问题等。现实中的问题越多，农村外出打工者的担忧和焦虑就越深。特别是当某些方面出了问题之后，外出打工者的这类焦虑会成倍增长。最为明显的便是，当听说某地的小孩因为什么事情而出了问题之后，他们首先想到的是，会不会是自己的小孩，迫切地想知道结果。如果出了问题，或者说问题比较严重，他们会立刻赶回来。如果不太严重，或者已经解决，他们则会提高往家中打电话的频率。我们在这里不对农村外出打工者的心理做深入探讨，只是通过现状的描述和分析来展现进城打工者所遭遇的生活焦虑。

通常情况下，既然把孩子托付给老人就应该相信老人，如果不相信，就不要交给老人。对于这些说法有不同的辩解和分析。首先，这些焦虑不是对老人的不信任。事实上，很多人的选择都是经过了深思熟虑的。例如，是将小孩交给女方的父母[①]，还是将小孩交给男方的父母，选择的标准是哪边父母照看小孩更好些。在现实生活中，由于每家小孩的数量都较少，老人们都会尽全力来照看。那么这时选择的标准也就更加细化。在调查中，曾经遇到这样一个个案，夫妻双方在东莞打工，把儿子留给女方的父母照顾，原因是男方的父亲喜欢喝酒，担心寄回来的钱被其用在喝酒上，小孩的生活便没了着落，并且母亲信教，会减少对小孩的照看时间。相比之下，女方父母则不存在这样的情况。所以，他们最后决定将小孩放在女方父母家，然后每月按时往家里寄钱。在生活中，女方的父母对小孩也是尽心尽

---

[①] 按照当地传统习俗，女方父母没有义务来照看女儿的小孩，更多的责任则放在自己儿子的小孩身上，否则将产生一些不必要的矛盾，如养老纠纷等。对于女方父母来说，外孙子（女）长大后是外人，所以也不大情愿照看。这种习俗一直影响着现代社会中的个体。但在现代社会中，男女平等，特别在子女数量较少的情况下，照看女儿小孩的现象也已经逐渐普遍起来。

力，让孩子吃好的、穿好的①，不让孩子受一点儿委屈，小孩也把外婆家当成自己家。当别人问起他是哪里人的时候，他总是说自己是当地人。即便如此，在外打工的父母仍然有着诸多不放心，还会每个星期都打电话问问孩子的状况，以让自己安心。由此可见，这种不放心不是对父母的不信任，正是比较信任，才会将孩子托付给他们。之所以担心，主要在于时空产生的距离感，使得他们与孩子之间难以进行有效的信息沟通。特别是父母难以获知孩子完整信息的时候。可是如果想了解孩子的所有情况，必须将孩子带在身边，那又将问题带回到了前面的分析之中。

随着年龄的增长，对孩子的担心也在不断变化，焦虑的内容也有所不同，从中可以总结出两个方面。其一，农村外出打工者的焦虑将随着孩子年龄的增长与老人精力的下降而逐渐增强，这主要表现在对孩子日常生活的担忧，如穿得如何、吃得如何，等等。其二，当孩子处于青少年阶段时，其担忧的又是另外的问题，如学习成绩好与不好、是否和别人打架以及早恋，等等。如果说生活的问题是基本的生存问题，学习成绩的好与不好等则有关孩子的将来。对于外出打工者来说，体验打工的辛苦是他们对现有环境的具体回应，也是对打工生活异化有力抗争的一个表现。其不希望子女再重复自己的老路，所以很多曾经外出的打工者都希望子女好好读书，尽量不要出去打工。当然，如果实在没办法，也只能出去，就像他们说的那样，"读不进去了，不出去打工，怎么办"。在这种对子女的未来的安排过程中，我们可以看出，对于农村外出打工者而言，通过读书来实现社会流动是其最主要的途径和方式，也是最为理想的方式。当子女有强烈的愿望去读书时，即使成绩不太好，父母一般也表示，砸锅卖铁都会支持其读书。因此，关心留守的子女的学习情况也就成为他们的一种焦虑，并且这

---

① 实质上，这又产生了一个问题，将小孩交给女方父母，而未将小孩交给男方父母，则会产生一种不平衡，并为以后养老的问题埋下了隐患。在农村社会中，照看孙子（女）是老人的责任，其以照看小孩换来以后的老有所养。尽管这种责任并非合理合法，但是在有关养老争议的纠纷与矛盾之中，很多子辈总是以是否照看孙子或孙女作为判断养老的标准。尤其在子女比较多的情况下，即照看了哥哥的女儿，而未照看自己的孩子，即使是自己主动放弃或不让老人照看孙子（女），也将产生矛盾，导致养老纠纷出现。同时，子孙绕膝也是老人的乐趣所在，使得其"老有所为、老有所乐"。由此看来，小孩不仅仅是一种负担，也是一种稀缺品。将小孩交给女方父母，相对来说剥夺了男方父母本应该有的乐趣。另外，在外人看来，之所以不会把小孩交给男方父母照顾，还是因为男方父母家条件不太好，或者对孩子不太好，其父母会被贴上一个"影响不太好"的标签，生活将受到影响。如果出现养老纠纷，村庄内部没有人会站在男方父母这一边，导致他们呈现孤家寡人的状态。类似这样的事件经常发生。

种焦虑因为年迈父母的有心无力更加明显和直接。作为爷爷、奶奶辈的老人，即便再年轻，大多也是在"文革"时期接受过教育，文化水平相对有限，也许在传统科目中能有所指点，新兴科目则束手无策。在生活中，看到小孩不好好读书时，老人也会劝说，但小孩会说："你不懂，时代已经不同了。"两者之间丧失了交流的话题，老人想管也管不了。我们在调查中曾经遇到这样一个个案：女孩的母亲过世了，父亲常年在外打工，女孩由奶奶以及伯伯照顾。奶奶年龄大了很难管住女孩，只能做饭、洗衣服。女孩读完初一便有了不想读书的想法，其大伯在劝说无用的情况下，采取打骂的方式，但也不起作用，最后只能按照她的想法，不读了，等到再大点出去打工。按照村庄内其他人的说法，如果她的爹妈都在身边的话，这么小的孩子怎么会不让她好好读书呢，就算是打也要把她送到学校去读书。现在，妈不在了，爹又不在身边，就算伯伯真的下手去打，那也不能打得太重，否则女孩告诉自己的父亲，会导致兄弟间的关系不融洽。所以，如果这样的话，孩子就必须由父母来管，没有父母在身边，谁也管不了，只能靠她自己了。在现实生活中，类似这样的个案较多，特别是随着外出打工潮的出现，在缺乏父母管教的情况下，留守儿童逐渐从学校中流失，成为打工大军中的新生力量。可是对于农村外出打工者来说，这并不是他们所期望的，甚至违背了他们的初衷。在调查中，一位被访谈者说：

> 之所以这么辛苦，不还是希望孩子有好的前程吗？可是自己在外面辛苦，孩子却留在家里没人管，我父母只能管管生活方面，学习根本管不了，成绩一天不如一天，学习积极性不高。这样下去，只能和我们一样出来打工了。

将孩子托付给老人，老人对其只能进行生活照顾，对学习爱莫能助，其他人也没办法管。在小孩自己看来，爷爷奶奶或姥姥姥爷又不是父母，根本没有权利和资格来管自己。读书是他/她自己的事情，爹妈都不管，他们管干吗？所以，被托付于他人的小孩缺少父母在学习方面的引导和帮助，只能任其发展。如果能够自律，不需要他人管教便有向上发展的可能性，自然最好，可是如果不能自律，又没有人管教，便会产生不好的结果。现实距离的存在，总是使得信息出现相应的不真实状态，打工者可谓"鞭长莫及"。因此，子代的教育也就成了他们返乡的理由。

访谈者：前年为什么回来啊？

曹光平：我小孩大了，已经初三了，马上要毕业，要读高中，我还不回来吗？我肯定要回来啊。

与之相似，雨衣厂的张进也有类似的经历。父母不在身边时，女儿学习一般甚至较差，可是回来之后，成绩有了很大的进步。

访谈者：您爱人愿意回来吗？

张进：刚开始不愿意。

访谈者：那您怎么让他回来的呢？

张进：两个人在一起照料孩子的学习与生活还是好一些啊。

访谈者：当时回来就是为了姑娘？

张进：对，当时就是为了姑娘读书才回来。

……

访谈者：刚才您说原先没有回来做雨衣的时候，您跟您爱人总是闹矛盾，主要是为什么闹矛盾呢？

张进：主要是因为小孩开家长会，考试成绩不理想啊。

访谈者：主要是这个事情，还有没有其他事情呢？

张进：那就没别的事情了，他在外面做瓦工工资也不高，一个月能拿到1700多块钱，好像我们还真没吵过架。

访谈者：那还好，说明您这是真能干。现在小孩的成绩怎么样？

张进：中等，上次开家长会的时候说的。

访谈者：现在上初二了，应该是比回来之前学习成绩好一些吧？

张进：比原先好一些，现在是中等偏上了。

访谈者：像您回来做生意这么忙，怎么有时间来管孩子的学习啊？

张进：那就是晚上啊，我们回来……

张进与丈夫回来之后，女儿的学习有了相应的引导，成绩明显提高。返乡之前，他们为了女儿的学习经常闹矛盾。对于其他农村外出打工者来说，也存在同样的问题，即关于子女在家学习的焦虑。有关此问题的解决只能在自己的流动层面实施：是返乡，还是继续在城市中打工，任由子女自己发展？这个选择不仅仅是对子女的将来负责，也是对自己生活中的焦虑做出的一种及时处理。

由此可见，摆在农村外出打工者面前的主要是眼前利益与长远利益的选择。眼前的利益便是将孩子接到自己的身边或任其发展，长远的利益则是关于将来的发展，说得更深刻些就是存在与发展的关系。如果现在没有打好基础，以后的发展也将会很难。如前面分析的那样，万一小孩有生命危险，自己的所有努力会付之东流；在学习方面，如果没有很好的照料和引导，孩子又不能自律，那么为其积攒再多的学费又有什么用呢？所以，对于具有生存智慧的农村人来说，返乡自然也就是一种必然的选择。

### （三）关系悬置

对于自己的妻子（丈夫）、孩子和父母，外出打工者经常会保持联系，如打电话、写信等。按照费孝通先生在《乡土中国　生育制度》里对"差序格局"的划分[①]，人们保持联系的人都是处于核心圈层内部的人，处于核心圈层外围的人，如远方的亲戚朋友、邻居等，则联系较少甚至没有联系，与这部分人的关系可谓真正的悬置了。我们之所以强调这是一种悬置的状态，是因为其就像被放置于高空的物体一样，如果处理不当就有可能落下来摔坏，悬置的关系与之具有相似性。

外出打工使得原有的关系暂时搁置，缺少了以往的维持形式。在乡村社会中，关系依靠频繁的走动来维系，如逢年过节的拜访、酒宴上的"礼尚往来"、日常生活中的互帮互助等。对于外出打工者来说，空间距离的存在使得原有的维持形式已经不大可能，只能借助现代工具，如打电话、写信等。可是在电话成本较高的时候，这种形式的存在也只是在"差序格局"的核心圈层之中，基本上很难触到外层，这使得关系处于一种悬置状态，长时期的不走动使得双方之间的感情逐渐淡化。在现实生活中，由于交往主体的缺乏，乡村的社会关系结构正在发生变化。最为常见的一种说法便是"远亲不如近邻"。虽然缺乏主体互动导致关系变淡，但是关系仍然不会破裂，只有在酒宴上的"礼尚往来"形式被破坏后，悬置的关系才会走向破裂。这也是外出打工者经常遇到的问题。

在日常生活中，虽然农村社会已经从熟人社会、"半熟人社会"走向了现在的"无主体的熟人社会"，但是一些仪式仍然存在，如红白喜事酒宴之类的。然而距离让外出打工者经常缺席这些仪式性场合，因此双方关系也就处于一种悬置状态。在农村社会中，酒宴是一种较为正式的仪式，对于一些重大事情，大家也主要通过酒宴的形式向熟人社会公布。举例来说，

---

[①] 费孝通：《乡土中国　生育制度》，北京大学出版社1998年版，第26页。

结婚可以缺少必要的结婚证,但是缺少重要的结婚仪式,缺少熟人社会中的认可,就显得不那么隆重和正式了。与此同时,重视仪式也意味着看重仪式场景中的参与者。农村社会有将酒宴中的参与者以及带来的礼金记录在礼单上的习惯。记录是为了将来好还礼。这样一来二去,双方之间的感情及关系便得到了维持和增强,形成了所谓的"礼尚往来"。反过来,如果礼单上没有相应的记录,也就不会存在还礼的可能性,因为按照"礼尚往来"的规矩,只有"你"来,才有"我"往。如果"你"不来,"我"也不会往。[①]事实上,在农村社会中很少有这样的事情发生,除非两家之间因为有矛盾而终结了交往。一般来说,随礼者如果当时不知道,事后会及时给予相应的礼金,以便将之前缺失的礼金补回来,这也就是农村社会中经常所说的"补礼",其目的是延续双方之间的情感关系。

　　对于外出打工者来说,此类酒宴虽然缺少了自身的参与,但是礼金仍然不能少。为了维持悬置的关系及感情,他们通常是采取"补礼"的形式。即使在不知情的状态下,回家后听说了这件事,外出打工者也会将礼金补上。其如果没有补礼金,则给了对方一个信号,即终结了和对方的关系。可是补礼也不是最为有效的方式,对于一些重要的仪式,如婚丧嫁娶等,举办者格外看重仪式参与的主体,谁参与了、谁没有参与,都会记在心里。因此,仅仅通过补礼来维持这种关系也不是一种最为有效的方式。具体而言,如果外出打工者对于别家的结婚等重大仪式采取补礼的形式,那么轮到自己办理酒宴的时候,也会被以相同的方式来对待。在农村人的价值观里,缺席意味着不重视,或者说"不给面子"。既然"你"这次不给面子,那么下次"你"办酒宴的时候,"我"也不会给"你"面子。长此以往,自然关系不能维系。所以,对于近亲层面的重大仪式,打工者必须打破物理层面的空间距离,亲自参与。如此来来回回,辛辛苦苦挣来的血汗钱也就给公路和铁路做贡献。

　　对于远亲则稍微好些,补礼形式可以维持,但是常年在外,远亲办酒宴时都会给其电话通知。可是每次酒宴上都不见其影,多次之后便会给别人一种感觉:通知流于形式,好像是要钱似的,失去了原有的作用。所以,有些干脆就不通知,久而久之关系就变淡了。虽然责任不在于外出打工者,但是关系还是多多少少受到了影响。如果此时的打工者不知道或者装作不知道,也就不必要给予补礼,关系也就由此变淡了。

---

[①] 其实这里能看出村庄内部的一种协调状态,或者说是一种社会结构。

缺少了必要的"礼尚往来",也意味着在村庄中缺少了必要的关系支撑。悬置的关系使得他们在市场化中呈现为原子化的个体。如果判断外出打工者在城市中处于"半融入"与"不融入"的状态[①],那么他们与村庄的关系其实也处于"半融入"与"不融入"的状态,长久悬置的关系致使外出打工者难以在村庄内找到相应的位置。

简而言之,空间层面的物理隔离使得外出打工者处于身心挣扎的状态。在处理乡村关系的过程中,其又处于进退两难的境地,一方面是乡村的各种情感关系,另一方面则是市场中的货币。将不能进行比较的两者放在一起比较时,社会结构的作用使得前者往往处于绝对的优势。言下之意,当乡村中能够提供一定的市场化货币时,出远门打工也就会成为历史。

## 第四节 打工生活的今天与明天

### 一 难以留下来的现实

在当前学界研究中,研究者总是按照既有的单线进化论思想进行演绎,认为农村外出打工者应该在城市中留下来,转换成"新市民",实现"城乡一体化"或"城镇化"等。对于新一代农村外出打工者,应然式的研究取向赋予了他们更多的社会化指向。在调查中,我们也总是假设他们出去之后,通过自身的努力可以在城市之中谋得生存之地。所以,在具体的访谈中,经常会问的一个问题便是:为什么不在城市中继续生活下去呢?得到的答案一般是没有能力在那里待下去。曾经在昆明打工的张强告诉我们,他在昆明待了8年,每天骑自行车上下班,对昆明非常熟悉,如哪里有什么门、哪里有什么路他都知道。可是当我们问他为何没有继续在昆明待下去时,他也给出了较为相似的理由。

> 访谈者:你对昆明那么熟悉?
> 张强:我在昆明待了8年。
> 访谈者:你为什么不一直待在昆明?
> 张强:我当时在那里就没有想过我要待在那里。可以说,我在昆明没有能力混下去。

---

[①] 李强:《中国城市化进城中的"半融入"与"不融入"》,《河北学刊》2011年第5期。

访谈者：怎么没能力混下去？

张强：我读书读得少，我只是一个初中毕业生，工资那么低，可房价那么高，努力工作都买不起房子。

可以看到，他们所谓的"能力"主要与其工资相挂钩。工资高，可以在城市中买到房子[1]，无论是新房还是二手房，只要有一个固定的住所，相对来说就有了留下来的能力。反之，就是没有足够的能力。在今天市场化的进程中，能力所指的内在素质与涵养已经转化为外显的资本量，无论是社会资本、政治资本、人力资本都必须再次转换为物质资本，作为显现的衡量标准，一切以此为调节杠杆。物质资本多，能力就强；物质资本少，能力就相对较弱。举例来说，一个人力资本存量很高的人，可谓有能力之人，可是当其难以将知识或技能转换为物质资本时，即货币的时候，在别人看来这人能力不行。有人即使原有的文化程度不高，但是很会赚钱，就会得到大家的认同，获得能力很强的评价。

从前面对打工工资的分析我们知道，打工者的收入很简单，无论是普工，还是技术工，工资都被划分为两部分——基本工资和加班费，没有其他层面的福利[2]。当然"好一些"的老板，逢年过节也会给员工发红包，但是他们一般只在春节的时候对那些未回家过春节的少数打工者发放。在调查中，红包也只有100元或200元不等[3]。即使将"红包"算入个人工资中，差异也并不大，况且只有少数春节不回家的人能够拿到。在访谈中，工厂的打工者工资一般在2000元左右，低的只能拿到七八百元，高的可以拿到近3000元。当然，通过前面对打工者工资的分析，我们知道他们工资的多少与诸多因素有关。在这里，我们将从外在环境探讨与工资有关的因素，即工厂等。工资与工厂有关系，但并不是说只有大厂工资高，小厂工资就低，有的小厂工资也高于一些大厂，甚至有些小厂的打工者所拿的工资高于大厂打工者的最高工资。所谓与工厂有关系，主要是指与工厂的工作量有关系，活儿多，需要加班，虽然辛苦，但有加班费，相对来说工资

---

[1] 住房在外出打工者的价值观中具有重要的地位和意义，不能简单地从形式层面的所有权和使用权进行考虑。在我们看来，住房对于农民及外出打工者的意义在于象征"稳定"和"家"。

[2] 在当前，一些工厂开始为打工者缴纳养老保险等，但同时也需要打工者负担一部分，所以遭到了部分打工者的抵制。

[3] 在打工者看来，老板发红包，一方面是响应国家的政策，另一方面则是为了拉拢一些打工者，就是经常所说的笼络人心，让员工好好地为他们干活。

就高。如果没有加班,每天就2个班或3个班,那么相对来说工资就低。在调查过程中,访谈对象告诉我们,现在大厂被政府、权益保护部门盯得过紧,没过几天就要接受检查,所以一般按照法定时间正常上下班,也就不能额外加班,自然没有加班费。相比较而言,这样的大厂工资还不如一些监管不平的小厂。在一般情况下,打工者既不希望进那些一点加班都没有的工厂,也不希望进成天加班的工厂,那样没几天就想离开,因为身体受不了。由此可以看出,打工者所进的工厂和所拿工资有关,可以说,工厂订单多少是打工者工资高低的前提和基础。这里便衍生出另一个问题,即在一年之中,什么时候打工者的工资拿得比较多,什么时候比较低。这和工厂的订单有直接关系。在实践中,打工者及厂方把订单多的季节或活儿比较多的时候称为旺季,把订单少或活儿比较少的时候称为淡季。淡季一般在春节过后,或者五一假期左右;旺季一般指春节前,这时候工厂所接的订单较多。[1] 以工厂的订单为基础,淡季的工资相对较低,有时候只能拿基本工资[2],在1200元左右;旺季则相对较高,可以拿到2200元。对于打工者个人而言,一年中的工资有不稳定性,时高时低。

由此可见,打工者工资的多少与工厂或老板有着密切的关系。如果说前面所分析的工资实质使得工资有相应的限度,那么这里所强调的外部关系则使得工资有了不稳定性。如果限度内的工资可以稳定,那么打工者在一定范围内还可以接受;如果限度内的工资都不能有所保证,那么外出打工的意义也就彻底地被否定了。特别明显的例子便是金融危机来临的时候,大批打工者在毫无准备的状态下返了乡,失去了工资收入来源。

工资的结算时间与其从事的打工活动相关。如工厂中的工资按月发,一年12个月,就意味着可以拿到12个月的工资。然而,打工者在一些工厂中经常遇到这样的情况,刚进厂的时候,工厂不收任何押金,也就是说打工者不需要向工厂交任何钱。可工厂为了保证打工者不能随便离厂,一般情况下第一个月的工资会作为进厂保证金,等到打工者最后离厂的时候,按照工厂的规定再发放第一个月的进厂保证金。一般状况下,打工者在工厂的第一年只

---

[1] 作为加工厂或者代工厂,产品多销往海外,也就和全球化经济相联系。订单的多少也因此主要与产品销往地的经济状况有关系。举例来说,金融危机的到来使得西方经济不景气,消费能力压缩,本应该成为生产旺季的时候却成了淡季。如以往在西方圣诞节时会出现的大量的订单,此时则大部分取消,那么工厂也就出现了订单不足,难以正常开工的状况。

[2] 一方面,工资相对较低,另一方面,订单不多,多是完成去年没有做完的订单,那么做完之后,也经常会出现订单不足的状况,工厂要裁减人员。所以,常年不回家的打工者,通常会选择此时回家休息一段时间,等旺季的时候再出来。

能拿到 11 个月的工资。在建筑工地上，老板经常是一个工程结束之后才结清所有的工资。如果工程项目较大，需要几年才完成，老板一般在春节前或者要离开工地的时候才结算其工资。

拿到工资后有些农村外出打工者倾向于往家里寄，这在老一代打工者身上较为普遍，新一代的打工者中则较少。一方面是因为当前农村的生存状况已经有所改变，无须打工来贴补家用，更关键的在于其工资根本不够自己支出。如果要寄回的话，那也只能压缩自己的开支，通过省吃俭用的方式来攒钱。

在调查过程中，在夜市摆摊的小黄说一个月的工资根本不够花。她的理由是饭菜比较贵，物价上涨。如果替她算一个账的话，一个盒饭，两荤一素，一般要五六块钱，如果平均每顿饭 10 块钱，一天下来也就 30 块钱，一个月按照 30 天算，大概每月花 900 块钱。像她现在一个月可以拿 1700 块钱，那么每月至少可以攒 800 块钱。对于这种算法，她并没有直接反对，但是她的另一种说法也证实她的确很难攒到钱。事实上，我也相信她每个月吃不了那么多，每天也吃不了那么好。

> 有时候真不知道这个钱是怎么用的。吃饭花不了那么多钱，你在那里生活也不仅仅光吃饭呀，还有其他方面要用钱，出门就是花钱。有时花钱的时候都不知道是怎么花的。所以，一个月下来，基本上也就剩不了多少钱，有时候还根本不够用。比如说，一个月拿 1700 块钱，吃饭就花 500 块钱。女娃们喜欢吃零食和买些小东西，基本上每月需要一两百块，这就花了 700 块了。女娃们都喜欢弄头发，也都舍得。弄个头发大概两三百块，这样算下来也就 1000 块钱了。再打点电话，电话费有时候也需要 100 块钱，买点衣服，这又两三百块了。这样算下来，一个月根本攒不了钱。我这两三个月就是给自己买了几件衣服，别的什么都没有买。……现在打工也根本赚不到什么钱。有些人说自己赚了好多好多钱，那是吹牛，其实根本赚不到。你说他一年一个人赚了 3 万块钱，我根本不相信，要说一个人一年赚了 2 万块那还差不多。就是这样，他一个月工资最少要拿 3000 多块，自己还要节省，每个月攒 2000 块。这样一年下来大概也只有 2 万块钱。在城里，怎么会不花钱，就算你对自己再抠，再节省，每个月至少要花 1000 块，不然在那里就没办法生活。

由此可见，工作比较辛苦，且工资低，新一代打工者难以支付城市生活成本。经常想象城市的夜生活,到城市之后可以有丰富的夜宵、小吃之类,可是到了拿工资的时候,夜宵这种看似便宜的东西,也只能是想象而已。我们在广州调查时,曾经外出吃夜宵,三个人随便吃点,大概就需要200元。对于外出打工者来说,如果每个月这样出去吃个三四次,那么一个月的基本生活都难以保证。如果再将外出打工者置身于繁华的城市生活之中,较低的工资更是难以支付高消费。所以,打工生活的艰苦与所获得的回报的不对等,使得农村外出打工者丧失了外出前的平衡心态。也就是说,打工者即便再努力,再辛苦,也很难过上城市美好的生活方式,从打工之中难以看到希望,甚至有些绝望。

根据社会十大阶层的划分标准来看,产业工人阶层是第三层,拥有很少量的三种资源;在五大社会经济等级中,中下层主要包含个体劳动者、一般商业服务业人员、工人、农民等。[①] 具体到我们所研究的农村外出打工者来说,他们在社会结构中处于中下层。相对于农业劳动者阶层与城乡无业、失业、半失业者阶层的结构位置来说,其处于高一位的阶层结构位置之上,具有相对的位置结构优势。然而,在城市社会阶层中处于缺少农业劳动者阶层的状态下,产业工人处于绝对性的下层。如果将产业阶层进行必要的细化,划归为城市户籍的工人、非城市户籍的工人,那么农村进城打工者在产业工人中的位置可以说是绝对的下层。由此可知,农村进城打工者在城市社会中处于绝对性的下层地位。

我们通过感性认识可以发现,在城市社会分层中,农村外出打工者处于结构性的社会弱势地位。对于农村外出打工者是否可以在城市社会中生活下去,有必要反观城市社会中拥有城市户籍群体的生活状态。熟知城市社会的人都知道,低收入的状态让他们很难跟得上城市"消费社会"的节拍,处处为生计着想,如医疗保障、教育,等等,处于一种"被剥夺"与被"边缘化"的游离状态。与拥有城市户籍的底层群体相比,没有城市户口的农村外出打工者在城市社会中的生活状态将更差,无法实现"正常生活",具体表现在住房、教育、医疗、养老等问题上。由此可知,尽管能在城市中生活是农村外出打工者的梦想和追求,尤其是能在大城市中留下来,可是从现有的环境看,他们并不具备在大城市生活的可能。如果他们坚持留下来,只能处于城市社会中的最底层。当丧失竞争力的时候,其只能是处于"流民"的状态,居无定所,身无分文,剩下的只能是流浪与乞讨。

---

① 陆学艺主编《当代中国社会阶层研究报告》,社会科学文献出版社2002年版,第9页。

在这种状态下,"流民"势必影响到城市社会的秩序,成为不稳定的主要因素。因此,政府在城市社会管理过程中,会对"流民"进行管制,即使某些"流民"并没有影响到社会的发展,如改革开放初期的外出打工者总是受到严格地"监管"等。对于流民的管理,当前也有一套方法,也许收容遣送的办法与制度已经有了相应的变动,但是其本质尚未发生改变。特别是流浪在城市中的人,始终处于城市政府的规制或惩罚之下。相对于城市社会中的"三无"人员,尤其是当农村外出打工者转换为"三无"人员时,他们担忧的已经不是社会地位,而是生活的温饱和安全问题了。

以往有关农村外出打工者在城市中生活的研究,总是强调他们在城市化过程中遭受的生活地位"边缘化"以及相应的社会排斥等。当前的研究,则是在探讨农村外出打工者的"市民化"问题,将"城市适应性"作为研究主题。这其中有合理的成分,是社会进化论视域中的社会发展规律与趋势,是一个应然性问题,但并非实然性问题。以城市中的社会分层和社会结构来探讨农村外出打工者在城市社会中的适应性问题,特别是要研究如何让他们永远地离开农村,在城市中扎下根来,也就不仅要探讨社会排斥和不适应性问题,最为关键的则是要解决基本的生存问题。只有解决了生存问题,才能为"适应"和"市民化"奠定相应的基础。

在以往的认识中,其既有研究总是强调农村外出打工者在城市中留下来的可能便是有稳定的"住宿"。无论对于学者而言,还是对于现实生活中的农村外出打工者来说,这一点已经达成共识。的确,物质第一位,没有既定的物质作为基础,就算非常向往城市生活以及强烈地渴望能够留在城市中生活,也只能是纸上谈兵,或者说是"空中楼阁",可望而不可即。当前有学者指出,"农民工的市民化在于两个方面的作用,一方面是农民工个人的意愿,另一方面则是相应的物质保障",如"第一个是他有稳定的住宿,第二个他有相对稳定的就业,第三个他必须和当地城镇居民一样纳入当地的社会保障体系,第四个是他的子女和当地的居民一样享受义务教育公共服务的权利"[1]。对于这两者之间的关系,我们基本判断其是一种相辅相成的关系,但是哪种更重要需要区别对待。以往的政策制定者以及一些研究者更强调"农民的主体意识",认为提高了农民的主动适应性,就可以提高城市化的速度。但事实并非如此,在已有的调查之中,我们随时都可以听到进城打工者有想做城市人的表达,无论是新一代进城打工者,还是

---

[1] 陈锡文:《序言》,载盛来运《流动还是迁移——中国农村劳动力流动过程的经济学分析》,上海远东出版社2008年版。

老一代进城打工者，做城市人、拥有城市人的生活方式是他们为之奋斗的目标。在这种目标和理想的支撑下，他们不断努力，可是现实的门槛让他们在城市外围止步。即使有些人通过其他途径进入了城市人的序列，可是由于现实生活的无保障，他们不得不收回已经迈出的第一步。① 这也就像李强所说的那样："一方面是农村人口大量涌入城市，另一个方面是进入城市的农民、农民工未能真正融入城市，两个方面形成了尖锐的对立。"② 所以，在我们的判断中，根据现有的情况，不是提高农民融入城市社会的主体性认识，而是做好相应的保障服务，这才是解决"农村外出打工者"融入城市的关键所在。

## 二 无法规避的利益受损

即使打工生活辛苦、工资低，但打工者还是能够从中看到相应的希望，也非常相信通过自己的辛苦努力可以实现想象中的城市生活。可是辛辛苦苦一年之后却攒不到钱，意味着最后希望的破灭，得到的只是城市生活的艰辛，这成为"压死骆驼的最后一根稻草"，使打工者自身陷入失望和绝望的境地。

无论是在以前的学术研究中，还是在新闻报道中，我们经常会见到一些场景，由于工资被拖欠，打工者用跳楼、跳桥等形式来讨回工资。事实上，打工者讨薪的方式不仅仅是"以命讨薪"，还有各种各样的形式，在从"弱者的武器"走向极端暴力手段的过程中形成了各种策略，如暴力讨薪、悲情讨薪等。其形式之多，一方面说明工资对于打工者的重要性，另一方面说明工资拖欠现象比较普遍，成为社会问题。在现实生活中，人们经常可以看到建筑工地上一到春节前就会出现打工者讨薪的事件。在我们的调查中，豆腐坊陈也讲述了与新闻报道中相似的事件。

> 到了过年的时候，该发工资了，可是老板就是不和我们见面，成天不见面，我们着急呀，干脆就不干了，在那里等。一般都是到老板办公的地方坐着，可这也不管用，因为老板有时候不来上班。没办法，光在那儿等解决不了问题，我们有时候就分成几拨人，一拨在办公室

---

① 这主要指已经实现城镇化的农民拒绝城镇化现象。事实上，农村外出打工者群体中也存在这样的事实，即使在城市中有立锥之地，可是今后的生活没有保障，只能将原有的房屋出租出去，自己回到农村居住。
② 李强：《中国城市化进城中的"半融入"与"不融入"》，《河北学刊》2011年第5期。

## 第五章 人在工厂：劳动与生活的分离

守着，一拨到老板住的地方守着。我们当时就想，反正你会回家睡觉。可有时候老板就是不回家睡觉，睡在别的地方。这样的话，我们也有办法，就四处打听某某工地上的老板在哪里，因为一个城市里面，大部分工地都比较熟悉，有时候他们缺人的时候，还往我们这边借人过去干活。所以，有时候就这样得到老板的消息。一知道老板消息后，我们就赶快叫几个人过去，先把老板稳住，然后大家再一起赶过去，反正不能让他跑了。若跑了的话，基本上就难找到他了。记得有一次，我们得知老板在一个商店那儿，我们几个人就赶紧喊了辆面包车开过去，过去之后直接把老板押进面包车。不知道的人还以为我们在搞绑架呢。有时候，不这样做不行，老板看我们来了就躲，躲起来就不好找。

在工厂里，特别是一些小工厂中，老板掌管工资的标准和发放的时间。打工者是否能够按时按量地拿到自己的血汗钱，掌握在老板手里，自己没有发言权。对于打工者来说，处于外乡，没有可以寻求的保护性资源[1]，他们只能处于一种服从地位。在访谈中，跑车人小赵这样讲述打工讨薪的经历：

> 我当时想回去，不想在这里干了，因为觉得干那么累也拿不到钱。可那时候老板不给钱，找他几回，都说要我再等等，我也只好等。没有办法，又去找了几回，他说现在还没到发工资的时间。找他，他总是有理由，就是不给钱。最后，没有办法，软的不行，只能来硬的。有一天晚上，我喝了点酒，然后拎了根钢筋棍去老板家，说你今天必须给我钱。看到我这架势，老板有点害怕。所以，也就给了。我后来想，这些人就是看你是外地人，好欺负，所以才讹你。

能拿到工资是庆幸的事情，因为这是对自身权益的维护。即便劳动成果很大一部分被老板拿去了，但自己还是可以拿到很少的那一部分工资，在生活中总能看到微弱的希望。可是这种庆幸只是自己应得的工资有了保障，打工者在现代化城市中的生活仍然处于一种不确定的状态。言下之意就是，虽然很辛苦，也可能到头来一场空，因为老板跑了，找不到人了，就拿不到工资。有时候，有些打工者也只能抱怨自己的"命不好"来自我

---

[1] 在调查中，他们很少寻求法律的保护。实质上，他们对这条路径并不陌生，而是非常熟悉。

解脱。在日常生活中，拖欠工资的事情一般发生在一些小厂中，大厂由于种种因素的限制，虽然拖欠也有发生，但是不会像一些小厂老板那样说跑就跑了，最后连人都找不到。所以，即使小厂的工资很诱人，大厂工资有时候显得稍低些，制度更加烦琐些，但为了保证利益不受损，一些人更愿意进大厂。① 这样能减少不确定性，避免最后竹篮打水一场空。

讨薪是打工者在城市生活中最不愿意有的经历，恰恰是他们最为经常的遭遇，也是他们在城市生活场景中的常态。工资的克扣与拖欠使得打工者的利益受损，在打工者自身看来，这是他们利益受损较为严重的显现层面，因为这是他们在城市生活中所获得的唯一与城市有联系的地方。从诸多社会现象的解读中可以发现打工者利益受损的严重性，不然不会出现"以命讨薪"的极端方式。

对于农村外出打工者而言，利益受损不仅有严重性的一面，也存在普遍性的一面。所谓普遍性，一方面指几乎每一个打工者都或多或少遇到类似于工资克扣或拖欠的事件，另一方面，利益受损也存在于日常生活中的各个方面，诸如工作安全、劳动环境、居住状况等。在调查过程中，一些外出打工者也曾经有一些机会可以将家安在打工所在地，可是考虑到在多层的复杂关系下利益受损的状况，最终只能打消这个念头。事实上，利益受损的遭遇时时刻刻充斥于打工者的日常生活中，包括农村外出打工者所熟悉的利益受损遭遇，只是因为浮出了水面才被社会关注，对于那些没有浮出水面而隐藏在日常生活中的还有很多。随着权益的丧失以及身心遭到侵害，合理权益的认识和界定也将直接植入打工者的知识体系之中。在未接受认识前，以及这种认识在社会中未达成共识前，作为弱者的他们也只有承受和处于被支配的地位。如果将此放到张强所说的"能力"层面进行评价，这是他们根本无法想象的能力，或者说也是其根本不具备的能力，即为自己的利益进行争辩。作为一个失声的群体，处于被支配的地位，个人即使有能力也无法很好地展现出来，只能处于一种身心挣扎的状态。这也就回到了开始时对张强的访谈。张强很向往城市生活，也能很好地适应城市里的生活方式，并且对城市生活有了相应的感情，却发现自己没有"能力"留下来。

因此，检视和回应研究者曾经所说的一些城市适应性问题，不仅仅

---

① 在调查过程中，现在大工厂发工资形式已经通过银行卡的形式。工厂给每个进厂打工的打工者办理一张银行卡，每月的工资都会在下个月的规定时间将钱打进去，打工者只需到所在厂财务处领取工资清单，进行查看和核对是否有算错和算漏的地方，工资发到银行卡上。

指在城市生活中的赚钱能力，还包括维护自身权益的能力。具体来说，有了赚钱的能力，却没有维护自己权益的能力，其自然在城市生活中处于一种边缘的地位。由此可见，对于个人在城市社会中的生活能力的评价，他们有自知之明，认为自己既没有赚更多钱的能力，也没有保护自己权益的能力，就算不用当前所流行的"被剥夺感"来形容他们的体验，用"逃离"来形容他们的心情也一点不为过。但是，在这里还要看到一点，他们想"逃离"的只是现代工厂的束缚，对城市还是充满向往和想象的。

### 三　有今天无明天的打工生活

打工者在城市中的打工生活不仅处于一种对现实的抱怨和诉苦的状态，对将来的生活也没有看到任何希望。打工生活的短暂性及不稳定性使其更处于一种焦虑的状态。这种焦虑使新一代农村外出打工者产生了一种判断，即打工无前途。以下将从打工的持久性及稳定性两方面展开分析。

#### （一）难以持久进行的打工生活

按国家《劳动法》相关规定，从成人18周岁后开始外出打工，女性到55岁退休，可以在外打工37年，男性到60岁退休，可以在外打工42年。但在日常生活中，事实并非如此，即使以16岁进厂打工开始算起①，打工的年限也只有缩短而没有增加的可能。造成这种结果有两方面的因素，一方面是内在自身因素；另一方面是外在社会环境的因素。首先从自身因素分析，随着年龄的增加，人的体力在达到一定峰值后逐渐呈现下降的趋势。这是个体在生命历程中，必定会经历并且体现出来的生物性特征，只是时间有早晚而已。从前面分析可知，大部分打工者从事体力劳动，就意味着当体力丧失殆尽的时候，就不能再从事打工活动了。因为，老板招工是为了创造更多的利益，绝不会养着与自己无关的"闲人"。以此进行判断，打工者并不能长久地从事打工活动，而是有一定的时间期限，打工年限的长短不是由国家的法律规定，而是由他们的身体状况决定。打工者如果身体状况好，有足够的体力从事工厂的工作，相对来说就可以继续打工，否则出现身体吃不消的状况，就不能再适应打工生活了，只能从事其他工

---

① 16岁的打工者按道理来说应该算是童工，因为还是未成年人。法律严格禁止雇佣童工，但是由于有利可图，一些老板经常无视法律的存在，这种现象较为普遍。

作。事实上，身体状况的不适应现象，或由打工引起，或由自身状况引起，如职业病、生育等，这些迫使很多打工者不得不提前退出打工者队伍。

如果说自身因素是关键性因素，那么外在环境因素也是影响打工年限的主要因素。社会中的个体虽然有相应的主观能动性，但还受所处的社会空间结构的影响。回到具体的问题中，在劳动力较为富余时，进城打工者之间也有相应的竞争。在同等条件下，仅仅以普工的劳动能力作为选择标准，年轻的劳动力自然胜出，因为年轻的劳动力更有优势，如手脚灵活、反应较快等。对于打工者来说，年龄过大也就成为他们在竞争过程中的劣势。在调查中发现，工厂招工，老板用人，最为经常的考核标准便是个人的体力和精力，如在访谈过程中，一位曾经的打工者这样讲述他的面试经历：

> 进工厂之前都有面试。大多就是招工的人目测一下，一般还是看得准的，比如身高呀，有没有什么缺陷呀，傻不傻的。面试很简单，没有什么可害怕的，最多就是问几个问题。不过我也听说过，有要求做俯卧撑的，做够相应的数量就算合格，通过了面试，可以进厂工作。相反，如果数量不够，自然会被淘汰掉。

打工者进工厂之前都要接受工厂规定的面试环节，不管是通过正式的途径进厂，还是通过非正式的渠道进厂，都会有人对其进行简单的面试。合格或者说达到工厂的要求就可以进厂打工，不合格自然就淘汰。所在，在最开始的打工年代不合格的人，如年龄未到属于童工的则会通过其他一些途径进去，一些年龄大的则会通过老乡、朋友、熟人等关系进厂打工。

在农村劳动力剩余的状态下，大部分年轻劳动力挤入城市工厂中打工。在市场化的社会结构之下，也就产生了相应的竞争。外出打工者之间的竞争，主要是许多人竞争同一个岗位。尤其是对于一些工资高、活儿比较轻松的岗位，竞争会更加激烈。当一个岗位有许多人来竞争时，即使每一个外出打工者都能胜任此岗位，也并不意味着每一个找工作的人都会被招进工厂，外出打工者间的这种竞争给了工厂的老板或者人力资源管理部门（人事部）相应的选择余地。有选择，自然存在一定的选择标准。如果每一个来此应聘工作岗位的人都能胜任和达到工厂工作的要求，那么所谓的标准也就需要相对提高，超过前来应聘者的平均水平，优中选优。对于打工者来说，一般应聘的都是普工类的岗位，不需要任何技术。事实上，前来应聘的也都没有什么一技之长，如果有一技之长则会去应聘技工的岗位。因此标准的制定也就与技术无关，只能与普工的条件相连接在一起。普工需要那些身心无大恙的人。身体健康、精力旺盛的个体自然在应聘中"鹤立鸡群"。按照社会个体的体质状况进行筛选，年轻人自然更有优势，年龄大的或者太小的不占优势。在招工者眼中，优秀的是他们的首选。选择胜出的打工者，不仅可以使自己既定的利润得到相应的保障，甚至在一定的条件下，如果挖掘适当，还能制造出更多的"剩余价值"。通常情况下，这也就构成了工厂招聘的选择机制。对于那些年龄大的或年龄小的人来说，一般按照正常的方式难以进入工厂，更多的时候只能采取前面所说的那种非正式路径，如通过熟人关系、老乡关系将其带进工厂。可是，这种关系的存在不是没有一定的限制条件。即使通过老乡或者熟人进厂，也同样存在相应的测评。具体来说，当主管看到被介绍的打工者年龄较大时，或者说其进去以后与年轻人差距很大时，那么主管也无法"保"年龄大者，只能让其走人。甚至有时候打工者在主管那里就被拒之门外了，尚未进厂就受到了拒绝，特别是在劳动力较为富余时。

从另一个角度来说，当出现紧急状况时，如工厂的订单受到影响而有所减少的状态下，工厂不会白白养一批人，而会相应裁减人员，这样首当其冲的就是工厂内年纪较大的打工者。因为他们做的是普工的活儿，技术要求并不高，拼的是速度和体力，年轻人自然胜出一筹。另外，年轻打工者相对来说还有一定的上升空间，还有较长的一段时间可为工厂所用，年纪稍大的打工者挖掘的能力有限，留下来只能是保证基本利益，工厂将来还要继续招工。所以，无论从哪个角度来讲，年纪大的打工者在通常情况下，将是工厂裁减人员的首选对象。如在金融危机的时候，多是年纪较大的打工者返乡，年纪较小的则相对较少。在贺雪峰他们曾经组织的调查中，有相关案例对此进行了证实。[1] 因此，这种情况的出现也就加快了年纪大的打工者外出打工生涯的结束。

由此可见，即使未到退休的年龄，甚至在自己还能胜任某打工岗位的状况下，当竞争出现后，打工者也可能被迫提前结束打工生涯。如我们在西南地区调查的过程中，就曾经遇到一位打工者回乡生孩子。一方面是她自己不能再进行劳动生产，另一方面也是因为工厂不允许，因为处于此状态的打工者劳动力有所下降，低于一个正常（完整）打工者的劳动能力，

---

[1] 贺雪峰：《城市化的中国道路》，东方出版社2014年版，第143、144页。

但工厂还必须支付同样的工资。这在以追求利益为最终目的的工厂老板看来是非常不理性的行为。因此，工厂提前终止其打工生涯也是理性的社会行动选择。

生理的因素、竞争的因素以及工厂面临压力的时候都会结束外出打工者的打工生涯，甚至在某些情况下会加快打工生涯的结束。因此，对于一般农村外出打工者来说，打工不能持久，仅仅是人生过程中的一段经历而已。改革开放之初在"单位"中上班的工人也不能持久地工作，但是他们不会出现身心挣扎的状况。将二者进行比较，我们可以发现：一方面，二者工作的时间跨度不一样，"单位"内的正式职工工作的时间远远长于打工者工作的时间，外出打工者一般到45岁便丧失了外出打工的机会，打工的年限也就20年左右。因此，对某些外出打工者来说，要好好地利用这20年，实现自己对美好城市生活的追求，使其不仅仅停留在想象之中，更要落实到现实层面。所以，打工者就会加班加点，让自己处于一种超负荷的运转状态，导致身心格外地异化。另一方面，"单位"内的正式职工有各种各样的福利待遇，按照现在的标准来说，也就是"五险一金"或"五险两金"等，但是处于工厂中的打工者除了每月的工资和极少的奖金外，再也没有什么福利了。如果退出打工行列，他们不会像"单位"内的正式职工一样，每月拿到按照级别所发的退休工资。在调查中，一些离厂的返乡者离开工厂时所带的东西只有蛇皮袋或拉杆箱以及铺被卷等。其离开后，也就和工厂脱离了关系。所以，在这有限的时间内，面对毫无保障的活动，他们难以体验到城市的美好生活，所感受到的只能是无情的工厂制度以及给打工人生所带来的异化。

### （二）不稳定的打工生活

从上面的分析可以得知，打工者的地位之所以不能和"单位"内的正式职工相比较，关键在于其是临时性的，类似"单位"内的合同工，在工厂时有相应的工资保障，离厂后则一无所有。临时工的形式不具有持久性，也不具有稳定性，因此，他们在城市社会中的打工生活具有不稳定性，其不稳定性主要由工厂及自身两方面因素造成。

工厂方面。首先，与前面的分析相似，优胜劣汰的法则使得一些难以适应现代打工生活的人被迫离开工厂。打工者的这种离开并非因为年龄，主要是因为某些方面不符合工厂方面的要求而被辞退，如体力、健康、手脚灵活程度等。其次，工厂的开工能力也是影响其工作稳定与否的一个关键指标。订单多①，开工足，那么工厂就需要打工者，甚至有时候还会扩大招聘规模，一些不符合以往招聘规则的农村外出打工者也能进入工厂打工；相反，订单不多，开工不足，就要减员增效。即使不减员增效，工厂倒闭也使打工者不得不结束在该工厂的打工生涯。如金融危机到来后，海外订单数量减少，工厂缩减规模，大量的工人不得不离开原有的厂重新寻找新厂。由此可见，工厂生产能力的不确定性，或者市场中的风险性，也是构成农村外出打工者不稳定性的因素。

自身方面。既然工厂可以选择打工者，那么打工者也有权利选择工厂。在实践中，打工者并非完全处于一种被动状态，也有一定的主动性，具体表现在可以选择进厂，也可以选择退厂。市场化经济体制中存在双向选择，也意味着赋予了个体较多的自由权利。在有选择的条件下，打工者可以选择进相对满意的厂，也可以进手工作坊。进去之后，如果不合适，或者说不满意工作方式，则可以退厂。对于退厂的原因，有进厂后不太习惯上夜班，也有觉得活儿太累，等等。除了工作原因之外，也有生活中的因素，在夜市摆摊的小黄就是这样的例子，她每年打半年工，想家了就回家。当然，也有打工者因为家中的事务而主动离厂，如回家结婚。有一个访谈对象就是这样的例子。他过完春节出去打工，到了6月份便回来结婚。对于工厂来说，打工者退厂是自由的，工厂没有干涉的权力，但是为了保证工厂的正常生产，工厂也制定有相应的应对策略。所谓的应对方式便是在制度上进行规定，例如提前告知等。一些工厂有这样的规定，如果确定要离厂就必须提前一个月告知，如同请假一样，需要老板或者工厂批准。这是为了便于工厂找人顶替上班，不然流水线的工序上少了一个人，整个工序都会受到影响。如果打工者不告知工厂就离开或跳槽，那么工厂将会克扣一个月的工资，也就意味着打工者最后一个月的工资或最开始作为保证金的第一个月工资难以拿到。对于暂时离开而非离厂的打工者，则需要请假，可是请假一般很难得到批准，因为请假同样会使流水线上出现空缺。工厂因为这几天而临时招人，一方面将会加大成本，另一方面当假期结束又会面临怎样对待临时工的问题。所以在工厂中请假一般很难得到批准，即使工厂会批准也非常有限。从打工者的角度来说，这也是他们频繁跳槽的一个主要因素，因为请假不批准，可是又有事情，结果只能是"急辞"。打工

---

① 目前我国的打工者所在的工厂多属于一种劳动密集型工厂，其多为加工厂或代工厂等，产品多销往国外。所以，作为加工厂或代工厂的命运相应就和国外经济发展联系了起来。国外经济发展好，工厂接到的订单就会多，反之则会少，进而影响工厂的开工问题。

者辞了工,等办完事情之后再重新找厂。按照他们的话来说:免得玩也要想着回厂打工的事情,玩都玩得不开心。当然,这里也存在一种状况,即其与工厂内部的主管、拉长等管理人员关系比较好,回来后仍然可凭借旧有的关系进入原来的工厂。但是无论如何,这之中都有一定的曲折,或者说需要多费一些周折。这也说明,农村外出打工者的选择也更多地被他者所掌握,即使在后一种情况中拥有一定的主动性,但是能不能进厂主要还在于厂方。一个打工者经常跳厂,或者说频繁辞工,相对来说再进同一家工厂也有一定的困难。因为之前的经历将使厂方拒绝接受这样不稳定的员工。即使托老乡关系,老乡也会将其拒之于千里之外。因为离岗的行动会牵连到介绍人①,使之处于一种不利的地位。

简单来说,无论在厂,还是离厂,都会对外出打工者的城市生活方式造成较大影响。在厂,则由于工厂的不景气,如订单少、缩减规模等,打工者会担心工厂倒闭。离厂,即使是自己的主动选择也会使自己处于不利的状态,要重新寻找新厂,同样要受制于厂方的规则。无论何种状态,打工者的城市生活都处于一种动荡的状态,具有不稳定性。

简而言之,进城打工使农村外出打工者对城市生活有了更深层次的感性认识。可这种生活与打工者的联系并不是那么紧密。如果客观地进行评价,打工者是这种美好生活的制造者,却并非受益者。相对来说,这也是城市社会较为吊诡之处。作为城市美好生活的制造者,打工者虽然生活在城市社会中,却过着艰辛的城市生活,展现出一种异化的生活形态,所有活动都围绕打工进行选择,无论是吃、穿、住、用、行,还是生活中的其他事件。他们在现代工业社会中完全处于一种"物"的地位,缺失了必要的关系和情感,有的只是辛酸和痛楚。打工过程中的挣扎也使得他们得出了与之前对美好城市生活想象相反的结论:打工生活并非理想的人生归宿,相反,只是一种经历和手段。

> 很压抑,连我都觉得很压抑啊!日子真的不好混,有实力也不行。我宿舍里没结婚的人比较多,结了婚一般不会来这里,工资低,结了婚的人有顾虑。②

---

① 在某些工厂,经常会有这样一种状况,以老乡关系将所有的人连接在一起,或者说一个人带几个人到这个厂打工。对于这些人的管理,厂方利用非正式的形式,选择这些人中的某一个作为领头人来进行管理。从某种程度上来说,厂方会赋予这个人某些权力,如经常可以介绍人进来。然而,如果这些人中的某个人出了问题,那么责任也需要领头人承担。
② "两岸三地"高校富士康调研组:《"两岸三地"高校富士康调研总报告》,2010年9月。

成家不仅意味着个体身份的转换，更重要的是责任与义务的承担。无论是男性，还是女性，都将重新定位，如传统文化中妻子需要顾家、生育等，丈夫需要赚钱养家等。在现代市场经济中，虽然人们总是强调传统文化的式微，可在面对现实生活中具体的家庭时，诸多关系与情感不得不成为必须考虑的因素，并以家庭作为行动的出发点。特别是当打工经济难以支撑家庭需求时，上述因素便成为打工者经济行动选择的基点。

## 第六章

## 返乡创业：劳动与生活的重塑

江山又不是他家的，皇帝轮流做。打工又不能打一辈子，现在我在这儿打工，就是看好这饭馆儿生意。你说什么人离得了吃，谁都要吃。……工资高不高不要紧，要学好了，明儿回去我也开一个饭馆。

这是我们在昆明调查的时候，一位在西北拉面馆打工的贵州籍打工者较为自信地讲述的他的人生理想与规划。对于这位小伙子，我们有着深刻的印象，不仅仅是因为他在上面幽默的豪言壮语中表述了对未来的憧憬和愿望，更是因为他的打工经历映射出了农村外出打工者生命历程中即将出现的选择转向。作为家中老大的他，下面还有一个弟弟和妹妹，他16岁便踏上了打工之路，从进煤窑挖煤开始，每天工资3.5元，中间到过建筑工地，做过小工，也进过工厂，现在在一个宁夏老板开的拉面馆做小工，月工资1000元左右。用他的话来说，打工可能会吃的苦，他都吃了。工资随着工作的变换不断地上涨，可他所挣的钱全都拿出来帮助自己的弟弟妹妹读书和结婚了，现今29岁的他仍单身一人，没有任何积蓄。他现在最主要的想法是学好技术回去开饭馆。由此可见，在打工的经历之中，农村外出打工者找到了另外一条出路，即返乡创业。

在现实生活中，类似这样的例子并不少见，在返乡创业者的访谈中，很多个体虽打工经历呈现差异性，但过程之中的身心挣扎有着无可比拟的相似性。言下之意，打工并非长久之计，不能作为人生或生活的依赖，而只能成为一种工具或跳板，帮助自己寻求到真正的美好生活。无论是老一代外出打工者，还是新一代打工者，似乎对打工过程中的"异化"都有着较为清晰的认识。他们对于打工生活的定位，也多为赚钱的工具及人生的经历，而返乡创业似乎成为他们最为坚定的追求。从某种意义上来说，返乡创业也就变成农村人外出打工的最优选择和归宿。这也就相应形成了我们所要展开研究的问题：在打工受挫之后，他们为什么会将返乡创业作为理想的归宿和美好想象的所在地？相较于种地、打工等经济活动，返乡创业呈现了何种优势？返乡创业为什么会吸引农村外出打工者？什么类型的外出打工者会选择返乡创业？在以往的研究之中，研究者常乐观地强调外出打工是返乡创业的孵化器，或者说进城打工所获得的现代性开启了农村外出打工者返乡创业的潮流。而客观事实已经否定了之前理论中所表达或建构的外出打工和返乡创业的关系。在本章中，我们将通过经验的解读来重新建构真正能分析和解释返乡创业的概念，以逼近客观真实，展现其返乡创业的真实逻辑。

具体而言，农村劳动者进城打工的异化，掏空了其生活的内容，他们不仅无法享受城市社会中的美好生活，而且与原有的农村生活产生了较大的差距。内容被掏空的打工生活自然已经丧失内在的意义，仅仅留有形式上的手段意义。对于打工者而言，在此过程中他们无异于赚钱的机器。实质上在"饿不死也撑不死"的局面下，要想实现赚钱的目的，打工这条路径也很难走得通。因此，作为一种生产劳动形式的"打工"难以得到有效的认同，它不能作为一种有效的生活方式。在调查过程中，"打工没前途"、"打工打工，到头一场空"等言辞经常被打工者提及。从某种意义上来说，身心的挣扎与逃离是他们对打工生活最为切实的体验和感受。作为具有自主性和主体性的农村外出打工者[1]，他们的选择逻辑呈现何种状态？既然要逃离或脱离现代化城市中的打工生活，那么他们又将选择何种生活？是回家种地，还是继续遭受打工异化？

## 第一节　回不去的传统种地生活

土地是农村人的命根子。人们经常说，城里人退休有退休金、养老金等，农村人则有土地作为自己的社会养老保障。因此，对于农村外出打工者来说，当其结束打工生活的时候，种地也就成为其退路之一。

---

[1] 随着国家与社会开放性程度的提高，社会流动性也在不断提高。在一定范围之内，当前个体的社会流动也具备了自主性和开放性等特征。与改革开放前和初期的社会流动性相比，打工者无须拿着当地政府部门的介绍信就能流动，改革开放前如无介绍信一旦被发现就会被当作"盲流"，不是受到关押和"收容"，就是被遣送回原地。

## 一 回家种地何以可能

为何回家种地有可能成为农村外出打工者的选择？一方面，制度安排下的土地政策使得农村人外出打工之后仍然拥有自己的耕地。在贺雪峰等人看来，这也就是农村所谓的"蓄水池"功能。[①] 以 2008 年席卷全球的金融危机来说，无论沿海的加工工厂和代工厂如何关停、倒闭，农村外出打工者或被工厂辞退或找不到工作等，但是当回到农村之后，他们照样可以像往常一样生活，不会影响社会秩序的变动，自然也不会给城市社会带来多大的负面影响。可以这样说，无论城市社会如何变动，只要关于农业生产的政策不变，仍然保留着农村户籍人口既有的责任田，那么打工者回家种地就有可能。因此回家种地成为农村外出打工者的退路。在调查之中，一些外出打工者经常讲"大不了再回去种地"、"以后就回去种地"等。在现实生活中，农村劳动者虽然外出打工，但是仍然没有丢掉自己及自家的责任田，有的交给自己的本家耕种，有的则交给邻居或亲朋好友耕作。对那些即使未留下一句话就外出打工的人来说，虽然土地抛荒，但是村委会也不能将抛荒的田地收回。纵然在税费改革之后，村集体对集体土地有新的规划，但是户籍仍留在村集体的人口都相应有一份土地。特别是在种地不但不交钱，反而国家有补贴的时候，任何人都不会轻易地放弃土地经营权。这不仅是为自己的将来留下后路，也是为了一定的经济利益。试想，不用自己耕作，就有半年每亩地 100 多元的补助，怎会有人放弃土地经营权？在被调查的村庄内，曾经外出多年没有要地的家户，现在基本上都已将土地收回到了自己的手里。即使从村集体要回自己的土地有些颇费周折，如要补齐曾经所欠的税费等，但大多数家户实现了自己的土地诉求，拥有了土地。所以，宏观层面的土地政策为遭受打工异化的农村外出打工者留了客观性的退路。用最为通俗的话来说，农村的大门始终为他们打开着，只要想回来，随时都可以回来。

另一方面，人们总是强调种地的技术性问题，说常年在外会忘记种地的技术或者根本不会种地，返回农村后不能生活下去。对于这种说法，我们持相反的观点，我们认为，恰恰是种地技术性的存在为不会种地的外出打工者提供了在农村生活的可能性。即使对于刚从学堂出来就走进现代工厂的新一代打工者来说，这种说法同样成立。因为，所谓种地是一个技术

---

[①] 贺雪峰：《农村：中国现代化稳定器与蓄水池》，《中国社会科学报》2011 年第 182 期，第 10 版。

活,其实更多地是一个经验活。如果说有些关键性技术难以掌握,一辈子都不可能会,经验经过一定的时间积累,便很容易领会,自然也可以成为经验能手。对于种地能手的理解,主要指那些会种地的农民。用经济学的话语释义,就是指能够用最少的投入,换得最大产出的人。在农业生产过程中,产出多少由投入决定。田地作为一种有机体,当然不是投入越多,产出越高,只有控制在适当的比例之中,或者说各种资源达到了最优化的配置,产出才能在既定时空内达到最高程度。因此,在现实生活中,种地能手指那些具有较多日常生产经验的农民,如知道什么时候开始播种、下多少种子、田间怎样管理等。在现实生活中,类似这样的种地能手很多,因为种地本身是一种经验性较强的活动,每年都在重复上一年的行动。如果今年在某些方面有所偏差,比如今年小麦的农药打多了,导致小麦在收获之前一周倒伏而减产,那么明年将吸取今年的教训,在农药方面减量。这样日积月累,任何一个农民都会成长为经验丰富的种地能手。对于新一代农村外出打工者来讲,即使没有种过地,或者说没有和土地打过任何交道,只要跟着学,而且肯学,自然会成为一位种地能手。所谓学,不是说非要刻意地拜师傅,只需跟着做同样的事情就可以了,比如说邻居家的田地在深翻,那么自己的田地也跟着深翻。经过一两年的经验积累,自然会对农事有所了解。在这里,有必要强调一点,并不是所有的农民具有先赋性的种地知识,种地也是一种自致性的知识。与此相同,当年下乡的知识青年中,也有些人从城里人转变成了农业生产中的种地"好把手"。

此外,在机械化普及程度逐渐提高的时期,种地没有之前那么复杂,已经呈现简单化或者"傻瓜化"的状态,比如说在耕种小麦时期,只需买好相应的种子,然后将种子交给雇请的大型机械,自然会像以往那样播种好,中间自己或者雇请他人打打农药、除除草就算是相应的田间管理,最后同样用机械收割,动力机械就直接将收好的小麦拉回了家。这意味着上季的耕作完成,农民便可开始盘算下季的种植。由此可见,在机械化逐渐普及的时期,种地已经没有传统中那么辛苦,需要众多人力肩挑肩扛。或者说,累了几天人就累散架了的状态已经相去甚远,目前有的是一种便利化的生产方式,农村人从原有的辛苦状态之中解放了出来。因此,种地的技术性及经验性门槛已经不可能将没种过地的人阻挡在农业生产的大门之外。对于社会中的任何个体来讲,经营农业都有一定的可能性。

简而言之,在相应的制度安排下,在城市社会之中没有寻求到美好生活的农村外出打工者仍然有着回家种地的可能。如果从生活的稳定性角度来讲，农业生产的稳定性自然无话可说，绝对高于打工生活。所以，选择回家种地自然也就成为他们的退路之一，或者说回家种地符合外出打工者的某些追求，比如说生活的稳定、关系的持续、个体的自主性等。但是，回家种地是否成为打工者的选择，关键在于选择的主体。

## 二 不赚钱的种地经济活动

回家种地有许多优势，正如前面所分析的那样，生活较为简单稳定，日出而作，日落而息，并且生活之中的关系网得以维持，无须隔离和悬置既有关系，等等。但是，回家种地也只能成为农村外出打工者偶尔发泄时的表达，以此缓解自己紧张的身心，给自己一些安慰。即使客观环境给其留下了后退之路，他们一旦踏上这条打工之路，也相当于踏上了不归之路。所谓的不归之路，并不是说没有选择回头的余地，只是客观条件的限制迫使其无法选择回头。种地效益的低下使得他们只能处于一种"饿不死"的状态，即只能满足基本的生存需求，而无法实现社会市场化之中另外层面的生活需求。对于种地"饿不死"的解读，我们可以从两方面展开，以展示为什么种地对于大多数的农村外出打工者来说是一种回不去的退路。

一方面，"饿不死"意指可以生活，能够满足最基本的吃、穿、住、用、行等物质生活资料方面的需求，但是不能突破既定的界限，保障生活水平有所提高，达到他们之前曾想象的美好城市生活标准。言下之意，土里刨食，收入有限。之所以出现收入有限或者种地不赚钱的认同，关键在于以下几方面因素的影响。

第一，"靠天收"传统的制约。虽然科技种田一直受到全国上下的推崇和实践，如国家层面的科技下乡，农民选择各类化肥与有机肥、优良麦种等，但仍然未能改变传统"靠天收"的局面。所谓"靠天收"主要指自然环境决定农作物的收成。风调雨顺，自然有好收成；阴雨连绵、春旱夏涝，则意味着收成的下降。

首先，在气候环境决定方面，日照、霜期、雨水等因素直接决定了作物的生长与收获。无论是粮食作物，还是经济作物，气候是农民种地过程中难以摆脱的致命性因素，即增一分则多，减一分则少。在我们调查的地区，农民对气候的影响有着高度的认同。在行动过程中，他们多是"看菜下饭"，什么样的气候，种植什么样的作物。即使如此，也同样难以避免天气的影响，不仅历史上有大旱、大水等致农作物歉收的记录，现如今每年仍然多多少少有着不同程度的农作物受灾情况。具体来说，雨水较多，超过了一定的限度，作物难以吸收，在公共基础设施破坏严重的地方，水难以排出去，作物长期浸泡在水里，生长受到较大的影响，直接影响便是减产。雨水对于类似棉花这样的经济作物更是有着至关重要的影响，如果棉花在生长季节受到连雨的影响，将大大影响结桃率。雨水多对种地来说不是好事，没有雨水又会形成另一种局面，特别是在作物生长季节缺少必要的雨水，则会渴死秧苗，直接导致没有收成。始于2009年的西南大旱使我们对此有着清醒的认识。因此，气候成为直接制约作物产量的重要因素，无论是雨水多，还是雨水少，如果不能满足作物生长的需要，或者超过了作物的生长需要，都会影响作物的产量，导致收成下降。另外，土地地势高低不同，受环境影响也较为明显。因此，自然环境差的地方，种地使农民只能处于一种温饱的状态，难以突破"温饱陷阱"①的情势。

其次，随着现代生产与生活方式对环境的肆意破坏，农业的生产环境相对恶化。在被调查的村庄，环境的恶化已经逐渐表现出来，特别是在作物用水方面。据被调查对象介绍，该地区以前水源较为充足，田地间的水井打不到10米就会有水，可是现在水井要打到10米以下，即便如此某些地方还难以打到水。当前地下水已难以实现作物的灌溉，农民只能依靠雨水灌溉田地中的作物。如果下雨，田地能够得到灌溉，如果不下雨，农民只能采取拉水抗旱的形式，但拉水抗旱并不能完全解决所有田地的问题，从而形成了靠天收的局面。从地域范围来说，类似这样的现象普遍存在，不仅我们调查的村庄有这样的现象，其他区域也或多或少存在这样的状态。另外，除了灌溉用水方面存在这样的靠天收状况，在气温方面也转向新的靠天收形式，如气候变暖、遭遇酸雨等新的破坏性环境。简而言之，环境的恶化使得农民在种地的过程中更加依赖天气和环境，处于较为被动的状态。

第二，收益与市场消费的反差。自然环境因素制约种地经济行动的实物产出，而市场是农民种地赚钱的指示器。在日常生活中，农业受市场影响，市场中的价格受供求关系影响。供大于求，价格就会降低，相反则价格升高。所以，有时局部地区的歉收，会导致全国供不应求，价格会上扬。如果全部地区都丰收，可想而知，市场转而形成供大于求的局面，农产品价格将下跌。在市场交换过程中，种地获得的货币数量高于投入数量，则

---

① 陈锡文、蔡昉、林毅夫：《中国农村如何突破"温饱陷阱"》，《中国经济周刊》2005年第47期。

表明农民处于盈利的状态。从一般情况来看，如果没有特大的气候原因，种地都有一定的收成，可是有收成并不代表有钱赚。但是，没有收成那就什么都没有了。所以，收成是保障，略微的歉收有时也不会有太大的影响。换句话说，种地的利润有大有小，小到产出只能解决一家人的温饱问题，而大到何种程度，则无法估计，也无法预算，只可以从一些农场主或者"地主"的身影中进行想象。利润是大是小则需从投入和产出两方面进行衡量。从成本方面进行衡量，以种玉米为例，播种之前请大型拖拉机耕地，每亩地需要60元，2亩地一共120元。播种的种子需要3包，每包的价格为16元，总共需要48元。种上之后需要复合肥来促进作物的生长，2亩地一共需要3包，每包的价格为130元，共390元。在作物收获之前还需要打2瓶农药，防治虫与草，平均每瓶20元，共40元。收获时请旋梗机割掉玉米秸秆，每亩地30元，共60元。摘下的玉米需要脱粒，每亩地需要花费20元，共40元。概括起来，种植2亩地玉米成本大概在698元。在产出方面，2亩地共产出1500斤玉米。如果完全将1500斤玉米用作家庭食用，那么四口之家吃上一两年不成问题。可是，如果将其放置于市场之中，按照市场价格0.75元/斤进行计算，那么所得货币数量为1125元，由此可计算出每亩地的收益为213.5元。[①] 具体可参见表6-1。

表6-1 2009年种地每亩收益情况

| 品种 | 投入（元） | 产出（元） | 收益（元） | 收益率（%） |
| --- | --- | --- | --- | --- |
| 水稻 | 645 | 1003 | 358 | 55.50 |
| 小麦 | 309.5 | 640 | 330.5 | 106.79 |
| 油菜 | 415 | 682.5 | 267.5 | 64.46 |
| 棉花 | 820 | 1600 | 780 | 95.12 |
| 玉米 | 349 | 562.5 | 213.5 | 61.17 |

注：不同的土地、不同的种植方式，所需投入不相同。在本书中，我们对所掌握的数据取中间值得到所需要的数值。

作为一种衡量指标，收益反映了农民种地的状况。从表6-1可以看出，每亩地一季的收益都难以超过1000元。如果按照一整年来算，棉花和小麦的搭配使得农民的收益为1110.5元，为几种作物中最高的一种，而小麦与

---

① 这里并未将国家对每亩地的农资补贴和粮食种植补贴计算在内，因为我们主要考虑的是种地经济行动的收入。

玉米的搭配为最低的，为544元。① 如果将所获得的最低收益拿到市场之中进行消费，那么仅仅能满足一个人55天（以平均每天10元计算）的生活消费，更不用说其他方面的生活需求了。由此可以看出，进入市场之中，每亩地的产出相对较少。懂得计算的农民在种地所得的经验中加深了对种地不赚钱的认识。在现实生活中，正是在这样的计算方式下，很多农民抛荒与撂荒，很多青年人更是在比较的状态下，对于种地采取一种漠视和不屑的态度。②

第三，土地制度与家庭规模的规制。在市场之中，一亩地一整年的最高收入可以达到1110.5元，那么20亩地一年的收入理论上可以有22210元。在规模作业下，成本随之降低，其中的利润将会更多。将其与外出打工相比，这样的收入略胜一筹。然而在现实生活中，事实并非如此，从耕者有其田到现在的家庭联产承包责任制，限制了一家一户所占的土地数量，具体人均耕地数量如表6-2所示。

表6-2 湖北省耕地面积情况

| 年份 地区 | 1990 年末耕地面积（千公顷） | 1990 人均耕地（亩） | 1995 年末耕地面积（千公顷） | 1995 人均耕地（亩） | 2000 年末耕地面积（千公顷） | 2000 人均耕地（亩） | 2007 年末耕地面积（千公顷） | 2007 人均耕地（亩） |
|---|---|---|---|---|---|---|---|---|
| 全省 | 3476.78 | 0.96 | 3358.00 | 0.88 | 3282.96 | 0.83 | 3226.62 | 0.80 |
| 襄樊市 | 429.00 | 1.26 | 415.64 | 1.14 | 412.96 | 1.09 | 409.59 | 1.06 |
| 孝感市 | 296.41 | 0.83 | 289.86 | 0.75 | 247.10 | 0.74 | 246.00 | 0.71 |

资料来源：湖北省统计局、国家统计局湖北调查总队编《湖北统计年鉴2008》，中国统计出版社2008年版，第218页。

从表6-2可以看出，截至2007年年末，湖北省人均耕地面积为0.80亩，按照第6次人口普查统计的农户家庭平均3.65口人进行计算，一户共有土地为2.92亩。那么一亩地一整年的最高收入为1110.5元，2.92亩地的最高收入只有3242.66元，这还不包括农户所留下的自己食用的作物。如

---

① 从理论上而言，水稻和棉花的种植搭配是经济效益最高的组合，油菜和玉米的种植搭配是经济效益最低的组合。考虑到实际情况，如土地的轮休、作物的生长时节等因素，上述两类搭配并不现实。据经验分析可知，棉花和小麦的种植搭配是经济效益最高的组合，小麦和玉米的种植搭配是经济效益最低的组合。

② 陈文超：《农村青年外出打工农户种地安排的影响——基于河村经验的分析》，《华东理工大学学报》（社会科学版）2012年第5期。

果除去此类备留作物，那么收入将会更少，甚至只能满足最基本的生存需求。但是，我们作一设想，如果一户家庭拥有 20 亩地，那么一年的土地收入将会达到近 3 万元。如果将这 3 万元和 2 个外出务工者的劳动收入进行比较，已是不相上下。从理论上来说，种地者如果欲从种地的经济行动中谋取更多的利润，因精耕细作的方式已经达到"内卷化"的地步，只有从土地的数量上做文章。① 在调查过程中，我们发现农民种地不赚钱虽然有着较为普遍性的意义，但是也有较为特殊性的地方。我们和农民一起算账，发现少数人从种地经济行动中获取了较高的利益。特别是那些以各种方式拥有 20 亩以上土地的农户，土地由 2 个老人照管，用自家拖拉机进行耕种，农忙时则请人打工，一年下来的收入也有三四万元。从某种程度上来说，这种样板模式的出现，也激励着其他人纷纷效仿，可是村庄内的土地数量有限，这样的家户在农村之中所占据的数量极少。在比较的过程中我们可以看出，土地的规模数量是市场经济时期农民增收的一个主要影响因素。由于土地规模数量的限制，在既定的田地之中，无论农民怎样精耕细作，产出都难以有质的突破，难以产出满足市场经济时期他们所需求的货币数量。对于大多数种地的农民来说，在这种经营体制下，种地不赚钱的逻辑已经得到社会大众的认同。

此外，从表 6-2 中还可以看出，随着时间的变化，从 1990 年到 2007 年，湖北省人均耕地从 0.96 亩减少到 0.80 亩，减少了 0.16 亩。将来人均耕地将会更少，所获得的收入也将更低。家户规模也将越来越小，逐渐呈现核心化的趋势。如果以一个家户为整体计算其种地收入，那么收入将更为微薄。这无疑也使得农民特别是年轻一代强化了对种地不赚钱的认识，进而早早地放弃种地的传统，寻找和选择其他的生存与发展路径。

总之，在当前的日常生活中，种地经济行动收益处于一种低下的状态，尤其在与打工收入相比较的状态下，更是呈现一种低效益的特征。无论是从理论上计算，还是从现实生活中进行考察，当前种地不赚钱的逻辑都已成为一种客观社会事实。

另一方面，社会化需求的存在迫使很多农村人不能回到原有的种地经济活动中。所谓社会化的需求，主要指社会中的个体在吃饱饭、穿暖衣之后，还有社会交往的需求，如上学、结婚、赶礼等。不同的需求存在不同

---

① 这里存在相应的矛盾，土地规模经营可以有着更高的利益，但是土地的集中势必对放弃土地的人有着长远的影响。特别在社会保障制度不完善的状态下，不利的影响仍然无法控制，并且其弊端远远大于其利。因此，我们并不赞成土地的"私有化"。

的功能，吃饭穿衣是为了维持生存，社会交往则是为了更好地生活。人如果吃不饱、穿不暖，不能存活，如果缺少必要的社会交往，生活也不能进行。因此，具有社会性的个体必须有正常的社会交往，或者说，存在于社会中的个体必须与他者交往。要展开社会交往，就需要一定的投入，要有一定的物质资料作为基础，不然只能停留在形式层面。以人生历程中最为重大的仪式之一的结婚为例，在农村社会中，虽然法律上规定只要9块钱就可以领结婚证，领了证就是合法夫妻，受法律保护，可是日常生活中并非如此简单，反而是一件较为复杂的事情，不仅有相应的仪式，如相亲、定亲、婚礼等，还有相应的开销。在市场化社会中，所有的仪式都有一定的花费。这种花费不仅仅包括仪式上的费用，还包括为准备仪式所花费的费用。如相亲之前，男方家庭要有一定的房屋作为准备，不然相亲的时候，看家里没有基础，女方就会觉得家庭条件不好，结婚后必定要受苦。所以相完亲之后，这事也就意味着黄了。反之，即使借外债修房，当女方来相亲时，看到房屋修得那么好，肯定从物质条件上比较满意，也就意味着可以进一步接触和了解，为以后的婚姻打下基础。[①] 所以，在农村社会中，如果哪家孩子准备结婚，首先重要的事情就是将房子修建好，并且修建得越好，越能证明家庭条件好，有一定的实力，相亲成功的可能性就越大。相亲之后是所谓的定亲，就是确定婚礼的日子，相应的准备则是一定的聘礼。聘礼一般是双方家庭反复协商的结果。这也有一定的标准，就是"市场上的行情"，而协商也在标准上下浮动，一般不会有多大的浮动。因为这里面也存在有关的面子问题，当家庭条件有限时，多的聘礼肯定拿不出来，就希望拿少点，可是拿得太少就显得没有面子。另外，"少得太狠"则会使得这桩婚姻因聘礼问题而被搁浅。在通常情况下，聘礼一般都在标准上下浮动。聘礼确定后就可以正式进入婚礼的日程。至于婚礼仪式，花费就更多了。在现代农村社会中，类城市生活的方式使得传统的习俗已经不那么受欢迎，大家已经改变风格，倾向于现代西方式的婚礼，如结婚前要拍婚纱照，结婚当天要化妆、穿婚纱，要有豪华车队接亲，等等。这些相关仪式的开销自然不小。在访谈之中，一位农村人给我们算了一笔有关结婚花费的账。

---

[①] 对于女方的做法，不能仅仅以"势利"或者说过于"理性"进行评判。因为，生活不仅仅有感情成分的存在，也需要一定的物质基础，否则只能是"空中楼阁"。这种认识已经内化于农村人心中，实践中形成了一种集体行动。甚至在调查中，我们遇到了这样一种状况，当一位女方不向男方要任何物质时，周围的人则评价其傻，认为其"将来会后悔的"。

不管什么时候建房，房子总是要有的，并且要楼房，两层的都过时了，要那种两层半、三层半的。① 如果是三层半那种，楼上楼下各三间，加上里面刷仿瓷、贴地板砖，大概要个 20 万吧。结婚时候给聘礼我们这里也就五六万块钱，听说别的地方比较高，有的要 10 万。剩下就是办酒席、请车队，大概也需要四五万块钱。算下来差不多要 30 万块钱。这还是一般的，如果要办得好点的话，花得还要多。……酒席钱哪里赚得回来，现在一般都是全家搬，连吃两三顿，酒席根本不可能赚钱。你看用得都是好酒好烟，不便宜，一般都收不回来。②

仅仅是结婚礼仪，大概需要 30 万元。如果再将求学的花费算进来，那么一个家庭中一位男性成员的开销将更大，远远超过 30 万元。如果将 30 万元的开销与农业的收入相比较，对于一个四口之家来说，在有限的田地之中采用精耕细作的方式，以 1 年 1 万元的收入来计算，即使再省吃俭用，攒下 5000 元，也需要 60 年的时间。如果以生命历程的方式进行计算，从 22 岁结婚开始算起，23 岁生育小孩，那么大概到了 82 岁才能实现这些要求，此时孩子大概也近 60 岁，早已过了结婚年龄。所以，在当前种地不赚钱的状态下，要靠种地来支付婚礼仪式的成本，有些不太现实。曾经的有关调查发现，种地的农户较多处于一种贫困状态，具体表现为所居住的房屋简陋以及家庭内部的设施破旧。③ 从反面来说，在社会市场化的时期，如果家里有小孩要结婚，那么就不能"死守着那几亩地"，否则只能"耽误了孩

---

① 从历史的角度来看，农民的住房形式经历了毛坯房、土坯房、瓦房、平房、二层楼房、两层半楼房、三层半豪华小洋楼等。所谓的三层半主要指在原有的三层上面加盖了半层。之所以加盖半层主要是为了防雨水。之前并不存在半层之说，很多农村人习惯将上面用水泥将其硬化，以便晾晒作物等。可是随着房顶漏水现象的出现，很多人又回到之前瓦房那种做法，上面加盖半层瓦屋面。为了做得美观些，有些家户就直接将其做得高一些，像正式的一层一样，同样可以住人，但是一般很少有人住在里面，一般家庭都是用来堆放杂物。
② 在农村调查中，以往较为盛行的人情宴已经相对较少。对于大部分农村人来讲，能少办酒宴则会尽量少办酒宴。一方面是因为办理酒宴需要花费较长的时间进行前期准备，比较耗费自己以及全家人的精力；另一方面，物价上涨，特别是酒宴所用的肉价格疯长，礼金的涨幅并不大，且现在一般赴酒宴实行"全家出动"的形式，连吃两顿。这样算下来，成本根本就收不回来。所以，像之前的小孩三、六、九岁已不大摆酒宴，但一些必要的仪式即使赔钱也要摆，甚至讲排场式地摆酒宴，如结婚等。此外，亲戚朋友多少也是一个影响因素。一般情况下，亲戚较多而朋友较少者则不摆酒宴。亲戚的礼金一般较高，而同村的本家门之间礼金较少。在摆酒宴的人看来，所收的礼金主要来自亲戚，相当于赚些亲戚的钱，有些于心不忍。反之，则会增大摆酒宴的可能性。
③ 陈文超：《农民种地不赚钱：悖论抑或社会事实》，《中共福建省委党校学报》2011 年第 4 期。

子,那他将来可能会抱怨你一辈子"。男孩有这样的要求,农村社会中的女孩也有相似的要求,只是少了修建房屋层面的开销等。

在这里,我们也许会想到一件事情,即投资教育。通过相应的教育将子女送上城市化社会之路,这样就会减少一大笔花费与开销。事实上,这条路不说有多窄,至少也不像人们想象的那样似乎是一条捷径。一方面,如果考上大学,相应的花费也就主要体现在教育成本上面,从高中开始算起,脱离义务教育体制之后,教育成本就有了大幅度的上升,特别是进入大学之后,学费、生活费、杂费等成本更高,有的加起来一年高达将近10万元,即使最低的情况下一年也需要2万元。一年的教育成本与农业收益相比,会出现严重的收支不抵的状况。不仅如此,上大学需要花钱,上完大学同样需要支出,如找工作、结婚等。农村出来的大学生由于暂时尚没有支付能力,其支出成本只能转嫁到农业生产层面。也许有些家庭从孩子很小的时候就开始省吃俭用,计划为孩子将来的教育和生活埋单,但仅仅靠有限的责任田,只能是杯水车薪。在日常生活中,上一代必须为自己的子女考虑,下一代也须为自己的子女考虑,就像接力棒一样,不断地传延下去。所以,无论是老一代农村外出打工者,还是新一代农村外出打工者,都会面对这种状况。

由此可见,社会个体仅仅依靠种地难以实现既定的社会生活化要求,而个体存在于社会之中又不能缺少必要的社会化交往,那么相应的交往费用也就不得不支出。所以,为了支付社会化交往的费用,回家种地有一定的不可能。即使家乡的变化再大,公共服务设施如何改善,都不会使曾经的外出打工者回家种田。

## 三 看不见希望的种地经济行动

"种地没前途"是农村人的经常性表达,也是农村人选择外出打工的原因之一。对于返乡的农村外出打工者来说,没有前途也意味着没有希望。因此,种地经济行动并不是农民工回乡发展的优化选择。

首先,在日常生活中,人们经常形容家庭联产承包责任制的出现使得农村人"一夜迈过温饱坎"。事实上也的确如此,如以往的逃荒与饥饿已经不是普遍性的问题。然而,从种地的收益来看,在人均不到2亩地、户均不到10亩地的状态下,即使发挥再大的能动性,总量也相对有限。如果遇到不好的年景或市场价格动荡,收成及总体收益自然平平,难以有着实质性的突破。所以,也就有了紧接着上一句的说法,"三十年未过富裕门"。虽然说现在种地已经免除了一些税费，但是要想过上体面的生活，还有较大的一段距离。从现实生活状况来看，高昂的建房费用与高额彩礼的出现，使农村人仅仅依靠种地收入难以进行有效的应对。农村社会中最穷的都是以种地为生的纯农业户。他们一般住着简陋的房子，和那些以打工经济为主的家户形成了鲜明的对比。这里仅仅以经济收入作为指标，与种地经济相比，打工经济相对来说能够应对人生中的重大仪式支出，种地收入解决的仅仅是温饱问题。如果返乡的打工者仅仅耕作有限的责任田，那么子女的婚姻仪式都将成为较大问题。所以，从种地生活之中，返乡的打工者难以找到生活的希望，看不到城市生活的曙光。相比较而言，在缺乏选择的状态下，打工相对来说也是一种有希望的选择。

其次，希望的存在意味着有社会流动和发展的可能。这种流动主要指身份的变动，能实现向上社会流动。对于农村人来说，从事种地活动意味着"农民"的身份。即使种得再好、再成功，其在身份上仍然难以撕掉"农民"这个标签，顶多给一个好听的称谓，比如"种地能手"或"种地好把手"等，可这仍然未能撕掉具有社会歧视性的"农民"标签。在现实生活之中，社会总是强调人们要通过自己的努力，改变社会中的他者对自己的看法。人们能够实现量上的改变，却无法突破质上的改变。具体来说，社会中的职业分工限定了所从事的种地职业及农民身份，因社会"二元结构"的存在，农民的身份相对来说"低人一等"。因此，农民种一辈子地也仍然是一个种地的农民，不可能提高其他社会群体对农民的看法。也许"种地能手"、"种地好把手"等称谓使其能够"鹤立鸡群"，在同质群体中获得较高的声望。可是，在现实生活中，已有社会价值观的存在使得农民也对自身身份不认同，自然不存在向上流动的社会事实。并且，打工者不仅仅生活于农民群体之中，相应的评价也不仅仅来自农民群体，更多来自社会生活中的其他群体，如市民等。所以，打工者难以从中看到向上流动的可能性，永远像老黄牛一样，在那里"累死累活"地干着，干到头，还是一个农民。

再次，农村人生活的圈子也相对较为狭小，生于村庄之内，死后还在村庄的范围内。即使现在的交通工具较为发达，农村人可以随意流动出去，但是流动出去之后做什么，这才是需要考虑的重点问题。况且社会空间层面的流动需要一定的资本作为支撑，无效益的流动在他们看来是一种不理性的做法。因此，在日常生活之中，静静地守候着自己的家园是其一辈子的活动。大多数农民一辈子的活动仅仅限于村庄的交往圈之内。现实生活之中，有些农村人始终以村庄的范围作为自己的范围，最远的距离不过是到最近的城市。当种地的收益不能支撑其搬迁到城市生活的成本时，对于农村人来说，种地生活中的希望相对破灭。这也就好像回到了改革开放前的集体生产劳动时期，干与不干一个样、干好干坏一个样。如果套用在种地生活之中，不难发现其中类似的道理，那就是干好干坏都是农民，都生活在农村社会之中。没有相应的质的改变，种地生活丧失了既有的可能性，不能作为他们美好生活的追求途径。或者说，不能通过种地经济来实现既有的目标。

由此可见，种地生活没有前途，自然也难以从中看到希望。在本研究之中，打工者所谓的希望，主要指社会个体的发展前途。说得具体点，即未来的生活状态。这种状态是一种理想中的生活状态，即在前面所分析的体面的生活、稳定的生活以及自由的生活。现实生活中的他们感觉没有希望、没有前途，从自己的经验判断之中，难以看到通过现在的努力可以实现既定的目标。或者说，当前的路径并非通向美好生活的路径。所以，必须从一条路径跳往另一条路径。这也并非随意的跳动，而是一种有选择的跳动。从历史角度来看，这类似于在改革开放初的选择，难以从种地生活中看到希望，而给种地生活贴上"没有前途"的标签，结果只能另选他途。因此，对于有选择能力的社会个体来说，回家的种地生活理所当然不在自己的选择范围内。

## 四　谁会选择回家种地

与种地经济行动相比较，外出打工能给打工者带来面子。即使打工不能作为生活依赖，但还是有一定面子的活动。在农村人的判断之中，待在农村不出去的人都是些没有能耐的人，有能耐的早就跑出去了。对于待在农村的青年来讲，自己的婚姻都将成为问题。这不仅仅是农村社会中可选择的对象比较少，关键在于很少有人会选择一个不能流动出去的人，或者说很少有人选择连现代化的城市生活都不了解的人作为自己的伴侣。[①] 因此，对于新一代农村外出打工者来说，回家种地意味着没有相应的前途，不仅仅是赚不到钱的问题，同样意味着连最基本的生活都成问题，如很难

---

① 事实上，许多传统的价值判断在今天已经失去原有的效力，比如说过去择偶中老实憨厚说明这人不滑头，是忠诚可靠的保证，可是在今天看来，某个人憨厚老实，则说明这人不中用，没有较大的社交能力。

讨到老婆。① 因此，新一代农村外出打工者即使打工中遭到严重的异化，厌倦了打工生活，已经不能承受打工过程中的苦难，选择回家种地的可能性也较小。我们在调查之中，尚未见到年轻打工者回家种地这样的个案出现。

对于新一代外出打工者而言，不回家种地是因为他们还有别的选择，但是对于一些缺少选择能力的外出打工者来说，回家种地的可能性就很大了。与新一代农村外出打工者相比，老一代农村外出打工者如果是20世纪80年代初便开始了流动，到现在大概已有30年的流动经历，年龄差不多有50岁。有的已经完成了对于下一代的任务，如为孩子修建房屋、支付读书以及婚姻费用等，有的还在为自己的孙子辈进行着相应的筹划。用他们自己的话来说，自己多累一点，孩子就会少苦一点，毕竟还小，什么都不懂，不会攒钱，不会过家，等等。然而从体力来说，大多已处于下降的状态。他们即使技术再为娴熟，体力不支也是一种客观性的状态。如在建筑工地上做工的打工者，虽然自己的技术已经到了"炉火纯青"的地步，不用"调角线"就知道墙正不正等，但是长时间地站在脚手架上，体力不支是难以改变的事实。明显处于劳动能力下降状态的他们，已经到了开始返乡的阶段。或者说，到了一定的时候，他们非回去不可，没有别的选择。

> 回去种地也没得啥不习惯哩，就是人在这个村里面会遭别人背后议论，说这家出去那么多年，最后不还是回来种地。这说明你在外面混得不行，才落得这个份上。要行的话，谁还回来种几亩地？你说在外面累死累活，回来还落下别人个闲话，所以自己有时候也感觉抬不起头。

面子问题的存在迫使有选择能力的打工者一般不会选择回乡种地。对于那些曾经外出经商的人而言，即便选择种地，种地也只是作为自己的副业。对于缺少选择的打工者来说，面子问题不是说不存在，只是感觉不那么强烈，落差不会有那么大。对于那些拥有一定选择的打工者，特别是外出打工积累了一定的物质资本的农村人来说，则会将家搬迁到县城或乡镇，享受类城市化生活。至于原有的土地，他们也采取不放弃的态度，只是将其转租给亲朋好友，自己从中收取一定的费用，或者亲自种植一些"懒庄

---

① 这里也有一个有意思的话题，虽然说在农村里生活很难讨到老婆，但是相亲活动一般都发生在农村之中。即使那些在很远的地方打工的人，或者说双方即使有时在同一个地方打工，相亲的空间还是会在农村社会之中。言下之意，为了相亲，他们都会不远万里地专门跑回来。最为有意思的是，一到春节，很多外出打工者都会往家赶，回来之后便忙于相亲实践。

稼"等。

对于缺少选择能力的打工者来说,如打工期间没有物质资本积累,也没有技术的个体①,回来之后,除了继续经营自己的"一亩三分地",就别无他途。相对来说,种地活动具有一定的稳定性,能维持最为基本的家庭物质生活。对于那些缺少一定选择空间的个体来说,回家种地不失为上上策。这样的选择毕竟可以使他们度过老年生活,并使其"老有所为"。当然,种地选择也只是限于那些缺少一定选择能力的人群,一旦有选择能力或者流动机会,他们就会转向其他选择。

简而言之,种地经济行动是一项保守的选择,是相对稳定的选择,对于没有选择空间的个体来说可能是不错的选择;对于具备选择能力的人来说,是一种次次优的选择。特别是与打工经济行动相比,返乡种地行为并非最优选择。如果说打工经济行动严重异化了个体的身心,并且不能长久为之,所以只能是一种次优的选择,种地经济行动则相应沦为次次优选择。由此可见,选择回家种地的人只是一小部分人,那些无法再延续打工生活的个体才会回家种地。对于那些有能力继续打工的人,如果没有其他比打工路径更好的选择,他们仍然会就近打工,即使有着百般的辛酸和痛楚。如果有了比较好的选择,他们会放弃这种不堪重负的打工生活,选择其他途径的生活。

## 第二节 难以延续的打工生活

创业对农村人来说,并不陌生,他们既有着直接经验的认识,也有着间接经验的理解。在农村社会中,早在20世纪五六十年代便有相应的形式,如村社自办的"集体企业"等,即使不能将其划归为严格意义的创业类型,但和当前的形式并无多大差异,只是所属主体有一定的不一致。在家庭联产承包责任制确立之后,各家各户单干,原有的集体经营转向个体承包形式,村庄内一些所谓的精英便冒出头来,以各种形式承包以往的集体经济实体,如承包村集体的砖窑厂、预制板厂、养牛基地等,成为农村社会中

---

① 即使有技术,原有的技术也需要建立在大型机械化设备基础之上。打工者脱离基本的设备之后,在农村社会中很难有发挥的空间。

的实业家。有的人则通过这条路径发了财，成为村庄内部的富裕户①，如改革开放中少数先富裕起来的那部分人。随着改革开放的深化，改革从农村社会向城市社会转移，城市社会中的"单位"体制被打破，"铁饭碗"的破除掀起了一阵"下海"浪潮，形成了20世纪90年代初期的"创业热"，私营企业林立。一些"弄潮儿"因此走向了富裕之路，媒介宣传报道中也频繁出现，成为包括农村人在内的社会大众羡慕的对象，甚至成为年轻人模仿的对象。所以，无论是对老一代农村外出打工者来说，还是对新一代农村外出打工者来说，"创业"或口语化中的"做老板"都不陌生。

如果说社会历程之中的创业者并不能给农村外出打工者一种直接的视觉认识，打工所在地的创业者和老板则对其有直接的冲击，不仅揭开了创业的神秘面纱，并且打工中过重的"异化"使其彻底明白了老板的优越性，对老板和创业的认识也从朦胧走向了具体与实在。进城打工后，农村外出打工者的周围有与其有较高同质性的人，还存在有较高异质性的人。虽然这部分人是少数群体，但是他们拥有相应的特权，工作过程中不仅不会受到辱骂，相反还有权利批评和管教他者。在日常生活中，他们喜欢将与自己相似的人界定为"打工者"，而将与自己不同的这部分少数人界定为"老板"，两者之间有着较为明显的界限。在现实生活中，无论是大工厂，还是小工厂，就算是小作坊，都有老板。他们大部分属于社会中的创业者，有自己的经济实体，手下有几个人或者几十个甚至上百个人。对于农村外出打工者来说，也许与老板接触的机会并不多，接触的不是老板的批评和辱骂，就是老板较为严厉的形象，但这个过程使他们对创业者有了较为清晰的认识。在调查中，跑车人阿科曾经这样说：

> 我们厂的那个老板，以前在派出所里面当警察，最后不知道咋回事就没干了。然后自己出来开厂。开始的时候开的厂比较小，大概也就十几个人，自己有时候还动手干活。不过那家伙运气也比较好，第一年自己什么都没有，第二年就买了辆桑塔纳开。到第三年的时候，自己换了辆奥迪。现在那个厂已经是个大厂，车都不知道换成什么样子了。牛得很。

与跑车人阿科对"老板身份"的认识相同，搬家公司的崔经理在打工

---

① 有研究显示，所谓的经济精英主要是从以往的政治精英转化而来。言下之意，他们的市场经营成功有较多的政治因素在内。

期间，特别是在砖窑厂打工期间对老板的印象非常深刻。之前所分析的昆明那位拉面馆打工者也道出了打工者的"心声"。他们从经验认识中产生的理解已经远远超越了之前对创业的初步认识。简单来说，在打工者朴素的经验认识之中，创业者或"老板"的优越性主要体现在两个方面。一是，"老板"是财富和富有的代名词，形容个体经济资本存量较高。如果尊称社会中的某个个体为"老板"，则说明该个体比较"有钱"，具有一定的社会经济地位。所以在现代社会交流过程中，有人总是喜欢尊称某些人为"老板"，无论这些人从事的是什么行业。在农村外出打工者的日常世界之中，"老板"的形象建构来自多个方面，然而无论来自哪一方面，即使是城市社会中的小商小贩，其经济实力或经营收入也都高于打工者。二是，老板是管理者，其他人都是打工者，打工者是被管理者，要听从老板的安排，老板要你做什么，你只能去做什么，否则老板会炒了你。在他们的表达之中，虽然他们对老板的理解并不深刻，但其凭体验基本上已经把握住了老板和打工者之间关系的实质。在他们直观的认识之中，特别是在社会市场化状态下，当老板的自然要比打工的好，选择当老板可以说是当前最优化的选择。

## 一　打工、创业与利益优化

"给别人打工，还不如自己干"，这是在打工者群体中流传最广的一句话，也是当前返乡创业者的选择逻辑之所在。在调查中，返乡创业者在比较打工经济行动与创业行动时，经常用这句话来对自己创业的行动进行解释。

### （一）利益均沾的不可能

在市场经济中，劳动付出与所得报酬的不对等使得抱有"给别人打工，还不如自己干"的想法的打工者比比皆是。在现代工厂中，老板在利益分配中占据了主动地位，掌握着劳动成果的分配权，并且占据了主要的经济收益，而打工者处于被支配的地位，大量的"剩余价值"被工厂的老板拿走，只分配到其中很少的一部分。调查中，在夜市摆摊的小黄这样讲述其中的不对等：

> 我们厂做的那些玩具在襄樊那个中百超市都能看到有卖的。就那个小车，大概要30多块钱，在我们厂里的时候卖给工人也就10块钱，我看那成本顶多8块钱，你说老板赚好些。我们这些打工的做得再多，也都是给老板做的，自己就那么一点。钱都被老板们赚走了。还有，

你说现在小娃们开的那种电动车好些钱？在厂里面，工人们买一般要100块钱，估计在这儿要卖两三百块。你说，老板能从中赚多少？

在将不同方面进行对比的过程中，打工者对打工经济行动的实质有了深刻的认识。特别是基于对市场信息的了解，打工者清楚地认识到自己生产的产品的市场行情，将其与自己的工资直接联系起来。对于工资的多少，他们虽然没有理论上表达得那样清晰，如将工资分为几种类型或几部分等，但他们坚信，自己的付出远远多于自己所得到的工资，大部分所得都被老板占有了。从其言语之中我们可以看出，他们认定这样一个事实：在收益分配过程中，老板拿大头，他们只能拿小头。所以，最苦最累的都是打工者，拿钱最少的也是打工者。有着亲身经历的搬家公司崔经理说：

老张开了个搬家公司，是经理。所以一般有活儿都找他，我们这些人就是老张下面的兵了。那天老张接了个活儿，他和别人谈好了价格，然后给我们两个人说每个人30块钱，一下午就搞定。我们当时不知道活儿什么样，加上老张，我们三个人应该也还行。去了一看，才知道根本不是我们想的那样，至少也是4个人的活儿，但是也没什么，老张是老板，要听他的安排。可是东西重，只有我们两个人搬，累得实在不行了。当时，我觉得这样干不下去了，就直接对老张说："老张，你看这四个人的活儿，我们两个人干，东西又重又不好搬，累得人都直不起腰。"老张当时的回答则是："看得见，开始不晓得是这样的活儿，要知道活儿有这么多，我多谈点价钱了。不过不要紧，都经常在一起，一会搬完了，我多给些。"其实，听到这话，我觉得他肯定拿了不少，所以干脆把话说明白，不然搬完之后他不认账怎么办："你看这样行吗？就我们两个人搬，搬完之后，你给我们一个人加15块钱。"老张同意我说的。最后，给了我们每个人45块钱。虽然拿到了钱，但我当时就想为了15块钱，磨破了嘴皮子，还要累死累活地干，再也不这样给别人干了，自己也要当老板，所以就开了搬家公司。

劳动的辛苦度对于打工者来说，并算不了什么，无论对老一代农村外出打工者来说，还是对新一代农村外出打工者来说，总能扛过去。用他们的话来讲，力气总是有的，用不完。可对于他们来说，效益与劳动的不对等，即打工过程中劳动辛苦度与所获得报酬的不均等，逐渐打破了他们内心原有的平衡，进而处于一种失衡状态。所谓失衡就是对现状不满，对自身所处被动地位不满，希望能够挣脱这种被他者支配的地位。特别是在利益分配面前，要能够处于一种主动的地位，以减少被剥削和压榨的程度。[①]在现实生活中，为了追求最大化的利益，老板将生产中的每一道工序都进行了严格的限定和计算，并予以估价和定价，以便使成本最小化。相对而言，在现代工厂中打工的农村外出打工者，作为廉价的劳动力，商品化的形式使其仅仅具有"物"的属性，自然也被老板以利益最大化与成本最小化的原则进行安排。因此，打工者只能被安排较大量的劳动任务，发最少的工资。作为弱小的个体，其所拥有的能力无法触动社会结构及其制度，只能依靠自己的能动性选择另投"他家"。所以，在实践中，打工者经常的做法便是"跳槽"，可是当"哪个厂都一样，哪里的老板都很黑"的时候，跳槽之后只是雇主变换了，他们受支配的地位并没有改变，同样经受着不平等。所以，改变之前的雇工身份，从被动转为主动，"为自己打工"，就可以掌握支配的权力，这成为他们新的努力方向。从搬家公司崔经理的个案之中我们可以看出，工资可以加，但是在他的逻辑之中，这次加了，下次是否会再加呢？是不是还需要再次为15块钱而弯下腰呢？也许，老张会觉得这个人干点活儿就要这要那，搞出那么多事，下次就不找他做自己的下手了。所以，与其处于一种被动的支配地位，不如"自己当老板"，这样就可避免受别人的盘剥，"干多干少都是自己的"。由此可见，物质层面的不均衡直接导致了"创业"抗争行动的产生。

（二）以前干得再好都是别人的，现在干得再不好都是自己的

有人说这种抗争只存在于底层社会，事实上这并不准确，打工者即使在工厂或公司做到一定位置之后，仍然存在相应的压迫感，同时存在对应的反抗行动，如我们重点访谈的菜贩商老文。对于他从昆明某便利公司辞职的原因，也可以归为遭受了这种利益分配层面的不均等。菜贩商老文在离开公司之前，已经从送货的司机升到了主管的位置，虽然说这个升迁有一定的戏剧性，但是他升迁之后在这个位置上业已干了将近三年，并且干得相当出色，不仅有成绩，而且受到了公司上下的拥护，很得老板和员工的心，工资也从以前的1200多块钱涨到了离开前的3000块钱，还有一些福利。当其离开很久之后，便利公司老板还多次打电话请他回去，并且答应

---

[①] 如果所需资源掌握在他人手中，自然难以摆脱被他人支配的局面。农村外出打工者采取抗争行动只是希望降低被支配的程度，特别是在他们所看重的利益分配方面。

将其工资上涨到 4000 元。对于这种很难得的机会，菜贩商老文还是进行了委婉的拒绝①，坚持做自己的贩菜生意。虽然他的打工遭遇并没有搬家公司崔经理那样令人心酸，但是用他自己的话来讲，"以前干得再好都是别人的，现在干得再不好都是自己的"。在这种价值观念的作用下，即使贩菜生意的利润很微薄，他也乐此不疲。

之所以是别人的，那是因为工厂和企业是一种"私有"的形式，一切为老板服务，而非公有制形式，利益均沾。因此，工厂和企业在农村外出打工者那里缺少了必要的认同感与归属感。他们知道，像他们这样的打工者，始终是要回去的，回去之后就和工厂、公司没有多大关系了，不能带走工厂和公司的任何东西。言下之意，他们的养老和将来绝对不能指望和依靠现在供职的工厂或公司。这样，他们对于将来没有依靠，对于现在也缺少必要的意义支撑。特别是在遇到相关问题（如工伤、保险之类）之后，老板不负责的态度使得打工者对自己供职的工厂或公司的态度有所转变，变成他们经常所说的"不值得"。即使已经在镍厂成为"师傅"级人物，卢国兴还是因为"老板的不负责"而愤愤离去，不愿意再为他人打工。

　　卢国兴：镍厂的活儿，我们已经可以当师傅了。
　　访谈者：那活儿是不是比在广州那边轻松些？
　　卢国兴：轻松得多。我们就是大班，只是看一看炉子里面有没有什么问题，炉子里的镍满了以后，我们大班的人去放，其他人不会放，放不了。一个班只用工作半小时，一次的时间，最长的时候就是 30 多分钟，不好使的时候，一个多小时左右。一天放两次就是两个小时。我最长工作 8 个小时，但我实际做活儿的时间只有两个小时。
　　访谈者：为什么在那里只待了两年而没有多待呢？
　　卢国兴：那些厂里面一般做活儿比较少（作为师傅，只需放镍的时候才动手），但老板心狠，你什么工伤、什么补贴，什么都没有，因为这桩事情，跟头（老板）吵了一架，就走了。
　　访谈者：那镍厂也是私人的吗？
　　卢国兴：是的。
　　访谈者：你和老板吵了几次？

---

① 之所以这样做，按照菜贩商老文的说法，一方面是老板对自己的帮助挺大，不想破坏这段感情，另一方面也是为自己留下一条回头的路。对于后一方面，后文会重点分析。

卢国兴：就吵了那一次。

访谈者：你也去过广州，应该最开始进去的时候就知道没有保险、工伤补贴之类的。

卢国兴：没有的，我知道的。但是我想工伤这些他们应该全权负责。是这样的，有一次，那个炉子非常不好，上面的水箱又滴水，这面放金属，水滴到金属上面就会炸，炸到的是我的眼睛。我在那里住了一个星期的医院，但是一个星期的医药费厂里面都不出，全部是我自己出的。但我是工伤嘛，没有工资，服侍我的人也没有工资，我是因为这个和他们吵起来的。我说：万一我当时是双目失明，你们怎么办？我就是这样吵的。老板居然回答说："你不想做你就走嘛，你可以走嘛。"所以我就走了。

访谈者：那老板说你不想做你就走，所以你就走了？

卢国兴：是的，我就是这样走的。

"媳妇熬成婆"使得具有技术者或者管理者有了一定的特殊权利，如工作的时间较短、拥有分配资源的权力等。但是从身份上来讲，这仍然未能改变其打工者的身份，他们依旧是为老板打工。在打工过程中，所有的资源分配由老板说了算。即使像卢国兴那样在工作中出现了工伤，老板不负责，打工者对其也只能是无可奈何。因此，具体的情境以及结构性的问题使得打工者极力摆脱"打工"的角色，挣脱"打工者"规范的束缚，力争"自己当老板"，其内在逻辑是"给别人打工，还不如给自己打工"。或者说，打工生活异化的存在是一种结构性问题，而类似于工伤得不到补偿的具体事件强化了返乡创业者的价值观——"以前干得好都是别人的，现在干得再不好都是自己的"。

如果就这句话进行深入的分析，我们发现干得好说明他/她有能力，但成果不属于他/她，都被"狠心的老板占去"，他/她只能从中得到极少的部分。所以，看似较为公平的打工规则，后面却隐藏着不公平的实质。因此出现了打工者对打工性质的判断："干得好都是别人的。"相反，如果干得不好，责任也都由打工者来承担，比如被克扣工资、奖金等。与之相对，如果打工者为自己打工，那么不管结果好与坏、收益多与少，都将归打工者自己所得。无论是给别人打工，还是给自己打工，两者都是生产劳动。从劳动的性质层面来说，二者毫无差异，但是从结果来说，就大不一样了。给自己打工，不仅意味着自己有相应的自由度，而且劳动收益的分配由自己决定，少了一层盘剥。相对来说，自己也就有了更大的动力。在社会个体的行动逻辑之中,给自己干,那就要多卖点力,因为只要干得多、干得好,就能获得较高的收益,突破了以往那种"多干活儿,并不多给钱"的困境。同时,外出打工生活中的问题也会随之得到解决,比如说拖欠工资,如果说自己做包工头并不能从源头上解决工资的拖欠问题,但是至少减少了难讨工资的环节。所以,自己创业不失为一种抗争的方式,或者说是一种解决打工生活中出现的问题的方式。

(三) 替别人赚钱,还不如自己赚钱

有着同样选择逻辑的外出打工者并不仅仅是包工头卢国兴一个人。如果说农村外出打工者都遭遇了结构性的异化问题,那么具体的情境性问题,如工伤事件等加促了他们返乡创业。[1] 对于这些外出打工者来说,虽然未遇到包工头卢国兴那样的工伤事件,也未像搬家公司崔经理那样为了15块钱磨破嘴皮子,但是他们也有自己的故事,具体情况如表6-3所示。

表6-3 返乡创业者返乡前的收入情况

| 个案编号 | 创业者 | 创业前的待遇 |
| --- | --- | --- |
| D5 | 跑车人李强 | 老板每月发固定工资,跑长途时,老板给买两条烟 |
| C5 | 雨衣厂的张进 | 基本上就是干多少拿多少,如果带货回家,老板按出厂价给货,自己从中赚点 |
| E5 | 烧烤摊贩小崔 | 基本上就是1000多块钱,工资比较低,工厂里没有啥加班 |

从表6-3中可以看到,对于跑车人李强来说,成天没日没夜地开车,虽然老板将工资涨到2000多块,但是相对来说,利益还是那么少,与之相

---

[1] 结构性问题始终充斥于生活之中,人们对其有感知和认知,但并不是那么强烈。打工生活中的结构性问题,也就是之前所分析的异化问题。虽然每一个农村外出打工者都多多少少对打工生活中的问题有一定的认识,知道打工并非长久之计,知道在打工之中会受到盘剥,但是这种认识也只是停留在一种了解层面,好像与自己有关,又好像离自己很近,但又有朦胧之感。当具体问题出现时,社会中的个体对结构性问题有了真实的感受,尽管一些是从他者身上获得的经验。回到事例之中,如果包工头卢国兴没有遇到工伤事件,那么他也许至今还在镍厂做师傅,同样,搬家公司崔经理如果没有那天的15元之争,也许至今他也不会有自己的搬家公司。这也正像他后来所说的那样:"之前一直认为开搬家公司根本不可能,经过那次事情之后,逼着自己去做。"与之相对,当搬家公司崔经理劝其哥哥也效仿他的方式开一家装修公司的时候,他哥哥拒绝了,认为搬家公司好开,但是装修公司不好开,所以只能自己到处打零工。从两者的对比之中能看到,虽然兄弟俩都经历了打工生活的异化,都对结构性问题有一定的认知,但是具体事件的出现促使崔经理走上了返乡创业的道路。因此,我们对于行动的选择有这样的认识:社会中的个体在具体情境的刺激下,对社会结构性问题的认识会得到强化,致使其做出选择。

比，老板所得的是大头，所以李强强调要自己买车，自己给自己开车。如果跑车人李强的个案不是那么突出，那么雨衣厂的张进的个案以及物流公司魏总的例子更能说明其中的问题。物流公司的魏总之前曾在宜昌某物流公司做主管，分管宜都区域的反季节蔬菜运输。

> 访谈者：你们的利润是怎么分的呢？
>
> 被访者：啊，利润，咱们拿工资呗。我是主管呐，主管我们分片区的反季节蔬菜的发货。
>
> 访谈者：工资，那你当时作为公司下属的一个主管……
>
> 被访者：（打断问话）下属的主管，对对。咱们这个说白了呢，就是什么呢？每年挣多少钱，给你多少工资，同时，给你加点儿。那是为别人干活，为老板打工。很简单地说，虽然是分公司啊，那还不是他说了算。他说这个冷冻厂啊，一年要发多少货，啊，他是监控的。很简单，公司是怎么监控的呢？合同上有，咱们这是必须有合同的，合同是有法律效力的啊。他们那个合同都是联单的啊，有编号的，一年发多少。咱们是三联的：货主、车主、存根。三联的，一看就知道。一车如果说是100块钱或者200块钱信誉费的话，那就根据你的业绩啊，一年多出多少，再分给你多少。

从表面上看起来，魏总作为一个片区的主管有较大的权力，并且在利益分配层面可以获得相应的提成，但是从他的言语中可以看出，这种稍好的境遇背后也隐藏着打工的"异化"。其主要体现在"那是为别人干活，为老板打工"。对于这句话的解读，魏总觉得一切要老板说了算，这就说明老板给多少工资，就只能得到多少工资，可以通过自身的业绩拿提成，但是提成的分配方式是老板定的规矩。言下之意，自己越努力，提成越多。但是在提成分配的原则中，要了解清楚提成的分配方式。这就像之前给某商家带货的雨衣厂的张进一样，她虽然能从中拿一些中间费用，但是更多的利润掌握在老板手里。看似每次带的货越多，她可以获得的中间费用越多，但实质上是老板不动声色地将中间大部分利益给抽走了，她所得的只是辛苦费。如果自己单干，利润就全部落在自己的手中。此外，老板说了算，打工者一切要听从老板的安排，包括利益的分配机制等，即便抱怨，也只能是"弱者的武器"，用在背后谩骂等方式发泄，丝毫不能改变现状。所谓听从老板的安排，也就是打工者即使有好的建议，决定权或者拍板权也不在自己的手中，因为要听老板的安排，要向老板汇报。老板同意，建议就可以被采用；老板不同意，即使再好的意见，也没有被采用的可能性。所以，在调查中，我们经常会听到这样一句说话："十年打工你还是工。"无论是抱怨，还是发泄对打工生活的不满，这之中透露了相应的社会事实，打工者即使打再长时间的工，仍然是打工者。角色与地位的固定不变，使得打工者永远处于被动地位。因此，打工者要改变自己的地位只能自己干，摆脱被支配的地位。

另外，既然老板不采纳自己的意见，好的际遇又在自己的身边，为何不自己利用好机会做老板呢？为老板赚钱，那钱是落在了老板的腰包里。自己需要用钱，只能张口向老板借，并且要打借条，还要写明归还期限，甚至欠着老板的人情。与之相对，为自己挣钱，则钱落在了自己的腰包，要用钱直接拿就可以。两者相比，当然后者是一种较为明智的选择，或者说是一种理性选择。所以，在条件合适的状态下，打工者将改变以往的方式，转向为自己赚钱。我们在之前所分析的物流公司魏总的例子中可以看到，宜昌某物流公司的老板在宜都设置了相应的片区，可是无力经营，只能安排魏总作为主管。在看到有利益空间时，自己单干，就成为魏总的选择。我们再看雨衣厂的张进的例子。雨衣厂的张进之前曾在洪湖某制衣厂打工，技术娴熟，深得老板的信任。她经常带家乡的人到洪湖雨衣厂打工，每次回家时，老板都托她从雨衣厂带点货。当然，介绍打工者到工厂是免费的，因为有老乡等地缘关系以及情感关系，但是带货回来就需要收一定的费用，其实主要是赚一些差价。深知雨衣这一行的她，认为那样自己只是赚个来回车票钱，其中大部分的钱都被雨衣厂的老板赚走了。所以，在她看来，带货要看老板的意愿，虽然说这样有助于打开雨衣的销售市场，老板也比较喜欢，但是价格因素使得带货的利润非常有限。即使她带得再多，利润也都是老板的。因此，既然雨衣存在一定的销路，有一定的市场空间，给老板带货是帮老板赚钱，如果自己有个作坊或者有个小厂，就是为自己赚钱，带货的利润自然也就不用向老板交一部分，而是全归自己所有。对于跑车人李强来说，他同样看到了跑车的利润空间，进而选择了单干，最终使得自己的劳动收入全部落入自己手中。从选择的角度来说，这看起来是一种主动选择，与被动选择有一定的区别，但实质上还是一种对生活抗争的策略。如果利益均沾、打工生活有一定的稳定性和保证性，即不存在结构性的问题，他们自然也就不会进行这种选择。所以，这仍然是对打工生活的抗争。

## 二 面子、身份与生活中的地位

面子也就是经常所讲的声望。在古代社会之中，考功名不仅是为了光明前程，还有光宗耀祖的目的。当然在光宗耀祖的同时，当事人自己也获得了正面评价。所以，面子成为很多人进行选择的内在逻辑之一。至于返乡创业的逻辑，农村个体也难以逃脱面子因素的影响。或者说，面子与人们的日常生活紧密相连，已嵌入日常生活之中，构成生活的一部分，所以追求必要的面子也就成为人们日常生活中的行动。以下我们将从这个角度剖析返乡创业的逻辑。

### （一）村庄日常生活中的面子

面子即日常生活中所讲的脸面，如"有头有脸"、"有脸有面"等。在日常生活中，面子是个人社会地位的客观外显标识。个体的面子越大，相对来说社会地位越高；没有面子，则说明没有社会地位，不能得到相应的尊重。所以，人们较为重视自己的面子，在各种仪式场合中，要显示出自身的富足与阔气。如结婚过程中，接亲车辆要选知名品牌的。因此，就出现了掷千金买一面子，甚至"打肿脸充胖子"的事例。无论是城市社会中的个体，还是农村生活中的个体，都对面子有较为相同的看法，都想博得一定的面子，做个体面的人。当然，失去面子，也就失去了相应的社会地位。如在农村生活中，失去面子的人，严重者会自寻短见。这也体现了日常生活中面子的重要性。并且，在封闭的熟人社会之中，面子更加为社会个体所看重。同在一个屋檐下，抬头不见低头见，互动也更加频繁，相对来说知根知底，已经看穿了对方的面子。用农村人的话来说，就是"他是什么样的人，在一起那么久了，谁不清楚"。可事实上大家更重视面子上的事情，为的是让面子上过得去，不然下次见面就不好意思，或者说没脸见人。在一个封闭的场域之中，某人没脸见人，或者躲着人，也就缩小了交往范围，甚至将自己孤立起来，成为乡村社会中的"孤岛"。由此可见，重视面子已经成为社会个体行动的习性。

乡村社会中的面子不仅有重要性，而且有一定的广延性，即面子表现在多方面，充斥在日常生活中的吃、穿、住、用、行等方方面面。可以说，面子深嵌于日常生活以及人们的行动之中，人们时时刻刻都要注意面子。特别是在公共场合之中，人们的一言一行以及穿着举止等都会影响到自己的面子。在农村，人们不仅在生活中讲究面子，在生产之中也有面子一说。

在生活中，面子经常指向住房、家庭内部的设施。如果房屋修建得好，房主在村庄之内自然会得到大家的赞同和认可。其评价越高，房主在公共场合的面子也就越大。在生产中，人们选择的职业也与面子有着相应的关系。以城市化作为标准，在城市里工作在农村社会中的面子较大。甚至与其有关系的人的面子都与此有相应的联系。[①] 归根到底，面子之所以与职业或者生产有一定的关系，关键在于生产与生活之间的联系，特别是在农村社会之中，生产与生活常融合为一体，这种联系也就更加紧密。

面子不仅在日常生活中具有相应的广延性，而且有相应的变迁性。在传统社会之中，面子更多地与道德相联系，如孝顺、廉洁、勤劳等，但在今天的社会之中，面子更多地与物质财富相联系。[②] 从某种意义上来说，不同时期，人们的价值观不同，那么面子的评价标准也有所不同。在社会市场化时期，一切按照市场的原则进行行动，物质财富的多与寡就成为面子的评价标准。在乡村社会之中，受此种价值观的影响，面子最大的人已经不是村长或者村支书[③]、长者等，而是财富最多的家户或村民。大量事实证明，在社会市场化时期，随着社会的变迁与发展，面子的评价标准发生了相应的变迁，原有的道德评价标准已经逐渐弱化，是否孝顺或者是否负担养老已经不是评判面子大小的指标。在农村，家中的房子修得较为豪华，家庭内部设施也达到了城市化的标准，可以说是较为富裕，是村庄中的上层家户，可是其对老人却采取不积极赡养的态度，有辱骂行为。按照以往的面子标准进行评价，这样的家户或个体不应该有较大的面子，可现在恰恰相反，大家对其不赡养老人的事情不予看重，反而因其家境富裕而认为其较有面子。由此，我们不难发现：面子已经物化和具体化，与当事人所

---

① 在同质性较高的群体之中，封闭村庄生活中能和城市生活沾得上边儿的人的面子比较大。通常情况下，关系越深，面子就越大；关系比较浅，也有面子，但面子不是那么大。举例来说，一个农村出来的人，通过读书在城市社会中安了家，那么其个人在村庄生活中有面子，或者说是最大的面子，其次是他的家人，再次则是他的亲戚朋友之类，可以说面子因关系的亲疏远近而有所变化。

② 不同时期，乡村社会中的面子观会有所不同。如果社会的主流价值观发生变化，面子的评价指标会发生变动。比如说在新中国成立后到改革开放这段时间，面子受到社会政治运动的影响，哪家之前受苦最多、无产化程度最高，面子就最大。

③ 村庄内部的干部，如村长、村支书等曾经在政治制度的安排下具有一定的权力，在农村具有较高的社会地位，有较大的面子。遇到问题时，如果村长或村支书出面，问题常会得到解决。所以，在村庄内部，争着做村长、村民小组长。市场化程度加深之后，社会价值观发生了转向，村民的这种热情逐渐降低，甚至出现没有人愿意做村长或村民小组长的情况。与此相同，之前村庄内的长者有着较高的社会地位，可是在当前社会之中，长者的面子也逐渐弱化了。

拥有的物质相联系，已经不再与历史上的道德评判相联系。在市场化社会剧烈转型时期，面子也就相应与权力、财富等联系在一起，比如，物质财富越多，在乡村社会中的面子越大，交往圈子也就越大。通俗地说，遇到问题，人人都会给足面子，都会帮一把。相反，没有多少物质财富的家庭，自然没有面子，在交往的过程中抬不起头来，始终感觉低人一等。因此，面子已经更多地转向物质层面。

在农村生活中，面子的攀比和竞争是常有的事情。人人都不想失去既有的面子，失去面子也就丧失了一定的社会地位。因此，有关面子的竞争也就经常发生。情节轻一些的涉及日常生活中的鸡毛蒜皮小事，严重的则会涉及武力。如有关房子的问题，"你"可以建三层，那么"我"也要想尽办法建三层。尽管这些房子都闲置无用，但是"我"绝对不能从气势上输于"你"。在社会市场化时期，面子的物化与具体化更是增加了面子的可竞争性，这不同于以往的那种道德感，需要时间的积累，需要行动进行证明。物化的面子，可以在短时间内形成，并且投入也相对简单。对于农村人来说，钱花了可以再赚，而面子丢了就不好挽回。所以，在物质利益与面子面前，很多人选择了后者，也就出现了之前所说的那种掷千金而买一面子的事。这也就导致了村庄日常生活中有关面子的竞争，这也是社会中的个体对面子较为重视的结果。试想，如果大家都不重视面子，对其持一种可有可无的态度，那么也就难以产生围绕面子的竞争性机制。

简而言之，在村庄日常生活中，由于村庄地域的封闭性、交往的频繁性、传播速度快等特点，村庄中的主体都较为注重面子。在当前社会结构与情境之中，面子已经成为村庄中的主体行动选择的一个重要影响因子。选择有面子的行动，自然成为一种理性选择；选择没有面子的行动，也就成为一种非理性选择。这对于农村外出打工者有着同样的作用，在他们的选择之中，始终包含相应的面子因素。

（二）面子消失的打工生活

通过之前的分析，我们知道了打工在乡村社会中具有一定的面子。或者说，谁要能出去打工，谁在乡村社会中就有了一定的地位，会受到他者的称赞，被认为是能人。对于那些没出去打工的人，村民则认为其能力不行，相应来说其在村庄社会中也就少了一定的面子。虽然说有面子和没面子只是个体的感受，似乎没那么重要，但是在他者看来，会产生与面子相关的一系列问题，如婚姻、社会交往圈等。在现实生活中，这种面子并不是一成不变的。调查显示，打工所形成的面子也有着"褪色"和"掉色"的可能性。在箐口村调查的时候，我们向村庄内的人问起谁是第一个走出这个小山村而外出打工的人，大家似乎并不怎么记得起来，特别是在与问的第二个问题①相比的情况下。但是，如果将此问题放在当年，那大家绝对对答如流。这使得我们相信打工的面子会随着时间的流逝而逐渐消失，具体如图6-1所示。

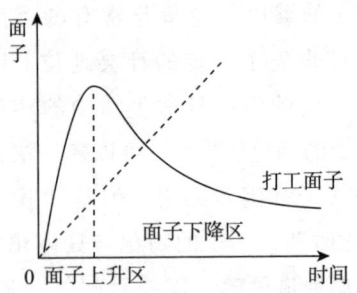

图6-1　打工生活面子与时间关系示意图

从图6-1可以看出，打工生活的面子随着时间的推移而呈现逐渐下降的趋势。在现代农村社会中，外出打工已经不像之前那么有面子了。从经验资料来看，其随着时间的推移而下降具体表现为两个方面。

其一，从整体角度来说，在最开始流动之前，打工因为突破了以往的流动形式，是一种向城市社会流动的路径，对那些已经没有其他路径可以出去的农村人来说，依靠外出打工出去也就有了面子，并且当时能获得这类消息的人毕竟是少数，所以拥有此类信息且能够出去的人自然在村庄内部有了相应的面子。特别像之前分析的那样，他们外出之后带回来了资金，生活发生了外显的变化，更加强化了打工生活的面子。因此，可以这样进行相应的总结：最初的面子膨胀，是因为出去的路径优先，人数自然少，能跳出"农门"相对来说就意味着社会中的向上流动，特别是当打工者回来有了十足的变化之后，其在村庄内部的地位自然就以外显的变化而得以确定。然而，随着社会开放度的提高及社会流动速率的加快，农村人外出打工的越来越多，打工生活的"黑箱"也逐渐被打开，外出打工对农村人来说已经不那么神秘，过去要托一定的关系才能出去，现在只要有能力都可以出去。打工的普遍化使得这种以前较为稀缺的资源变得丰富多样，人

---

① 第二个问题是谁是村里第一个上大学的。在同一个村庄内，当被问起谁是第一个上大学的，以及这个村里有几个上大学的，村里的村民大都能非常流利地作答，并且能说出谁上的什么学校、谁的学校最好之类。

人都可以享有，自然降低了打工者在农村社会中的地位。"黑箱"的打开不仅指打工渠道的公开化，而且指打工生活从以前的被羡慕转换为现在的被厌烦，因为人们一方面有了自身的体验，另一方面也的确遭受到了束缚和限制。农村人了解了打工生活并不像想象中那般轻松，打工者是拿辛苦换来了一些物质财富，比如说回家修建的房屋以及家庭内部添置的物件等。与种地相比，打工甚至更辛苦，"遭受着更多的罪"。而且，如果不劳动，就没有工资可拿，这与城市里的单位职工有着较大的差距。因此在羡慕城里生活方式的农村人眼中，打工生活就没有了之前的那种地位，打工者则没有了之前那么大的面子。当然，虽说降低了，但这也只是相对于以前农村人对打工高涨的热情而言，相对于在家种地活动来说，打工者还是具有较高的社会地位，在村庄内仍然有一定的面子。

其二，从社会中个体的角度来讲，"十年打工还是工"，说明打工时间长却没有任何长进。在这里，要区分两种情况，一种是的确没有任何长进，第二种则是在与他者比较之下长进比较慢。在第一种情况下，打工者打工时间再长，即使打一辈子工，打工身份也不会改变，永远是一个打工者。就算打工者好不容易做到车间里面的拉长或小组长的位置，或者如菜贩商老文在某便利公司的主管位置，也只是像物流公司魏总所说的那样，"自己只是拿工资的打工者"。所以，以此角度来讲，打工者身份的相对恒定性，使得他们即便最开始有光环，光环也随着时间弱化了，就像在调查之中我们经常听到的一句话："不就是个打工的，有什么了不起？！"在农村人看来，打工者只是个办事的，没有任何决定权，在城市中的地位较为低下。这一点，当然也与打工的大众化以及新闻媒体对打工者受歧视的信息传播有关。所以，在现实生活中，特别对于那些长时间外出打工却没有"发财致富"的打工者来说，不仅动摇了打工的面子问题，也使得周围的人开始反思打工活动，进而动摇曾经对打工活动的高评价。

第二种情况则说明参照体系发生了改变。农村人的比较也就是把自己和打工地区的老板、在当地的创业者进行比较。打工者不仅收入没有办法和老板比较，地位也无法和老板进行比较。在收入方面，调查过程中我们经常听到对老板这样的评价："那生活过得真是好，有钱、有车、有房。"物质化的外显生活使得老板的地位较高，特别是在社会市场化时期，财富的多少决定了地位的高低。相对来说，在沿海开工厂的老板所拥有的财富，是有些农村人或者打工者无法想象的，自然成为他们羡慕的对象。将打工者与老板的身份进行比较，做老板当然就有面子。在调查中，跑车人阿科不止一遍讲述了小学同学买挖机之后的富裕程度，沉浸在羡慕之中。从这个角度来说，在社会市场化的价值观作用下①，比较之下，特别是在工资层面，打工者自身已经丧失了以前那种出去打工的荣誉感。人们熟知打工者只是个办事人员，没有任何决定权，一切都要听老板的，即使老板再没有主见和思想，也必须听老板的，否则就会被炒鱿鱼。由此可见，老板有相应的支配权，不仅可以支配工厂的事务，也可以支配工厂的打工者。按照农村人的话来讲，有了支配权，就可以"吆五喝六"的，相对来说这也是一种面子。被老板支配的打工者也只能处于被"吆五喝六"的地位，也就缺少了生活中的面子。特别是当农村出现了创业者之后，大家的这种认识就更加清晰，使得曾经极具光辉形象的打工活动渐渐失色。②

由此可见，打工活动的过程以及结果的明朗化，使得打工活动曾经的魅力被去除，成为一种"无可奈何"的选择。特别是对于新一代农村外出打工者来说，出去并不是因为打工活动有面子，而是日常生活的需要，如社会化、婚姻等。就像在调查过程中一些外出打工者的父母所讲的那样："你说那么小，不出去能干点啥，种地又舍不得她下力气。"由此可知，在当前农村人的价值观里，打工活动已经没有之前那么高涨的面子，这不仅是和上学读书的路径相比，即使和打工自身相比，也是如此。由此可知，在农村人的判断之中，老板和创业者的面子相对较大，远远大于打工者的面子。这一点，已经是现代社会市场化中不容质疑的事实。

（三）老板的面子比较大

在当前农村人的价值观中，在家种地的不如外出打工的，外出打工的又不如做生意的。由此来看，其中也存在一定的等级。用社会学的术语来说，就是职业声望的社会分层。以此逻辑来看，在农村社会之中，老板具有较高的地位。这与我们经常听见的"与其打工，不如创业做老板"较为一致。相对来说，这也是面子因素在其中发挥作用的结果。但是，在这里，

---

① 在社会市场化中，社会逐渐类似于市场。对于其中的原因，我们不想做深入的探究，读者只需要明白一点，即在社会市场化时期，市场的标准适用于社会，经济利益标准成为衡量行动和事物的标准。社会地位自然也以市场的标准为主要评价标准。在市场中，谁资本雄厚，谁就有相应的主动权和发言权。那么在日常生活中，谁拥有的经济资本存量高，谁的面子就大。

② 在这里，还有另外一些相关影响因素，那就是以前农村社会中的老板并不是那么多，甚至有的村庄内根本就没有。在社会市场化时期，由于价值观念的转变，财富多少成为判断地位的重要指标，老板能够赚钱，说明其有能力，自然拥有较高的地位和较大的面子。

我们也要看到其中的悖论，即返乡意味着与最为现代的都市生活元素距离较远，为何还能获得相对于进城打工较高的面子？我们进行深入分析，发现其中的主要因素在于以下几点。

首先，在社会市场化之下，物化的面子使得老板具有较高的社会地位。老板有自己的事业，这在农村人的价值观之中是一种财富的象征。经常在农村做调查，我们会了解到一些他们对老板的看法：老板都是有钱人，即使现在没有钱，那厂房和机器也是钱。由此可见，老板是有钱的人，有自己的物质财富。如果将打工者与其进行对比，那么打工者相对来说是"无产者"，没有相应的财富，有的只是一把可以使用的力气。所以，打工者的地位自然没有老板的地位高。当老板开着豪华小轿车来到农村之后，这种财富的象征更是强化了农村人对老板面子大的认同。这说明打工者根本无法与之相比，在理性的评判标准之下，地位孰高孰低自然就有分晓。

此外，老板不仅现在有钱，而且会赚钱，并且赚的都是大钱。农村人眼中的老板总是类似于媒体宣传的那样，是一掷千金、把钱不当钱的人。所以，每当农村人遇见类似老板样的人和他者砍价时，总是喜欢以这样的口吻进行："你们是挣大钱的人，还会在乎这点小钱？"虽然说这是农村人的调侃方式，但我们从中可以看到老板在农村社会中的地位与所具有的面子。相对来说，在农村人的价值判断之中，老板是社会中的精英，有着较强的能力。特别是在市场化社会中，能力较大的表现便是能够赚钱，赚的钱越多，能力就越大。反之，则说明能力较小。因此，能赚大钱的老板自然就是社会中的精英，在农村有较高的地位，面子较大。相对来说，挣取微薄工资的打工者来只能是相形见绌。

其次，面子是一种稀缺性资源。从这点来进行理解，老板在传统社会之中也是精英人物，是少数中的少数。这样的少数人总是被习惯性地作为模范进行模仿和传播。社会的认可以及个体的模仿无不证明老板在生活中的影响。或者说，这些少数老板的成功案例使人们形成了刻板印象：他们是成功人士，具有较高的社会地位和面子。用农村人的话来说，老板就是坐轿子的，而打工者就是抬轿子的人。一般情况下，坐轿子的人只有一个，而抬轿子的人有两个、四个或者更多。如果从这个形象的比喻出发，我们不难发现农村人对老板的看法。第一，坐轿子形容地位高。我们知道，在传统社会之中，轿子一般是有地位的人或者家庭较为富有的人才有可能坐的，一般的穷人坐轿子的可能性很小。所以，坐轿子直接显示了老板的地位与其所拥有的财富。第二，抬轿子的人与坐轿子的人形成了鲜明的对比。

一抬一坐，虽然说是分工不同，但是直接显示出了两者之间的差距。抬轿子的人是出力气的人，坐轿子的人自然是享受者。可见，抬轿子的人地位相对低下，坐轿子的人有较大的面子。第三，坐轿子的人较少，而抬轿子的人较多，显示出坐轿子的稀缺性。试想，如果人人都可以坐轿子，意味着人人都可以当老板，形成具有同质性的群体，那么老板也就不稀缺了，自然也就没有当前这么大的面子了。由此可见，稀缺性使得老板具有较大的面子和较高的社会地位。所以，做老板就成为打工者的选择。

### （四）瘦死的骆驼比马大

选择返乡创业是行动者的策略，可是面子的大小以及身份、地位的评定并不能由返乡创业者做主。其关键在于村庄内部的主体。结合返乡创业者的实际状况，这里产生了两个问题：其一，对于返乡创业者来说，正像前面分析的那样，创业之初是老板不假，这是他们应该具有的身份，可他们并非什么大老板，甚至离大老板的身份有着十万八千里的距离。为何他们同样能够得到较高的地位，被给予相应的认同？其二，强调返乡创业者社会地位的时候，人们总是强调一种社会事实。一般情况下，返乡说明行动者难以在城市社会中生存下来，回流的迁移者往往与个体特征相联系，教育水平与回流迁移有强烈的负相关关系，回流迁移者通常不能将其人力资本转换到城市经济活动中。在此逻辑之下，负面效应使得返乡者难以获得相应的面子和地位，即使体面地返乡创业，也是"落地的凤凰"，自然会出现"落地的凤凰不如鸡"的评价。通俗地说，那些人在城市生活中"混"不下去才会回来，如果有能耐，谁会回来？特别是在现在有能耐的都出去的背景之下，这种评论也就更加习以为常。

村庄内部的生活也许并不总是按照科学的逻辑进行演绎，并不总是按照外人的看法进行。它有自身的运作规则，返乡创业者为何在返乡之后能够取得如此高的社会地位，关键在于创业策略的选择，或者说是做老板的身份与地位。

返乡创业意味着自己做自己的老板。在老板这种身份的光环之下，返乡创业者有了较大的面子和较高的社会地位。从某种意义上来说，在"老板"这个响亮的名字下，返乡创业者的地位有了很大的提高。无论是在什么地方做老板，老板的身份使其区别于打工者的身份。这也就好像人们常说的"瘦死的骆驼比马大"。再小的老板，也是老板。即使是难以在城市生活中"混"下去，回来做个小老板，身份也发生了改变。另外，用发展的眼光来看，这种尊重也是对今后的投资，也许返乡创业暂时没有赚钱，或者规模较小，但是将来并不一定还是这样，简单来说，返乡创业有较大的成功概率。特别是在其他示范者效应的强化下，这种他者的认同更加强烈。因此，即使返乡创业的规模很小，与回来种地或继续打工的农村人相比，返乡创业者的地位仍然较高。

返乡创业者也是生活中的老板。无论这种老板是否赚大钱，都有类似老板的特征，都被冠以"老板"的称呼。事实也正是如此。物流公司的魏总在访谈中，电话总是响个不停，而对方对他的称呼，已经发生了改变，更多称呼其为"魏经理"、"魏总"、"魏老板"等。对此，魏总也总是欣然接受，一副笑呵呵的样子。也许有些人认为这是经营者常有的表现，可从面子角度来讲，特别是当我们问起关于"魏总"称呼的问题时，他的答案也和所分析的差不多，即"魏总"的称呼比名字或外号听起来更好听些，他自己也觉得有面子，不再像以前那样总觉得自己是个打工者。由此可见，对于返乡创业面子的认同首先来自返乡创业者自我的认同，其次则是他者的认同。对于他者来说，身份的改变，自然也带有地位的改变，从之前的那种打工者转变为创业者，如果返回家乡所在的社区，身份的改变在他者的价值判断之中则有一种"向上流动"的感觉，就像搬家公司的崔经理所说的那样：

> 现在见面了人家就喊我"崔经理"、"崔老板"啦，不仅是找我谈业务的，还有我自己的亲戚朋友，都这样喊我。以前没有这样喊，有的直接叫名字或外号之类的。听到的时候，还是很有面子。想象以前，回到村里面，别人有时候理都不理你，有时候根本不正眼看你一下。可现在不一样了，有些人见了面，主动和我打招呼，喊我"崔经理"，也说明给我面子。现在，我还印了名片、宣传单，上面都写着"崔经理"。

这种称呼无论是奉承，还是迎合，都显现出其身份的演化，其不再是之前的打工者。这种改变和转换给返乡创业者带来了相应的面子，也带来了较高的社会地位，得到了社会的认同和赞同。在搬家公司崔经理的个案之中，他之前打工回家，很难得到他者的认同，他者对他的称呼也多是直呼其名。前后的差异，使得其周围的人以及崔经理自己都对"老板有面子"较为赞同。如在访谈时，一位与搬家公司崔经理关系较近的人这样谈他所观察到的现象：

现在弄个搬家公司就不一样，不管咋样，现在回去了就有人说他行。现在的人势利得很，你行点了，他就觉得你行，巴结你；你要是不行，走路的时候就跟没看见你一样。你看现在回去，别人对他是什么态度。

搬家公司的创建赋予了崔经理新的形象。他的面子也因其搬家公司的存在而大大增大，在村庄内有了相应的社会地位。如果搬家公司做大，那么他的地位会节节攀升；如果搬家公司倒闭或不景气，其社会地位也就可想而知，就像曾经侧面了解到的那位回家经营蘑菇生意的失败者那样，也许会被贴上"懒惰"的标签。

打工者的面子不如返乡创业者的面子，这是一种社会事实。新一代外出打工者已经将打工生活视为生命历程中的一部分，或者说，如今出去打工就是为以后创业做准备。即使当前打工没有面子，但是为了积累日后的创业经验，这样做也是一种必要的选择策略，所以打工者长远的打算仍然有着面子因素的考虑。

简而言之，无论是新一代打工者，还是老一代打工者，在选择返乡创业过程中都受到面子因素的作用。至于这种面子是否和社会中的向上流动有着直接的关系，或者说是否实现了向上流动，从形式上无法进行判断，或者说形式上的判断过于简单和武断，我们还需要结合实质内容进行总结。但是，从选择主体的主观层面来讲，这之中当然有向上流动的趋势，自然包含了向上流动的想象。从选择机制的构建层面来说，面子是选择机制之中较为重要的一个因素。

## 第三节　回归生活的返乡创业选择

无论是从社会结构与社会分层的角度进行分析，还是从社会行动选择层面进行分析，实然状态下的个体选择返乡创业都强调生活的回归，是在多种力量作用下的优化选择。选择行动之中也折射出了农村外出打工者对社会生活进行抗争的逻辑与对美好生活进行追求的逻辑。

### 一　美好生活的返乡创业路径

当探讨返乡创业时，在主流话语的影响下，既有的成果总是和创新、现代性等话语相联系。言下之意，只有具备一定的创新精神，或者说有现代性的特征，才能进行创业。以此作为基本出发点，或者在这种假设之下，研究者们建构了进城打工与返乡创业之间的联系，即进城打工是返乡创业的"孵化器"，"洗脚上岸"使得在城市中生活的农村外出打工者获得了现代工业化的特征，进而返乡创业。可是从调查资料以及分析结果来看，事实恰恰与此相反，农村外出打工者的返乡创业行动更多的是一种生活抗争行动。之所以这样界定，因为从经验资料可以看出，返乡是必然的社会事实，是大多外出打工者必须经历的道路，而且在打工生活异化的事实下，返乡也相应加速，甚至成为农村外出打工者摆脱异化牢笼的必然选择。回去做些什么便成为摆在外出打工者面前的问题。如何选择，怎样进行选择，这是具有相应主体性的农村外出打工者在日常生活中焦虑之处。在现实生活中，人们总是把土地作为农村外出打工者的社会保障，作为社会的"稳定器"和"蓄水池"，如果农民工在外难以适应，可以回乡种地，不会对社会秩序造成相应的影响。对于个体来说，回乡种地可以维持基本的生存，并能摆脱打工生活的异化。然而，回乡种地虽说有较大的稳定性和自由性，却缺少生活的品质和相应的体面，这也是外出打工者在生活抗争过程中选择外出打工的逻辑之所在。退回原有的起点，不仅对于少数已经"衣锦还乡"或"功德圆满"的打工者来说，而且对于那些尚未实现体面回来以及"负担较重"的外出打工者来说，都是一条回不去的道路。对于有选择能力的打工者来说，沿着之前的追求，继续社会生活抗争，追求物质化的生活、体面的生活、高品质的生活以及自由的生活是他们选择的内在逻辑。这不仅是摆脱异化的打工生活的一种方式，也是对种地生活的抗争，进而可以在此基础之上寻求更加美好的生活方式，或者说这是在现代科学话语之下对美好城市生活的不懈追求。

此外，有研究强调，现在农村外出打工者已经从原有的"生计型农民工（打工者）"向"发展型农民工（打工者）"转变。[①] 转变意味着社会个体的发展，或者说从低级向高级发展，从最基本的物质生活需求层次向自我实现需求层次转变。按照单线进化论的思想，这是无可厚非的社会事实，是社会以及社会中的个体必须遵守的客观规律。简单来说，两者的比较使差异得以凸显，进而得出了结论。从表面上来看，打工相对于种地来说，是一种科学话语下的向前迈进。作为老板和打工者也有较大的差异，显然老板更是上了一个层次，因为有了多方面的支配权等，所以从打工向

---

① 文军：《从生存理性到社会理性选择：当代中国农民外出就业动因的社会学分析》，《社会学研究》2001年第6期。

创业的转变，可谓一种不断发展的过程。深入打工生活内部来看农村外出打工者的选择机制，我们可以发现，事实上返乡创业并非表面上看起来那样绚丽多彩，而只是在打工生活异化状态下以及在种地生活无前途下所作出的一种抗争行动。所以，农村外出打工者的选择逻辑也是一种社会生活抗争逻辑，不仅是对种地生活的否定，而且是对打工异化及其束缚的挣脱。

在这里，我们回到原有的话题之中，从返乡创业的主体来看，个体现代性的获致与返乡创业有着一定的联系，但绝非开启农村外出打工者返乡创业之门的钥匙。试想，如果进城打工没有异化因素的存在，为何当年招工进入工厂的职工中并没有多少人返乡创业，没有形成所谓的返乡创业浪潮？也许客观环境变了，缺少了可比性，但是二者都获得了现代性，却没有导致同样的行动，后者并没有像前者那样形成返乡创业浪潮。客观事实的比较使得我们相信，现代性并非返乡创业的主动力，而是一种辅助性动力。这也就回到了另一个问题上：为什么那些人进城打工之前没有创业，反而在进城打工之后选择了返乡创业？对于此问题的解答，首先，可以从社会个体的特征以及生活抗争的目标进行分析。从农村走出来的打工者具有一定的小农意识，相对稳定的生活自然成为首选。其次，返乡创业也是生活中一种被动的选择。这又回到了我们之前所说的最优化、次优化以及次次优化选择。

由此可见，从社会个体的选择角度来说，返乡创业并非经济学、管理学等学科中所讲的创新精神起作用的结果，也并非现代性使然，而主要是体面生活、高品质生活以及自由生活等方面的社会生活抗争使然。这也就构成了返乡创业选择的内在机制，使得我们相信支配农村外出打工者返乡创业的逻辑并非经济决定论逻辑，也非历史决定论逻辑[1]，而是生活决定论逻辑。透过"三位一体"形式的生活决定论逻辑，我们可以发现，经济行动的社会支配机制无不在于三种因素的影响，一种是存在于市场中的经济利益因素的影响，一种是中国社会所特有的注重情感及关系因素的影响，一种是社会平等因素的影响。三种因素相互作用，在个体生命历程之中的不同阶段，形成不同的位差，并以整体的形式主导着社会个体的经济行动。如果在某个时期，某种力量过度作用，或者说三者位差处于一种不对等的

---

① 李培林、李炜：《农民工在中国转型中的经济地位和社会态度》，《社会学研究》2007年第3期。

关系，落差过大，则说明个体的经济行动走向了非正常化的状态，必然带来社会个体的高度异化体验。个体生活也因此不能长久持续，需要从高度异化的生活世界转向低度异化或"去异化"的生活结构，从非正常化的状态转向正常化的状态。在历史长河之中，经济行动的实践知识告诉人们，高度异化的出现势必使得个体及家庭生活不稳定，对社会生活秩序也会造成一定的影响，而"三位一体"的内在性力量通过返乡创业使农村外出打工者非常态化的生活走向正常化的生活。

简而言之，市场化社会中，个体并没有完全被市场化所吞噬，其经济行动也并未完全遵从新自由经济主义所设定和安排的道路，而是在社会结构和情境之中保持着经济、关系与平等"三位一体"的追求，或者说其是按照生活决定机制从事相应的经济活动。以此回应既有文献中的争论，可以说，无论鼓励创业者，还是反对创业者，都未正视返乡创业主体的实践逻辑。因此，他们也未能理解返乡创业，未能从实在性层面将个体创业实践很好地整合进国家与社会市场体系之中。

## 二 社会生活抗争的逻辑

返乡创业经济行动的选择呈现了农村劳动者的社会生活抗争逻辑。

首先，在打工生活之中，生活遭受着异化，如制度与规则对身体及情感的"规训"和"惩罚"等，使得农村外出打工者处于一种身心挣扎的状态。要摆脱打工高度异化的状态，使身心处于低度异化的状态，自然需要抗争。"去异化"的抗争也就伴随着打工生活异化的开始而产生。特别是在面对打工生活的短暂性和不稳定性时，个体层面的生活抗争必须出现，否则只能坐以待毙，使自身的选择空间受到相对压缩。对于有自主性的社会个体来说，既然之前有向外流动的选择能力，那么此时也有相似的选择能动性。

其次，对于社会中的个体来说，打工生活绝非正常生活，或者说在社会市场化价值观的主导下，打工只能作为一种赚钱的手段。可是，打工的辛苦度提高，赚得的钱却并不能落入打工者的腰包。付出与回报不能成正比，甚至形成一种不平衡的状态。因此，打工者要抗争这种失衡或不对等的形式，首先要改变被支配的地位，从打工者的身份向老板的身份转换，否则"十年打工还是工"，打工自然也只能是"打工、打工到头一场空"。因此，身份的转变使得昔日的打工者转变成了今天的创业者，或者说使创业成了可能。作为创业者，自己做老板，所赚的钱自然就落入了自己的腰包,至于是否对所雇佣的打工者有剥削与压榨的行动,则是另外需要探讨的问题。至少在这里可以看到,打工者转变为创业者后,打工生活中的异化状态与特征已经减少或消失。从某个层面来说,这是农村外出打工者返乡创业与当代大学生创业的区别。前者更多地是停留在生活层面,后者作为社会的精英,是以一种创新和企业家的精神激励着自己。

再次,社会生活抗争主要指在原有的生活之中看不到希望,进而选择一条有希望的生活方式。这如同打工者自身所讲的那样:"打工没前途。"他们之所以返乡创业而离开原有的都市化生活,甚至回到原有的农村生活之中,还在于有一定的希望和前途。看似悖论,其实关键在于,返乡创业所表现出来的社会生活抗争使打工者以及周围的人能看到生活水平提高的希望,或者说其从成功的老板身上能想象到收获的喜悦。相对来说,社会生活抗争与生活抗争的区别也正在于此。生活抗争也许仅仅关注于生计或生存方面,而社会生活抗争已经远远超越最基本的物质需求,走向更高层次的追求。如果说这仅仅是生活抗争,而非社会生活抗争,那么回家种地也是一种选择,也可以实现基本的生存需求,而无须选择有市场风险的返乡创业。然而"饿不死"特征的种地生活让生活仅能处于温饱状态,不能实现社会生活的需求,如面子、社会地位等。由此可见,返乡创业是一种具有社会性特征的生活抗争,是一种高于日常生活抗争的社会生活抗争。

最后,对于社会日常生活抗争的探讨,并不仅仅存在于打工者向创业者的转变过程中,也存在于之前的"洗脚上岸"或"进城打工"等形式之中,并且此时的社会生活抗争与当时的选择虽然有较强的关联性,但是两者内在的联系并非像之前的研究那样显著。由此可知,农村外出打工者返乡创业的选择并非现代性使然,而是其对现代工厂打工生活的一种社会性反抗。

### 三 美好生活追求的逻辑

追求美好生活,并非对现有生活不满,而是向往未来更好的生活。农村外出打工者所追求的美好生活方式无非是现代化的城市生活方式。至于为什么会向往此种生活方式,目前只是基于一种比较的社会机制,以科学话语或者现代化的标准进行评价,理所当然要向好的方式迈进。通过对农村外出打工者返乡创业经济行动选择的研究,我们发现,他们理想中的美好生活主要体现在以下三种类型之中,具体见表6-4。

表6-4 农村外出打工者理想中的美好生活

|  |  | 种地劳动 | 打工劳动 | 返乡创业 |
|---|---|---|---|---|
| Ⅰ类 | 物质的生活 | - | + | + |
|  | 现代的生活 | - | + | + |
|  | 优质的生活 | - | + | + |
| Ⅱ类 | 尊严的生活 | + | - | + |
|  | 自由的生活 | + | - | + |
|  | 体面的生活 | - | - | + |
| Ⅲ类 | 完整的生活 | + | - | + |
|  | 稳定的生活 | + | - | + |
|  | 持续的生活 | + | - | + |

注:"-"表示难以达致目标的实现,"+"表示能够促成目标的实现。

Ⅰ类生活形式主要强调生活的内容,具体表现在物质方面、便利化程度以及生活内容的选择方面等。归纳和反思返乡创业者的生活诉求可知,Ⅰ类生活形式主要指向都市或城市化以及类城市化生活方式。例如:在公共生活方面,有现代化的生活设施和服务;在私人生活领域方面,不仅追求社会中特有的外显性标志物质,诸如高楼大厦、电脑、空调、彩电和冰箱等,而且追求和现代社会中具有高度同质性的城市化生活方式。

Ⅱ类生活形式主要强调生活的内在形式,具体表现在个体与他者的关系层面,如个人在生活中所获取的认同度等。其中,返乡创业者的最高生活指向在于体面的生活。在体面生活方面,主要强调两个方面。一是自由而平等的生活。在日常生活中,个体对自身的生活有相应的自主性,能够安排自己的生产与生活,并且生活之中没有相应的剥削和压榨,有充足的公平与正义,至少可以维护自身的利益不受过多的侵害。二是在生活中要有面子,也就是活得光彩,有脸面。按照被访者的表述,即在人面前抬得起头,受到群体中他者的尊重,有足够的社会地位。简单而言,日常生产与生活赋予个人必要的尊严和地位。

Ⅲ类生活形式主要强调生活的外在形式,具体表现在生活的完整性、稳定性和持续性等方面。其中,完整的生活主要强调生活中的情感/关系,如家庭内部的夫妻情感、亲子关系与父母关系,同辈群体中的友谊与亲情,家庭外部的宗族关系,乡村社会中的邻里关系以及陌生人关系,等等。日常生活世界因此形成一个密织的关系网,如地缘关系、亲缘关系、血缘关系等。与西方的个体化或原子化不同,中国人生活于关系网络之中,因为关系生活变得有意义，也因为关系生活变得容易和简单。如果关系悬置或断裂，个人的日常生活也就处于真空之中，犹如被送上了"愚人船"，驶向关系"孤岛"。建构美好的生活类型，首先需要保证核心家庭的完整。完整的生活成为农村打工者返乡创业经济行动的主要考量因素。稳定的生活主要强调工作的稳定。相对于打工生活来说，工作的稳定主要在于两个方面。一是没有失业现象的出现。创业有相应的实体存在，虽然说有风险，但是如果自己勤奋经营，收到良好的效果，创业实体运转平稳，自然不会失业。在这里，我们还应从创业的规模来看这种风险，一般在开始的时候投资规模较小，风险也较小，毕竟"船小好掉头"。二是能够长期地从事下去，至少可以干到退休，不用担心因为竞争而离开工作岗位。与打工生活进行比较，返乡创业者所有的工作时间都掌握在自己手中，摆脱了老板的束缚，失业、离厂风险也就相应不存在。当然，进入市场也就有了各种竞争关系，但是这种竞争并非工厂中的那种竞争。

不同的劳动形式对应着不同的生活形态，如种地生活、打工生活与返乡创业生活等。在不同的生活形态中，经济行动取向也不尽相同，所构建的生活指向也大有不同。劳动形式对于美好生活的实现也有较大的影响。在市场化社会中，种地和打工两种生活形态中的经济利益、情感/关系以及自由平等元素的配置比例不协调，到特别严重的时候，生活中的个体将会产生各种焦虑，其所在的家庭也将受到相应的影响，整个生活呈现失序的状态。

在以农业生产为生计手段的状态下，个体虽然有着传统生活中的自主性，特别是在"分田到户"的制度下，单干给农民留足了能动性发挥的空间，可是小农生产效益的低下让种地农民处于一种窘境。并且在市场化社会中，经济效益的低下影响到了其他层面，如社会地位与社会交往、代际婚姻等。简单来说，种地形式的经济行动使得农民工遭遇了"生活瓶颈"。当然，一旦种地的经济效益低下问题得到解决，种地的劳动经济形式也可成为返乡农民工的选择之一。在实践中，农村人突破种地困境主要以"种地大户"（新中农）的形式呈现。

与种地经济行动形式相对，外出打工和就近打工虽然可以为个人和家庭带来不菲的收入，并且能够为外出打工者及其所在家庭带来较高的社会地位与广泛的社会交往圈，但是在另一个层面不能和种地活动相比，这就是农业活动所具有的自主性与自由性，现代工业生产中的体制往往束缚和限制了个体的自由。从传统向现代转变，农村外出打工者多少有着"小农特性",从而产生相应的不适应感。在现代制度和都市文化的规训与惩罚之下,外出打工个体逐渐丧失了原有的主体性,难以从中找到相应的归属感,自始至终将自我界定为"打工者"。特别是在工资有限以及青春短暂的情况下,打工经济行动原有的"荣誉"逐渐在褪去,打工生活不稳定性的增强让他们难以从中找到希望与继续努力的合理性。

相对于种地和打工来说,返乡创业经济行动虽然存在较高的市场风险,但返乡创业的经济效益高于种地,并且其社会效益高于传统小农与打工者,能给个体及所在家庭带来社会地位的提高和社会交往需求的满足。特别是与打工劳动经济形式相比,返乡创业的家庭组织可以通过劳动与生活均衡形式实现运作的稳定,进而保证返乡创业生活的稳定。简而言之,返乡创业符合农村外出打工者自身建构生活的需求,自然成为他们的实践形式之一。选择返乡创业实质上是拉近了劳动和生活之间的关系,强调了个体回归生活。汉尼(Hanley)曾指出自雇型创业可能只是"一个穷人的避难所",而不是"一条通往财富的道路"。[①] 农村外出打工者返乡创业活动的经济效益并不高,而且有着一定的不稳定性。从我们所掌握的经验材料来看,返乡创业之所以成为多数人的选择,关键在于返乡创业与美好的生活类型有联系。可以说,农村外出打工者或者返乡打工者希望通过返乡创业来建构现代版"两亩地一头牛,老婆孩子热炕头"的小农生活。

从时间历程而言,追求美好生活是农村外出打工者一直的追求,无论是外出打工,还是回乡创业,都可谓对于美好生活的追求。这在新一代农村外出打工者身上有较为明显的体现。新一代农村外出打工者对农村的认识并不怎么深,没有遭受到较为严重的种地生活异化,也未曾受到打工生活的异化。就像前面所说的那样,他们中的一部分人在学校社会化未完成之前就出去打工,所以他们对农村中的种地生活只有一种间接了解,没有直接的认识。他们出去之后也并未像老一代农村外出打工者那样,以赚钱为手段,像机器一样工作着,而是处于一种可工作可不工作的状态。因为他们不需要自己赚钱养家,甚至家里会寄钱、寄物等供其在城市社会中经历必要的社会化,即见世面等。他们并未打算长久打工下去,打工只是一个跳板,最终自己要独立干。所以,他们对打工生活只是一种无所谓的态度。或者说,他们明白这不是他们最终的生活,他们追求的是做老板那种美好的生活。

---

① Hanley, Eric, "Self-Employment in Post-Communist Eastern Europe: A Refuge from Poverty or Road to Riches," *Communist and Post-Communist Studies* 33 (2000).

与社会生活抗争的逻辑相比较，两种逻辑之间呈现统一的关系。打工者外出打工是为了寻求美好的生活方式，然而在现代化的工厂之中，这种追求不但没有实现，反而身陷打工生活的异化之中，身心处于一种挣扎的状态。对处于这种状态中的打工者来说，逃离或者摆脱束缚自身的打工生活就成为他们的选择。不难看出，进城打工是对农村生活形式的抗争，打工者希望通过外出打工这种策略来摆脱农村那种"传统"、"落后"甚至"愚昧"的生活方式。所以，这也是一种生活抗争的形式和手段，尽管抗争的结果并不乐观，甚至让大部分人陷于失望的境地。延续这样的思路，具有能动性和主动性的社会个体绝对不会坐以待毙，自然会发挥自身的主观能动性来冲破应有的结构性限制。返乡创业是社会个体延续之前对美好生活的追求的一种方式，与原有的生活方式进行抗争，力图挣脱农村传统生活的束缚，提高自身的生活水平。

在这里我们也应该看到，新一代农村外出打工者与老一代农村外出打工者之间也存在不同的逻辑。虽然两种返乡创业逻辑都影响着农村外出打工者，但是因为所处的环境不同，不同逻辑的影响度也有所差异。所以，新一代农村外出打工者和老一代农村外出打工者之间的区别关键在于其所处的社会环境与条件。老一代农村外出打工者有较为直接的受异化经历。他们因为受够了"风吹、雨淋、日晒"、"面朝黄土背朝天"的生活而选择外出打工；在打工之中，身心陷入现代化的"牢笼"，进而通过返乡创业寻求新的解脱。新一代农村外出打工者未毕业就出去打工，没有参与直接的种地生活，对种地生活中的挣扎状态很难有深刻的体会。在现代化工厂之中，他们为了社会化而进入工厂打工，原有的性质已经发生改变，没有那种忍耐性，没有生活压力，受不了工厂的苦，可以随时离开。干得不开心、不满意是新一代农村外出打工者经常"跳槽"的原因。所以，年轻一代的返乡创业选择更多是建立在一种对美好生活追求的基础之上。如果说年轻的外出打工者也遭遇了打工生活的异化，或者说他们也是出于对打工生活与种地生活的抗争的话，那么这种抗争建立在间接经验之上，是在对上一代人生命历程的分析基础之上，为了避免"重蹈覆辙"而选择返乡创业的道路。

由此可见，前者是在挣扎之下的选择，后者则是在种地生活、打工生活以及创业生活比较的基础之上做出的选择。如果两者合在一起支配农村外出打工者，那么将更加促进农村外出打工者做出返乡创业的选择，增强农村外出打工者返乡创业的信心。

# 第七章

# 发现与讨论

本研究注重经济行动过程中的机制分析，通过对种地、打工、返乡创业三者之间的关系进行系统分析，来深入了解和把握农村外出打工者返乡创业行动选择的内在逻辑。在经验的解析之中，农村外出打工者返乡创业的特征及其性质逐渐得到明确。在本章中，我们将进一步对资料中的经验发现进行概括和归纳，将其抽象为相应的经验概念和框架，并在理论上做一些探讨，以此深化对社会市场化时期个体经济行动逻辑及其支配机制的研究。

## 第一节 劳动—生活均衡：文化塑造的经济行动

### 一 经济行动的文化塑造

经济与社会的关系最终需要化约为经济行动层面进行理解。[1] 波兰尼以及格兰诺维特等对嵌入概念的建构，为我们重新厘清了市场中经济与社会的关系。社会关系与结构的客观性赋予了经济行动的客观实在性。在市场化社会中，与其他行动相对，经济行动是个体行动中无须他者唤醒的一项社会行动。并且，经济行动充斥于人们的日常生活，按市场原则行事的社

---

[1] 在社会机制分析中，某一特定社会结果的出现是因为相互关联的一系列主体和行为的作用。因此，行动在社会机制的分析方法中具有重要地位。具体参见〔瑞典〕彼得·赫斯特洛姆《解析社会：分析社会学原理》，陈云松等译，南京大学出版社2010年版。

会行动也直接指向经济层面。从实践来看，被其唤醒的政治诉求难有相应的持续性和稳定性，一旦脱离既定环境，这种被他者建构起来的行动逻辑便会有所缩水。与之相对，社会个体的行动主要以经济行动为主，在经济行动内隐藏着相应的政治行动[1]。作为一种客观存在的社会经济现象，经济行动的存在是一种客观社会事实，不需要他者进行唤醒。在生活结构中，社会成员自身也有必要的经济行动，如社会个体在多元化力量作用下改造传统生活的行动逻辑。实践中的经济行动既非被唤醒也非被他者建构，主要在于行动者自身与社会结构，且是市场化社会中最为主要的社会行动类型。

在市场经济中，劳动形式是经济行动的最好表现。一方面，劳动具有经济效益指向，另一方面，劳动的内在意涵在于生活指向。例如，人们不仅生活受制于劳动形式，生活也作用于劳动形式。从前面的分析可知，无论打工行动，还是种地行动，相对来说都难以维持劳动和生活之间的均衡，都不是实践中最为有效的或理想的选择。通过对经验材料的解读，我们可以发现，当前仍然在打工的农村劳动者总是抱怨打工中的诸多不好，将返乡创业作为自己最后的退路，如"再干几年就回家开个小卖部"，"以后有机会的话，还是要自己创业"，等等。对于返乡创业实践者来说，即使创业实践过程中困难重重，危机四伏，但是他们依然对创业寄予厚望和美好憧憬，高度强化自身对创业的认同。结构功能理论告诉我们，劳动和生活之间有着较强的内在关联性，即劳动和生活之间必须有相应的平衡关系。上升到经济行动层面理解，劳动形式的选择正如韦伯所说的那样，"不是思想，而是物质和合理的利益直接控制着人的行为。然而，由'思想'创造出的'现实形象'常常像扳道工那样，决定了行为沿着哪条轨道被利益推动向前"[2]。回到我们的研究主题之中，经济行动与社会环境有着不可分割的关系，社会个体在社会结构之中选择合适的经济行动来实现社会生活目标。从人的假设出发，行动中的社会个体并非纯粹的经济人或"社会人"，而是一个经济社会复合人。人们即使在外出打工中有较高的经济理性计算，最终还是要回落到生活层面，或者说，在经济理性计算作用下，通过打工手段和工具来实现生活追求和目标。简而言之，从种地经济行动逻辑转向

---

[1] 只有当政治需求与经济需求不谋而合时，社会中的个体才会进行相应的政治行动。或者说，政治行动依附于经济行动。

[2] 转引自〔瑞典〕理查德·斯维德伯格《经济学与社会学》，商务印书馆2003年版，中文版序言第4页。

外出打工经济行动逻辑,再从外出打工经济行动逻辑转向返乡创业经济行动逻辑,过程之中的支配机制并未发生变化,均指向对传统乡村生活的改造。

我国农村劳动者现实生活中的经济行动也有着相应的理性。只是这种理性并非西方话语中的"理性",而是一种复合理性。其一方面强调行动中的经济属性,另一方面则注重遮蔽在经济背后的社会属性,两者之间呈现一种复合形式。复合理性中的经济属性成为个体的直接目的或者说是表面目的,为社会属性的实现提供既有的形式支持;社会属性则为经济属性的展开提供内容支持,赋予其深刻的内涵和实质性内容。我们经常会看到,即使劳动辛苦度再高,农村劳动者仍然有着较高的劳动积极性,其中关键在于经济属性与社会属性的统一。具体到种地、打工、返乡创业三者来说,三者都有相应的经济属性和社会属性。可三者的统一性有大有小,所以在选择过程中,复合程度较小的自然受到排斥,或者说在选择排序之中只能处于较为靠后的位置。如种地经济行动虽然能实现既有的生产与消费的平衡,但这只限于生存,一旦走入市场之中,当个体的利益被多种因素所作用而释放,种地活动的经济属性也就难以支持内在的社会属性,致使经济属性与社会属性之间不协调。为了实现改造传统生活的目的,农村劳动者选择外出打工。对于打工经济行动来说,虽然外出打工拥有较高的经济属性,但不远千里的外出方式,使得行动内在的社会属性被忽视。缺少内涵的行动逐渐丧失了既定的意义,打工经济行动也因此陷入尴尬境地。从现有情况来看,"反打工"文化已经开始形成和蔓延。无论是老一代农村外出打工者,还是新一代外出打工者,都极力想摆脱工业化的异化束缚。[1] 在开放的市场社会之中,社会个体拥有行动的自由,但也面临信息的有限性。在有限理性状态下,当前种地活动难以保障经济行动的经济属性,所以种地经济行动并非首要选择。只有当种地经济行动的经济属性得以扩展之时,

---

[1] 新一代农村外出打工者和老一代农村外出打工者并没有多少不同,之所以他们的"反打工"倾向较为严重,主要在于经济属性与社会属性不统一。所以,他们"反打工"折射出对返乡创业的青睐并寄托了更高的期望。在经验材料之中,老一代农村外出打工者中没有一个曾经在外出之前会想到自己会回来办厂、开店等。但是,新一代农村外出打工者中这种目的性倾向已经得到明显的加强,有的外出打工者比较肯定自身不会打工一辈子,打工到一定的时间便会回来创业,自己当老板。由此可知,返乡创业由次生性或派生物的特征转化为直接性的目的。在具体操作中,他们总是选择有利于自身技术培养的领域或行业,为之后的返乡创业打下基础。此类特征的转变无疑强化了他们对返乡创业内在属性与外在属性的认识。

它才会成为必要选择。与之相对,返乡创业的经济属性与社会属性的统一使得外出打工者对其有着非常高的认同度。

对于市场中的个体经济行动,既有研究总是给予个人本位的性质界定,但从经济属性与社会属性的统一来看,两者的统一在于经济理性与社会理性的复合,并最终指向家庭。"家"这个特有的初级社会群体设置,是成员关系、情感的置放空间,也是个体生活消费的关键场所,与之相对的个人难以承载或替代"家"的结构和功能。如果仅仅以个人作为经济行动的最终指向,随之而来的则是松散的组织形式与"社会的消亡",久而久之,经济行动也会丧失既定的意义。无论是何种形态,即使家庭已不再担负生产组织的功能,但是家庭仍然作为社会个体经济行动的意义承载体,是个体经济行动的寄托之所在。在社会市场化时期,社会个体行动的经济理性与社会理性统一于家庭实体之中,家庭成为个体经济行动逻辑的出发点,是个体经济行动的基本行动单位。概括市场化社会中社会个体经济行动的特征,则是"家庭本位"。因此,农村外出打工者返乡创业的逻辑起点在"家庭",其选择返乡创业经济行动受到"家庭本位"文化因素的作用。

## 二 劳动—生活均衡的概念建构

恰亚诺夫的劳动—消费均衡论为我们将经济行动置放于家庭环境之中进行理解,深入探究返乡创业的支配机制提供了有益的启示。在《农民经济组织》中,恰亚诺夫以单个农场作为分析个案。他认为,家庭经济以劳动的供给与消费的满足为决定要素,当劳动投入增加到主观感受的劳动辛苦程度与所得产品的消费满足感达到均衡时,农场的经济活动量便得以规定。[①] 从前文分析可知,回归生活的返乡创业选择也在于创业者所投入的劳动能够满足消费的需求,所以成为多数人的实践选择或者理想选择。如若将此分析运用于对种地劳动和打工劳动的分析之中,同样成立。因为种地劳动形式与打工劳动形式不能满足消费需求,所以劳动主体对以上两种劳动形式产生排斥。所以,在市场经济中,劳动形式的选择关键在于劳动和消费的均衡。与恰亚诺夫劳动—消费均衡相区别,联系经济行动的意涵,本研究认为:一方面,劳动不仅仅停留在劳动的辛苦度方面,还指向劳动的形式;另一方面,消费并非生活的全部,只是生活中的一部分而已,生活的丰富内涵还包括稳定的关系等。通过对返乡创业选择的经验分析,我

---

[①] 秦晖:《当代农民研究中的"恰亚诺夫主义"》,载恰亚诺夫《农民经济组织》,萧正洪译,中央编译出版社1996年版。

们将恰亚诺夫的劳动—消费均衡论扩展为劳动—生活均衡。对于劳动—生活均衡概念的理解，主要有以下两个方面。

一方面，毫无疑问，作为纯粹的"民粹派"学者，恰亚诺夫坚持的是"实体主义"经济分析方式。在分析过程中，他仍然保持着经济分析的路径和习惯，从经济收益角度思考人的行动理性。对于人的理解，不同的学科有不同的假设，随之给学科视角下的社会个体烙下了相应的学科特征，最为明显的则是经济学中的经济人假设、社会学中的社会人假设。[①] 随着知识的积累与对知识的辨析，有关社会人与经济人假设之间的张力逐渐得到调和，至少在经济社会学中达成了共识，即经济行动嵌在社会关系与社会结构之中。人的假设也就转换为一个复杂的社会人假设。反观恰亚诺夫的假设，也就显得不那么完整了。用其在经验资料基础上概化的劳动—消费均衡论解释今天的农村人的经济行动也就显得有些不合时宜，势必会犯下照抄照搬的"本本主义"错误。在经验资料中，经济人的消费行动是单一的面向，一味地强调所谓的社会关系也不着边际或不现实。因此，强调劳动—生活均衡能打破原有的经济人假设，也能避免社会人假设的"碎片化"，逼近社会客观真实。

另一方面，在劳动—消费均衡论之中，恰亚诺夫主要关注劳动生产过程中小农经济的持续性和稳定性，并以"用最大化的劳动投入来维持最低限度的生存需求"来阐释家庭农业生产的基本组织形式。其根据劳动和消费的关系，固定最低消费变量，通过改变单位劳动量的投入关系来维持相应稳定。探析此种解读，我们不难发现，恰亚诺夫的"消费"指向的是生活中最基本的物质需求。在物质匮乏阶段，生存问题成为主要矛盾时，生存也许就是生活的全部。但是当超越了生存之后，将生活过于简单地等同于最基本的物质生活消费，那是将社会个体过于简单化。在特定阶段，恰亚诺夫所注重的"生存小农"为我们理解集体解散之后家庭农业的生产形式和状态提供了有力的解释框架。随着市场经济的深化，这种理解逐渐被质疑，相继出现了与"生存小农"相对的"商品化小农"、"社会化小农"[②]等。从实践来看，劳动与消费形式都在发生改变。个体利益逐渐在结构化力量之中得到释放，对生活有了较新的界定和新的参考标准。消费已经远

---

① 陈文超：《理性主导下自主经营的社会认同——读黄绍伦的〈移民企业家：香港的上海实业家〉》，《社会学评论》2015 年第 1 期。
② 徐勇：《"再识农户"与社会化小农的建构》，《华中师范大学学报》（人文社会科学版）2006 年第 3 期。

远超越了生存阶段最基本的物质需求，而强调"生活"，或富有多样化、多元化意义的消费。与之同时，生活水平的高要求需要劳动给予支撑，相应的劳动形式也在发生必要的变化。之前的家户农业生产在诸多因素影响下已经难以满足生活的需求，在劳动—生活均衡机制的作用下，个体不断调整自身的经济行动策略，诸如打工、返乡创业等，以实现"生活"的目的。简而言之，在社会变迁与发展过程中，个体的劳动和生活形式都在进行相应的变化，而且呈现多样化的趋势。在经验资料之中，消费只是促使劳动形式转换的一个方面，支配返乡创业劳动形式的是多方面力量，如个体在现代工厂中所遭受的现代化规训和惩罚等。所以，在概括和界定劳动与生活的变化时，如果仅仅关注一方面的变化，而忽视另一方面的变化，就会显得不那么完整。并且，用抽象化的"生活"涵盖"消费"将更能衬托个体劳动过程中的主体性和自主性。由此可见，劳动—生活均衡论突破了恰亚诺夫的静态分析，倾向于动态分析。

回顾劳动—消费均衡论以及从经验中建构的劳动—生活均衡论，是反思和批判既有的理论知识以及对已有经验的学术性回应。劳动—生活均衡论的建立将有效地连接返乡创业经验与理论知识，并展现个体与市场、个体与社会之间的关系。以下我们将结合图7-1来具体解释在劳动—生活均衡关系支配下生成的返乡创业行动。

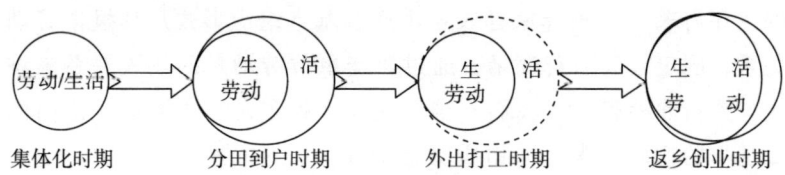

图7-1　农村外出打工者返乡创业历程示意图

在集体化时期，劳动和生活之间呈现一种重合状态。社会个体的生活内容全部是为了最基本的生存，劳动满足了最低限度的生存所需。随着人民公社的解散、家庭联产承包责任制的实施，在分田到户时期，家户的农业生产状态改变了曾经的劳动和生活关系。劳动和生活之间的绝对均衡状态被打破，重合关系逐渐走向分裂。一方面，国家将农业生产交给了市场，家户农业生产与市场之间的矛盾逐渐随着市场化的深入而不断体现和加深。另一方面，社会个体利益在社会市场化的作用下不断释放。家户农业生产与市场的矛盾转化为劳动和生活的矛盾，即生产不能满足生存需求。市场化与社会化的生存消费需要劳动形式的改变，不仅仅是改变之前单位时间内的劳动量的投入。因为，个体通过单位时间内的劳动量投入已经难以从市场中获得足够的货币满足家户或个体的生存需求，并且出现了"过密化"或"内卷化"的现象。所以，在分田到户时期，劳动和生活的关系逐渐形成了相对均衡的状况，改变了之前那种绝对均衡的状态。从图7-1中可以看出，所谓的相对均衡就是家户农业生产只能满足部分生活中的需要，比如基本的生存需要等，对于高层次的发展目标却无法予以实现。因此，要改造乡村传统生活的形式只能另选路径。对于缺少社会配置资源的农村劳动者来说，随着社会二元结构的松动，市场为他们提供了一种弥补农业生产不足的方式，即可以通过外出打工来改造传统生活。他们在外出打工最初阶段，打工的收入远远高于种地的收入，并且享受到了进城工作的优越性，农村人为外出打工贴上了美好的标签。随着打工时间期限的延长以及对打工劳动体验的加深，其原有的美好感觉也随着认识的深化而消失，相反感受到的是现代工厂"生活异化"的体验，甚至在结构化作用下不能称为正常的日常生活。从社会个体的主体性层面看，对处于工厂中的农村外出打工者来说，不远千里出门打工，本想以此改造传统生活，结果在结构化力量作用下，他们不仅无法寻找到城市生活中的"家"——在城市生活中扎下根，反而掏空了他们的生活，规训了他们的身体和话语表达，使他们处于一种精神失序的状态。异化的劳动形式建设了城市社会和工业社会，但劳动和生活的分离使得劳动者难以享受到以往想象中的美好城市生活，反而陷入了生活异化状态。关系的悬置、情感的隔离、前途的渺茫与不确定性等，使他们俨然成为工业化生产机器中的一颗螺丝钉，失去了既有的社会人属性。然而，人并非完全的组织人、经济人，而是一个完整的社会人，有相应的感情需求、社会交往等。特别是对于注重家庭的个人来说，这种分离的状态使他们进入了一种"现代焦虑"中。并且，他们为改造传统乡村生活而行动，现在有的仅仅是改造了形式上的生活，有的连形式上的生活都没有改变，却已经失去了最为关键和本质的内容。如果继续按照此种状态发展下去，精神失序的状态将会加强，劳动也将会受到相应的影响。按照改造传统生活的逻辑，社会必须重新建构劳动和生活的关系，确保劳动与生活之间的平衡关系。要解决精神失序，缓和异化的劳动形式，重建生活秩序，返乡是最为有效的途径和便捷的方式。返乡之后，选择并非单一化，而呈现相应的多样化。社会个体可以选择耕种原来的责任田，可以进当地的厂打工，也可以进行创业。然而，劳动和生活的关系决定社会个体在有能力的状态下不能进行随意的选择。在改造传统生活的目标不变的状态下，在强调社会属性的同时，也不能忽视经济属性。如果选择种地传统经济活动,在既有状态下无法改造传统生活,生活也会退回原来的状态,并且此时已经难以回到之前劳动和生活之间的相对均衡状态。毕竟市场化的深入程度已经远远高于之前,种地生产活动的基本生产要素未发生相应的改变,以之前的耕作方式所获得的货币化收入很难满足当前的生活消费需求。所以,传统种地行动的选择只能留给那些没有选择能力的社会个体,或只有改变传统种地形式时,这种方式才会成为返乡者的选择。选择就地打工,不仅仍要遭受之前在工厂中的异化生活,而且工资地区差异存在,就近打工报酬更低,相对来说他们还是进入了劳动与生活分离的状态。与传统种地活动相比,这种形式至少在打工收益层面有了些改进。在实践过程中,返乡打工者则更多选择就地打工。从劳动和生活的关系来看,这也并非优化的选择。特别是与返乡创业相比,返乡创业摆脱了种地活动、打工劳动中所无法脱离的弱点,比如剩余价值的剥夺,现时劳动和生活关系的分离,未来劳动与生活关系的分离,等等。返乡创业在劳动形式上和实质上都能充分改造传统乡村生活,即使是返乡从事大规模农业商业化的业务,机械化作业形式以及较为显现的收益也使之完全可以有实力改造传统生活的形式。从实质角度来讲,返乡创业即使是一种自我剥夺的形式,相比其他形式而言,在现代市场化与社会化生活需求之下也是一种较能满足消费的优化选择。

简而言之,在生产劳动和生活消费之间变动关系的作用下,农村外出打工者选择了返乡创业行动。由此回到最开始所提出的问题:他们为何会从外出打工的逻辑转向返乡创业的逻辑?两者之间有着何种关系?通过劳动与生活关系的建构,一切问题自然明了,已经不需要过多地解答和解释。在此,我们需要明白的是研究过程中所建构的劳动—生活均衡关系的内涵和外延。

## 三 劳动—生活均衡的诸命题

在理论自觉的状态下,我们一方面延续恰亚诺夫劳动—消费均衡论中的有关内容,比如保持"劳动辛苦度与消费满足感"的关系,因为经验材料也印证了这一点。与此同时,我们也要改变其中的有关内容,如从静态转向动态地看待劳动形式。另一方面,我们根据返乡创业经验资料赋予劳动—消费均衡论新的内容和实质,在原有学术积累上,改造和修正劳动—消费均衡论内容,构建劳动—生活均衡诸命题。

首先,从理论假设角度来讲,本研究的假设相应转变为实践中的社会人。一方面，个体需求不仅仅包括物质方面的内容，也包括精神文化层面的内容。在经验材料中，返乡创业实践者不仅有物质生活的消费需求，同时也有社会地位与名望的消费需要。所以，坚持社会"实体主义"，要求将社会中的人看成完整的人，不能进行随意的割裂或条块分割。另一方面，作为社会人，个体有着相应的能动性，而非被动地接受结构化的作用，在相应的结构作用力下有自主性，可以运用应对策略来趋利避害。如果缺少必要的自主选择性，那么返乡创业只能停留在想象阶段或者一定的空想状态。

其次，动态地审视消费的内容，不同时期，消费所包含的内容不尽相同。如在集体化时期，生活需求仅仅是基本的物质生存资料，但是进入市场化之后，生活消费形式大不一样，已经从温饱的需求转向多元化的需求，如在现今细致化的状态下，生存资料的需求已经转向有机食品以及健康方面的需求。随着社会的变迁与发展，社会个体也在根据个体利益释放的标准大小而调整生活的内容。因此，我们在当前重新界定与建构劳动—消费均衡理论，需要将消费进行扩大化，将其上升到"生活"的高度，消费不仅仅指代最为基本的物质生存资料，而且包含更广阔的生活内容。言下之意，我们要从"经济人"假设上升到"社会人"假设的高度，赋予消费活动以实践中的社会人的内容。

再次，劳动不仅指代种地活动中单位时间内的劳动量的形式，重构的概念或理论中的劳动指生产过程中的生产形式，如研究中所说的种地、打工、返乡创业等。在具体的分析中，劳动形式可以进一步具体化与细化，指在具体形式下的劳动量投入，等等。新界定的概念赋予劳动弹性特征，可以扩展至劳动形式层面，在具体环境下特指每一种劳动的形式，如在工厂中则指打工形式，在农业生产中则指种地活动，也可以表示单位时间内的劳动投入量，等等。在具体的衡量之中，又回到了劳动辛苦度、生活满足度等概念上。

简而言之，重新界定与建构的劳动—生活均衡主要强调生产与生活形式的统一。劳动以生活为基础，生活促进劳动的量变与质变。我们从经验研究之中可以看出，劳动形式及劳动投入量为生活服务，生活的形式与内容则促进劳动量的投入与劳动形式的转变。在既定需求之下，当劳动的投入量不能满足生活消费需求时，社会个体会加大劳动的投入量，用劳动辛苦度来支持生活消费满足度。当劳动量投入得再大，即劳动辛苦度再高，也无法满足生活消费需求时，或者说生活满意度与消费满足度仍然处于一种较低的水平时，将会出现有增长、无发展的状态。此时社会中的个体则会转变劳动的形式，从其他形式层面进行突破，进而获得必要的生活满足度。从种地到外出打工，再从外出打工到返乡创业，都包含劳动辛苦度的增加过程以及劳动形式转换的过程。由此可见，新界定的劳动—生活均衡论包含劳动辛苦度与生活满足度及劳动形式转换与生活满意度两项命题的关系。

命题一，即劳动辛苦度与生活满足度的关系。两者之间正相关，当劳动投入量相应增加时，生活满足度会得到一定程度的增加。在这组命题之中，关系的改变只是量上的改变，很难达到质上的突破。并且，随着进入某领域或者行业的劳动时间增长，劳动收益将会出现固化的状况，面对社会个体及家户在发展过程中出现的新的消费方式和生活要求，已有的劳动辛苦度增加并不能得到满足。这种可以解释为何返乡创业大多发生在有家庭的个体群体之中，并且大多在有了小孩或小孩要上学时。事实上，如果不进行必要的劳动形式改变，小孩的教育则无法实施，对于其中的具体原因，我们已经在前文中进行了较为细致的说明。在文本资料中，我们也相对可以抽象出劳动辛苦度与生活满足度的具体关系（见表7-1）。

表7-1　劳动辛苦度与生活满意度的关系

|  |  | 生活满足度 ||
| --- | --- | --- | --- |
|  |  | 高 | 低 |
| 劳动辛苦度 | 高 | 均衡 | 失衡 |
|  | 低 | — | 均衡 |

从表7-1可以看出，当劳动辛苦度较高、生活满足度较高时，两者呈现一种均衡状态。这也是在有选择能力和选择空间的状态下，社会个体生活中经常出现的社会现象。如若劳动辛苦度较高而生活满足度较低，二者则走向失衡，意味着要转变劳动的形式，或者还有另外一种途径，即降低生活水平。"由俭入奢易，由奢入俭难"的古训之中所包含的道理使得我们相信这一点有着较大的不可行性。由此可以看出，再次回到传统乡村农业生活的道路对外出打工者来说是一种多么不愿意进行的选择，这种选择对其自身地位以及生活质量都有着较大的影响。在当前状态下，机械化操作形式使得传统耕作活动已经变得较为容易，劳动辛苦度已经下降，但在降低劳动辛苦度的同时，也增高了劳动成本，降低了劳动纯收益，因此处于一种劳动辛苦度低与生活满足度低的状态。为了改造传统生活，提高生活

水平，特别是对于缺少必要的天然资源和资本的底层社会中的个体而言，需要较高的劳动辛苦度来获取较高的生活满足度，这也是"一分耕耘，一分收获"的理论写照。

命题二，即劳动形式转换与生活满意度的关系。生产劳动的形式不能满足生活消费的需求，一方面说明单位时间内劳动量的投入不够，另一方面，如果劳动辛苦度持续增加，而生活水平没有出现相应的增长或变化，则说明劳动辛苦度的提高速度没跟上消费需求增长的速度。在日常生活中，消费需求一直不断增长，劳动量增加受多方面因素影响。在劳动因素有限的条件下，单位时间内劳动量的增加并没有达到生活的满足度，由此形成了劳动与生活的矛盾关系，也就是经常所说的瓶颈，具体可见图7-2。

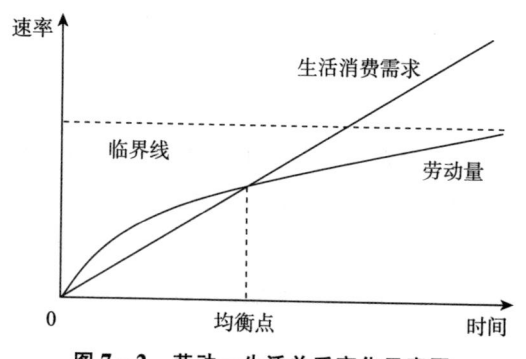

图7-2 劳动—生活关系变化示意图

由图7-2可知，依靠原有的劳动形式来加大劳动量，或者增加辛苦度，并不能突破客观的临界线，并且与生活消费的需求距离越来越远。因此，只能依靠转变劳动形式来实现既有瓶颈的突破。当然，这之中的影响因素并不像图7-2中那么简单，而有多种，比如工作环境、家庭人口结构等。这里呈现的只是一种结果的形式。每一种劳动形式都有相应的变化趋势，即使是返乡创业也不例外。当返乡创业的劳动量投入随着时间的变化而不断增加时，它在一定的程度上也会在达到均衡点之后出现有增长无发展的现象，这时就需要转变相应的劳动形式。从所掌握的经验资料来看，返乡创业过程中的规模扩大以及转行等形式都是必要的应对策略。对于外出打工劳动形式来说，其情形也同样，转厂、换工作等只能改变有限的形式，却无法满足生活需求中的其他消费需求，无法实现改造生活的目的，因此只能转变劳动形式。

简而言之，通过对生产劳动和生活消费之间关系的再界定，本研究赋予了劳动—生活均衡的内涵和外延。无论是何种命题，生产劳动和生活消费之间总是要保持着相应的平衡，否则在分离等失衡的状态之下，社会个体的属性及其生活都处于有缺陷的状态，无法达致改造生活的目的。

对劳动—生活均衡机制的界定和解读，也更加确定其作为一种返乡创业选择的支配机制所具有的重要作用。以此来自经验中的概念和理论再次审视返乡创业现象，其中许多问题也迎刃而解。例如，为何会从种地的逻辑转向外出打工的逻辑，然后又从外出打工的逻辑转向返乡创业的逻辑。通过劳动—生活均衡机制的介入，我们对此问题会有着更加深刻的理解，并且对为何在金融危机期间农村外出打工者返乡创业人数有陡然增长的现象会有着更为透彻的解读。在金融危机期间，打工劳动形式并不稳定，生活中的消费需求因此无法得到满足。打工者必须转换劳动量的投入形式，因此返乡创业人数陡增。当金融危机过后，之前从事返乡创业的个体则因为创业失败等因素难以保障劳动—生活均衡的实现，暂时放弃返乡创业，转而寻求其他方式。在我们的经验之中，这样的个案并不少，如跑车人小赵就是一个典型个案。所以，返乡创业人数将会呈现下降的趋势。然而，从总体来看，返乡创业将一直以一定的速率增长。对于这一增长速率则需要借用全国的数据进行测算。此外，我们还能发现，当再次出现金融危机时，劳动—生活均衡若被打破，将再次出现返乡创业人数陡增的现象。

## 第二节　返乡创业：一项未尽的研究议题

返乡创业现象研究刚刚展开不久，目前尚有较多的学术生长点。本研究所关注的农村外出打工者返乡创业实践选择问题只是冰山一角。其中许多显现的问题以及隐藏的问题都有待去发现和发掘。我们相信，坚持学术的"理论自觉"原则，返乡创业研究也就成为"源头活水"，不仅有利于深化对学术理论问题的认识，也有助于对社会现实特征的把握，理解中国转型时期市场化社会的运行机制以及社会个体的行动逻辑。

首先，作为一种经验性的社会现象，返乡创业是一种社会客观事实，存在于中国社会大变革时期，本身带有转型时期的特点。置于特定时空背景下解读返乡创业现象将利于我们把握社会变迁与发展的脉络，从微观角度进行审视，将促进我们对市场化社会中个体的行动特征重新定位和思考，以此破除理论学界诸多有关经济社会现象的迷思。

其次，从学科发展角度来讲，返乡创业经验事实为学科发展提供了较为丰富的实证材料。通过对现有材料的解读和解释，我们可以从中概括和提炼经验性的概念以及理论。对于城乡社会学来说，城乡一体化与城乡统筹等概念已提出，如何进行具体操作则没有较为细致的答案，对于返乡创业现象的把握则有可能从中找到思考的路径。特别是对于劳工问题，已然的研究取向相信市民化和新农民的路径将是重要的发展方向，但实然的返乡创业路径又使问题变得更加纷繁复杂。对于经济社会学来说，要强调经济行动与社会结构的关系，深化有关经济社会学的理论传统，抵抗强大的"经济学帝国主义"。返乡创业现象本身并不是经济学研究的"剩余领域"，并且，复杂的中国人的经济行动逻辑需要经济社会学的解读。返乡创业现象的研究也将丰富经济社会学的学科内容。

再次，对于如何看待返乡创业现象，社会政策方面的制度安排逻辑已经显示出政府的态度。在实践中，如何落实政策规制成为当前有关返乡创业政策研究的重点。从学理角度而言，政府部门认识到返乡创业的功能，却无法给予合适的鼓励和扶持。究其内在原因，有关返乡创业研究并不能为政策制定提供明确而有力的支撑方案。这也就说明返乡创业研究尚有待进一步给予现实问题应有的理论关怀。这也就需要对返乡创业研究进行深度分析，以获得有价值的结论来支持政府的政策制定及执行，实现社会共赢。

简而言之，无论是从意义上来讲，还是从社会价值角度进行分析，农村外出打工者返乡创业研究都是一个大有可为的议题，需要进行持续的深入研究。特别在当前《国务院关于大力推进大众创业万众创新若干政策措施的意见》（国发〔2015〕32号）、《国务院关于支持农民工等人员返乡创业的意见》（国发〔2015〕47号）等政策背景下，我们更要从学理角度进一步加深对返乡创业经济行动的理解，加强对转型时期中国人经济行动实践的分析。

反观我们的研究，通过对经验的细致分析，本研究有效地解决了研究之初所提出来的问题，并建构了劳动—生活均衡机制，深化了对返乡创业选择行动的认识以及对社会市场化时期社会个体行动逻辑的把握和理解。然而这之中也还存在需要进一步深化和完善的地方：一方面没有完全挖掘材料中的有效信息，显得有些浪费资料；另一方面，对于所建构的经济行动的家庭本位逻辑与劳动—生活均衡机制等需要进行再检验。这也就像在研究设计所秉承的开放的个案研究方法中所阐述的那样，要不断地将个案经验加入进来，不断地修正既有的结论，以此完善本研究的理想类型。这将本研究的反思扩展到了研究方法层面。在研究方法上，本研究采取了一种新的研究方法，在对量化研究中有关流动人口研究方法质疑的基础上，批判和继承了个案研究的传统，提倡和坚持走向开放的个案研究方法。从方法论的角度来讲，开放的个案研究的基础何在、坚持何种假设等一些关键性问题并没有给予较为明确和细致的解答。当然，处于探索阶段的研究方法仍然处于一种不稳定的状态，存在多种问题，这也都需要我们花时间进行思考和实践。在定量研究中，我们可以根据相应的计算公式来推导出调查样本的规模。对于定性研究来说，目前很难寻求公式化的计算模式。所以，这个问题也就成为我们目前做研究时所面临的困境。类似问题还有很多很多，这些也都将作为以后思考的起点。

回顾本研究的历程，我们发现，一项研究即使针对一个小问题，也很难尽善尽美。因为小问题之中包含大问题、大背景、大理论，需要反复思考和斟酌，以达致对客观社会事实的有效理解，推动知识的积累。在以后的研究中，我们将继续深化农村外出打工者返乡创业研究，将这项未尽的研究议题进行到底，可谓"路漫漫其修远兮，吾将上下而求索"。

# 附录一

## 有关农民工返乡创业的政策要点

| 发布时间 | 颁发单位 | 文件名称 | 政策要点 |
| --- | --- | --- | --- |
| 2006年1月31日 | 国务院 | 《国务院关于解决农民工问题的若干意见》（国发〔2006〕5号） | 返乡创业的农民工带回资金、技术和市场经济观念，直接促进社会主义新农村建设。采取优惠政策，鼓励和吸引外出务工农民工回到小城镇创业和居住。 |
| 2008年9月26日 | 国务院办公厅 | 《关于促进以创业带动就业工作的指导意见》（国办发〔2008〕111号） | 重点指导和促进高校毕业生、失业人员和返乡农民工创业。对农民工返乡创业的，劳务输出地区要积极探索完善相关扶持政策。各地区、各有关部门可根据实际情况，适当放宽返乡农民工创业的市场准入条件。鼓励和支持发展适合农村需求特点的多种所有制经济组织，创新农村贷款担保模式，积极做好对农民工返乡创业的金融服务。 |
| 2008年12月20日 | 国务院办公厅 | 《国务院办公厅关于切实做好当前农民工工作的通知》（国办发〔2008〕130号） | 按照国家有关规定，抓紧制定扶持农民工返乡创业的具体政策措施，引导掌握了一定技能、积累了一定资金的农民工创业，以创业带动就业。地方人民政府要在用地、收费、信息、工商等级、纳税服务等方面，降低创业门槛，给予农民工返乡创业更大的支持。推行联合审批、"一站式"服务、限时办结和承诺服务等，开辟农民工创业"绿色通道"。鼓励农民工发展农产品加工业、农村第二产业、农村第三产业、生态农业和县域中小企业。做好农民工返乡创业的金融服务工作，鼓励和引导金融机构加大信贷产品支持力度，提供符合农民工返乡创业特点的金融产品，继续加大农民工银行卡特色服务推广力度。农民工返乡创业属于政府贴息的项目要按照规定给予财政贴息，帮助其解决创业资金困难。 |

续表

| 发布时间 | 颁发单位 | 文件名称 | 政策要点 |
| --- | --- | --- | --- |
| 2009年2月3日 | 国务院 | 《国务院关于做好当前经济形势下就业工作的通知》（国发〔2009〕4号） | 强化政策扶持和引导，支持一批农民工返乡创业和投身新农村建设。 |
| 2009年5月10日 | 国务院 | 《关于当前稳定农业发展促进农民增收的意见》（国发〔2009〕25号） | 发挥有能力的农民工返乡创业和新一代农民工投身新农村建设的开拓作用。 |
| 2009年12月27日 | 国务院 | 《国务院关于进一步促进广西经济发展的若干意见》（国发〔2009〕42号） | 开拓劳动力就业市场，采取小额贷款、技能培训、工商扶持等措施鼓励农民工返乡创业。 |
| 2010年8月31日 | 国务院 | 《国务院关于中西部地区承接产业转移的指导意见》（国发〔2010〕28号） | 支持农村劳动力转移就业和返乡创业，加快建立和完善社会保险关系转移接续机制。 |
| 2011年4月10日 | 国务院 | 《国务院关于加快推进现代农作物种业发展的意见》（国发〔2011〕8号） | 引导有技能、资金和管理经验的农民工返乡创业，落实定向减税和普遍性降费政策，降低创业成本和企业负担。 |
| 2011年9月28日 | 国务院 | 《国务院关于支持河南省加快建设中原经济区的指导意见》（国发〔2011〕32号） | 大力发展劳动密集型产业和小型微型企业，加大对高校毕业生、返乡农民工等创业扶持力度，加强创业培训服务体系建设，以创业带动就业。 |
| 2012年1月12日 | 国务院 | 《国务院关于进一步促进贵州经济社会又好又快发展的若干意见》（国发〔2012〕2号） | 实施农民创业促进工程，大力支持外出农民工返乡创业。 |
| 2012年1月13日 | 国务院 | 《国务院关于印发全国现代农业发展规划（2011—2015年）的通知》（国发〔2012〕4号） | 鼓励外出务工农民带技术、资金回乡创业。 |
| 2012年1月24日 | 国务院 | 《国务院关于批转促进就业规划（2011—2015年）的通知》（国发〔2012〕6号） | 完善并落实创业政策措施，积极支持农民工返乡创业。 |
| 2012年2月1日 | 中共中央国务院 | 《关于加快推进农业科技创新持续增强农产品供给保障能力的若干意见》（中发〔2012〕1号） | 对符合条件的农村青年务农创业和农民工返乡创业项目给予补助和贷款支持。 |
| 2012年12月31日 | 中共中央国务院 | 《关于加快发展现代农业进一步增强农村发展活力的若干意见》（中发〔2013〕1号） | 制定专门计划，对符合条件的中高等学校毕业生、退役军人、返乡农民工创业给予补助和贷款支持。 |

续表

| 发布时间 | 颁发单位 | 文件名称 | 政策要点 |
| --- | --- | --- | --- |
| 2014年9月12日 | 国务院 | 《国务院关于进一步做好为农民工服务工作的意见》（国发〔2014〕40号） | 将农民工纳入创业政策扶持范围，运用财政支持、创业投资引导和创业培训、政策性金融服务、小额担保贷款和贴息、生产经营场地和创业孵化基地等政策，促进农民工创业。 |
| 2015年2月1日 | 中共中央国务院 | 《关于加大改革创新力度加快农业现代化建设的若干意见》（中发〔2015〕1号） | 引导有技能、资金和管理经验的农民工返乡创业，落实定向减税和普遍性降费政策，降低创业成本和企业负担。 |
| 2015年4月27日 | 国务院 | 《国务院关于进一步做好新形势下就业创业工作的意见》（国发〔2015〕23号） | 支持农民工返乡创业，发展农民合作社、家庭农场等新型农业经营主体，落实定向减税和普遍性降费政策。依托现有各类园区等存量资源，整合创建一批农民工返乡创业园，强化财政扶持和金融服务。将农民创业与发展县域经济结合起来，大力发展农产品加工、休闲农业、乡村旅游、农村服务业等劳动密集型产业项目，促进农村一二三产业融合。 |
| 2015年6月16日 | 国务院 | 《国务院关于大力推进大众创业万众创新若干政策措施的意见》（国发〔2015〕32号） | 支持返乡创业人员因地制宜围绕休闲农业、农产品深加工、乡村旅游、农村服务业等开展创业。 |
| 2015年6月17日 | 国务院 | 《国务院关于支持农民工等人员返乡创业的意见》（国发〔2015〕47号） | 支持农民工、大学生和退役士兵等人员返乡创业，通过大众创业、万众创新使广袤乡镇百业兴旺，可以促就业、增收入，打开新型工业化和农业现代化、城镇化和新农村建设协同发展新局面。 |

# 附录二

## 返乡创业者个案信息

| 序号 | 编号 | 访谈者 | 性别 | 年龄 | 家庭成员 | 创业领域 | 创业地点 | 创业年限 |
|---|---|---|---|---|---|---|---|---|
| 1 | A1 | 经销商徐老板 | 男 | 23 | 妻子 | 电脑产业 | 湖北武汉市 | 不详 |
| 2 | A2 | 农家乐大姐 | 女 | 未知 | 母亲、老公、女儿（读书） | 餐饮业 | 湖北石榴红村 | 2 |
| 3 | A3 | 烧烤摊李大姐 | 女 | 40 | 公公、丈夫、一儿一女 | 经营烧烤等 | 云南箐口村 | 0.5 |
| 4 | B1 | 鞋城老板LXY | 男 | 33 | 妻子、儿子、女儿（读书） | 高档鞋类 | 湖南攸县 | 3 |
| 5 | B2 | 炖罐店ZDW | 男 | 44 | 妻子、儿子（打工） | 小吃 | 福建将乐县 | 2 |
| 6 | B3 | 铝合金店ZM | 男 | 26 | 父亲、母亲 | 铝合金安装 | 福建省高唐镇 | 2 |
| 7 | B4 | 商标小厂老板 | 男 | 35 | 妻子、儿子（小学） | 小商品商标 | 浙江省义乌 | 不详 |
| 8 | B5 | 理发店张小寒 | 男 | 24 | 母亲、女朋友 | 理发业 | 成都市来龙村 | 3 |
| 9 | B6 | 铝合金店陈伟 | 女 | 43 | 妻子、两个儿子（读书） | 烧防盗网 | 湖南郴州市 | 10 |
| 10 | B7 | 十字绣零售周老板 | 男 | 23 | 父亲、母亲、妻子、2个妹妹（打工） | 十字绣零售与批发 | 湖北襄樊市 | 2 |
| 11 | B8 | 饰品批发LCW | 男 | 35 | 父亲、母亲、妻子、2个儿子（年龄较小） | 各种饰品 | 湖北襄樊市 | 5 |
| 12 | B9 | 搬家公司崔经理 | 男 | 27 | 父亲、妻子、女儿（后来又有一儿子） | 搬运 | 湖北襄樊市 | 1 |
| 13 | B10 | 早餐店老板 | 男 | 36 | 父亲、母亲、妻子、儿子（读初中） | 早餐 | 安徽黄山市 | 6 |
| 14 | C1 | 物流公司魏老板 | 男 | 40多 | 妻子、女儿（读大学） | 物流 | 湖北宜都市 | 3 |
| 15 | C2 | 木雕厂杨超妻子 | 女 | 24 | 公公、丈夫 | 木雕加工 | 湖北宜都市 | 1 |

续表

| 序号 | 编号 | 访谈者 | 性别 | 年龄 | 家庭成员 | 创业领域 | 创业地点 | 创业年限 |
|---|---|---|---|---|---|---|---|---|
| 16 | C3 | 种植户曹光平 | 男 | 40多 | 妻子、女儿（初三） | 种植树木、胶条 | 湖北宜都市 | 0.6 |
| 17 | C4 | 建材曹华荣 | 女 | 不详 | 丈夫、子女（不详） | 建材销售及安装 | 湖北宜都市 | 1 |
| 18 | C5 | 雨衣厂的张进 | 女 | 30多 | 公公、婆婆、丈夫、女儿（初中） | 雨衣加工 | 宜都市彭家桥村 | 3 |
| 19 | C6 | 羽绒服店老板娘 | 女 | 20多 | 丈夫、小孩（幼儿园） | 羽绒服制作 | 湖北宜都市 | 3 |
| 20 | C7 | 太阳能公司吴总 | 男 | 40多 | 妻子、儿子（读书） | 太阳能灯生产 | 湖北宜都市 | 3 |
| 21 | C8 | 超市老板陈永福 | 男 | 不详 | 妻子、女儿 | 超市、打米、饲料加工 | 湖北宜都市农村 | 不详 |
| 22 | C9 | 纸业生产老板张国发 | 男 | 不详 | 妻子、儿子（八年级） | 纸箱、纸杯生产 | 湖北宜都市 | 7 |
| 23 | C10 | 水泥厂投资者周祖斌 | 男 | 不详 | 妻子、孩子（上学） | 水泥厂相关材料 | 湖北宜都市 | 13 |
| 24 | C11 | 装修工程老板吕总 | 男 | 39 | 妻子、小孩（两个，大的为儿子，小的不详） | 工程、装修、工厂 | 湖北宜都市 | 9 |
| 25 | D1 | 包工头卢国兴 | 男 | 32 | 妻子、2个儿子（读书） | 工程 | 云南元阳县 | 3 |
| 26 | D2 | 农家乐阿升 | 男 | 38 | 父亲、母亲、妻子、儿子（打工，后又有一子）、女儿（读书） | 农家乐/包工程 | 云南箐口村/南沙县城 | 8/6 |
| 27 | D3 | 卖卷粉大姐 | 女 | 40多 | 丈夫、孩子（不详） | 制作卷粉 | 云南箐口村 | 14 |
| 28 | D4 | 菜贩商老文 | 男 | 31 | 母亲、女朋友 | 贩运蔬菜 | 云南楚雄州县 | 2 |
| 29 | D5 | 跑车人李强 | 男 | 42 | 父亲、妻子、儿女（都在读书）、兄弟（残疾） | 短途载客 | 云南箐口村 | 15 |
| 30 | E1 | 跑车人小赵 | 男 | 26 | 父亲、母亲、妻子、儿子（幼儿园）、女儿 | 长途运输（水果） | 湖北襄阳市 | 1 |
| 31 | E2 | 夜市摊小黄 | 女 | 24 | 丈夫、儿子 | 在夜市摆摊 | 湖北襄阳市 | 不详 |
| 32 | E3 | 跑车人阿科 | 男 | 26 | 未婚 | 长途运输（拉狗） | 湖北襄阳市 | 不详 |
| 33 | E4 | 烧烤店崔老板 | 男 | 32 | 父亲、母亲、妻子、儿子、弟弟 | 烧烤 | 湖北襄阳市 | 0.4 |
| 34 | E5 | 烧烤摊贩小崔 | 男 | 22 | 父亲、母亲、女朋友、哥哥 | 烧烤 | 湖北襄阳市 | 0.2 |

续表

| 序号 | 编号 | 访谈者 | 性别 | 年龄 | 家庭成员 | 创业领域 | 创业地点 | 创业年限 |
|---|---|---|---|---|---|---|---|---|
| 35 | E6 | 豆腐坊陈 | 男 | 36 | 父亲、母亲、妻子、儿子（初中） | 加工豆腐 | 湖北襄阳市 | 5 |
| 36 | E7 | 养鸽户陈 | 男 | 30 | 父亲、母亲、妻子、儿子（小学） | 养鸽子 | 襄阳市陈家湾 | 1.5 |
| 37 | E8 | 轮胎店陈老板 | 男 | 32 | 父亲、母亲、妻子、儿子 | 销售轮胎 | 襄阳市张湾镇 | 3 |
| 38 | F1 | 大棚种植PGX | 男 | 42 | 父亲、母亲、妻子、儿子、女儿等 | 种植业 | 贵州纳雍县路嘴社区 | 3 |
| 39 | F2 | 砖厂主CCW | 男 | 30多 | 父亲、母亲、妻子、儿子、女儿等 | 制造业 | 贵州纳雍县路嘴社区 | 1 |
| 40 | G1 | 饭店福老板 | 女 | 50多 | 丈夫、两个儿子等 | 餐饮业 | 云南大营街镇 | 8 |

# 参考文献

## 一 中文文献

[1] 白南生、何宇鹏:《回乡,还是外出?——安徽四川二省农村外出劳动力回流研究》,《社会学研究》2002年第3期。

[2] 白南生、宋洪远等:《回乡,还是进城——中国农村外出劳动力回流研究》,中国财政经济出版社2002年版。

[3] 〔美〕彼得·F.德鲁克:《创新与创业精神》,张炜译,上海人民出版社2002年版。

[4] 〔瑞典〕彼得·赫斯特洛姆:《解析社会:分析社会学原理》,陈云松等译,南京大学出版社2010年版。

[5] 陈其南:《家族伦理与经济理性:试论韦伯与中国社会研究》,《当代》(台北)1987年第11期。

[6] 陈文超:《从社会学视角看农民生活消费的现状与特点——以湖北省某村庄为例》,《调研世界》2005年第1期。

[7] 陈文超:《农民工群体的分化及其知识建构》,《发展研究》2013年第2期。

[8] 陈文超:《制度转型与农民工自雇行动选择空间的塑造》,《发展研究》2013年第8期。

[9] 陈文超:《理性主导下自主经营的社会认同——读黄绍伦的〈移民企业家:香港的上海实业家〉》,《社会学评论》2015年第1期。

[10] 陈文超:《形同质异:进城农民务工经商的分殊》,《华中科技大学学报》(社会科学版)2015年第5期。

[11] 陈锡文、蔡昉、林毅夫:《中国农村如何突破"温饱陷阱"》,《中国经济周刊》2005年第47期。

[12] 陈锡文:《序言》,载盛来运《流动还是迁移——中国农村劳动力流动

过程的经济学分析》，上海远东出版社 2008 年版。

[13] 陈向明：《质的研究方法与社会科学研究》，教育科学出版社 2000 年版。

[14] 陈昭玖、朱红根：《人力资本、社会资本与农民工返乡创业政府支持的可获性研究——基于江西 1145 份调查数据》，《农业经济问题》2011 年第 5 期。

[15] 程春庭：《重视返乡创业增强县域经济发展能力》，《中国农村经济》2001 年第 4 期。

[16] 程广帅、谭宇：《返乡农民工创业决策影响因素研究》，《中国人口·资源与环境》2013 年第 1 期。

[17] 程伟、陈遇春：《多重理论视角下农民工的返乡创业行为研究》，《中州学刊》2011 年第 1 期。

[18] 崔传义：《中国农民流动观察》，山西经济出版社 2004 年版。

[19] 〔日〕村上直树：《中原平原农区回乡创业的现状——对周口市回乡创业者的问卷调查》，《河南大学学报》（社会科学版）2010 年第 1 期。

[20] 〔日〕村上直树：《农村地区工业化与人力资本的作用——以河南省回乡创业为例》，《河南大学学报》（社会科学版）2011 年第 2 期。

[21] 戴伯芬：《谁做摊贩？——台湾摊贩的历史型构》，《台湾社会研究季刊》1994 年 7 月（第十七期）。

[22] 《当前农村经济政策的若干问题》，《人民日报》1983 年 4 月 10 日。

[23] 邓鸿勋、陆百甫主编《走出二元结构——农民就业创业研究》，中国发展出版社 2004 年版。

[24] 邓鸿勋、陆百甫主编《走出二元结构：创业就业、市民化与新农村建设》，社会科学文献出版社 2008 年版。

[25] 邓正来：《"生存性智慧"与中国发展研究论纲》，《中国农业大学学报》2010 年第 4 期。

[26] 董文波、杜建国、任娟：《基于演化博弈的农民工返乡创业研究》，《华南农业大学学报》（社会科学版）2013 年第 2 期。

[27] 〔美〕杜赞奇：《文化、权利与国家：1900—1942 年的华北农村》，王福明译，江苏人民出版社 2008 年版。

[28] 〔法〕E. 迪尔凯姆：《社会学方法的准则》，狄玉明译，商务印书馆 1995 年版。

[29] 范国荣：《昔日打工仔今日企业家——驻马店地区出现外出打工回乡

创办、领办企业新现象》，《河南统计》1994 年第 12 期。
[30] 费孝通：《社会学调查要发展》，《社会》1983 年第 3 期。
[31] 费孝通、张之毅：《云南三村》，天津人民出版社 1990 年版。
[32] 费孝通：《开风气育人才》，《北京大学学报》（哲学社会科学版）1996 年第 9 期。
[33] 费孝通：《乡土中国　生育制度》，北京大学出版社 1998 年版。
[34] 冯立新、刘宝军：《人均食品消费支出增长与食品价格上涨的相关分析及其对策研究》，载何康、王郁昭主编《中国农村改革十年》，中国人民大学出版社 1990 年版。
[35] 符吉茂：《工厂不加班工人不答应上街游行"抗议"新决定》，《羊城晚报》2011 年 11 月 18 日。
[36] 甘肃省人民政府办公厅：《甘肃省人民政府办公厅关于甘肃省引导鼓励农民工回乡创业意见的通知》（〔2009〕228 号），2009 年 11 月 30 日。
[37] 高王凌：《人民公社时期中国农民"反行为"调查》，中共党史出版社 2006 年版。
[38] 郭志仪、金沙：《中西部地区扶持农民工返乡创业的机制探索》，《中州学刊》2009 年第 2 期。
[39] 国家统计局：《2013 年全国农民工监测调查报告》，http://www.stats.gov.cn/tjsj/zxfb/201405/t20140512_551585.html，2014。
[40] 国家统计局农村社会经济调查司：《中国农村统计年鉴——2010》，中国统计出版社 2010 年版。
[41] 国务院新闻办公室：《国新办举行农民工工作有关情况新闻发布会》，2014 年 2 月 20 日，http://www.scio.gov.cn/xwfbh/xwbfbh/wqfbh/2014/20140220/index.htm。
[42] 国务院新闻办公室：《新闻办举行农民工工作有关情况新闻发布会》，2015 年 2 月 28 日，http://www.gov.cn/xinwen/zb_xwb56/index.htm。
[43]〔英〕哈耶克：《通往奴役之路》，王明毅等译，中国社会科学出版社 2010 年版。
[44] 韩俊、崔传义：《从战略高度看待农民工回乡创业》，《农村金融研究》2008 年第 5 期。
[45] 韩俊、崔传义：《农民工回乡创业热潮正在兴起》，《农村金融研究》2008 年第 5 期。

[46] 韩俊、崔传义：《解决中国农民工问题的战略思路与政策框架》，《中国发展评论》2009年第2期。
[47] 韩俊主编《中国农民工战略问题研究》，上海远东出版社2009年版。
[48] 贺雪峰：《农村：中国现代化的稳定器与蓄水池》，《党政干部参考》2011年第6期。
[49] 贺雪峰：《小农立场》，中国政法大学出版社2013年版。
[50] 胡俊波：《困境与突破：扶持农民工返乡创业的理论分析框架》，《农村经济》2009年第6期。
[51] 胡俊波：《农民工返乡创业扶持政策绩效评估体系：构建与应用》，《社会科学研究》2014年第5期。
[52] 湖北省统计局、国家统计局湖北调查总队编《湖北统计年鉴2008》，中国统计出版社2008年版。
[53] 黄光国：《社会科学的理路》，中国人民大学出版社2006年版。
[54] 黄洪：《香港劳工阶级的形成：宏观、微观及中程之分析》，载刘兆佳、尹宝珊、李明、黄绍伦编《阶级结构与阶级意识比较研究论文集》，香港中文大学香港亚太研究所1994年版。
[55] 黄季焜：《制度变迁和可持续发展：30年农村与农业》，格致出版社、上海人民出版社2008年版。
[56] 黄绍伦：《移民企业家——香港的上海工业家》，上海古籍出版社2003年版。
[57] 黄晓勇、刘伟、李忠云、张春勋：《基于社会网络的农民工返乡创业研究》，《重庆大学学报》（社会科学版）2012年第6期。
[58] 黄宗智：《长江三角洲小农家庭与乡村发展》，中华书局2000年版。
[59] 黄宗智：《认识中国——走向从实践出发的社会科学》，《中国社会科学》2005年第1期。
[60] 黄宗智：《清代的法律、社会与文化：民法的表达与实践》，上海书店出版社2007年版。
[61] 黄宗智：《学术理论与中国近现代史研究》，《学术界》2010年第3期。
[62] 黄宗智：《我们要做什么样的学术？国内十年教学回顾》，《开放时代》2012年第1期。
[63] 纪志耿、蒋永穆：《城镇化进程中新一代农民工返乡创业调研——以西部农业大省四川为例》，《现代经济探讨》2012年第2期。
[64] 〔美〕加里·S.贝克尔：《人类行为的经济分析》，王业宇、陈琪译，

格致出版社、上海三联书店、上海人民出版社 2008 年版。

[65] 郑启新：《"民工潮"促"创业潮"、"开发潮"、"建城潮"》，载王郁昭等主编《农民就业与中国现代化》，四川人民出版社 1999 年版。

[66] 江立华、陈文超：《创业实践与多元分析：返乡农民工创业研究综述》，《学习与实践》2010 年第 7 期。

[67] 江立华、陈文超：《返乡农民工创业的实践与追求——基于六省经验资料的分析》，《社会科学研究》2011 年第 3 期。

[68] 〔匈牙利〕卡尔·波兰尼：《巨变——当代政治与经济的起源》，黄树民译，社会科学文献出版社 2003 年版。

[69] 柯志明：《台湾都市小型制造业的创业、经营与生产组织——以五分埔成衣制造业为案例的分析》，台北"中央研究院"民族所 1993 年版。

[70] 〔美〕克利福德·吉尔兹：《地方性知识：阐释人类学文集》，王海龙、张家宣译，中央编译出版社 2004 年版。

[71] 〔美〕拉里·劳丹：《进步及其问题》，刘新民译，华夏出版社 1998 年版。

[72] 〔俄〕Ł. 恰亚诺夫：《农民经济组织》，萧正洪译，中央编译出版社 1996 年版。

[73] 李培林主编《农民工：中国进城农民工的经济社会分析》，社会科学文献出版社 2003 年版。

[74] 李培林：《透视"城中村"——我研究"村落终结"的方法》，《思想战线》2004 年第 1 期。

[75] 李培林：《村落的终结：羊城村的故事》，商务印书馆 2004 年版。

[76] 李培林、李炜：《农民工在中国转型中的经济地位和社会态度》，《社会学研究》2007 年第 3 期。

[77] 李强：《中国城市化进城中的"半融入"与"不融入"》，《河北学刊》2011 年第 5 期。

[78] 李哲宇：《一技之长真能黑手变头家吗？——机车修理师傅的维修技术、社会关系与工作意识》，世新大学社会发展研究所硕士论文 2008 年。

[79] 〔瑞典〕理查德·斯维德伯格：《经济学与社会学》，安佳译，商务印书馆 2003 年版。

[80] 梁漱溟：《中国文化要义》，上海人民出版社 2005 年版。

[81] "两岸三地"高校富士康调研组：《"两岸三地"高校富士康调研总报

告》，2010 年 9 月。

[82] 林斐：《对 90 年代回流农村劳动力创业行为的实证研究》，《人口与经济》2004 年第 2 期。

[83] 林强、姜彦福、张健：《创业理论及其架构分析》，《经济研究》2001 年第 9 期。

[84] 刘光明、宋洪远：《外出劳动力回乡创业：特征、动因及其影响——对安徽、四川两省 71 位回乡创业者的案例分析》，《中国农村经济》2002 年第 3 期。

[85] 刘苓玲、徐雷：《中西部地区农民工返乡创业问题研究——基于河南、山西、重庆的调查问卷》，《人口与经济》2012 年第 6 期。

[86] 卢晖临、潘毅：《当代中国第二代农民工的身份认同、情感与集体行动》，《社会》2014 年第 4 期。

[87] 卢晖临、李雪：《如何走出个案——从个案研究到扩展个案研究》，《中国社会科学》2007 年第 1 期。

[88] 陆学艺：《重新认识农民问题——十年来中国农民的变化》，《社会学研究》1989 年第 6 期。

[89] 陆学艺主编《当代中国社会阶层研究报告》，社会科学文献出版社 2002 年版。

[90] 陆学艺主编《当代中国社会流动》，社会科学文献出版社 2004 年版。

[91]〔奥地利〕路德维希·冯·米塞斯：《人的行动——关于经济学的论文》，余晖译，上海人民出版社 2009 年版。

[92] 吕玉瑕：《家庭企业女主人的劳动因素之分析：家庭策略之考量》，《台湾社会学刊》2006 年第 36 期。

[93]〔美〕马克·格兰诺维特：《镶嵌：社会网与经济行动》，罗家德译，社会科学文献出版社 2007 年版。

[94]〔德〕马克斯·韦伯：《新教伦理与资本主义精神》，康乐、简惠美译，广西师范大学出版社 2010 年版。

[95]〔德〕马克斯·韦伯：《经济行动与社会团体》，康乐、简惠美译，广西师范大学出版社 2010 年版。

[96]〔美〕马歇尔·萨林斯：《石器时代经济学》，张经纬、郑少雄、张帆译，生活·读书·新知三联书店 2009 年版。

[97]〔美〕麦克·布洛维：《公共社会学：麦克布·络维论文精选》，沈原等译，社会科学文献出版社 2007 年版。

[98] 毛丹：《村落共同体的当代命运：四个观察维度》，《社会学研究》2010年第1期。

[99] 《农民工返乡创业问题研究报告》课题组（中国劳动保障科学研究院、易才集团企业与社会发展研究院）：《农民工返乡创业问题研究报告》，2010年3月。

[100] 农业部农村社会事业发展中心创业就业课题组：《农民工返乡创业就业的成功实践——金堂县农民工创业就业促进经济社会发展研究报告》，《农民日报》2011年10月10日。

[101] 〔法〕皮埃尔·布迪厄：《实践感》，蒋梓骅译，译林出版社2003年版。

[102] 〔法〕皮埃尔·布尔迪厄：《实践理性——关于行为理论》，谭立德译，生活·读书·新知三联书店2007年版。

[103] 〔德〕齐美尔：《桥与门——齐美尔随笔集》，涯鸿、宇声等译，上海三联书店1991年版。

[104] 秦德文：《阜阳地区民工潮回流现象的调查与思考》，《中国农村经济》1994年第4期。

[105] 秦晖：《当代农民研究中的"恰亚诺夫主义"》，载〔俄〕恰亚诺夫《农民经济组织》，萧正洪译，中央编译出版社1996年版。

[106] 〔美〕R.K.默顿：《社会理论和社会结构》，唐少杰等译，译林出版社2008年版。

[107] 盛来运：《流动还是迁移——中国农村劳动力流动过程的经济学分析》，上海远东出版社2008年版。

[108] 石智雷、谭宇、吴海涛：《返乡农民工创业行为与创业意愿分析》，《中国农村观察》2010年第5期。

[109] 史国衡：《昆厂劳工》，商务印书馆1946年版。

[110] 〔美〕斯梅尔瑟、〔瑞典〕斯维德伯格主编《经济社会学手册》（第2版），罗教讲、张永宏等译，华夏出版社2009年版。

[111] 陶欣、庄晋财：《农民工群体特征对其返乡创业过程影响的实证研究——基于安徽安庆市的调查数据》，《农业技术经济》2012年第6期。

[112] 田松青：《农民工返乡创业政府支持体系研究》，《中国行政管理》2010年第11期。

[113] 仝志辉：《乡村政治研究诸问题——对应星批评的回应和进一步思考》，《社会学研究》2005年第3期。

[114] 万宝瑞、韩俊、崔传义:《把握劳动力转移新变化开创农村发展新局面——"扶持农民工返乡创业"对话录》,《人民日报》2008年12月15日,第11版。

[115] 汪和建:《自我行动与自主经营——理解中国人何以将自主经营当作其参与市场实践的首选方式》,《社会》2007年第6期。

[116] 王宁:《代表性还是典型性?——个案的属性与个案研究方法的逻辑基础》,《社会学研究》2002年第5期。

[117] 王晓毅:《环境压力下的草原社区——内蒙古六个嘎查村的调查》,社会科学文献出版社2009年版。

[118] 王郁昭:《关于农民跨区域流动问题》,《管理世界》1994年第6期。

[119] 王郁昭:《让创业大潮汹涌澎湃》,载王郁昭等主编《农民就业与中国现代化》,四川人民出版社1999年版。

[120] 王郁昭:《农民打工创业的"两个飞跃"》,载邓鸿勋、陆百甫主编《走出二元结构——农民就业创业研究》,中国发展出版社2004年版。

[121] 王展祥:《金融危机背景下农民工返乡创业与中国城镇化发展研究》,《现代经济探讨》2009年第9期。

[122] 〔美〕薇薇安娜·A.泽利泽:《亲密关系的购买》,姚伟、刘永强译,上海人民出版社2009年版。

[123] 文崇一:《中国人的富贵与命运》,载文崇一、萧新煌主编《中国人:观念与行为》,中国人民大学出版社2012年版。

[124] 文军:《从生存理性到社会理性选择:当代中国农民外出就业动因的社会学分析》,《社会学研究》2001年第6期。

[125] 翁乃群:《重新认识质性研究在当下中国研究中的重要性——以人类学应用研究为例》,《民族研究》2007年第6期。

[126] 〔美〕W. I. 托马斯、〔波兰〕F. 兹纳涅茨基:《身处欧美的波兰农民:一部移民史经典》,张友云译,译林出版社2000年版。

[127] 吴重庆:《无主体熟人社会及社会重建》,社会科学文献出版社2014年版。

[128] 吴显明:《组织管理并重扩大劳务输出——巴中县玉山劳务输出情况调查》,《农村经济》1992年第12期。

[129] 吴晓刚:《"下海":中国城乡劳动力市场中的自雇活动与社会分层(1978—1996)》,《社会学研究》2006年第6期。

[130] 吴毅：《记述村庄的政治》，湖北人民出版社 2007 年版。

[131] 〔美〕西奥多·W. 舒尔茨：《改造传统农业》，梁小民译，商务印书馆 1987 年版。

[132] 〔德〕西美尔：《金钱·性别·现代生活风格》，顾仁明译，学林出版社 2000 年版。

[133] 肖瑛：《从"国家与社会"到"制度与生活"：中国社会变迁研究的视角转换》，《中国社会科学》2014 年第 9 期。

[134] 谢国雄：《黑手变头家——台湾制造业中的阶级流动》，《台湾社会研究季刊》1989 年第 2 卷第 2 期。

[135] 熊桉：《农民工返乡创业与中部新农村建设——基于资源配置的分析》，《经济社会比较体制研究》2009 年第 5 期。

[136] 〔加拿大〕熊秉纯：《客厅即工厂》，蔡一平、张玉萍、柳子剑译，重庆大学出版社 2010 年版。

[137] 徐嫁猷、黄毅志：《跨越阶级界限？：兼论"黑手变头家"的实证研究结果及与欧美社会之一些比较》，《台湾社会学刊》2002 年第 27 期。

[138] 徐勇：《"再识农户"与社会化小农的建构》，《华中师范大学学报》（人文社会科学版）2006 年第 3 期。

[139] 徐勇：《农民理性的扩张："中国奇迹"的创造性主体分析——对既有理论的挑战及新的分析进路的提出》，《中国社会科学》2010 年第 1 期。

[140] 颜毓洁、李晨曦：《农民工返乡创业对策探讨——以陕西省为例》，《人民论坛》2011 年第 26 期。

[141] 叶敬忠、吴惠芳：《阡陌独舞——中国农村留守妇女》，社会科学文献出版社 2008 年版。

[142] 叶启政：《进出"行动—结构"的困境：与当代西方社会学理论论述对话》，三民书局 2004 年版。

[143] 叶文志：《用市场法则引导外出打工人员回乡创业》，载王郁昭等主编《农民就业与中国现代化》，四川人民出版社 1999 年版。

[144] 叶荫聪：《摆脱束缚的都市经验与文化：珠江三角洲农民工家庭研究》，《文化研究》（台湾）2008 年第 6 期。

[145] 应星：《评村民自治研究的取向——以〈选举事件与村庄政治〉为例》，《社会学研究》2005 年第 1 期。

[146] 应星：《草根动员与农民群体利益的表达机制——四个个案的比较研究》，《社会学研究》2007年第2期。

[147] 于建嵘：《底层立场》，上海三联书店2011年版。

[148] 余英时：《中国近世宗教伦理与商人精神》，联经出版事业股份有限公司1987年版。

[149] 庾德昌、王化言主编《外出农民回乡创业的理论与实践》，中国农业出版社1999年版。

[150] 〔美〕约瑟夫·熊彼特：《经济发展理论——对于利润、资本、信贷、利息和经济周期的考察》，何畏、易家详等译，商务印书馆1990年版。

[151] 〔美〕詹姆斯·C.斯科特：《农民的道义经济学——东南亚的反叛与生存》，程立显、刘建等译，译林出版社2001年版。

[152] 〔美〕詹姆斯·C.斯科特：《弱者的武器》，郑广怀、张敏、何江穗译，译林出版社2007年版。

[153] 张明林、喻林、傅春：《金融危机和产业转移背景下农民工返乡创业对策研究》，《求实》2009年第5期。

[154] 张秀娥、孙明海、刘洋：《农民工返乡创业影响因素与创业活动的关系》，《经济纵横》2011年第9期。

[155] 张秀娥、张梦琪、王丽洋：《返乡农民工创业企业成长路径选择及其启示》，《山东社会科学》2015年第4期。

[156] 张玉林：《"离土"时代的农村家庭——"民工潮"如何解构乡土中国》，载吴敬琏、江平主编《洪范评论》第3卷第2辑，中国政法大学出版社2006年版。

[157] 赵鼎新：《社会科学研究的困境：从与自然科学的区别谈起》，《社会学评论》2015年第4期。

[158] 赵浩兴、张巧文：《返乡创业农民工人力资本与创业企业成长关系的研究——基于江西、贵州两省的实证分析》，《华东经济管理》2013年第1期。

[159] 赵阳、孙秀林：《暂迁流动与回乡创业的政策效应》，《农业经济问题》2001年第9期。

[160] 郑杭生：《中国特色社会学理论的深化》，中国人民大学出版社2010年版。

[161] 中华人民共和国国家统计局编《中国统计年鉴（1985）》，中国统计

出版社 1985 年版。

[162] 中华人民共和国国家统计局编《中国统计年鉴（2011）》，中国统计出版社 2011 年版。

[163] 中央政策研究室课题组：《农民工返乡创业问题研究》，2009 年 7 月。

[164] 《中共中央、国务院关于进一步活跃农村经济的十项政策》，《人民日报》1985 年 3 月 25 日。

[165] 重庆市人民政府办公厅：《关于引导和鼓励农民工返乡创业的意见》（渝办发〔2008〕296 号），2008 年 10 月 20 日。

[166] 周大鸣等：《自由的都市边缘人——中国东南沿海散工研究》，中山大学出版社 2007 年版。

[167] 周建峰：《基于绩效评价的农民工返乡创业行为研究》，《商业研究》2014 年第 3 期。

[168] 周其仁：《机会与能力——中国农村劳动力的就业和流动》，《管理世界》1997 年第 5 期。

[169] 朱海就：《市场的本质：人类行为的视角与方法》，格致出版社、上海人民出版社 2009 年版。

[170] 朱红根、陈昭玖、张月水：《农民工返乡创业政策满意度影响因素分析》，《商业研究》2011 年第 2 期。

[171] 朱晓阳：《"延伸个案"与一个农民社区的变迁》，《中国社会科学评论》2004 年第 2 卷，法律出版社 2004 年版。

[172] 庄启东、张晓川、李建立：《关于贵州省盘江、水城矿务局使用农民工的调查报告》，《计划经济研究》1982 年第 1 期。

## 二 英文文献

[1] Adrian Sinfield (ed.), *The Sociology of Social Security* (Edinburgh：Edinburgh University Press, 1991).

[2] Akhil Gupta & James Ferguson (eds.), *Culture, Power, Place：Explorations In Critical Anthropology* (Durham NC：Duke University Press, 1997).

[3] Alícia Adserà, "Changing Fertility Rates in Developed Countries. The Impact of Labor Market Institutions," *Journal of Population Economics* 17 (1) (2004).

[4] Andrew M. Yuengert, "Testing Hypotheses of Immigrant Self-Employment," *The Journal of Human Resources* 30 (1) (1995).

[5] Aronson, Robert L, *Self-Employment: A labor Market Perspective* (Ithaca, NY: IRL Press, 1991).

[6] Bárbara J. Robles, "Tax Refunds and Microbusinesses: Expanding Family and Community Wealth Building in the Borderlands," *Annals of the American Academy of Political and Social Science* 617 (2007).

[7] Bates, T, *Race, Self-Employment, and Upward Mobility: An Illusive American Dream* (Washington, DC: The Woodrow Wilson Center Press, 1997).

[8] Caroline B. Brettell & Kristoffer E. Alstatt, "The Agency of Immigrant Entrepreneurs: Biographies of the Self-Employed in Ethnic and Occupational Niches of the Urban Labor Market," *Journal of Anthropological Research* 63 (3) (2007).

[9] Bogenhold, Dieter & Udo Staber, "The Decline and Rise of Self-Employment," *Work, Employment and Society* 5 (2) (1991).

[10] Borjas, George J, "The Self-Employment Experience of Immigrants," *Journal of Human Resources* 21 (1986).

[11] Caroline B. Brettell & Kristoffer E. Alstatt, *The Agency of Immigrant Entrepreneurs: Light*, Ivan, *Ethnic Enterprise in America* (University of California Press, 1972).

[12] Caroline B. Brettell & Kristoffer E. Alstatt, "The Agency of Immigrant Entrepreneurs: Biographies of the Self-Employed in Ethnic and Occupational Niches of the Urban Labor Market," *Journal of Anthropological Research* 63 (3) (2007).

[13] Don E. Bradley, "A Second Look at Self-Employment and the Earnings of Immigrants," *International Migration Review* 38 (2) (2004).

[14] Ellu Saar & Marge Unt, "Self-Employment in Estonia: Forced Move or Voluntary Engagement?" *Europe-Asia Studies* 58 (3) (2006).

[15] Eric Woodrum, "Religion and Economics among Japanese Americans: A Weberian Study," *Social Forces* 64 (1) (1985).

[16] Fernando Mata & Ravi Pendakur, "Immigration, Labor Force Integration and the Pursuit of Self-Employment," *International Migration Review* 33 (2) (1999).

[17] Form, William, *Divided We Stand: Working-Class Stratification in America* (University of Illinois Press, 1985).

[18] Glazer, Nathan & Daniel P. Moynihan, *Beyond the Melting Pot* (Cambridge: MIT Press, 1970).

[19] Greg Hundley, "Male/Female Earnings Differences in Self-Employment: The Effects of Marriage, Children, and the Household Division of Labor," *Industrial and Labor Relations Review* 54 (1) (2000).

[20] Hanley, Eric, "Self-Employment in Post-Communist Eastern Europe: A Refuge from Poverty or Road to Riches," *Communist and Post-Communist Studies* 33 (2000).

[21] Harvey, David, *The Condition of Post-Modernity: An Inquiry into the Origins of Cultural Change* (Oxford: Oxford University Press, 1989).

[22] Hinrichs, Karl, "Irregular Employment Patterns and the Loose Net of Social Security: Some Findings on the West German Development," *The Canadian Journal of Sociology / Cahiers Canadiens de Sociologie* 25 (1) (2000).

[23] Irwin Bernhardt, "Comparative Advantage in Self-Employment and Paid Work," *The Canadian Journal of Economics / Revue Canadienne d'Economique* 27 (2) (1994).

[24] Jimy M. Sanders & Victor Nee, "Immigrant Self-Employment: The Family as Social Capital and the Value of Human Capital," *American Sociological Review* 61 (2) (1996).

[25] Joseph F. Quinn, "Labor Force Participation Patterns of Older Self-Employed Workers," *Social Security Bulletin* 43 (1980).

[26] Kræn Blume, Mette Ejrnæs, Helena Skyt Nielsen & Allan Würtz, "Labor Market Transitions of Immigrants with Emphasis on Marginalization and Self-Employment," *Journal of Population Economics* 22 (4) (2009).

[27] Kristina Nyström, "The Institutions of Economic Freedom and Entrepreneurship: Evidence from Panel Data," *Public Choice* 136 (3/4) (2008).

[28] Magnus Lofstrom, "Labor Market Assimilation and the Self-Employment Decision of Immigrant Entrepreneurs," *Journal of Population Economics* 15 (1) (2002).

[29] Marlis Buchmann, Irene Kriesi & Stefan Sacchi, "Labour Market, Job Opportunities, and Transitions to Self-Employment: Evidence from Switzerland from the Mid 1960s to the Late 1980s," *European Sociological Review* 25 (5) (2009).

[30] Matthias Benz & Bruno S. Frey, "Being Independent Is a Great Thing: Subjective Evaluations of Self-Employment and Hierarchy," *Economica* 75 (298) (2008).

[31] M. D. R. Evans, "Immigrant Entrepreneurship: Effects of Ethnic Market Size and Isolated Labor Pool," *American Sociological Review* 54 (6) (1989).

[32] Michelle J. Budig, "Intersections on the Road to Self-Employment: Gender, Family and Occupational Class ," *Social Forces* 84 (4) (2006).

[33] Paolo Barbieri, "Self-Employment in Italy: Does Labor Market Rigidity Matter?" *International Journal of Sociology* 31 (2) (2001).

[34] Patricia A. McManus, "Market, State, and the Quality of New Self-Employment Jobs among Men in the U.S. and Western Germany," *Social Forces* 78 (3) (2000).

[35] P. Bourdieu, *Distinction: A Social Critique of the Judgement of Taste* (London: Routledge & Kegan Paul, 1984).

[36] Pernilla Andersson Joona, "Exits from Self-Employment: Is There a Native-Immigrant Difference in Sweden? " *International Migration Review* 44 (2010).

[37] Peter S. Li, "Immigrants' Propensity to Self-Employment: Evidence from Canada," *International Migration Review* 35 (4) ( 2001).

[38] P. Hedstrom & R. Swedberg (eds.), *Social Mechanisms: An Analytical Approach to Social Theory* (New York: Cambridge University Press, 1998).

[39] Piore, Michael J. & Charles F. Sabel, *The Second Industrial Divide: Possibilities for Prosperity*, (New York: Basic, 1984).

[40] Rachel Connelly, "Self-Employment and Providing Child Care," *Demography* 29 (1) (1992).

[41] Richard J. Boden, Jr, "Flexible Working Hours, Family Responsibilities, and Female Self-Employment: Gender Differences in Self-Employment Selection," *The American Journal of Economics and Sociology* 58 (1) (1999).

[42] Robert E. Stake , "Qualitative Case Studies," in Norman K. Denzin & Yvonna S. Lincoln (eds.), *The Sage Handbook of Qualitative Research* (Sage Publications, 2005).

[43] Robert L. Boyd, "Black and Asian Self-Employment in Large Metropolitan

Areas: A Comparative Analysis," *Social Problems* 37 (2) (1990).

[44] Robert L. Boyd, "A Contextual Analysis of Black Self-Employment in Large Metropolitan Areas, 1970 – 1980," *Social Forces* 70 (2) (1991).

[45] Simon C. Parker & Martin T. Robson, "Explaining International Variations in Self-Employment: Evidence from a Panel of OECD Countries," *Southern Economic Journal* 71 (2004).

[46] Thomos D. Boston, "Segmented Labor Markets: New Evidence from a Study of Four Race-Gender Groups," *Industrial and Labor Relations Review* 44 (1) (1990).

[47] Thomas Dunn & Douglas Holtz-Eakin, "Financial Capital, Human Capital, and the Transition to Self-Employment: Evidence from Intergenerational Links," *Journal of Labor Economics* 18 (2) (2000).

[48] Waldinger, R, H. Aldrich & R. Ward, "Opportunities, Group Characteristics, and Strategies," in *Ethnic Entrepreneurs: Immigrant Business in Industrial Societies* (London: Sage, 1990).

[49] Wim P. M. Vijverberg, "Nonfarm Self-Employment and the Informal Sector in Cote d'Ivoire: A Test of Categorical Identity," *The Journal of Developing Areas* 24 (4) (1990).

# 后 记

那些年已经逝去，留给我的是一段难以忘却的回忆，以及承载那些回忆的诸多文字。在那些年中，年轻气盛，总是怀着莫大的抱负，希望能够披荆斩棘，像我的父辈那样，开创一番有为的事业。曾经埋下希望的种子，总是要经过一段痛苦的孕育才能够发芽，长成参天大树。因而，那些年也就成为我从想象走向现实的一段路，从漂浮走向沉稳的一段路。在那段必经的人生路上，经历着秋去冬来，在那些无数的期待眼神和关怀之中，一路栉风沐雨，砥砺前行。步履蹒跚走来，难以忘却那些年中的那些人、那些事、那些物。

那些年，我处于一种对社会学懵懵懂懂的状态，郑杭生教授不嫌弃我资质较浅，允我进郑门随其研修社会学诸问题。我特别感谢先生。先生虚怀若谷，思想博大精深，并善于因材施教。先生以项目带学生的方式"授之以渔"，并以亲身实践示范，令学生在为人、为学之中受益终生。从论文开题到论文答辩，乃至最后修改出版，先生坚持"大处着眼、小处着手"的原则，给予我足够宽广的空间，任学生在人口流动与经济治理领域畅快地吸取营养。从入学后的关怀到入职后的扶持，学生的成长之中无不沁透着先生的心血。而今，先生已驾鹤西去，留给学生的则是那些耳提面命的教诲以及那厚实的理论与思想。每每翻阅博士论文存本，再见先生那遒劲有力的签名，学生感激之情便油然而生，感谢一路走来先生给予的信任和扶持。

那些年，我还在为考博而努力的过程中，江立华教授为我明确方向，并力荐于郑老师。我非常感谢江立华教授。江老师儒者风范、宅心仁厚，在学习和生活中给予我无微不至的关怀，引领和激励我在学术道路上不断前进。加入江老师的研究团队，更是为我的学习提供了诸多便利和机会，尤其为我研究返乡创业问题提供了颇多契机。实地调查中的经验强化了我对返乡创业经验现象的认识，与其多次学术讨论和思想交流，提升了我对返乡创业问题的理论认识。

那些年，在我不知社会学为何物时，亦师亦友的徐晓军教授教授我社会调查方法，并带我进入他的博士论文调查田野，向我展示社会学分析的魅力，激起了我持之以恒学习社会学的兴趣。我很感谢徐晓军教授。在人生困境时，徐老师总是习惯性地以其自身经历进行现身说法，不仅给了我许多启发，而且扭转了我那自负的人生目标，激励我追求更"真实"的学术。

那些年，我还是一个进城农民的孩子，面对学习和生活多方面的不适应，我的父母以传统中国农民的胸怀给了我强大的经济支撑和自由的发展空间。我由衷地感谢我的父母。在他们含辛茹苦的养育下，自卑和自强驱使着我完成了义务教育、高中教育以及高等教育。

那些年，我还是一个不知人生苦愁的孩子，我的外婆给了我比父母更细致的关爱，小心翼翼地呵护着我茁壮成长。我衷心地感谢我的外婆。在外婆居住的村庄，我成天在田野里与河堤上到处奔跑，开心地度过了我的童年，也开始意识到人生冷暖。

那些年，我还是一个拥有浪漫情怀的孩子，憧憬着美好的生活，然而理想照亮了现实的路，却未能跨越沟壑，沟通不畅，理解不足，个人偏执，八年却成怨念，与她形同陌路。如今回想起来，不禁感慨万千。

那些年已经逝去，感谢一路走来的过程中所遇到的那些好人、贵人和机构，包括曾为我提供学习和调查机会的杨国才教授，给予我机会到北京参加"社会、经济与法律：历史与理论"研修班的黄宗智教授，调查中多次耳提面命的杨敏教授，带我进入人类学田野的马翀炜教授，引导我学习量化分析的吴晓刚教授，以及给我博士论文奖学金及博士论文研究员资格的重庆大学人文社会科学高等研究院和为我提供学术著作出版基金的华中科技大学社会学系，等等；感谢那些年在工作中为我提供养分的雷洪教授以及帮我解决工作中诸多问题的丁建定教授和高顺文书记等；感谢那些年在生活之中给予我诸多照顾和关怀的诸多良师益友，包括和蔼可亲的宫延华女士，交心谈心的王钊副教授、李先艳女士，大力相助的詹俊峰博士，等等；感谢陪我一直走过来的老师、朋友、同学和同事们；感谢本书出版过程中付出辛勤汗水的刘荣副编审和岳璘、朱勤、韩晓婵编辑。

那些年已经逝去，谨以此书纪念逝去的那些年，回报那些曾给过我期待和帮助的好人和贵人。

  这些年，我仍然在路上，一直沉浸在我的底色之中，一直未能忘记初心，一直勇往直前。

陈文超<br/>2015 年 11 月 12 日

图书在版编目(CIP)数据

劳动—生活均衡：返乡创业者的选择机制／陈文超
著.－－北京：社会科学文献出版社，2016.4
 ISBN 978－7－5097－8785－4

Ⅰ.①劳…　Ⅱ.①陈…　Ⅲ.①民工－劳动就业－研究
－中国②民工－生活方式－研究－中国　Ⅳ.①D669.2

中国版本图书馆 CIP 数据核字（2016）第 034997 号

## 劳动—生活均衡：返乡创业者的选择机制

著　　者／陈文超

出 版 人／谢寿光
项目统筹／刘　荣
责任编辑／岳　璘　朱　勤　韩晓婵　刘　荣

出　　版／社会科学文献出版社·社会政法分社（010）59367156
　　　　　地址：北京市北三环中路甲29号院华龙大厦　邮编：100029
　　　　　网址：www.ssap.com.cn
发　　行／市场营销中心（010）59367081　59367018
印　　装／三河市东方印刷有限公司
规　　格／开　本：787mm×1092mm　1/16
　　　　　印　张：20.25　字　数：352千字
版　　次／2016年4月第1版　2016年4月第1次印刷
书　　号／ISBN 978－7－5097－8785－4
定　　价／89.00元

本书如有印装质量问题，请与读者服务中心（010－59367028）联系

版权所有 翻印必究